Dennis Jlussi (Hrsg.)

Entwicklungen im IT-Recht

TK-Datenschutz, Elektronische Signaturen und Rechnungen, SPAM, E-Commerce

disserta
Verlag

Jlussi (Hrsg.), Dennis: Entwicklungen im IT-Recht: TK-Datenschutz, Elektronische Signaturen und Rechnungen, SPAM, E-Commerce, Hamburg, disserta Verlag, 2014

Buch-ISBN: 978-3-95425-716-4
PDF-eBook-ISBN: 978-3-95425-717-1
Druck/Herstellung: disserta Verlag, Hamburg, 2014
Covermotiv: © carlosgardel – Fotolia.com

Bibliografische Information der Deutschen Nationalbibliothek:
Die Deutsche Nationalbibliothek verzeichnet diese Publikation in der Deutschen
Nationalbibliografie; detaillierte bibliografische Daten sind im Internet über
http://dnb.d-nb.de abrufbar.

© disserta Verlag, Imprint der Diplomica Verlag GmbH
Hermannstal 119k, 22119 Hamburg
http://www.disserta-verlag.de, Hamburg 2014
Printed in Germany

FÜR HANS

Inhalt

Ist die Speicherung dynamischer IP-Adressen von Kunden, die einen Flatrate-Vertrag haben, durch Access Provider zulässig?

Dennis Jlussi

Diese Arbeit wurde mit dem Absolventenpreis 2007 der Deutschen Stiftung für Recht und Informatik (DSRI) ausgezeichnet.

Inhalt

Abbildungsverzeichnis

Abkürzungsverzeichnis

a.A.	andere Ansicht
a.a.O.	am angegebenen Ort
Abb.	Abbildung
ABl.	Amtsblatt der Europäischen Union (vor 2003: Amtsblatt der Europäischen Gemeinschaften)
Abs.	Absatz
Anm.	Anmerkung
ABMG	Autobahnmautgesetz
AG	Amtsgericht / Aktiengesellschaft
Art./Artt.	Artikel (Singular/Plural)
Aufl.	Auflage
BB	Betriebsberater
BDSG	Bundesdatenschutzgesetz
BfDI	Bundesbeauftragter für den Datenschutz und die Informationsfreiheit
BFH	Bundesfinanzhof
BGB	Bürgerliches Gesetzbuch
BGBl.	Bundesgesetzblatt
BGH	Bundesgerichtshof
BK	Beschlusskammer (der Bundesnetzagentur)
BR-Drs.	Bundesrats-Drucksache
BT-Drs.	Bundestags-Drucksache
Bundesnetzagentur	Bundesnetzagentur für Elektrizität, Gas, Telekommunikation, Post und Eisenbahnen
BVerfG	Bundesverfassungsgericht
bzw.	beziehungsweise
CR	Computer und Recht
ders., dies.	derselbe, dieselbe(n)
DHCP	Dynamic Host Configuration Protocol
DNS	Domain Name System
DSRL	Datenschutzrichtlinie
DSRLeK	Datenschutzrichtlinie für elektronische Kommunikation
DTAG	Deutsche Telekom AG
DuD	Datenschutz und Datensicherheit
E	Entscheidungssammlung
EC	European Community
ECRL	E-Commerce-Richtlinie
EG	Europäische Gemeinschaft(en) *mit Artikelangabe:* Vertrag zur Gründung der Europäischen Gemeinschaft
EGMR	Europäischer Gerichtshof für Menschenrechte
EL	Ergänzungslieferung

14

EMRK	Europäische Menschenrechtskonvention (Konvention zum Schutze der Menschenrechte und Grundfreiheiten)
EU	Europäische Union
	mit Artikelangabe: Vertrag über die Europäische Union
EuGH	Gerichtshof der Europäischen Gemeinschaften
EuZW	Europäische Zeitschrift für Wirtschaftsrecht
EWG	Europäische Wirtschaftsgemeinschaft
f., ff.	folgend, fortfolgend
Fn.	Fußnote
FS	Festschrift
G10	Artikel-10-Gesetz
GG	Grundgesetz für die Bundesrepublik Deutschland
GRC	Grundrechtecharta (Charta der Grundrechte der Europäischen Union)
GRUR	Gewerblicher Rechtsschutz und Urheberrecht
GSM	Global System for Mobile Communications
h.M.	herrschende Meinung
Hrsg.	Herausgeber
IANA	Internet Assigned Numbers Authority
ICT	Information and Communications Technology
IP	Internet Protocol
i.S.d.	im Sinne des
ISDN	Integrated Services Digital Network
ISO	Internationale Organisation für Normung
i.V.m.	in Verbindung mit
J Bus Ethics	Journal of Business Ethics
JZ	Juristen Zeitung
K&R	Kommunikation und Recht
KG	Kammergericht
LG	Landgericht
lit.	litera (Buchstabe)
LNCS	Lecture Notes in Computer Science
MDStV	Mediendienste-Staatsvertrag
MMR	MultiMedia und Recht
MR	Medien und Recht
MSN	Multi Subscriber Number
m.w.N.	mit weiteren Nachweisen
NCC	Network Coordination Centre
NdsGVBl.	Niedersächsisches Gesetz- und Verordnungsblatt
NJW	Neue Juristische Wochenschrift
Nr.	Nummer
NSOG	Niedersächsisches Sicherheits- und Ordnungsgesetz
NStZ	Neue Zeitschrift für Strafrecht
NVwZ	Neue Zeitschrift für Verwaltungsrecht
ö	*(vorangestellt)* österreichisch
OGH	Oberster Gerichtshof (der Republik Österreich)
OLG	Oberlandesgericht
OSI	Open Systems Interconnection

PoP	Point of Presence
RADIUS	Remote Authentication Dial-In User Service
RDV	Recht der Datenverarbeitung
RefE	Referentenentwurf
RegE	Regierungsentwurf
RegTP	Regulierungsbehörde für Telekommunikation und Post
resp.	respektive
RIPE	Réseaux IP Européens
RL	Richtlinie
Rn.	Randnummer
RP	Regierungspräsidium
RR	Rechtsprechungs-Report
RStV	Rundfunkstaatsvertrag
S.	Seite
StGB	Strafgesetzbuch
StPO	Strafprozessordnung
TDDSG	Teledienstedatenschutzgesetz
TDG	Teledienstegesetz
TDSV	Telekommunikations-Datenschutzverordnung
TK	Telekommunikation
TKG	Telekommunikationsgesetz
TKÜV	Telekommunikations-Überwachungsverordnung
TKV	Telekommunikations-Kundenschutzverordnung
TMG	Telemediengesetz
u.a.	unter anderem / und andere
u.ä.	und ähnliches
UrhG	Urheberrechtsgesetz
USA	United States of America
vgl.	vergleiche
Vorbem.	Vorbemerkung
WDR	Westdeutscher Rundfunk
ZAP	Zeitschrift für die Anwaltspraxis
ZPO	Zivilprozessordnung
ZRP	Zeitschrift für Rechtspolitik

Zusammenfassung

Die Speicherung von dynamischen IP-Adressen durch Access Provider ist ein rechtlich, rechtspolitisch und gesellschaftlich diskutiertes Thema, insbesondere im Hinblick auf die nicht anlassbezogene Vorratsdatenspeicherung. Access Provider sind TK-Diensteanbieter; zugleich erfordert insbesondere das Gemeinschaftsrecht, sie auch als Telemediendiensteanbieter zu klassifizieren. Für die Erhebung, Verwendung und Löschung von IP-Adresszuordnungen gelten daher die besonderen Datenschutzbestimmungen des TKG und des TMG.

Da die dynamische IP-Adresse ein Verkehrsdatum ist und dem Fernmeldegeheimnis unterliegt, muss der Access Provider die Zuordnung grundsätzlich unverzüglich nach dem Verbindungsende löschen. Eine darüber hinausgehende anlassbezogene Verwendung ist nur bei Missbrauchsverdacht und mit Einwilligung des Teilnehmers auch für den Einzelverbindungsnachweis und IP-basierte Zahlungssysteme zulässig; Abrechnungszwecke, Auskunftspflichten des Access Providers und die Datensicherung können hingegen die Speicherung nicht rechtfertigen. Die Vorratsspeicherung ist unzulässig; daran ändert auch der Blick auf das europäische Recht nichts, weil die Richtlinie zur Vorratsspeicherung formell und materiell rechtswidrig ist.

Abstract

The processing of data about dynamically assigned IP addresses by internet access providers is an issue that is being widely discussed in aspects of law, politics and civil rights, especially concerning blanket retention of that data. Access providers are telecommunication service providers; at the same time, especially considering European law, they are to be classified as telemedia service providers. Therefore, for collection and processing of IP address assignments, both the Telecommunications Act and the Telemedia Act are relevant.

As any IP address assignment is traffic data and therefore protected by the constitutional secrecy of telecommunications, data about the assignments have to be erased forthwith after the connections are terminated. Further retention can only be justified for individual data, namely for the purposes of prevention of abuse and, with the subscriber's consent, also for itemised bills and IP-based billing services. General billing, any obligations to give information, and data security are not justifications for retention. Traffic data retention is illegal and cannot be justified by the EC Data Retention Directive, as the directive is void by law in form and content.

Literatur- und Quellenverzeichnis

Aust, *Sascha*
IP-Adressen schneller gelöscht – Internetprovider speichern
Verbindungsdaten von Flatratenutzern nur noch wenige Tage,
Hannoversche Allgemeine Zeitung vom 22. Februar 2007, S. 14.

Bär, *Wolfgang*
Auskunftsanspruch über Telekommunikationsdaten nach den neuen
§§ 100g, 100h StPO, MMR 2002, S. 358-364.

ders.
Anmerkung zur Entscheidung LG Ulm, MMR 2004, S. 187-188.

ders.
Anmerkung zur Entscheidung LG Frankfurt/Main, MMR 2004,
S. 339-343.

ders.
Anmerkung zur Entscheidung LG Stuttgart, MMR 2005, S. 626-627.

Bleich, *Holger*
Aufbewahrungsverbot, c't 15/2005, S. 32.

Bosse, *Rolf* / **Richter**, *Thomas* / **Schreier**, *Michael*
Abrechnung mit IP-Adressen, CR 2007, S. 79-84.

Breyer, *Jonas*
Vorratsspeicherung von IP-Adressen durch Access Provider,
DuD 2003, S. 491-495.

Breyer, *Patrick*
Die systematische Aufzeichnung und Vorhaltung von
Telekommunikations-Verkehrsdaten für staatliche Zwecke in
Deutschland, Berlin 2005.

ders.
Telecommunications Data Retention and Human Rights: The
Compatibility of Blanket Traffic Data Retention with the ECHR,
European Law Journal 2005, S. 365-375.

Bundesbeauftragter für den Datenschutz und die Informationsfreiheit
(Hrsg.)
Website des BfDI, Bonn, http://www.bfdi.bund.de.

Burhoff, *Detlef*
Auskunft über Telekommunikationsverbindungsdaten,
ZAP 2002, Fach 22, S. 359-360.

Business Software Alliance *(Hrsg.)*
Website der Business Software Alliance, München, http://www.bsa.de.

Busse-Muskala, *Dominika und Veit*
Die Berücksichtigung europäischer Vorgaben bei der Abgrenzung
eigener und fremder Informationen nach dem TDG, JurPC Web-
Dokument 30/2005, http://www.jurpc.de/aufsatz/20050030.htm.

Callies, *Christian* / **Ruffert**, *Matthias (Hrsg.)*
EUV/EGV, Das Verfassungsrecht der Europäischen Union mit
Europäischer Grundrechtecharta, Kommentar, 3. Aufl., München 2007
(zitiert Callies/Ruffert – *Bearbeiter*).

Czychowski, *Christian*
Auskunftsansprüche gegenüber Internetzugangsprovidern „vor" dem
2. Korb und „nach" der Enforcement-Richtlinie der EU,
MMR 2004, S. 514-519.

Dietrich, *Ralf*
Rechtsprechungsbericht zur Auskunftspflicht des Access-Providers
nach Urheberrechtsverletzungen im Internet - Anmerkung zu LG
Flensburg, GRUR-RR 2006, 174, GRUR-RR 2006, S. 145-147.

Dix, *Alexander*
Vorratsspeicherung von IP-Adressen?, DuD 2003, S. 234-236

Eckhardt, *Jens*
Kommentar zum Urteil des LG Darmstadt, K&R 2006, S. 293-296.

Einzinger, *Kurt* / **Schubert**, *Agnes* / **Schwabl**, *Wolfgang* / **Wessely**, *Karin*
/ **Zykan**, *David*
Wer ist 217.204.27.214? Access-Provider im Spannungsfeld zwischen
Auskunftsbegehrlichkeiten der Rechteinhaber und Datenschutz,
MR 2005, S. 113-118.

Elbel, *Thomas*
Die datenschutzrechtlichen Vorschriften für Diensteanbieter im neuen
Telekommunikationsgesetz auf dem Prüfstand des europäischen und
deutschen Rechts, diss. iur., Berlin 2005.

Echenbach, *Jürgen* / **Niebaum**, *Frank*
Von der mittelbaren Drittwirkung unmittelbar zur staatlichen
Bevormundung, NVwZ 1994, S. 1079-1082.

Europarat, *Vertragsbüro (Hrsg.)*
Website des Vertragsbüros des Europarates,
Straßburg, http://conventions.coe.int.

Fisahn, *Andreas*
Ein unveräußerliches Grundrecht am eigenen genetischen Code,
ZRP 2001, S. 49-54.

Forgó, *Nikolaus* / **Feldner**, *Birgit* / **Witzmann**, *Martin* / **Dieplinger**, *Simone*
(Hrsg.)
Probleme des Informationsrechts, Wien 2003.

Fröhle, *Jens*
Web Advertising, Nutzerprofile und Teledienstedatenschutz,
München 2003.

Geppert, *Martin* / **Piepenbrock**, *Hermann-Josef* / **Schütz**, *Raimund*
/ **Schuster**, *Fabian (Hrsg.)*
Beck'scher TKG-Kommentar, 3. Aufl., München 2006
(zitiert BeckTKG – *Bearbeiter*).

Gercke, *Marco*
Analyse des Umsetzungsbedarfs der Cybercrime Konvention - Teil 2:
Die Umsetzung im Bereich des Strafverfahrensrechts,
MMR 2004, S. 801-806.

Gesellschaft für deutsche Sprache *(Hrsg.)*
Wörter, die Geschichte machten – Schlüsselbegriffe des
20. Jahrhunderts, Gütersloh/München 2001.

Grabitz, *Eberhard (Begründer)* / **Hilf**, *Meinhard (Hrsg.)* /
Wolf, *Manfred (Hrsg.)*
Das Recht der Europäischen Union, Band III, Sekundärrecht:
EG-Verbraucher- und Datenschutzrecht, Loseblatt, Stand 30. EL,
München 2006.

Grote, *Elisabeth*
Die Telekommunikations-Kundenschutzverordnung,
BB 1998, S. 1117-1120.

Heidrich, *Joerg*
Die T-Online-Entscheidung des RP Darmstadt und ihre Folgen,
DuD 2003, S. 237-238.

Heise, *Christian und Ansgar* / **Persson**, *Christian (Hrsg.)*
Heise Online, Hannover, http://www.heise.de.

Hoeren, *Thomas* / **Sieber**, *Ulrich (Hrsg.)*
Handbuch Multimedia Recht, Loseblatt,
Stand 16. EL, München 2006 (zitiert Hoeren/Sieber – *Bearbeiter*).

IDG Business Media *(Hrsg.)*
Tecchannel, München, http://www.tecchannel.de.

International Federation of the Phonographic Industry, *Deutsche*
Landesgruppe (Hrsg.)
Website der deutschen Phonoverbände, Berlin, http://www.ifpi.de.

Jandach, *Thomas*
Identität und Anonymität bei der elektronischen Kommunikation, in
Taeger, Jürgen / *Wiebe, Andreas (Hrsg)*: Informatik-Wirtschaft-Recht –
Regulierung der Wissensgesellschaft – Festschrift für Wolfgang Kilian,
S. 443-461.

Johnston, *Steven R.*
The Impact of Privacy and Data Protection Legislation on the Sharing of Intrusion Detection Information, LNCS 2212/2001, S. 150-171.

Kazemi, *Robert*
Anmerkung zur Entscheidung des AG Darmstadt, MMR 2005, S. 636-637.

ders.
Anmerkung zur Entscheidung des BGH, MMR 2007, S. 37-38.

Kemmitt, *Helen* / **Mögelin,** *Chris*
Data Protection and Privacy, in *Scherer, Joachim (Hrsg.),* Telecommunication Laws in Europe, 5. Aufl., Haywards Heath 2005, S. 112-124.

Kilian, *Wolfgang*
Europäisches Wirtschaftsrecht, 2. Auflage, München 2003.

Kitz, *Volker*
Die Auskunftspflicht des Zugangsvermittlers bei Urheberrechts-verletzungen durch seine Nutzer, GRUR 2003, S. 1014-1019.

Klaß & Ihlenfeld Verlag *(Hrsg.)*
Golem.de – IT-News für Profis, Berlin, http://www.golem.de.

Klein, *Eckart*
Grundrechtliche Schutzpflicht des Staates, NJW 1989, S. 1633-1640.

Koenig, *Christian* / **Loetz,** *Sascha* / **Neumann,** *Andreas*
Telekommunikationsrecht, Heidelberg 2004.

Köcher, *Jan* / **Kaufmann,** *Noogie*
Anmerkung zur Entscheidung LG Hamburg, MMR 2005, S. 61-62.

dies.
Speicherung von Verkehrsdaten bei Internet-Access-Providern, DuD 2006, S. 360-364.

Köster, *Oliver* / **Jürgens,** *Uwe*
Haftung professioneller Informationsvermittler im Internet - Eine Bestandsaufnahme nach der Novellierung der Haftungsregelungen, MMR 2002, S. 420-425.

Krasemann, *Henry*
Besprechung des Beschlusses des Landgerichts Frankfurt am Main vom 15.05.2003 (Az.: 5/6 Qs 47/03) und des Beschlusses des Landgerichts Frankfurt am Main vom 21.10.2003 (Az.: 5/8 Qs 26/03), JurPC Web-Dokument 140/2004, http://www.jurpc.de/aufsatz/20040140.htm.

Lepperhoff, *Niels* / **Tinnefeld,** *Marie-Theres*
Aussagewert der Verkehrsdaten – Aspekte der Sicherheitspolitik, des Datenschutzes und der Wirtschaft, RDV 2004, S. 7-11.

Leutheusser-Schnarrenberger, *Sabine*
Vorratsdatenspeicherung – Ein vorprogrammierter
Verfassungskonflikt, ZRP 2007, S. 9-13.

Linke, *Thomas*
Anmerkung zur Entscheidung des OLG Hamburg,
MMR 2005, S. 456-458.

Malek, *Klaus*
Strafsachen im Internet, Heidelberg 2005.

Di Martino, *Alessandra*
Datenschutz im Europäischen Recht, Berlin 2004,
http://www.whi-berlin.de/documents/whi-paper1504.pdf.

Meyer, *Jürgen (Hrsg.)*
Charta der Grundrechte der Europäischen Union (Kommentar),
2. Aufl., Baden-Baden 2006 (zitiert MeyerGRC – *Bearbeiter*).

Meyer-Ladewig, *Jens*
Europäische Menschenrechtskonvention,
Kommentar, 2. Aufl.,Baden-Baden 2006.

Michelfelder, *Diane*
The moral value of informational privacy in cyberspace,
Ethics and Information Technology 2001, S. 129-135.

Mühlbauer, *Peter*
Wer die Verbindungsdaten speichert, Telepolis 16.01.2007,
http://www.heise.de/tp/r4/artikel/24/24446/1.html.

ders.
Wer die Verbindungsdaten speichert (und das Gegenteil behauptet),
Telepolis 24.01.2007,
http://www.heise.de/tp/r4/artikel/24/24496/1.html.

Nachbaur, *Andreas*
Standortfeststellung und Art. 10 GG – Der Kammerbeschluss des
BVerfG zum Einsatz des „IMSI-Catchers", NJW 2007, S. 335-337.

Ohlenburg, *Anna*
Der neue Telekommunikationsdatenschutz - Eine Darstellung von Teil
7 Abschnitt 2 TKG, MMR 2004, S. 431-440.

Penders, *Jacques*
Privacy in (mobile) telecommunications services, Ethics and
Information Technology 2004, S. 247-260.

Pfeiffer, *Gerd (Hrsg.)*
Karlsruher Kommentar zur Strafprozessordnung, 5. Aufl.,
München 2003 (zitiert KKStPO – *Bearbeiter*).

Pincus, *Laura B.* / **Johns,** *Roger*
Private Parts: A Global Analysis of Privacy Protection Schemes and a
Proposed Innovation for Their Comparative Evaluation,
J Bus Ethics 1997, S. 1237-1260.

Pocar, *Fausto*
New Challenges for International Rules against Cyber-Crime,
European Journal on Criminal Policy and Research 2004, S. 27-37.

Pollach, *Irene*
A Typology of Communicative Strategies in Online Privacy Policies:
Ethics, Power and Informed Consent, J Bus Ethics 2005, S. 221-235.

Rieß, *Peter (Hrsg.)*
Löwe/Rosenberg – Die Strafprozessordnung und das
Gerichtsverfassungsgesetz, Band 2: §§ 72-136a, 25. Aufl., Berlin 2004
(zitiert Löwe/Rosenberg – *Bearbeiter*).

Roßnagel, *Alexander (Hrsg.)*
Handbuch Datenschutzrecht, München 2003.

Sankol, *Barry*
Die Qual der Wahl: § 113 TKG oder §§ 100g, 100h StPO? - Die
Kontroverse über das Auskunftsverlangen von Ermittlungsbehörden
gegen Access-Provider bei dynamischen IP-Adressen,
MMR 2006, S. 361-365.

Schild, *Hans-Hermann*
Die Richtlinie über die Verarbeitung personen bezogener Daten und
den Schutz der Privatsphäre im Bereich der Telekommunikation,
EuZW 1999, S. 69-74.

ders.
Vom Dreigestirn zum Zweigestirn? - Ein Beitrag zum sprachlichen
Babylon nach dem zukünftigen neuen TMG und dem 9. RÄStV,
MMR 2007, Heft 2, S. V-VI.

Schmitz, *Peter*
Anmerkung zur Entscheidung des OLG Hamburg,
MMR 2000, S. 615-617.

ders.
Inhalt und Gestaltung von Telekommunikationsverträgen,
MMR 2001, S. 150-158.

ders.
Anmerkung zur Beurteilung des RP Darmstadt,
MMR 2003, S. 214-216.

Schramm, *Marc*
Staatsanwaltschaftliche Auskunft über dynamische IP-Adressen,
DuD 2006, S. 785-788.

Schuster, *Fabian (Hrsg.)*
Vertragshandbuch Telemedia, München 2001.

Schütz, *Raimund*
Anmerkung zur Regulierungsverfügung der RegTP,
MMR 1999, S. 557-568.

Sieber, *Ulrich /* **Höfinger,** *Frank Michael*
Drittauskunftsansprüche nach § 101a UrhG gegen Internetprovider zur
Verfolgung von Urheberrechtsverletzungen, MMR 2004, S. 575-585.

Simitis, *Spiros (Hrsg.)*
Bundesdatenschutzgesetz (Kommentar), 6. Aufl., Baden-Baden 2006
(zitiert Simitis/*Bearbeiter*).

Spindler, *Gerald (Hrsg.)*
Vertragsrecht der Internet-Provider, 2. Aufl., Köln 2004.

ders.
Anmerkung zur Entscheidung des OLG Frankfurt/Main,
MMR 2005, S. 243-245.

Spindler, *Gerald /* **Schmitz,** *Peter /* **Geis,** *Ivo*
Teledienstegesetz, Teledienstedatenschutzgesetz, Signaturgesetz,
Kommentar, 1. Aufl., München 2004.

Splittgerber, *Andreas /* **Klytta,** *Joanna*
Auskunftsansprüche gegen Internetprovider, K&R 2007, S. 78-85.

Steele, *Jonathan*
Data Protection: An Opening Door? The Relationship between
Accessibility and Privacy in Sweden in an EU Perspective,
Liverpool Law Review 2002, S. 19-39.

teltarif.de Onlineverlag *(Hrsg.)*
teltarif.de, Berlin, http://www.teltarif.de.

Ulmer, *Claus /* **Schrief,** *Dorothee*
Datenschutz im neuen Telekommunikationsrecht – Bestandsaufnahme
eines Telekommunikationsdienstleisters zum aktuellen Entwurf des
Telekommunikationsgesetzes, RDV 2004, S. 3-7.

Vassilaki, *Irini*
EU-Richtlinie zur Vorratsspeicherung: Aufklärung von Straftaten oder
Aushöhlung von Grundrechten, MMR 2006, Heft 2, S. XIII

Volkmann, *Christian*
Anmerkung zur Entscheidung des VG Düsseldorf,
CR 2005, S. 893-894.

Waldenberger, *Arthur*
Teledienste, Mediendienste und die „Verantwortlichkeit" ihrer
Anbieter, MMR 1998, S. 124-129.

Westdeutscher Rundfunk *(Hrsg.)*
Website der Redaktion Quintessenz, Radio WDR 2,
http://www.wdr.de/radio/wdr2/quintessenz.

Westphal, *Dietrich*
Die neue EG-Richtlinie zur Vorratsdatenspeicherung – Privatsphäre
und Unternehmerfreiheit unter Sicherheitsdruck,
EuZW 2006, S. 555-560.

Wiebe, *Andreas*
Anmerkung zur Entscheidung des OGH, MMR 2005, S. 827-830.

Wikimedia Foundation *(Hrsg.)*
Wikipedia – Die freie Enzyklopädie, St. Petersburg (USA),
http://de.wikipedia.org.

Wuermeling, *Ulrich* / **Felixberger**, *Stefan*
Fernmeldegeheimnis und Datenschutz im Telekommunikationsgesetz,
CR 1997, S. 230-238.

Die Internet-Quellen wurden sämtlich im Februar/März 2007 gesichtet.

A. Einführung

I. Gesellschaftliche Relevanz

Erläuterungen darüber, wie sehr das Internet im „Informationszeitalter" Lebens-, Konsum- und Kommunikationsgewohnheiten der Menschen – oder kurz: die Welt – verändert hat, wirken heute bereits nahezu großväterlich; jedenfalls ist das Internet ein Schlüsselbegriff des vergangenen Jahrhunderts.[2]

Das gilt jedoch nicht für den Datenschutz: Die Diskussion über den Datenschutz im Allgemeinen und über den Schutz der IP-Adresse im Besonderen ist aus zweierlei Hinsicht in jüngerer und jüngster Zeit gesellschaftlich relevant geworden:

Erstens haben die Terroranschläge vom 11. September 2001 in den USA eine weltweite und noch immer andauernde Sicherheitsdiskussion ausgelöst; in Europa hat sich diese Diskussion nach den weiteren Terroranschlägen am 11. März 2004 in Madrid und am 7. Juli 2005 in London verschärft. Die „westliche Welt" befindet sich in einem anhaltenden Dilemma zwischen der Verteidigung ihrer Grundwerte und Errungenschaften gegen Terroristen und dem Erhalt ihrer Grundwerte und -rechte bei ebendieser Verteidigung. Praktisch überall sind strengere Überwachungsmaßnahmen beschlossen worden, auch hinsichtlich der elektronischen Kommunikation. Andere Formen von schwerer Kriminalität, insbesondere der Handel mit Kinderpornografie über das Internet, tragen ebenso dazu bei, den Ruf nach einer stärkeren Überwachung von elektronischer Kommunikation laut werden zu lassen. Tatsächlich sind die rechtlichen Möglichkeiten für die staatliche TK-

---

[1] Fortune Cookies (Glückskekse) sind ein beliebtes Gimmick bei textbasierten Terminalservern: Bei jedem Login wird dem Benutzer eine „Weisheit" angezeigt wie in einem Glückskeks. Der genannte Fortune Cookie ist angelehnt an den (in echten Glückskeksen zu findenden) Spruch „There is no place like home": 127.0.0.1 ist die IP-Adresse für eine Verbindung (*loopback*) zum eigenen Rechner (*localhost*).

[2] *Gesellschaft für deutsche Sprache (Hrsg.)*, Wörter die Geschichte machten, S. 142f.; danach ist auch „Datenverarbeitung" ein Schlüsselbegriff des 20. Jahrhunderts (S. 91f.), nicht jedoch „Datenschutz".

27

Überwachung seit der Einführung des G10 im Jahr 1968 stetig ausgedehnt, aber fast nie zurückgenommen worden.[3]

Zweitens haben die Inhaber von geistig-gewerblichen Schutzrechten den politischen und gesellschaftlichen Druck gegen „Raubkopien"[4] und „Piraterie" erheblich verschärft. Durch Kampagnen wie „Raubkopierer sind Verbrecher"[5] haben sie sich öffentliche Aufmerksamkeit geschaffen. Die *Business Software Alliance* gibt für das Jahr 2002 in Deutschland einen Schaden allein durch illegale Softwarekopien von einer Milliarde Euro an,[6] die deutschen Phonoverbände sprechen für den Bereich der Musik von einer „dreistelligen Millionenhöhe".[7] Die Rechteinhaber wünschen sich effektive Möglichkeiten, um gegen „Raubkopierer" vorzugehen; dazu gehört auch und gerade die Auskunft der Access Provider über die Person hinter einer ermittelten IP-Adresse.

Bei alldem ist das Problembewusstsein der Bürger eher gering. Wer nichts zu verbergen hat, kann auch nichts gegen die Verwendung seiner Daten haben, solange mit den Daten kein offensichtliches Schindluder getrieben wird, lautet eine verbreitete Auffassung.[8] Das mag auch daran liegen, dass die informationelle „Kräfteverteilung" zwischen dem Access Provider und seinem Kunden ungleichmäßig ist:[9] Der Kunde hat häufig weder technische Kenntnisse darüber, was gespeichert werden kann, noch rechtliche Kenntnisse darüber, was genau gespeichert werden darf; selbst Nachfragen beim Access Provider können falsch beauskunftet werden.

---

[3] *P. Breyer*, Die systematische Aufzeichnung…, S. 25f., m.w.N.

[4] Der Begriff ist üblich, aber tendenziös: Eine illegale Kopie anzufertigen, hat mangels Drohung oder Gewalt nicht einmal im übertragenen Sinne etwas mit einem Raub nach § 249 StGB zu tun.

[5] Vgl. http://www.hartabergerecht.de, eine Initiative der Kino- und Filmwirtschaft.

[6] *Business Software Alliance*, http://www.bsa.org/germany/piraterie/auswirkungen.cfm.

[7] *International Federation of the Phonographic Industry*, Pressemitteilung vom 24.01.2007, http://www.ifpi.de/news/news-822.htm.

[8] *Michelfelder*, Ethics and Information Technology 2001, 129, [130].

[9] So auch *Pollach*, J Bus Ethics 2005, 221 [224] für das Verhältnis Kunde-Onlineshop. *Jandach*, FS Kilian, S. 443, unterscheidet bei der Qualität der Anonymität im Internet deswegen zwischen der, die nur im Verhältnis zum Kommunikationspartner besteht und der, die auch gegenüber dem Access Provider besteht.

Es sitzen daher sowohl die Access Provider als auch der Staat zwischen den Stühlen: Die Access Provider sind einerseits ihren Kunden zum Schutz ihrer jeweiligen Daten verpflichtet und andererseits kommen Ermittlungsbehörden und Rechteinhaber auf sie zu mit Auskunftsbegehren, die sie nur erfüllen können, wenn sie die Daten, die sie beauskunften sollen, zunächst einmal überhaupt speichern. Der Staat wiederum will einerseits notwendige (und darüber hinaus publikumswirksame) Maßnahmen gegen Kriminalität und Terrorismus treffen, soll aber andererseits die Privatautonomie der Bürger schützen, indem er das informationelle Kräfteungleichgewicht ausgleicht.

II. Jüngste Entwicklung in Rechtsprechung und Praxis

Aufsehen erregt haben vor allem Entscheidungen des AG[10] und des LG[11] Darmstadt gegen T-Online. Nachdem das *RP Darmstadt*[12] als zuständige Aufsichtsbehörde (§ 38 BDSG)[13] die Beschwerde eines Kunden von T-Online darüber, dass das Unternehmen die ihm dynamisch zugewiesenen IP-Adressen speicherte, abschlägig beurteilte, begehrte dieser von T-Online im Klageweg die Unterlassung der Speicherung und bekam vom AG im wesentlichen Recht; das LG hat im Berufungsverfahren den Tenor im wesentlichen bestätigt.

Der *BfDI* hält das Urteil des LG Darmstadt für allgemeingültig.[14] Gleichwohl findet es in der Praxis keine breite Beachtung: Bei einer journalistischen Umfrage[15] um den Jahreswechsel 2006/2007 unter sechzig Access

---

[10] *AG Darmstadt*, MMR 2005, 634, m. Anm. *Kazemi*.

[11] *LG Darmstadt*, GRUR-RR 2006, 173; das Urteil ist rechtskräftig, der *BGH* (MMR 2007, 37, m. Anm. *Kazemi*) hat die Beschwerde gegen die Nichtzulassung der Revision als unzulässig zurückgewiesen.

[12] *RP Darmstadt*, MMR 2003, 213, m. Anm. *Schmitz*.

[13] Eigentlich war das RP wegen § 89 Abs. 4 TKG a.F. (§ 115 Abs. 4 TKG n.F.) sachlich unzuständig; zuständig wäre der BfDI; *Schmitz*, Anm. zu RP Darmstadt, MMR 2003, 214 [215]; wohl auch *Dix*, DuD 2003, 234 [235]. Zur Einschlägigkeit des TKG sogleich.

[14] *BfDI*, Speicherung von IP-Adressen bei Flatrate-Verträgen, http://www.bfdi.bund.de/cln_029/nn_530308/DE/Themen/Kommunikationsdienst eMedien/Internet/Artikel/SpeicherungVonIP-AdressenBeiFlatrate-Vertraegen.html; das Urteil als solches entfaltet subjektive Rechtskraft freilich nur *inter partes*, § 325 Abs. 1 ZPO.

[15] *Mühlbauer*, Wer die Verbindungsdaten speichert, Telepolis 16.01.2007.

Providern haben zwölf Unternehmen eingeräumt, die dynamisch zugewiesene Adresse mit einer Zuordnung zum Kunden zu speichern, dreißig Unternehmen verweigerten die Auskunft.

Die Zahl von achtzehn Access Providern, die angaben, nicht zu speichern, welchem Kunden sie welche IP-Adresse zuordneten, hat sich nach Reaktionen von Lesern, die Kunden dieser Provider sind und wegen Urheberrechtsverletzungen anhand der IP-Adresse ermittelt und sodann abgemahnt wurden, noch einmal relativiert:[16] Einige Unternehmen mussten einräumen, bei der Umfrage falsche Angaben gemacht zu haben, andere gaben an, sie würden zwar nicht die dynamische IP-Adresse speichern, aber „andere Daten", die eine Ermittlung des Vertragskunden anhand der bei der DTAG gespeicherten IP-Adresse ermöglichten.

Die DTAG hat – mit technischer Wirkung auch für ihre Reseller – angekündigt, die gespeicherten IP-Adressen nunmehr nur noch sieben Tage zu speichern, anstatt, wie vorher, bis zu achtzig Tagen.[17] Hintergrund dessen ist eine mit der Wirtschaft und dem Referat für TK-Datenschutz bei der *Bundesnetzagentur* abgestimmte Auffassung des *BfDI*, die Speicherung bis zu 14 Tagen zuzulassen.[18] Die nunmehr von 80 auf sieben Tage verkürzte Speicherungsfrist ist von der Medienindustrie als *„Zumutung"* für den Schutz geistig-gewerblicher Schutzrechte bezeichnet worden.[19]

III. Herangehensweise

Zunächst muss geklärt werden, welches Recht für die Speicherung von IP-Adressen einschlägig ist: Das Telekommunikations- oder das Telemedienrecht? Selbst wenn diese Unterscheidung *im Ergebnis* keinen Unterschied

---

[16] *Mühlbauer*, Wer die Verbindungsdaten speichert (und das Gegenteil behauptet), Telepolis 24.01.2007.

[17] *Aust*, Hannoversche Allgemeine Zeitung vom 22.02.2007, S. 14; *Heise Online*, T-Online speichert IP-Adressen nur noch sieben Tage, 20.02.2007, http://www.heise.de/newsticker/meldung/85609.

[18] Vgl. auch die Schilderung des *AG Darmstadt*, MMR 2005, 634 [635]; dass diese Auffassung Bestand hat, hat die *Bundesnetzagentur* d. Verf. am 05.03.2007 mitgeteilt.

[19] *Heise Online*, Einwöchige Speicherung für Verbindungsdaten als „Zumutung" kritisiert, 14.03.2007, http://www.heise.de/newsticker/meldung/86686.

machen würde,[20] müsste sie dennoch für eine dogmatisch einwandfreie Beurteilung erfolgen. Die Frage, welches Recht anwendbar ist, stellt sich auch deshalb, weil das TKG – trotz einiger Modernisierungen – noch immer auf Telefonie als klassische Form der Telekommunikation fokussiert ist und daher wichtige Fragen der Internet-Kommunikation nur schwer erfassen kann.[21] Darüber hinaus wird zu zeigen sein, dass sich durchaus Unterschiede hinsichtlich der ins einfache Recht hineinstrahlenden einschlägigen Grundrechte ergeben[22] und gerade die jüngsten Gesetzgebungen die Abgrenzung im Detail verändert haben.

Sodann wird zunächst zu zeigen sein, wodurch dynamische IP-Adressen (und deren Zuordnung zu einem bestimmten Kunden) eigentlich vor einer Speicherung geschützt sind. Jeder kann tun und lassen – also auch speichern und löschen – was er will, solange er nicht die Rechte anderer verletzt, Art. 2 Abs. 1 GG. Damit die Titelfrage nicht mit einem lapidaren „warum denn nicht?" beantwortet werden kann, müssen diese Rechte anderer zunächst untersucht und aufgezeigt werden, wie das deutsche und das europäische Recht die Internetnutzer grundsätzlich davor schützen, dass die Access Provider die Zuordnung der dynamisch vergebenen IP-Adresse speichern; dazu gehört auch die Einordnung der dynamischen IP-Adresse in die einschlägigen Datenkategorien.

Danach muss geprüft werden, wann und inwieweit dieser Schutz durchbrochen werden kann. Die Interessen der Allgemeinheit, der Access Provider und bestimmter Dritter müssen im Lichte des deutschen und europäischen Rechts gegen die durch die Schutzvorschriften geschützten Interessen der Kunden abgewogen werden. Die rechtliche Systematik gebietet hierbei eine sequentielle Betrachtung der verschiedenen denkbaren Erlaubnistatbestände; diese soll jedoch nicht auf die in der Rechtsprechung entschiedenen

---

[20] So *Dix*, DuD 2003, 234 [235].
[21] So auch *Ulmer/Schrief*, Datenschutz im neuen Telekommunikationsrecht, RDV 2004, 3 [6].
[22] So auch *Ohlenburg*, MMR 2004, 431 [431].

Aspekte beschränkt, sondern um neue technische und rechtliche Aspekte erweitert werden.

Bei der Frage, ob eine Speicherung der dynamisch vergebenen IP-Adresse mit Kundenzuordnung zulässig ist, sind zwei grundlegend verschiedene Arten der Speicherung zu unterscheiden: Bei der anlassbezogenen Speicherung werden die an einen vorher *bestimmten* Kunden vergebenen IP-Adressen gespeichert, während bei der Vorratsspeicherung *alle* Zuordnungen von IP-Adressen gespeichert werden. Ohne den Ausführungen im Einzelnen vorgreifen zu wollen, ist evident, dass die anlassbezogene Speicherung von Daten eines bestimmten Kunden im Rahmen der allgemeinen Verhältnismäßigkeit weit weniger problematisch erscheint als die Speicherung der Daten aller Kunden auf Vorrat; daher werden Schwerpunkte vor allem hinsichtlich der Vorratsspeicherung gesetzt und für die individuelle Speicherung nur dort, wo es besondere Spannungsverhältnisse gibt.

Am 24.02.2007 ist das TKG-Änderungsgesetz[23] in Kraft getreten, am 1.03.2007 das Telemediengesetz.[24] Da die Änderungen im Hinblick auf verschiedene Teilaspekte der Fragestellung bisher weitgehend ungeklärt sind, wird auch insoweit auf die Änderungen ausführlich einzugehen sein.

---

[23] Gesetz zur Änderung telekommunikationsrechtlicher Vorschriften vom 18. Februar 2007, BGBl. I S. 106.
[24] Art. 1 des Gesetzes zur Vereinheitlichung von Vorschriften über bestimmte elektronische Informations- und Kommunikationsdienste vom 26. Februar 2007, BGBl. I S. 179; zum Inkrafttreten vgl. die Bekanntmachung des *Bundesministeriums für Wirtschaft und Technologie*, BGBl. I S. 251.

B. Grundlagen

I. Zentrale Begriffe

1. Dynamische IP-Adresse

a) Allgemeines

Der Datentransfer im Internet erfolgt praktisch immer bidirektional: Eine Anfrage wird von einem Computer (oder sonstigen Endgerät) an einen anderen Computer gesendet, und dieser beantwortet sodann die Anfrage. Anders als bei klassischen Rundfunkangeboten (z.b. Videotext) werden also nicht Informationen an viele unbestimmte Empfänger geschickt, die sich dann jeweils den gewünschten Teil (z.B. die Videotextseite) unter allen gesendeten Informationen heraussuchen, sondern jede Information wird auf individuellen Abruf individuell versendet.[25]

Dabei werden Datenpakete ausgetauscht, die vom absendenden Computer – dem dezentralen Charakter des Internet folgend – über mehrere Zwischenstationen zum empfangenden Computer gesendet werden. Die Absender- und Empfängerkennzeichnung eines einzelnen Datenpakets (Adressierung) erfolgt dabei über die IP-Adresse. Sie ermöglicht es den Zwischenstationen, das Paket richtig zu leiten („*routing*") und letztlich dem Empfängercomputer zuzustellen; dieser wiederum verwendet die IP-Adresse des Absendercomputers, um an diesen eine Antwort zu senden.

IP-Adressen bestehen aus 32 Bits (binären Ziffern), die üblicherweise von und für Menschen in der *dotted decimal notation* dargestellt werden, also in vier durch Punkte getrennten Zahlen zwischen 0 und 255 (z.B. 130.75.2.91).[26] Es

---

[25] Sog. *unicast*; auch im Internet gibt es Möglichkeiten für eine Informationsversendung an mehrere (*multicast*) oder – eingeschränkt – an alle (*broadcast*) Empfänger, typisch ist aber *unicast*.

[26] Der verbreiteten Darstellung, dies *sei* die IP-Adresse, ist entgegenzuhalten, dass Computer immer nur binäre Ziffernfolgen austauschen. Es handelt sich lediglich um eine faktische Darstellungsnorm für die bessere Lesbarkeit für Menschen. Diese ist willkürlich gewählt: Bei den „neuen" IP-Adressen nach IPv6 soll die Darstellung durch acht vierstellige hexadezimale Ziffernblöcke erfolgen, die durch Doppelpunkte getrennt werden, vgl. *Wikipedia*: IPv6, http://de.wikipedia.org/wiki/IPv6.

gibt also theoretisch gut vier Milliarden mögliche IP-Adressen, von denen aber über 600 Millionen für besondere Zwecke reserviert sind.[27]

IP-Adressen müssen immer eindeutig sein, das heißt, dass grundsätzlich jeder mit dem Internet verbundene Computer eine eigene, wenigstens für die Dauer der Internetverbindung eindeutige IP-Adresse benötigt.

b) Zuteilung von IP-Adressen

IP-Adressen werden von der IANA[28] an regionale Organisationen – für Europa das RIPE-NCC[29] – und von dort an Großanwender (insbesondere Betreiber von Rechenzentren) und Access Provider zugeteilt.

Server – also Computer im Netz, die ständig verfügbar seien sollen, um Daten mit vielen Benutzern oder anderen Servern auszutauschen – werden üblicherweise in Rechenzentren betrieben und verfügen regelmäßig über eine feste *statische* IP-Adresse.

Vor allem wegen der Knappheit der verfügbaren IP-Adressen[30] vergeben die Access Provider in Zugangsmodellen für Privat- und kleine Geschäftskunden regelmäßig *dynamische* IP-Adressen. Da solche Endkunden normalerweise nicht ständig online sind und üblicherweise keine Server betreiben, ist es nicht erforderlich, ihnen eine eigene feste IP-Adresse ständig freizuhalten. Die Access Provider halten für ihre Kunden Adressbereiche („*pool*", „*range*") bereit; die Größe eines Pools und der Umfang der diesem zugeordneten Einwahlpunkte ist von Provider zu Provider unterschiedlich, es ist aber davon auszugehen, dass ein einzelner Pool aus mindestens 250, üblicherweise aus mehreren tausend IP-Adressen besteht.

Bei der Einwahl in das Internet überprüft der Access Provider die bei der Einwahl übermittelten Zugangskenndaten (Benutzerkennung, Passwort, evtl. Anschlussrufnummer) und teilt dem einwählenden Computer im

---

[27] *Wikipedia*: IP-Adresse, http://de.wikipedia.org/wiki/IP-Adresse.
[28] Siehe http://www.iana.org.
[29] Siehe http://www.ripe.net.
[30] Vgl. *Tecchannel*, EU fordert IPv6 gegen knappe IP-Adressen, 22.02.2002, http://www.tecchannel.de/news/themen/business/410574.

Erfolgsfall eine IP-Adresse dynamisch aus dem Pool zu; nach Beendigung der Internetverbindung steht die IP-Adresse wieder für die Zuweisung an einen anderen Kunden zur Verfügung.

2. Access Provider

a) Allgemeines

Access Provider sind Unternehmen, die ihren Kunden den Zugang zum Internet aufgrund vertraglicher Beziehungen ermöglichen. Gegenstand des Vertrages ist es, technische Einrichtungen vorzuhalten, die es dem Kunden erlauben, die Konnektivität zum Internet herzustellen, die zum Versand und Empfang von IP-Paketen erforderlich ist.

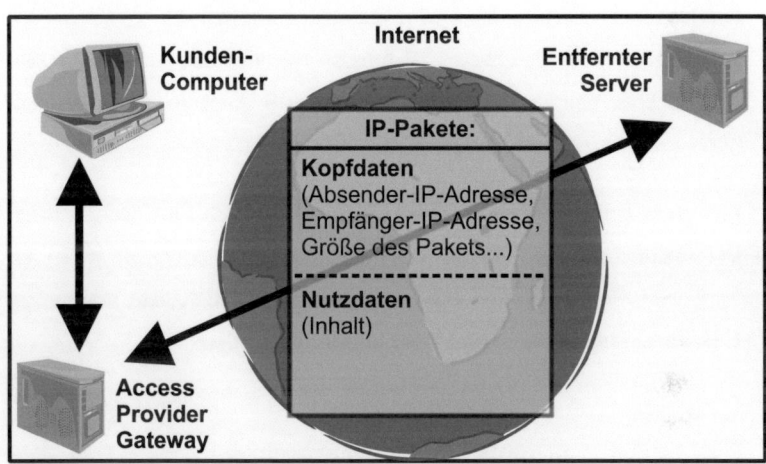

Abbildung 1: IP-Pakete und Vermittlung über den Access Provider

Dazu gehört zunächst das Zurverfügungstellen einer IP-Adresse, die statisch oder dynamisch sein kann. Außerdem ist der Access Provider verpflichtet, über sein *Gateway* die IP-Pakete des Kunden zu Internet-Knotenpunkten weiterzuleiten bzw. von dort IP-Pakete für den Kunden aufzunehmen und zuzuleiten (Abb. 1).[31]

---

[31] *Schmitz/ von Netzer* in *Schuster*, Vertragshandbuch Telemedia, Teil VI Rn. 4 ff.; *Schuppert* in *Spindler*, Vertragsrecht der Internet-Provider, Kapitel II Rn. 13; *Schmitz*, MMR 2001, 150 [155].

Der Kunde verfolgt mit dem Access Provider Vertrag zwar den Zweck, Zugang zu Internet-Diensten, insbesondere Seiten im World Wide Web (WWW), zu erlangen,[32] jedoch ist nur die Ermöglichung des Zugangs auf Abruf des Kunden Leistungspflicht des Access Providers, nicht aber der Internet-Dienst selbst.

b) Reseller

Zu unterscheiden ist noch zwischen Access Providern mit eigener technischer Infrastruktur und Resellern: Die DTAG ist von der EU-Kommission verpflichtet worden, Mitbewerbern das Wiederverkaufen (*Resale*) ihrer ADSL-Anschlüsse zu gestatten.[33] Dabei wird von den Telekom-Servern die Passwort-Authentifizierung (*RADIUS*-Verfahren) an Server des jeweiligen Resellers weitergeleitet; dabei wird auch die Information über die an den Kunden vergebene dynamische IP-Adresse zwischen den Anmelde-Servern der Telekom und des Resellers ausgetauscht.[34] Ähnliche Resale-Modelle bieten auch andere Gesellschaften an.

In diesem Fall können auch den „mittelbaren Access Provider", also das Unternehmen, dessen Produkt von einem anderen Unernehmen weiterverkauft wird, die Rechte und Pflichten in Bezug auf die einem bestimmten Kunden eines Resellers zugeordnete IP-Adresse treffen.[35]

3. Flatrate

Flatrates sind Pauschaltarife für den Internetzugang. Verträge über einen Flatrate-Internetzugang beinhalten also eine unlimitierte Nutzung für ein festes Entgelt. Dabei ist zwischen verschiedenen Flatrate-Modellen zu unterscheiden: Es gibt *Volumenrates*, die zwar eine zeitlich unbegrenzte

---

[32] Hoeren/Sieber-*Stadler*, Teil 12.1 Rn. 3.
[33] *teltarif.de*, Es geht los: T-DSL-Reseller stehen in den Startlöchern, 30.06.2004, http://www.teltarif.de/arch/2004/kw27/s14178.html; die Kommission hat das Kartellverfahren gegen die DTAG nach Preissenkung eingestellt (*Heise Online*, EU-Kommission stellt Verfahren gegen Telekom nach Preissenkung ein, 1.03.2004, http://www.heise.de/newsticker/meldung/45158), nachdem sie kurz zuvor ein erhebliches Bußgeld in einem Kartellverfahren gegen die DTAG bezüglich Ortsnetzanschlüssen festgesetzt hatte (ABl. L 263 vom 14.10.2003, S. 9-41).
[34] *Bleich*, c't 15/2005, 32 unter „Datenschiebung".
[35] *LG Hechingen*, NJW-RR 2006, 1196 [1197]; *Otto* in *Forgó/Feldner/Witzmann/Dieplinger*, 305 [318] will in diesem Fall sogar allein das Vorunternehmen als TK-Dienstleister einordnen und nicht den Reseller.

Nutzung gestatten, aber nur ein bestimmtes monatliches Datenvolumen enthalten, nach dessen Überschreitung zusätzliche Entgelte zu zahlen sind. Weiterhin gibt es „*fair flat*" Modelle, mit denen Access Provider sich (und ihre knappe Preiskalkulation) vor „*Power Usern*" – also Kunden, die ein sehr hohes Datenvolumen verursachen – schützen; diese gestatten die Überschreitung eines bestimmten Volumens nicht in zwei aufeinanderfolgenden Monaten oder beinhalten ähnliche Einschränkungen.

Echte Flatrates („*full flat*") sind hingegen Tarife, die eine weder zeitlich noch volumenmäßig begrenzte Nutzung des Internetzugangs gestatten. Auch full flat Flatrates können aber bestimmte Einschränkungen hinsichtlich der Nutzung, z.B. Verbot der Mehrplatznutzung oder des Betriebs von Servern, beinhalten. Üblich ist auch eine „Zwangstrennung" der Verbindung nach 24 Stunden. Es entstehen aber keine zusätzlichen zeit- oder datenvolumenabhängigen Kosten bei der Nutzung des Zugangs von einem DSL-Anschluss aus.

Dem hingegen können auch bei echten Flatrate-Verträgen zusätzliche Entgelte fällig werden, wenn der Zugang von mehreren DSL-Anschlüssen gleichzeitig oder per Modem[36]- oder ISDN-Verbindung hergestellt wird.

4. Terminologie im Datenschutz

a) Grundbegriffe des Umgangs mit Daten

Die Terminologie im Datenschutz ist nicht einheitlich, sondern geradezu „*babylonisch*"[37]: Das BDSG kennt drei Arten des Umgangs, nämlich das Erheben, das Verarbeiten und das Nutzen (§ 3 Abs. 3 bis 5 BDSG), wobei das Erheben die Beschaffung der Daten ist, das Verarbeiten als Unterfälle das Speichern, Verändern, Übermitteln, Sperren und Löschen beinhaltet und das Nutzen gleichsam einen Auffangtatbestand für Vorgänge darstellt, die nicht unter das Verarbeiten fallen.

---

[36] Kurz für: Modulator/Demodulator. Dabei werden die Daten in akustische Signale umgewandelt und über eine gewöhnliche Sprechverbindung übertragen, wie auch bei gewöhnlichen Faxgeräten.
[37] *Schild*, MMR 2/2007, V [V].

Im TKG und im TMG (anders noch im TDDSG) hat der Gesetzgeber aus dem *„Dreigestirn ein Zweigestirn"*[38] gemacht und die bisherigen Umgangsalternativen Verarbeiten und Nutzen zum „Verwenden" zusammengefasst; eine materielle Änderung soll sich daraus nicht ergeben.[39] Das europäische Recht hingegen verwendet den Begriff „Verarbeitung" als Einheitsbegriff für allen Umgang mit Daten einschließlich der Erhebung. Im Folgenden soll der Terminologie des TKG und des TMG gefolgt werden.

b) Speichern und Löschen

Unter „Speichern" und „Aufbewahren" ist zwar nur der aktive Vorgang des Abspeicherns resp. Entgegennehmens von Daten gemeint; das schiere Aufrechterhalten (Nicht-Löschen) vorhandener Daten ist als solches keine Verwendung.[40] Allerdings entsteht mit Fortfall des Erlaubnistatbestandes für die Speicherung eine Löschungspflicht auch für ursprünglich erlaubtermaßen gespeicherte Daten, § 35 Abs. 2 Nr. 1 BDSG.[41] Eine Erlaubnis für die Verwendung schließt also eine Löschungspflicht aus; andersherum besteht grundsätzlich eine Löschungspflicht, wenn die Verwendung nicht (mehr) erlaubt ist. Es braucht daher nicht unterschieden zu werden zwischen Erlaubnistatbeständen für die Speicherung und für das Nicht-Löschen.

II. Access Provider als Telekommunikations- und Telemediendiensteanbieter

Eine wesentliche Vorfrage für die Beurteilung der Rechte und Pflichten von Access Providern ist, ob sie als TK-Diensteanbieter dem Regime des TKG oder als Telemediendiensteanbieter dem des TMG unterliegen; für die dynamisch zugeteilten IP-Adressen konkretisiert sich die Frage darauf, ob auf sie als spezielle Datenschutzbestimmungen der 4. Abschnitt TMG oder der 7. Teil TKG anwendbar ist. Die Einordnung von Access Providern ist umstritten:

---

[38] Ebendort.
[39] Ebendort [VI], m.w.N.
[40] Simitis-*Dammann*, § 3 Rn. 127.
[41] Simitis-*Dix*, § 35 Rn. 25.

1. Telekommunikationsdiensteanbieter

a) Literatur und Rechtsprechung

TK-Diensteanbieter im Sinne des TKG ist gemäß § 3 Nr. 6, 24, 27 TKG jeder, der geschäftsmäßig entgeltliche Dienste erbringt, die in der Übertragung von Signalen über Vermittlungsstellen und Leitungen bestehen. Dabei sind alle möglichen technischen Einrichtungen und Systeme erfasst, die der Übermittlung von Nachrichten dienen (§ 3 Nr. 23 TKG), also auch die Computeranlagen und Router in den Einwahlknoten der Access Provider.[42] Im Ergebnis werden nach ganz h.M. die Access Provider als TK-Diensteanbieter klassifiziert.[43]

b) Bundesnetzagentur

Uneinheitlich ist die dahingehende Beurteilung der Bundesnetzagentur (vormals RegTP). Nach ihrer Auffassung sollen Resale-Angebote der DTAG[44] unter Telekommunikation fallen, wohingegen der Internetzugang für Endkunden durch T-Online ein Telemediendienst sei.[45] Die *RegTP* stellt bei der Unterscheidung darauf ab, dass letztlich der Endkunde die Verbindung aufbaut.[46]

---

[42] *Wuermeling/Felixberger*, CR 1997, 230 [233].
[43] *Bär*, MMR 2002, 358 [360]; *J. Breyer*, DuD 2003, 491 [491f.]; *Elbel*, Die datenschutzrechtlichen Vorschriften…, S. 52f.; BeckTKG-*Gersdorf*, Teil C: Abgrenzung, Rn. 24; *Grote*, BB 1998, 1117 [1118]; *Kazemi*, MMR 2005, 636 [637]; *Koenig/Loetz/Neumann*, Telekommunikationsrecht, S. 22; *Köcher/Kaufmann*, DuD 2006, 360 [361]; *Malek*, Strafsachen im Internet, Rn. 402; *Schmitz* in *Spindler/Schmitz/Geis*, § 1 TDDSG Rn. 8, 10; *ders.*, MMR 2001, 150 [151]; *ders.*, MMR 2003, 214 [215]; *Splittgerber/Klytta*, K&R 2007, 78 [83]; *Eckhardt*, K&R 2006, 293 [294]; *Volkmann*, CR 2005, 893 [894]; *OLG Hamburg*, MMR 2000, 611 [612f.]; *AG Darmstadt*, MMR 2005, 634 [635]; *LG Darmstadt*, GRUR-RR 2006, 173 [173]; a.A. *Heidrich*, DuD 2003, 237 und *RP Darmstadt*, MMR 2003, 213 die ohne nähere Begründung nur TDG/TDDSG auf Access Provider anwenden.
[44] Siehe oben B I 2 b.
[45] *RegTP* MMR 1999, S. 557-568: Für die Einordnung des *„Online Connect"* Angebots der DTAG für Reseller als TK-Dienst dort S. 559, für die Einordnung der Dienste der damals noch rechtlich selbständigen T-Online International AG als Teledienste dort S. 565.
[46] *RegTP* a.a.O.

Ähnlich differenziert ein Teil der Literatur[47] danach, ob der Access Provider auf Bitstromebene[48] den Kunden erreicht; nur dann soll es sich um einen TK- und sonst um einen Telemediendiensteanbieter handeln.

c) Gemeinschaftsrechtlicher Hintergrund

Gemäß Art. 1 Nr. 2 der TK-Richtlinie 2002/77/EG[49] sind elektronische Kommunikationsdienste *„gewöhnlich gegen Entgelt erbrachte Dienste, die ganz oder überwiegend in der Übertragung von Signalen über elektronische Kommunikationsnetze bestehen [...]; nicht dazu gehören Dienste der Informationsgesellschaft im Sinne von Artikel 1 der Richtlinie 98/34/EG, die nicht ganz oder überwiegend in der Übertragung von Signalen über elektronische Kommunikationsnetze bestehen“.* Die RL 2002/77/EG hatte zum Zweck, die RL 90/388/EWG[50] zu ersetzen;[51] diese umfasste noch ausdrücklich auch paketorientierte Datendienste (Art. 1 Abs. 1, 9. Spiegelstrich). Gemäß Erwägungsgrund 6 der RL 2002/77/EG war es Zweck der neuen Begriffsbestimmungen, mit der technischen Entwicklung Schritt zu halten; das Weglassen der ausdrücklichen Nennung paketorientierter Datendienste sollte den Anwendungsbereich nicht verkleinern, sondern der Richtliniengeber hat im Gegenteil mit der neuen Formulierung „elektronische Kommunikationsdienste“ eine technisch neutrale, breitere und entwicklungsoffene Formulierung gewählt.

d) Stellungnahme

Die Differenzierung danach, ob eine eigene technische Infrastruktur auf bestimmten technischen Ebenen besteht, ist nicht überzeugend, denn der Charakter eines Dienstes ändert sich nicht dadurch, dass er weitergehandelt wird. Eine solche Differenzierung würde sich nicht mit der Systematik des

---

[47] *Otto* in *Forgó/Feldner/Witzmann/Dieplinger*, 305 [318], ähnlich *Kitz*, GRUR 2003, 1014 [1018].

[48] Dabei werden vom Anschlussnetzbetreiber die binären Signale transparent vom Access Provider zum Kunden (und umgekehrt) geleitet; vgl. *Wikipedia*: Bitstromzugang, http://de.wikipedia.org/wiki/Bitstromzugang; vgl. Abb. 2 (dort Schicht 1).

[49] Richtlinie 2002/77/EG der Kommission vom 16. September 2002 über den Wettbewerb auf den Märkten für elektronische Kommunikationsnetze und -dienste, ABl. L 249, S. 21.

[50] Richtlinie 90/388/EWG der Kommission vom 28. Juni 1990 über den Wettbewerb auf dem Markt für Telekommunikationsdienste, ABl. L 192, S. 10.

[51] Erwägungsgrund 1 der RL 2002/77/EG.

Gesetzes vereinbaren lassen: § 97 Abs. 1 Satz 2 TKG enthält eine Regelung, die eigens für TK-Diensteanbieter gilt, die kein eigenes Netz haben.[52] Die *Bundesnetzagentur* ist bei ihrer Auffassung daher auch nicht konsequent: § 45i TKG will sie auf Access Provider ohne weiteres Anwendung finden lassen; [53] dies wiederum ist auch überzeugend: Es gibt keinen denkbaren Grund dafür, die Geltung der Kunden- und Datenschutzvorschriften des TKG davon abhängig zu machen, auf welcher Ebene der Anbieter eigene technische Infrastruktur betreibt.

Richtig ist zwar, dass letztlich der Endnutzer die Verbindung aufbaut; das kann aber kein ausschlaggebendes Kriterium sein, denn das ist beim klassischen Telefon ebenso der Fall und führt selbstverständlich nicht dazu, dass Endkunden-Telefonate nicht mehr dem TKG unterlägen, wenn der Telefonanbieter kein eigenes Netz hat.[54]

Es kann letztlich nicht darauf ankommen, dass der Reseller die Leistung einerseits mit seinen Kunden anders abrechnet als andererseits mit dem Netzbetreiber. Ein TK-Dienst bleibt aus technischer wie aus rechtlicher Sicht ein TK-Dienst, auch wenn er „zwischengehandelt" wird.

Weil Access Provider häufig auch andere Dienste zum zu entgeltenden Vertragsbestandteil machen (z.B. Webhosting), mag die Entscheidung der *RegTP* im Hinblick auf die dort entschiedene Entgeltregulierung noch – mit Mühe, da der Zugang zum Internet entgoltene Hauptleistungspflicht ist und dann der Anwendungsbereich des TKG zwischen Regulierung einerseits und Kunden- und Datenschutz andererseits divergieren würde – nachvollziehbar sein. Die grundlegende Einordnung der Access Provider als TK-Diensteanbieter ist aber richtig, denn sie übertragen mittels technischer Einrichtungen Signale, die der Übermittlung von Nachrichten dienen.

---

[52] *Ohlenburg*, MMR 2004, 431 [435].
[53] *RegTP* auf Anfrage von *J. Breyer*, DuD 2003, 491 [492]. Die Anfrage bezog sich noch auf § 16 TKV, was keinen Unterschied macht, da die TKV ihre Ermächtigungsgrundlage im TKG fand und nur für TK-Diensteanbieter galt.
[54] So auch *Schütz*, MMR 1999, 557 [567].

Die Richtlinienvorgabe widerspricht dem nicht, denn selbst wenn – dazu sogleich – Access Provider auch Dienste der Informationsgesellschaft erbringen, so besteht doch die Hauptleistungspflicht in der Erbringung von Telekommunikation.

2. Telemediendiensteanbieter

Während es breite Zustimmung zu der Einordnung der Access Provider als TK-Diensteanbieter gibt, ist umstritten, ob sie *zugleich* als Telemediendiensteanbieter zu gelten haben, wenn sie – was regelmäßig der Fall ist – kombinierte Dienstleistungen für ihre Kunden zu einem Leistungspaket schnüren.

a) Access Provider als Vermittler

Telemediendiensteanbieter ist gemäß § 2 Nr. 1 TMG jeder, der Telemedien zur Nutzung bereithält oder Zugang dazu vermittelt. Ob Access Provider den Zugang vermitteln, ist umstritten. Einerseits liegt eine Vermittlung im technischen Sinn einer Vermittlungsstelle (vgl. Abb. 1) vor, sodass Access Provider ohne weiteres unter Vermittler subsumiert werden können.[55]

Andererseits kann dagegen eingewendet werden, dass der Begriff des Vermittelns gerade nicht die rein technische Vermittlung der Daten meint, sondern die Vermittlung bestimmter Inhalte als eigener Dienst des Anbieters. Access Provider stellen mit Zugangsdiensten die Übertragung von Nachrichten sicher und haben nicht Aufbereitung oder Angebot von Inhalten zum Gegenstand; sie sind daher TK- und nicht Telemedien-Anbieter.[56]

b) Schichtenmodell

In der Literatur ist eine *funktionale* Abgrenzung verbreitet, die auf Grundlage der informationstechnischen Funktion eines Dienstes diesen entweder als Telemediendienst oder TK-Dienst klassifiziert.

---

[55] *Köster/Jürgens*, MMR 2002, 420 [421f.].
[56] *Schmitz/von Netzer* in *Schuster*, Vertragshandbuch Telemedia, Teil VI Rn. 2.; zum Begriff des „Vermittlers" i.S.d. § 81 Abs. 1a öUrhG ablehnend *Einzinger/Schubert/Schwabl/Wessely/Zykan*, MR 2005, 113 [114].

Dafür wird übereinstimmend auf ein Schichtenmodell abgestellt,[57] meistens auf das OSI-Referenzmodell[58] (Abb. 2).

Schicht	Bezeichnung
7	**Anwendung (Application)** Anwendungsbezogene Protokolle (http…)
6	**Darstellung (Presentation)** Systemabhängige „lesbare" Darstellung; Verschlüsselung und Kompression
5	**Sitzung (Session)** Synchronisierung, Steuerung der Direktionalität
4	**Transport** Unterste Schicht, die direkt zwischen den Endstellen zur Verfügung steht (Ende-zu-Ende-Kontrolle)
3	**Vermittlung (Network)** bei Paketorientierung (wie IP): Weitervermittlung einschließlich Wegesuche (Routing)
2	**Sicherung (Data Link)** Sichere Übertragung durch Prüfsummen u.ä.
1	**Datenübertragung (Physical)** Übertragung von Bits mittels elektrischer oder optischer Impulse

Abbildung 2: Das OSI Schichtenmodell[59]

Das Modell zeigt die übereinanderliegenden „Schichten" der elektronischen Kommunikation. Die (nicht dargestellte) Schicht 0 wäre das physische Medium, also z.B. der Kupferdraht. Die rein elektrischen oder optischen Signale bilden die 1. Schicht. Die 2. Schicht sichert und kontrolliert diese Übertragung. Die 3. Schicht sorgt dafür, dass im Fall der paketorientierten Kommunikation die Pakete auch auf den richtigen Weg (in Bezug auf die darunterliegenden Ebenen) gebracht werden. Diese Schichten bestehen jeweils zwischen Stellen, die unmittelbar durch das physische Medium verbunden sind. Die 4. Schicht besteht bereits zwischen den Endgeräten und sorgt dafür, dass diese sich um die Vermittlung auf den unteren

---

[57] U.a. *Otto* in *Forgó/Feldner/Witzmann/Dieplinger*, Probleme des Informationsrechts, S. 309ff.; *Koenig/Loetz/Neumann*, Telekommunikationsrecht, S. 22; *Elbel*, Die datenschutzrechtlichen Vorschriften…, S. 52f.; *Eckhardt*, K&R 2006, 293 [294]; jeweils m.w.N.

[58] Open Systems Interconnection Reference Model, ein von der ISO standardisiertes Modell für die Datenübertragung.

[59] Nach *Wikipedia*: OSI-Modell, http://de.wikipedia.org/wiki/OSI-Modell.

Schichten nicht „kümmern" brauchen. Die 5. bis 7. Schicht dienen dem eigentlichen Dienst.

c) Abgrenzung bei Kombinationsangebot

Die funktionale Abgrenzung anhand des Schichtenmodells beantwortet noch nicht die Frage, welches Recht auf ein kombiniertes Leistungspaket angewendet werden soll.

Denkbar ist, nach einer Art Gesamtbetrachtung den Schwerpunkt des Angebots zu ermitteln und dann das schwerpunktmäßig einschlägige Recht allein anzuwenden.[60] Andererseits kann man die Kombination auflösen und jede einzelne Leistung ihrer eigenen Funktion nach betrachten.[61]

aa) Gemeinschaftsrechtlicher Hintergrund

Der mit dem TMG umgesetzten E-Commerce-Richtlinie (ECRL)[62] unterliegen „Dienste der Informationsgesellschaft". Darunter fällt jede in der Regel gegen Entgelt elektronisch im Fernabsatz[63] und auf individuellen Abruf eines Empfängers erbrachte Dienstleistung, Art. 1 Nr. 2 der RL 98/34/EG.[64] Das sind namentlich Dienste, die ohne gleichzeitige physische Anwesenheit der Vertragsparteien mittels Geräten für die elektronische Verarbeitung von Daten erbracht werden und bei denen diese Daten auf individuelle Anforderung von einem Ausgangspunkt gesendet und einem Endpunkt empfangen werden. Gemäß Anhang V der RL 98/34/EG sind Datendienste nicht von der Anwendung der Richtlinie ausgenommen.

---

[60] *Waldenberger*, MMR 1998, 124 [125] für die Abgrenzung TDG/MDStV.
[61] *Schmitz*, MMR 2003, 214 [215].
[62] Richtlinie 2000/31/EG des Europäischen Parlaments und des Rates vom 8. Juni 2000 über bestimmte rechtliche Aspekte der Dienste der Informationsgesellschaft, insbesondere des elektronischen Geschäftsverkehrs, im Binnenmarkt, ABl. L 178, S. 1.
[63] „Fernabsatz" bezieht sich hier auf die Erbringung des Dienstes und nicht auf den Vertragsschluss, vgl. im Gegensatz dazu Art. 2 Nr. 1 Fernabsatzrichtlinie (RL 97/7/EG, ABl. 1997, L 144, S. 19).
[64] Richtlinie 98/34/EG des Europäischen Parlaments und des Rates vom 22.06.1998 über ein Informationsverfahren auf dem Gebiet der Normen und technischen Vorschriften und der Vorschriften für die Dienste der Informationsgesellschaft, ABl. L 204, S. 37ff., geändert durch die Richtlinie 98/48/EG vom 20.07.1998, ABl. L 217 S. 18ff.

Der richtlinienkonformen Auslegung soll es auch entsprechen, die Haftungsprivilegierung aus § 8 TMG auf Access Provider anzuwenden.[65] Der Erwägungsgrund 42 ECRL spricht ausdrücklich von *„Kommunikationsnetzen"*, deren Betreiber privilegiert werden sollen, weil ihre Tätigkeit *„rein technischer, automatisierter und passiver Art"* ist. Jedenfalls insoweit bezwecken die Vorschriften auch eine Vollharmonisierung, lassen dem nationalen Gesetzgeber also keinen Spielraum.[66] Die ECRL enthält ihrerseits keinen Ausschlusstatbestand für TK-Dienste.

bb) Klärung durch das Telemediengesetz?

In der ursprünglichen Fassung (§§ 2 Abs. 1, 5 Abs. 3 TDG[1997])[67] ging es um nicht-telekommunikative Übertragung; Teledienste waren definitionsgemäß Dienste, die *über* Telekommunikation übertragen wurden; bei der Privilegierung der Vermittlung ging es darum, Telediensteanbieter *nicht anders zu stellen* als TK-Dienste,[68] was voraussetzt, dass es sich bei den Vermittlungsdiensten nicht schon um TK-Dienste handelt.

Das TDG wurde danach für die Umsetzung der ECRL grundlegend überarbeitet.[69] Der Gesetzgeber hat aus der ECRL die Verpflichtung entnommen, auch TK-Diensteanbieter von der Haftung zu befreien.[70]

Der Gesetzgeber hat sodann die Abgrenzungsfrage im TMG lösen wollen und dafür gegenüber dem TDG/TDDSG einige Vorschriften geändert: Dem Geltungsbereich des TDG waren gemäß § 2 Abs. 4 Nr. 1 TDG die TK-Dienste ausdrücklich entzogen; nach § 1 Abs. 1 TMG sind nunmehr nur noch diejenigen TK-Dienste dem Anwendungsbereich des TMG entzogen, die *„ganz in der Übertragung von Signalen über Telekommunikationsnetze bestehen"* sowie die telekommunikationsbasierten Mehrwertdienste. Darüber

---

[65] *Dietrich*, GRUR-RR 2006, 145 [146].
[66] *Busse-Muskala*, JurPC 30/2005, Abs. 20.
[67] TDG[1997] eingeführt durch Art. 1 des Gesetzes zur Regelung der Rahmenbedingungen für Informations- und Kommunikationsdienste (IuKDG) vom 22. Juli 1997 (BGBl. I S. 1870).
[68] BR-Drs. 966/96, S. 22.
[69] Art. 1 des Gesetzes über rechtliche Rahmenbedingungen für den elektronischen Geschäftsverkehr (EGG) vom 14. Dezember 2001, BGBl. I S. 3721.
[70] BR-Drs. 136/01, S. 49, 52f.

hinaus wurde § 11 Abs. 3 TMG eingeführt; eine vergleichbare Vorschrift war in § 1 TDDSG nicht enthalten. Nach dieser Vorschrift, die nach der amtlichen Begründung der Bundesregierung auf Access Provider zugeschnitten ist,[71] sollen für Access Provider nur bestimmte Datenschutzbestimmungen des TMG gelten, nämlich das Kopplungsverbot des § 12 Abs. 3 TMG und die Erlaubnis der Speicherung zur Abwehr von Missbrauch (§ 15 Abs. 8 TMG).

Daneben sollen die Datenschutzbestimmungen des TKG für Access Provider *„ohnehin"* gelten.[72] Danach soll es also so sein, dass Access Provider grundsätzlich sowohl dem TKG als auch dem TMG unterliegen. Der Bundesrat hat daran Zweifel gehegt und sich in seiner Stellungnahme eine ausdrückliche Klarstellung im Wortlaut gewünscht.[73] Die Bundesregierung ist in ihrer Gegenäußerung diesen Zweifeln mit dem systematischen Argument begegnet, das TMG regle nur das Rechtsverhältnis zwischen Nutzer und Diensteanbieter, während das TKG auch öffentlich-rechtliche Rechtsverhältnisse regelt.[74] Dem dahingehenden Änderungsvorschlag des Bundesrates wurde im Gesetzgebungsverfahren letztlich nicht entsprochen.

d) Diskussion

Die Abgrenzung nach dem Schwerpunkt des Dienstes ist nicht überzeugend, denn sie würde es dem Anbieter erlauben, sich dem Telekommunikationsrecht zu entziehen.[75] Der funktionalen Einzelbetrachtung ist zugute zu halten, dass sie in jedem Fall zufriedenstellende Ergebnisse liefert. Wenn eine einzelne Leistung ein TK-Dienst ist, soll sie dem TK-Recht unterliegen, wenn sie ein Telemediendienst ist, dem Telemedienrecht. Technisch lässt sich anhand des Schichtenmodells jederzeit bestimmen, in welche Schicht eine ein einzelner Vorgang fällt.

---

[71] BT-Drs. 16/3078, S. 22.
[72] Ebendort.
[73] BR-Drs. 556/06, S. 3; der Einwand betrifft die Auskunftspflichten gegenüber Ermittlungsbehörden.
[74] BT-Drs. 16/3135, S. 2.
[75] So auch *Eckhardt*, K&R 2006, 293 [294].

aa) Keine schematische Anwendung des OSI-Modells im Recht

Allerdings darf das informationstechnische Schichtenmodell keineswegs schematisch für eine rechtliche Beurteilung herangezogen werden: Auf den ersten Blick wird der IP-Datenverkehr der Transportschicht zugeordnet, was im Grunde auch zutreffend ist, weil Access Provider mit ihren Gateways IP-Pakete routen; das Internet Protocol und seine Adressierung mit IP-Adressen spielen sich insgesamt auf der 3. Schicht ab. Allerdings erfolgt die dynamische Zuordnung einer IP-Adresse bei Verbindungsbeginn über DHCP technisch gesehen in der Anwendungsschicht.[76] Eine schematische Übernahme des OSI-Modells in die rechtlichen Kategorien hätte daher notwendigerweise zur Folge, die Vergabe dynamischer IP-Adressen als Telemediendienst einzustufen. Allerdings darf die Anwendung des Schichtenmodells nicht dazu führen, technische Vorgänge, die völlig ohne Bezug zur Bereitstellung von Inhalten sind und sich praktisch unbemerkt vom Nutzer abspielen, zu Telemediendiensten zu erheben.[77] Es bedarf daher einer rechtlich wertenden Betrachtung, wonach die Vergabe der dynamischen IP-Adresse allein der Ermöglichung des Transports auf der 3. Schicht dient und daher aus rechtlicher Sicht telekommunikationsbezogen ist und kein Telemediendienst.

bb) Systematik des TMG

Ob für Access Provider auch das TMG gilt, ist durch dessen Einführung keine einfachere Frage geworden. § 11 Abs. 3 TMG beantwortet diese Frage nicht zwingend, denn er gilt erst dann, wenn im Grundsatz zunächst die Anwendbarkeit des TMG gemäß § 2 Nr. 1 TMG überhaupt eröffnet ist. Allerdings legt § 11 Abs. 3 TMG aus systematischen Erwägungen eine Auslegung des § 2 Nr. 1 TMG nahe, die auch Telemedien umfasst, die überwiegend in der telekommunikationsmäßigen Signalübertragung bestehen. Da sich, wie dargestellt, einzelne Leistungen immer eindeutig und gänzlich einem Bereich zuordnen lassen, legen daher die neuen Bestimmungen des TMG eine Entscheidung des Gesetzgebers zugunsten einer Gesamtbetrachtung nahe.

---

[76] *Wikipedia*: Dynamic Host Configuration Protocol,
http://de.wikipedia.org/wiki/Dynamic_Host_Configuration_Protocol.

[77] So aber *Elbel*, Die Datenschutzrechtlichen Vorschriften…, S. 60 für die Auflösung von Domainnamen in IP-Adressen (DNS).

cc) Richtlinienkonformität

Auch die richtlinienkonforme Auslegung gebietet eine Einbeziehung der Access Provider in den Anwendungsbereich des TMG. Ob Access Provider als TK-Diensteanbieter einer ausdrücklichen Haftungsprivilegierung nach nationalem deutschem Recht überhaupt bedürften, mag dahinstehen; jedenfalls ordnet, wie dargelegt, die ECRL eine wirksame (*effet utile*) – und daher gesetzliche – Haftungsprivilegierung an, von der nach Anlage V der RL 98/34/EG nur Sprachtelefonie ausgenommen ist.[78] Allein eine Auslegung, die die Tätigkeit von Access Providern nicht als „*ganz in der Übertragung von Signalen über Telekommunikationsnetze*" (§ 1 Abs. 1 TMG) bestehend einordnet, führt also zu einer ordnungsgemäßen Umsetzung der ECRL. Wäre ein Access Provider – selbst wenn er keine zusätzlichen Dienste anbietet – nicht auch Telemediendiensteanbieter, sondern würde gemäß § 1 Abs. 1 TMG aus dem Anwendungsbereich des TMG herausfallen, dann würde für ihn nicht mehr die Haftungsprivilegierung des § 8 TMG gelten, was richtlinienwidrig wäre.[79]

dd) Ergebnis

Für die dynamisch vergebenen IP-Adressen gelten also als besondere Datenschutzbestimmungen sowohl die des TKG als auch die des TMG, letztere unter der Maßgabe des § 11 Abs. 3 TMG.

e) Bewertung

Diese Lösung des europäischen und deutschen Gesetzgebers erscheint im Ergebnis wenig einleuchtend. Es spräche nichts dagegen, jede einzelne Leistung unter rechtlicher wertender Anwendung des Schichtenmodells entweder als telemedien- oder als telekommunikationsbezogen einzuordnen oder *de lege ferenda* die Unterscheidung überhaupt fallen zu lassen und wirklich nur noch funktional zwischen Inhalten einerseits und Speicherung und Transport andererseits abzugrenzen.

---

[78] Sicherlich, um digital übertragene Sprachtelefonie, die sonst auch dem Wortlaut der RL 98/34/EG unterfallen könnte, nicht anders zu stellen, als klassische analoge Telefonie.
[79] So auch *Köcher/Kaufmann*, DuD 2006, 360 [361]; *Köster/Jürgens*, MMR 2002, 420 [422]; *Volkmann*, CR 2005, 893 [894].

C. Die IP-Adresse und ihr rechtlicher Schutz

I. Europäisches Recht

1. Unionsgrundrechte

Grundlagen der EU sind Freiheit, Demokratie, Menschenrechte und Rechtsstaatlichkeit (Art. 6 Abs. 1 EU). Die Achtung der Grundrechte ist daher als konstitutiv für die Gemeinschaft zu betrachten.[80]

Gemäß Artikel 6 Abs. 2 EU achtet die Union die Grundrechte der EMRK[81] sowie die allgemeinen gemeinsamen Grundsätze der Verfassungen der Mitgliedsstaaten. Die Essenz der Grundrechte der Mitgliedsstaaten sind vom Europäischen Parlament, dem Rat und der Kommission in der Charta der Grundrechte[82] niedergelegt worden; diese ist zwar keine Rechtsquelle, kann jedoch als Erkenntnisquelle herangezogen werden.[83]

a) Achtung des Privat- und Familienlebens

Art. 7 GRC orientiert sich eng an Art. 8 EMRK.[84] Er schützt unter anderem die „Kommunikation". Damit ist eine technisch offene Formulierung gewählt worden, die sämtliche Arten der Kommunikation umfasst; im Zentrum steht aber die private Kommunikation unter Abwesenden.[85] Zum sachlichen Schutzbereich gehört allerdings nur der kommunikative Übermittlungsvorgang, während die Inhalte durch Art. 11 GRC geschützt sind.[86] Der persönliche Schutzbereich umfasst auch juristische Personen.[87]

b) Schutz personenbezogener Daten

Art. 8 GRC gibt jeder Person ein Recht auf Schutz der sie betreffenden personenbezogenen Daten; der Art. 8 GRC stellt ein „innovatives" Grundrecht dar, weil zwar nicht sein materieller Gehalt, wohl aber seine eigenstän-

---

[80] *Grabitz/Hilf*, Recht der EU, A 30 I 1 Vorbem. Rn. 7.
[81] Zur EMRK sogleich.
[82] ABl. C 364 vom 18.12.2000, S. 1-22.
[83] Callies/Ruffert-*Kingreen*, Art. 6 EU Rn. 32f.
[84] MeyerGRC-*Bernsdorff*, Art. 7 Rn. 16.
[85] Ebendort, Rn. 24.
[86] Callies/Ruffert-*Kingreen*, Art. 7 GRC Rn. 10.
[87] Ebendort, Rn. 11.

dige Nennung ohne Entsprechung in der EMRK ist.[88] Das Datenschutz-Grundrecht braucht in der GRC daher nicht – wie in den meisten Rechtsordnungen – aus anderen Grundrechten *„zusammengepuzzelt"*[89] zu werden.

Der sachliche Schutzbereich umfasst Informationen über eine bestimmte oder bestimmbare Person. Art. 8 GRC schützt, vorbehaltlich weitergehenden Schutzes durch Sekundärrecht, nur natürliche Personen.[90]

2. Marktfreiheiten[91]

a) Betroffene Marktfreiheiten

Die Dienstleistungsfreiheit (Art. 49 EG) garantiert auch den freien Verkehr von handelsfähigen Informationen unabhängig von einem materiellen Träger,[92] also insbesondere über das Internet. Die Möglichkeiten des E-Commerce, insbesondere Internet-Shops, sorgen dafür, dass die Warenverkehrsfreiheit (Artt. 28f. EG) zunehmend von Unternehmen und vor allem auch von Verbrauchern in Anspruch genommen wird. Bestellungen materieller Waren in anderen Mitgliedsstaaten sind durch die elektronische Kommunikation erheblich einfacher und attraktiver geworden. Auch für den innergemeinschaftlichen Kapital- und Zahlungsverkehr (Art. 56 EG) spielt die Informationstechnik, insbesondere die Möglichkeit des Online Banking, eine gewichtige Rolle.

b) Funktion des Internet zur Verwirklichung der Freiheiten

Gerade das Internet hat die Ausübung der Marktfreiheiten erheblich vereinfacht und für Verbraucher in einigen Bereichen überhaupt erst praktisch ermöglicht. Das Internet stellt durch einfacheren und breiteren Informationszugang eine höhere Angebots- und Preistransparenz und damit

---

[88] MeyerGRC-*Bernsdorff*, Art. 8 Rn. 1.

[89] *Michelfelder*, Ethics and Information Technology 2001, 129 [129]; *Michelfelder* zitiert auch *Tribe* mit der Beschreibung *„grab-bag of goodies"* und bezieht sich dabei auf das US-amerikanische Recht, in dem die informationelle Selbstbestimmung ebenso nur als Derivat anderer Grundrechte konstruiert werden kann.

[90] A.A. Callies/Ruffert-*Kingreen*, Art. 8 GRC Rn. 12; *Bernsdorff*, a.a.O., Rn. 17, will hingegen *wegen* des Sekundärrechts den Schutzbereich in der elektronischen Kommunikation auch auf juristische Personen erstrecken.

[91] Zur Terminologie zutreffend *Kilian*, Europäisches Wirtschaftsrecht, Rn. 235; anders die h.M.

[92] Grabitz/Hilf-*Brühann*, DSRL, Vorbem. Rn. 12.

mehr Wettbewerb im Binnenmarkt her. Es hat den innergemeinschaftlichen Handel mit Waren und Dienstleistungen sowie den Kapital- und Zahlungsverkehr erheblich attraktiver gemacht und somit belebt.

Bei der Ausübung der einschlägigen Marktfreiheiten über das Internet erwarten die Marktteilnehmer Sicherheit und Schutz ihrer persönlichen Daten und des Fernmeldegeheimnisses; Unsicherheiten darüber, welche Daten von wem erhoben und verarbeitet werden, könnten die Attraktivitätssteigerung des elektronischen Handels im Binnenmarkt wieder zunichte machen. Könnten Datenschutz und Fernmeldegeheimnis im innergemeinschaftlichen elektronischen Handel nicht gewährleistet werden, würden die Perspektiven für die Entwicklung des Binnenmarktes durch E-Commerce enttäuscht werden.[93]

Dem wird entgegengehalten, dass gerade ein hohes Datenschutzniveau und eine extensive Anwendung des Datenschutzes den Datenverkehr und damit den Dienstleistungsverkehr beeinträchtigen können.[94] Diese Auffassung geht von einer Modellvorstellung aus, die eine lineare Schutzqualität annimmt, bei der ein Datenschutzmodell mit stärkerem Schutz zu einer Behinderung und Reduktion des Datenaustauschs führt.[95]

c) Stellungnahme

Dabei wird übersehen, dass die Grundrechte konstitutiv für die EU und somit auch für die Marktfreiheiten sind.[96] Außerdem kann das Argument aus ökonomischer Perspektive nur so weit reichen, wie der Handel mit persönlichen Daten oder die Dienstleistung der Erhebung und Verarbeitung *als solche* marktfähig sind. Zwar kann dies durchaus der Fall sein,[97] aber es

---

[93] *Johnston*, Impact of Privacy and Data Protection, S. 152; zur Bedeutung des Vertrauens auch *Pollach*, J Bus Ethics 2005, 221 [221].

[94] *Fröhle*, Web Advertising, S. 94 Anm. 559.

[95] *Pincus/Johns*, J Bus Ethics 1997, 1237 [1239; 1242f.].

[96] Siehe oben C I 1.

[97] Tatsächlich beauftragen Verwertungsgesellschaften auch grenzüberschreitend Unternehmen damit, die IP-Adressen von Internetnutzern zu ermitteln, die urheberrechtlich geschützte Werke über das Internet verbreiten, vgl. die Sachverhaltsschilderungen *OLG Linz*, MMR 2005, 592 [592] und *LG Flensburg*, GRUR-RR 2006, 174 [174f.]; dass Access Provider diesen Unternehmen wiederum die Informationen entgeltlich zur

(Fortsetzung auf nächster Seite)

kann nicht ohne weiteres ein lineares Niveau angenommen werden; bei einem niedrigen Datenschutzniveau besteht keine Bereitschaft, überhaupt Daten zur Verfügung zu stellen. Der fehlende staatliche Datenschutz würde zu Misstrauen und zu verstärktem „Selbstschutz" führen.

Selbst wenn man annehmen würde, dass stärkerer Datenschutz zu einer Behinderung in dem Marktsegment des Handels mit Daten führen würde, so könnte der Verzicht auf wirksamen Datenschutz zum Schutz dieses Marktsegments vor Beeinträchtigungen sicher nicht die Beeinträchtigungen aufwiegen, die in allen anderen Marktsegmenten durch den Verlust von Sicherheit und Vertrauen entstehen würden.

Im diesem Lichte der Verwirklichung der Marktfreiheiten müssen das EG-Sekundärrecht und dessen nationale Umsetzungen verstanden und ausgelegt werden.

3. Sekundärrecht

a) Datenschutzrichtlinie

Die Datenschutzrichtlinie (DSRL)[98] war der erste Gemeinschaftsrechtsakt, der den Bereich der Grund- und Freiheitsrechte ausgestaltet hat.[99] Die Richtlinie sieht ein Verbotsprinzip mit gesetzlichem Erlaubnisvorbehalt vor: Die Verwendung personenbezogener Daten ist grundsätzlich verboten, wenn sie nicht erlaubt ist (Art. 7). Daten sind i.S.d. Richtlinie personenbezogen, wenn durch sie eine Person unmittelbar oder mittelbar identifiziert werden kann (Art. 2 Abs. 1).

Außerdem enthält die Richtlinie das Erforderlichkeitsprinzip: Art. 6 Abs. 1 lit. c dürfen personenbezogene Date nur erhoben und verwendet werden, soweit dies zu dem jeweils bestimmten Zweck erforderlich ist.

Verfügung stellen, wäre aus deren subjektiver ökonomischer Perspektive möglicherweise attraktiv, jedenfalls eine denkbare marktfähige Dienstleistung.

[98] Richtlinie 95/46/EG des Europäischen Parlaments und des Rates vom 24. Oktober 1995 zum Schutz personenbezogener Daten und zum freien Datenverkehr, ABl. L 108/1995, S. 1.

[99] *Di Martino*, Datenschutz im europäischen Recht, S. 15.

Die Funktion der DSRL ist eine zweifache: Einerseits will sie Handels-
hemmnisse beseitigen, die dadurch entstehen, dass die Mitgliedsstaaten
unterschiedliche Datenschutzniveaus haben; andererseits soll der Handel
mit Informationen selbst auf dem Binnenmarkt ermöglicht werden. Die
Richtlinie bezweckt daher eine Vollharmonisierung.[100]

b) Datenschutzrichtlinie für elektronische Kommunikation

Die Datenschutzrichtlinie für elektronische Kommunikation (DSRLeK)[101]
wurde im Rahmen des TK-Richtlinienpakets 2002 erlassen und setzt einen
technisch neutralen Rahmen für den Datenschutz in öffentlichen Netzwer-
ken, wobei sie auf das Fernmeldegeheimnis gerichtet ist.[102] Sie ersetzt die
TK-Datenschutzrichtlinie 97/66/EG; gegenüber dieser eröffnet insbesondere Art. 2 lit. b DSRLeK einen Schutzbereich, der sich anstatt auf Anrufe
nunmehr auf die sämtliche elektronische Kommunikation bezieht.[103]
Gegenüber der DSRL ist die DSRLeK eine Ergänzung (Art. 1 Abs. 2
DSRLeK); soweit sie sich überschneiden, geht die DSRLeK als *lex specialis*
vor.[104]

Die DSRLeK schreibt das Verbotsprinzip für ihren Bereich hinsichtlich der
Verkehrsdaten im Grundsatz fort: Art. 6 Abs. 1 ordnet eine Löschung der
Verkehrsdaten bei Verbindungsende an, soweit nicht ausnahmsweise die
weitere Verwendung der Daten nach den Abs. 2, 3 und 5 erlaubt ist.

Abs. 2 erlaubt die Verwendung für die Gebührenabrechnung gegenüber
dem Teilnehmer und die Abrechnung zwischen den TK-Diensteanbietern
für die Zusammenschaltungen. Der Erlaubnistatbestand in Abs. 3 gestattet
die Verwendung der Verkehrsdaten mit der Zustimmung des Teilnehmers
für die Vermarktung von Kommunikationsdiensten.

---

[100] Grabitz/Hilf-*Brühann*, DSRL Vorbem. Rn 45.
[101] Richtlinie 2002/58/EG des Europäischen Parlaments und des Rates vom 12. Juli 2002
über die Verarbeitung personenbezogener Daten und den Schutz der Privatsphäre in
der elektronischen Kommunikation, ABl. L 201/2002, S. 37.
[102] *Kemmitt/Mögelin*, Data Protection and Privacy, S. 113.
[103] Ebendort, S. 116.
[104] Ebendort, S. 113.

Abs. 5 lässt vom eigenen Wortlaut her keinen Erlaubnistatbestand erkennen, sondern schränkt die erlaubte Verarbeitung auf den zuständigen Personenkreis ein. Er enthält jedoch Zwecke (Verkehrsabwicklung, Kundenanfragen, Betrugsermittlung), die sich nicht ohne weiteres aus den eigentlichen Erlaubnistatbeständen ergeben. Es ist im systematischen Zusammenhang davon auszugehen, dass der Richtliniengeber die in Abs. 5 genannten Zwecke erlauben will, auch weil der Abs. 5 ausdrücklich in Abs. 1 als Vorbehalt für die Löschungspflicht genannt wird.

4. Internationales Binnenmarktrecht

Das internationale Binnenmarktrecht wird gebildet durch völkerrechtliche Verträge, die von den Mitgliedsstaaten der EU untereinander und/oder mit Drittstaaten und anderen Subjekten des Völkerrechts geschlossen werden.[105] Das internationale Binnenmarktrecht ist kein Gemeinschafts- oder Unionsrecht, weil es auf der völkerrechtlichen Souveränität der Mitgliedsstaaten (Art. 181 Abs. 2 EG) beruht, jedoch kann auch das internationale Binnenmarktrecht zur Rechtsvereinheitlichung auf dem gemeinsamen Markt beitragen,[106] wenn alle – oder wenigstens viele – Mitgliedsstaaten sich völkerrechtlich an rechtliche Standards binden.

Hier kommen insbesondere Konventionen des Europarats in Frage. Der Europarat ist ein Völkerrechtssubjekt, das 1949 gegründet wurde. Ihm gehören 46 europäische Staaten, darunter sämtliche Mitgliedsstaaten der EU, an. Konventionen des Europarates können daher internationales Binnenmarktrecht bilden.

a) Europäische Menschenrechtskonvention

aa) Allgemeines

Die EMRK ist die grundlegende und wichtigste Konvention, die im Rahmen des Europarates entstanden ist; sie ist von sämtlichen Mitgliedern des Europarates – und folglich von sämtlichen Mitgliedsstaaten der EU einschließlich Deutschlands – ratifiziert.

---

[105] *Kilian*, Europäisches Wirtschaftsrecht, Rn. 43.
[106] Ebendort, Rn. 92.

Die Gemeinschaft ist selbst nicht Mitglied des Europarates;[107] da sie jedoch von den Mitgliedsstaaten übertragene Gewalt ausübt, achtet sie die EMRK (Art. 6 Abs. 2 EU).[108] Die EMRK hat daher eine Doppelfunktion als internationales Binnenmarktrecht einerseits und als Rechtserkenntnisquelle[109] für die Unionsgrundrechte – Art. 6 EU – andererseits.

bb) Artikel 8

Art. 8 EMRK schützt die Kommunikation; darunter fällt auch die elektronische Telekommunikation. Nach der Rechtsprechung es EGMR fallen unter den Schutz von Art. 8 EMRK auch diejenigen Daten, die aus der „Messung" (*„metering"*) der Verbindungen zu Abrechnungszwecken entstehen, also Verkehrsdaten.[110]

Ein Eingriff in das Recht ist nach der Rechtsprechung des EGMR nur dann zulässig, wenn er gesetzlich vorgesehen ist, eines der in Abs. 2 genannten Ziele verfolgt und *„in einer demokratischen Gesellschaft notwendig"* ist.[111]

b) Datenschutz-Konvention

Das Übereinkommen zum Schutz des Menschen bei der automatischen Verarbeitung personenbezogener Daten (Datenschutz-Konvention) des Europarats vom 28.01.1981 ist ebenfalls (u.a.) von sämtlichen Mitgliedsstaaten der EU ratifiziert worden. Erläuterungen zu der Konvention sind im *Explanatory Report*[112] hinterlegt.

Die Konvention wurde im Lichte der sich entwickelnden elektronischen Datenverarbeitung beschlossen und bezieht sich auf die automatische Verarbeitung personenbezogener Daten.[113] Für die Mitgliedsstaaten der EU hat jedoch die DSRL die Mindeststandards der Konvention vollständig

---

[107] Ihr fehlt dafür die Kompetenz: *EuGH* JZ 1996, 623 [623].
[108] Vgl. oben C I 1.
[109] Callies/Ruffert-*Callies/Kingreen* Art. 6 EU Rn. 33.
[110] *EGMR*, Malone ./. Vereinigtes Königreich, Urteil vom 2.08.1984, Abs. 84; Valenzuela Contreras ./. Spanien, Urteil vom 30.07.1998, Abs. 47; jeweils über die HUDOC Database, http://cmiskp.echr.coe.int.
[111] *Meyer-Ladewig*, EMRK, Art. 8 Rn. 37, m.w.N. für die Rechtsprechung des *EGMR*.
[112] *Vertragsbüro des Europarates*, http://conventions.coe.int/Treaty/en/Reports/Html/108.htm.
[113] *Explanatory Report*, Rn. 1.

„aufgesogen",[114] sodass die Konvention insoweit keine eigene binnenmarkt-rechtliche Relevanz mehr hat.

II. Deutsches Recht

1. Grundrechte

Grundrechte sind in erster Linie Abwehrrechte des Einzelnen gegen den Staat. Nach der Privatisierung der Bundespost erbringt der Staat jedoch selbst praktisch keine öffentlichen TK-Dienstleistungen mehr. Grundrechte sind aber auch objektive Prinzipien der Rechtsordnung und bilden eine Art *ordre public*, dessen Wertmaßstäbe auch im Privatrecht zu berücksichtigen sind; die Grundrechte wirken beeinflussend und gegebenenfalls modifizie-rend auf das zwischen Privaten geltende einfache Recht.[115] Daher entfaltet die einschlägigen Grundrechte ihre Wirkung einerseits für die staatliche Telekommunikationsüberwachung und andererseits als objektiver Rechts-rahmen, der den Gesetzgeber verpflichtet, den Schutz der Grundrechte durch Private gesetzlich anzuordnen.[116]

a) Informationelle Selbstbestimmung

aa) Entstehung

Das Recht auf informationelle Selbstbestimmung ist als Ausprägung des allgemeinen Persönlichkeitsrechts aus Art. 2 Abs. 1 i.V.m. Art. 1 Abs. 1 GG vom *BVerfG* im Volkszählungsurteil[117] entwickelt worden; das Urteil wird bisweilen als „Bergpredigt" des *BVerfG* zum Thema Datenschutz bezeich-net.[118] Teile der Literatur wollen das Grundrecht auch aus weiteren Grund-rechten (Artt. 5 Abs. 1, 8 Abs. 1, 9 Abs. 1, 10 Abs. 1; 13) konstruieren.[119]

---

[114] Vgl. Erwägungsgrund 11 DSRL.
[115] *BVerfG* E 7, 198 [205f.].
[116] *Koenig/Loetz/Neumann*, Telekommunikationsrecht, S. 103; *BVerfG* E 7, 198 [205f.]; ausführlich zur Entwicklung der mittelbaren Drittwirkung von Grundrechten durch das BVerfG: *Klein*, NJW 1989, 1633 [1634ff.].
[117] *BVerfG* E 65, 1.
[118] *Di Martino*, Datenschutz im Europäischen Recht, S. 18, m.w.N.
[119] Simitis-*Simitis*, § 1 Rn. 34, m.w.N.

bb) Inhalt und Schranken

Das Grundrecht auf informationelle Selbstbestimmung gewährleistet *„die Befugnis des Einzelnen, grundsätzlich selbst über die Preisgabe und Verwendung seiner persönlichen Daten zu bestimmen".*[120] Da es Ausprägung des allgemeinen Persönlichkeitsrechts ist, ist es auf juristische Personen unanwendbar.

Es darf nur im überwiegenden Allgemeininteresse durch ein Gesetz eingeschränkt werden; die Einschränkung muss verhältnismäßig und bereichsspezifisch sein und ihren Zweck präzise erkennbar werden lassen.[121]

b) Fernmeldegeheimnis

aa) Historische Entwicklung

Telekommunikation hat sich aus wirtschaftlicher Perspektive aus der traditionellen Briefpost entwickelt – fast überall sind TK-Dienstleistungen zunächst von den Postdiensten entwickelt und angeboten worden; damit ist die rechtliche Entwicklung des Fernmeldegeheimnisses einhergegangen: Es ist aus dem Postgeheimnis entstanden, die tatsächlichen Bedürfnisse und rechtlichen Aspekte haben sich gleichermaßen ausgeweitet.[122]

Dabei ist es kein neuer Gedanke, nicht nur den Inhalt der Kommunikation, sondern auch deren Umstände zu schützen: Bereits im 16. Jahrhundert war es Kurierboten nicht nur verboten, die Briefumschläge zu öffnen, sondern auch, Dritten die auf den Kuverts verzeichneten Anschriften zu zeigen.[123] Auch diese Prinzipien haben bis in die heutige Zeit überlebt und finden sich hinsichtlich moderner Telekommunikation als Schutz von Verkehrsdaten wieder.

bb) Inhalt und Schranken

Das Fernmeldegeheimnis trägt der besonderen Verletzlichkeit Rechnung, die über eine größere räumliche Distanz geführte Kommunikation augrund

---

[120] *BVerfG* E 65, 1 [43].
[121] *BVerfG* E 65, 1 [44; 46].
[122] *Penders*, Ethics and Information Technology 2004, 247 [249]; *Penders* spricht von „Migration" der Aspekte, was im Wortsinn unzutreffend ist, da sie ja dem Postgeheimnis erhalten geblieben sind.
[123] Ebendort [249; Fn. 14] m.w.N.

des Nachrichtenweges mit sich bringt.[124] Der Schutz des Fernmeldegeheimnisses aus Art. 10 Abs. 1 GG umfasst nicht nur den Inhalt der Kommunikation, sondern auch die Umstände einer stattgefundenen oder auch nur
versuchten Telekommunikation.[125] Darunter fällt insbesondere, ob und
wann eine Telekommunikationsverbindung zwischen welchen Personen
zustande gekommen ist.[126] Konkret sind das bei Telefongesprächen die
Rufnummern der beiden beteiligten Teilnehmer, die Uhrzeit und die Dauer
des Gesprächs; umfasst sind also die Verkehrsdaten im Sinne des § 3 Nr. 30
TKG.[127] Das Fernmeldegeheimnis aus Art. 10 Abs. 1 GG ist gemäß Art. 19
Abs. 3 GG seinem Wesen nach auch auf juristische Personen anwendbar.[128]

Gemäß Art. 10 Abs. 2 GG darf das Fernmeldegeheimnis nur aufgrund eines
Gesetzes eingeschränkt werden. Das Gesetz muss materiell verhältnismäßig,
also für einen legitimen Zweck geeignet und erforderlich sowie angemessen
sein und formell gemäß Art. 19 Abs. 1 GG das Fernmeldegeheimnis
ausdrücklich beschränken.

c) Verhältnis der Grundrechte zueinander

Die Verkehrsdaten in der Telekommunikation sind regelmäßig auch
personenbezogene Daten, sodass sich die Frage stellt, welches Grundrecht
einschlägig ist. Soweit sich das Recht auf informationelle Selbstbestimmung
und das Fernmeldegeheimnis überschneiden, geht letzteres als spezielleres
Grundrecht vor.[129]

2. Einfachgesetzlicher Schutz

a) Datenschutzrecht

Das BDSG schützt personenbezogene Daten, also Angaben über persönliche oder sachliche Verhältnisse einer bestimmten oder bestimmbaren
Person (§ 3 Abs. 1). Für die Erhebung und Verwendung von Daten gelten

---

[124] *P. Breyer*, Die systematische Aufzeichnung…, S. 73.
[125] *BVerfG* NJW 1992, 1875 [1875].
[126] *BVerfG* NJW 1985, 121 [122].
[127] *Koenig/Loetz/Neumann*, Telekommunikationsrecht, S. 102.
[128] *BVerfG* NJW 2003, 1787 [1788] sogar für eine juristische Person des öffentlichen
Rechts.
[129] *BVerfG* E 100, 313 [358]; 110, 33 [53].

bestimmte Grundsätze, vor allem das Verbotsprinzip mit Erlaubnisvorbehalt und das Prinzip der Datenvermeidung und –sparsamkeit.

Das BDSG ist ausdrücklich subsidiär zu besonderen Datenschutzbestimmungen, § 1 Abs. 3 Satz 1 BDSG. Dabei tritt es aber nur hinter die spezielleren Vorschriften zurück, „soweit" diese eine Regelung exakt für einen sonst im BDSG geregelten Sachverhalt treffen.[130]

aa) *Verbotsprinzip mit Erlaubnisvorbehalt*

§ 4 Abs. 1 BDSG errichtet, entsprechend der Vorgabe der DSRL,[131] ein Verbotsprinzip mit Erlaubnisvorbehalt. Die Erhebung und Verwendung persönlicher Daten ist unzulässig, wenn nicht das BDSG selbst oder eine andere Rechtsvorschrift sie erlaubt oder eine Einwilligung vorliegt.

bb) *Datenvermeidung und Datensparsamkeit*

§ 3a BDSG schützt bereits bei der Gestaltung und Auswahl von Datenverarbeitungssystemen die informationelle Selbstbestimmung: Technische Systeme sollen von vornherein so gestaltet werden, dass die Erhebung und Verwendung personenbezogener Daten nicht erfolgen muss bzw. wenn sie doch erfolgen muss, dann mit so wenigen Daten wie möglich. Die Regelung ist daher eine präzisierende Umsetzung des Erforderlichkeitsgrundsatzes der DSRL.[132]

b) Telekommunikationsrecht

aa) *Telekommunikations-Datenschutz*

Das am 26.06.2004 in Kraft getretene „neue" TKG hat in seinem 7. Teil (§§ 88 bis 115) die Datenschutzbestimmungen in Gesetzesrang erhoben, die bis dahin durch die TDSV geregelt waren. Mit dem 7. Teil TKG will der Gesetzgeber einerseits seine Verpflichtung zum Schutz des Fernmeldegeheimnisses und der informationellen Selbstbestimmung durch Private auf

---

[130] Simitis-*Walz*, § 1 Rn. 170.
[131] Tatsächlich hat das BDSG die DSRL insoweit nicht erst umgesetzt, sondern gestaltet: *di Martino*, Datenschutz im Europäischen Recht, S. 27f.
[132] Siehe oben C I 3 a; Simitis-*Bizer*, § 3a Rn 32.

dem liberalisierten Markt aus Art. 10 Abs. 1 GG[133] erfüllen und andererseits die DSRLeK in nationales deutsches Recht umsetzen;[134] dazu ist der Bundesgesetzgeber gemäß Art. 73 Abs. 1 Nr. 7 GG ausschließlich befugt.

bb) Schutz juristischer Personen

Grundsätzlich schützt der Datenschutz nur natürliche Personen (vgl. § 3 Abs. 1 BDSG). Dies soll ebenso für den TK-Datenschutz gelten: § 91 Abs. 1 Satz 2 TKG lasse den TK-Datenschutz für juristische Personen nur insoweit gelten, wie die Daten dem Fernmeldegeheimnis unterliegen, also Verkehrsdaten sind; im Umkehrschluss seien Daten, die nicht dem Fernmeldegeheimnis unterliegen, von juristischen Personen nicht besonders geschützt.[135]

Anderes könnte aus dem Wortlaut des § 91 Abs. 1 Satz 1 i.V.m. § 3 Nr. 20 TKG geschlossen werden: Der 2. Abschnitt im 7. Teil TKG („Datenschutz") soll für die personenbezogenen Daten der Teilnehmer und Nutzer gelten; Teilnehmer sind gemäß § 3 Nr. 20 TKG auch juristische Personen. Zieht man allerdings wiederum für die Definition der personenbezogenen Daten in § 3 Abs. 1 BDSG heran, so läuft der Schutz personenbezogener Daten für juristische Personen als TK-Teilnehmer leer, da es definitionsgemäß keine personenbezogenen Daten über juristische Personen gibt.

Daher hängt die Frage, ob dynamische IP-Adressen bei juristischen Personen als TK-Teilnehmer überhaupt geschützt sind, davon ab, ob sie als Verkehrsdaten dem Fernmeldegeheimnis des Art. 10 Abs. 1 GG unterfallen.

c) Telemedienrecht

Am 01.03.2007 ist das Telemediengesetz in Kraft getreten. Es ersetzt hinsichtlich des Bundesrechts das TDG und das TDDSG und hinsichtlich des Landesrechts den MDStV. Der Gesetzgeber regelt damit endlich die ohnehin schon immer und wegen des Konvergenzprozesses der Medien erst Recht schwer voneinander abzugrenzenden Bereiche Teledienste und

---

[133] Siehe oben C II 1.
[134] Siehe amtliche Anmerkung TKG.
[135] BeckTKG-*Robert*, § 91 Rn. 15.

Mediendienste einheitlicher. Die Abgrenzung zwischen Bundes- und Länderzuständigkeit richtet sich nicht mehr nach Art oder Technik der Verbreitung, sondern an den inhaltlichen Zielen.[136]

Das Telemediengesetz regelt daher in Bundeszuständigkeit die wirtschaftsbezogenen Bestimmungen, im wesentlichen Zulassungsfreiheit (§ 4), Herkunftslandprinzip (§ 3), Haftung (§§ 7 bis 10), Informationspflichten (§§ 5f.) und Datenschutz (§§ 11 bis 15). Es ist gegenüber der „Summe" aus TDG, TDDSG und MDStV materiell nur wenig verändert worden; insbesondere bemüht sich der Gesetzgeber nunmehr um eine Klärung der Abgrenzung zwischen Telekommunikations- und Telemediendiensteanbietern (§ 11 Abs. 3).[137]

d) Europäische Menschenrechtskonvention

Im deutschen Recht ist die EMRK in ihrer Auslegung durch den EGMR im Rahmen methodisch vertretbarer Gesetzesauslegung einfachgesetzlich zu berücksichtigen.[138]

III. Die IP-Adresse als personenbezogenes Datum

Personenbezogene Daten sind Angaben über die Verhältnisse einer bestimmten oder bestimmbaren natürlichen Person, § 3 Abs. 1 BDSG. Dynamische IP-Adressen sind nur dann personenbeziehbar, wenn die Zusammenführung mit den personenbezogenen Daten des Nutzers rechtlich und praktisch möglich ist.[139] Der Personenbezug eines Datums kann direkt sein oder auch indirekt, wenn es wahrscheinlich ist, dass ein Personenbezug hergestellt werden kann, indem die indirekten Daten in einem weiteren Zuordnungsschritt abgeglichen werden.[140]

---

[136] BR-Drs. 556/06, S. 13f.; allerdings bleibt journalistisch-redaktioneller Datenschutz Ländersache, § 57 RStV; kritisch *Schild*, MMR aktuell 2/2007, V [VI].
[137] Siehe oben B II 2 c bb.
[138] *BVerfG* E 111, 307 [317].
[139] Hinweis Nr. 41 des Innenministeriums Baden-Württemberg, RDV 2004, 234 [236].
[140] *Johnston*, LNCS 2212/2001, 150 [154f.].

1. Bestimmbarkeit des Teilnehmers

Ob IP-Adressen Personenbezug haben, ist hinsichtlich der Speicherung durch Websitebetreiber umstritten; es kommt darauf an, ob man die Zuordnung der IP-Adresse zum Nutzer durch einen Abgleich beim Access Provider für rechtlich und tatsächlich möglich hält. Der Personenbezug kann jedoch relativ sein, das heißt, er hängt von der konkret datenverarbeitenden Stelle ab.[141]

Für Access Provider stellt sich die Frage nicht: Wenn er speichert, welchem seiner Kunden er eine dynamische IP-Adresse zugeordnet hat, dann handelt es sich in Bezug auf ihn um ein personenbezogenes Datum. Regelmäßig wird der Access Provider die IP-Adresse nicht unmittelbar mit dem Namen des Kunden speichern, sondern mit einem Bestandsdatum (Kunden-, Vertrags- oder Anschlussnummer o.ä.). Durch die Zusammenführung des Datensatzes, der die IP-Adresszuteilung enthält, und des Bestandsdatensatzes ist ihm aber die Zuordnung problemlos möglich.

2. Bestimmbarkeit des Nutzers

Der Access Provider kann gleichwohl nur seinen Vertragskunden, also den TK-Teilnehmer, identifizieren. Allein anhand der bei ihm gespeicherten Daten kann er nicht feststellen, welcher Mensch tatsächlich zu welchem Zeitpunkt vor dem Computer des Teilnehmers gesessen hat; denkbar ist sogar, dass der Computer eine vorprogrammierte Aufgabe durchgeführt hat, ohne dass überhaupt ein Mensch ihn zu der Zeit bedient hat (z.B. automatische Suche nach Software- Updates).

Allerdings ist es bei privaten Teilnehmern wahrscheinlich, dass der Teilnehmer auch der Nutzer ist; andernfalls ist wahrscheinlich, dass der Teilnehmer den Nutzer identifizieren kann, sodass eine Bestimmbarkeit des konkreten Nutzers regelmäßig hinreichend wahrscheinlich ist; eine im Einzelfall bei einer bestimmten IP-Adresse möglicherweise vorliegende Unwahrscheinlichkeit kann der Access Provider im Rahmen einer automatisierten Speicherung nicht erkennen, sodass diese Fälle für die allgemeine

---

[141] Simitis-*Dammann*, § 3 Rn. 20.

62

Praxis der Access Provider nicht relevant sind. Daher ist weithin anerkannt, dass die IP-Adresse in den Händen des Access Providers ein personenbezogenes Datum ist.[142]

IV. Die IP-Adresse als Verkehrsdatum

1. Definition und Funktion

a) Legaldefinition

Gemäß § 3 Nr. 30 TKG sind Verkehrsdaten Daten, die bei der Erbringung des TK-Dienstes erhoben oder verwendet werden. Nach Art. 2 lit. b DSRLeK sind Verkehrsdaten diejenigen Daten, die für die Weiterleitung einer Nachricht an ein elektronisches Kommunikationsnetz oder zu Abrechnungszwecken erhoben oder verwendet werden

Abzugrenzen sind Verkehrsdaten insbesondere von Bestandsdaten; dies sind Daten des Teilnehmers, die erhoben werden für die Begründung, Abwicklung oder Beendigung des Vertragsverhältnisses (§ 3 Nr. 3 TKG).

Bestandsdaten betreffen also das (Rahmen-) Vertragsverhältnis zwischen dem Teilnehmer und dem TK-Diensteanbieter, während Verkehrsdaten im Zusammenhang mit einer einzelnen TK-Verbindung stehen.

b) Entstehung von Verkehrsdaten

aa) Prinzip der Verkehrsdaten in der Telefonie

Welche Daten bei der Erbringung von TK-Diensten erhoben und verwendet werden und daher Verkehrsdaten im Sinne des TKG sind und als Umstände der Telekommunikation in den Schutzbereich des Fernmeldegeheimnisses fallen, lässt sich zunächst anhand der klassischen Telefonie zeigen:

---

[142] *Dammann*, a.a.O., Rn. 10 und Rn. 63 m.w.N.; *Dix*, DuD 2003, 234 [234f.].

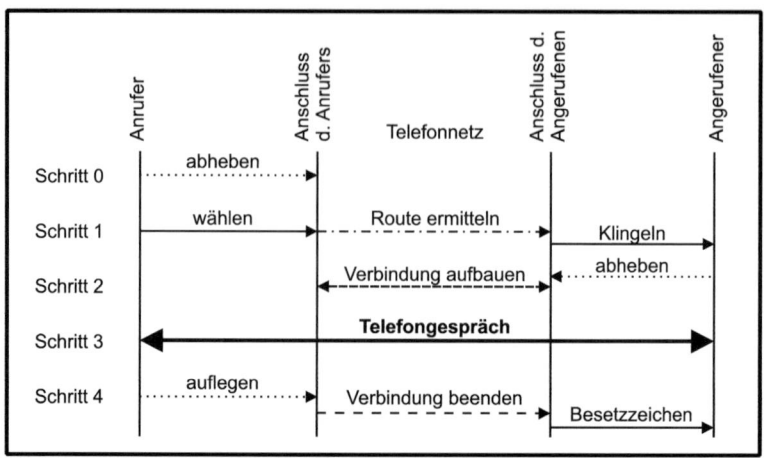

Abbildung 3: Entstehung von Verkehrsdaten bei Telefongesprächen[143]

Ein Telefongespräch beginnt mit dem Abheben des Hörers. Dann wählt der anrufende die Nummer des Angerufenen, wodurch im TK-Netz die Route für die Verbindung ermittelt wird. Schließlich klingelt es beim Angerufenen. Erst wenn dieser abhebt, kommt eine Verbindung (Gespräch) zustande; dieses endet, wenn einer der Gesprächspartner auflegt, was dem anderen wiederum signalisiert wird (Abb. 3).

Zu unterscheiden ist dabei das eigentliche Telefongespräch (Schritt 3) von den Schritten, die der Signalisierung dienen (Schritte 1, 2 und 4). In digitalen Telefonnetzen werden die Informationen für die Signalisierung in getrennten Kanälen übertragen.[144]

Das Modell zeigt auch die Schutzbedürftigkeit dieser Informationen: Würde man allein bei Schritt 3 das Gespräch abhören, wüsste man nicht ohne weiteres, wer mit wem spricht. Durch die Kenntnis der Verkehrsdaten werden also die über den Inhalt der Kommunikation gewonnenen Informationen deutlich sensibler, weil sie zuordenbar werden.

Wenn man nicht nur einen einzelnen Verkehrsdatensatz betrachtet, sondern eine ganze Sammlung solcher Datensätze, kann man darüber hinaus

---

[143] Nach *Penders*, Ethics and Information Technology 2004, 247 [250].
[144] Bei ISDN im Data Channel (D-Kanal), bei GSM im Control Channel.

Erkenntnisse über Kommunikationsgewohnheiten einzelner Personen gewinnen und daraus Rückschlüsse auf persönliche Bindungen und individuelle Lebensgewohnheiten ziehen.[145]

bb) Übertragbarkeit der Prinzipien auf das Internet

Die Kommunikation im Internet läuft über verschiedene Schichten (vgl. Abb. 2). Dadurch bestehen mehrere Verbindungen:

Erstens wird eine Verbindung vom Nutzer zum Access Provider aufgebaut. Der Computer des Nutzers verbindet sich mit dem Anmeldungsserver des Access Providers, übermittelt die Zugangsdaten (Kennung, Passwort) und erhält im Erfolgsfall eine dynamische IP-Adresse.

Zweitens kann der Nutzer über die Verbindung zum Access Provider nun Verbindungen zu Gegenstellen im Internet aufbauen und entgegennehmen, wobei die IP-Adresse dazu geeignet ist, Daten an den Computer des Nutzers zu senden.

Die Zuordnung der IP-Adresse wird also überhaupt erst in Zusammenhang mit dem Aufbau einer einzelnen TK-Verbindung, nämlich der zum Access Provider, generiert und erhoben.

Durch die Auswertung der Zuordnungsdaten von IP-Adressen können ähnliche Erkenntnisse wie aus den Verkehrsdaten aus der Telefonie gewonnen werden; die Auswertung der IP-Adressen von Emails erlauben z.B. nicht bloß, wer mit wem wann kommuniziert hat. Die Daten können darüber hinaus analysiert werden, um individuelle Kommunikationsbeziehungen zu erfassen; dazu können die Verkehrsdaten in Matrizen dargestellt werden, wodurch weitere Informationen gewonnen werden können, wie

---

[145] Vgl. das anschauliche Szenario bei *Michelfelder*, Ethics and Information Technology 2001, 129 [134]. *P. Breyer*, European Law Journal 2005, 365 [365] bezeichnet die Möglichkeiten der Profilgewinnung aus Verkehrsdaten im Hinblick auf Strafermittlungsverfahren als *„a new dimension in surveillance, as compared to traditional police powers"*.

z.B. die Information, ob die Kommunikation zwischen bestimmten Adressen asymmetrisch oder wechselseitig erfolgte.[146]

Insoweit stimmen also dynamische IP-Adressen mit Telefonie-Verkehrsdaten überein, sodass es naheliegt, auch jene als Verkehrsdaten einzuordnen.

Ein Unterschied besteht allerdings darin, dass IP-Datentransfer nicht zwischen Verkehrs- und Inhaltsdaten unterscheidet. IP-Pakete haben zwar getrennte Bereiche für „Kopfdaten" und Inhalte (siehe Abb. 1), jedoch sind diese Bereiche – anders als beim Postpaket – eben nicht voneinander getrennt; man muss IP-Pakete nicht „öffnen", um den Inhalt zu sehen, sondern Inhalt und Verkehrsdaten sind technisch nicht trennbar, ohne dass die Zuordnung zueinander entfiele. Die Verkehrsdaten werden also, anders als bei der Telefonie, immer mitübertragen; eine Ansicht der IP-Pakete ermöglicht immer auch festzustellen, von welcher Adresse sie an welche Adresse gesendet werden. Die IP-Adresse ist zugleich für den Kommunikationspartner technisch sichtbar. Ein dem entsprechendes Datum gibt es in der Telefonie nicht.

Letzteres rückt aber die IP-Adresse im Vergleich zu den Telefonie-Verkehrsdaten allenfalls näher an die Kommunikationsinhalte, jedenfalls aber nicht an die Kategorie der Bestandsdaten. Im Hinblick auf die Legaldefinition und den Vergleich zu den „klassischen" Verkehrsdaten ist die dynamische IP-Adresse daher als Verkehrsdatum einzuordnen.

2. Bewertung im Hinblick auf Auskunftsbegehren

Der ganz überwiegende Teil der Judikatur zu dieser Frage betrifft den Aspekt, ob für die Auskunft über den Namen des Teilnehmers hinter einer zu einem bestimmten Zeitpunkt im Internet verwendeten IP-Adresse an die Staatsanwaltschaften ein einfaches Auskunftsbegehren gemäß § 113 TKG genügt oder ein richterlicher Beschluss gemäß §§ 100g, 100h StPO herbeigeführt werden muss. Ersteres ist der Fall, wenn die Auskunft auf Bestandsda-

---

[146] *Lepperhoff/Tinnefeld*, RDV 2004, 7 [9].

ten gerichtet ist, letzteres ist erforderlich für die Beauskunftung von Verkehrsdaten.

a) Klare Einordnung

Einige Gerichte[147] und die überwiegende Literatur[148] haben sich klar festgelegt und die Auskunft als solche über eine Kennung gemäß § 100g Abs. 3 Nr. 1 StPO eingeordnet und somit dem Schutzbereich des Art. 10 Abs. 1 GG unterworfen, was eine Einordnung als Verkehrsdatum einschließt.

b) Unterscheidung zwischen den Daten und Auskunft

Der überwiegende Teil der Rechtsprechung[149] und ein Teil des Schrifttums[150] haben hingegen die Auskunft als auf ein Bestandsdatum hin gerichtet eingeordnet. Allerdings muss hier genau differenziert werden: Die Gerichte beurteilen zwar die Auskunft über *den Namen hinter* einer IP-Adresse als Auskunft über Bestandsdaten, sie wollen jedoch nicht den Charakter der *IP-Adresse als solcher* als Verkehrsdatum verkennen; es handele sich also um eine *Auskunft* über ein Bestandsdatum, für die der Access Provider lediglich intern Verkehrsdaten *verarbeiten* müsse.[151]

---

[147] *LG Ulm*, MMR 2004, 187 [187]; *LG Bonn*, DuD 2004, 628 [628f.]; ebenso *OLG Linz*, MMR 2005, 592 [592] für die ganz ähnliche Fragestellung im Hinblick auf § 149a öStPO.

[148] *Bär*, MMR 2002, 358 [359f.]; *ders.*, MMR 2004, 187 [187]; *ders.*, MMR 2005, 626 [627]; *Dietrich*, GRUR-RR 2006, 145 [147]; *Löwe/Rosenberg-Schäfer*, § 100g Rn. 22 und § 100a Rn. 21; *Splittgerber/Klytta*, K&R 2007, 78 [82]; *Wiebe*, MMR 2005, 828 [829].

[149] *LG Stuttgart*, MMR 2005, 624 [625]; 2005, 628 [628f.]; *LG Würzburg*, NStZ-RR 2006, 46 [46]; *LG Hechingen*, NJW-RR 2006, 1196 [1197]; *LG Hamburg*, MMR 2005, 711 [712]; ebenso *OGH*, MMR 2005, 827 [828] für die vergleichbare Entscheidung zwischen §§ 149a öStPO / 87b Abs. 3 öUrhG.

[150] *Burhoff*, ZAP 2002, Fach 22, 359 [360]; *Malek*, Strafsachen im Internet, Rn. 397; KKStPO-*Nack*, § 100g Rn 11; *Sankol*, MMR 2006, 361 [365].

[151] In allen vorbezeichneten Entscheidungen wird anerkannt, dass der Access Provider intern zunächst Verkehrsdaten für die Beauskunftung verarbeiten muss. Gleichwohl sind die Entscheidungen im Ergebnis unzutreffend: Allein auf den Namen abzustellen, der zweifelsohne an sich Bestandsdatum ist, isoliert fälschlicherweise das rein äußerliche Erscheinungsbild von Daten von den Informationen, die bei der Ermittlung der Daten verarbeitet und vor allem auch vom Informationsempfänger erlangt werden; so auch *Einziger/Schubert/Schwabl/Wessely/Zykan*, MR 2005, 113 [115] und *Wiebe*, MMR 2005, 828 [829]. Dies ist für die eigentliche Fragestellung jedoch nicht entscheidend.

aa) Widersprüchlichkeit

Gleichwohl finden sich in den jeweiligen Begründungen auch Argumente, die (unabsichtlich?) an der Qualität der IP-Adresse als Verkehrsdatum zweifeln lassen: Das *LG Stuttgart* vertritt die Auffassung, dass eine dynamische IP-Adresse mit der Angabe eines entsprechenden Zeitpunkts einer statischen IP-Adresse entspricht; auch bei der Auskunft über die Inhaber von Telefon- oder Mobilfunkanschlüssen und statischen IP-Adressen spiele der Zeitpunkt der Zuordnung eine – wenn im Vergleich zur dynamischen IP-Adresse weniger bedeutsame – Rolle.[152]

Diese Entscheidungen sind bereits in sich nicht schlüssig. Wenn eine dynamische IP-Adresse mit Zeitangabe einer statischen IP-Adresse – also einem Bestandsdatum – entspricht, warum soll dann die Verarbeitung dieser Daten durch die Access Provider eine Verarbeitung von Verkehrsdaten sein, die in den Entscheidungen nur deswegen nicht zum Richtervorbehalt führt, weil sie eben beim Access Provider stattfindet und nicht in die Kenntnis der Ermittlungsbehörden gelangt?

bb) Stellungnahme

Jedenfalls ist die Auffassung unzutreffend. Mit umgekehrter Argumentation ließe sich auch sagen, dass auch Telefonnummern und statische IP-Adressen „dynamisch" vergeben werden und Verkehrsdaten wären. Auch Telefonnummern und statische IP-Adressen werden zugeteilt und können teilweise sogar unabhängig vom Anschluss und vom Bestand des zugrundeliegenden Vertrags hinzu- und abbestellt werden.[153] Man könnte also sagen, dass sich die „dynamische" Zuteilung von Telefonnummern nur durch den längeren

---

[152] *LG Stuttgart*, MMR 2005, 624 [625]; das *LG Hamburg*, a.a.O., hat insoweit die Begründung des *LG Stuttgart* über fünf Absätze wörtlich übernommen. Das *LG Würzburg*, a.a.O., hat sich unter Bezugnahme auf diese Entscheidungen der Auffassung angeschlossen. Im Ergebnis ebenso *LG Hechingen* a.a.O. unter Hinweis darauf, dass in der amtlichen Begründung zu §§ 100g, 100h StPO, BT-Drs. 14/7008, S. 7, nicht zwischen statischen und dynamischen IP-Adressen differenziert wird.

[153] Bei ISDN-Mehrgeräteanschlüssen können Telefonnummern (MSN) in bestimmten Grenzen hinzubestellt und abbestellt werden, ohne dass dadurch der Bestand des Anschlusses berührt wird. Ebenso können einem Internet-Zugang mehrere statische IP-Adressen zugeordnet werden.

Zuteilungszeitraum von der Zuteilung dynamischer IP-Adressen unterscheidet.

Zutreffend sind diese Überspitzungen – in beide Richtungen – nicht: Telefonnummern und statische IP-Adressen werden manuell für eine Vielzahl von TK-Verbindungen vergeben und ermöglichen überhaupt erst den bezweckten *wiederholten* Verbindungsaufbau unter der jeweiligen Nummer. Zweck von Telefonnummern und statischen IP-Adressen ist regelmäßig, unter einer fixen Kennung erreichbar zu sein und häufig auch, sich mit der festen Kennung gegenüber der Gegenstelle auszuweisen. Der Access Provider muss die statische IP-Adresse mit Kundenbezug speichern, um den Vertrag überhaupt durchführen zu können. Eine dynamische IP-Adresse wird beim Aufbau der Verbindung zum Access Provider erst vergeben und dient nur dieser einen Verbindung. Die Gegenmeinung verkennt erstens, dass der Kunde bei einer dynamischen IP-Adresse gar kein Interesse an dem – und schon gar keinen Anspruch auf den – Bestand der bestimmten ihm zugeteilten IP-Adresse hat.

Zweitens wird verkannt, dass auch bereits die Einwahl ins Internet, also der Aufbau einer Verbindung zwischen Kunde und Access Provider, ein Telekommunikationsvorgang ist, und nicht erst der Aufruf bestimmter Internetseiten oder –dienste durch den Nutzer.[154] Richtig ist zwar, dass aus technischer Sicht die Vergabe der dynamischen IP-Adresse bereits im Rahmen der Telekommunikation zwischen dem Access Provider und dem Kunden vergeben wird – also aus technischer Sicht *Inhalt* und nicht *Umstand* auf dieser Ebene der Kommunikation ist – jedoch darf das OSI-Schichtenmodell auf rechtliche Fragestellungen nicht schematisch, sondern muss wertend angewandt werden.[155]

V. Die IP-Adresse als Standortdatum?

Bisher unerörtert ist die Frage, ob eine dynamisch vergebene IP-Adresse auch ein Standortdatum im Sinne des § 3 Nr. 19 TKG ist. Danach sind

---

[154] So auch *Schramm*, DuD 2006, 785 [787].
[155] Siehe oben B II 2 d aa.

Standortdaten Daten, die den Standort des Endgeräts angeben. Mit §§ 3 Nr. 19, 96 TKG will der Bundesgesetzgeber speziell Art. 9 DSRLeK umsetzen; bei richtlinienkonformer Auslegung ist daher auch Erwägungsgrund 14 DSRLeK zu berücksichtigen: Für das Vorliegen eines Standortdatums genügt es, wenn sich das Endgerät dadurch einem Netzzugangspunkt zuordnen lässt.

1. Einordnung als Standortdatum

Die DTAG betreibt mit ihrem Geschäftsbereich T-Online ein dichtes Netz an Zugangspunkten,[156] bundesweit 73 Stück.[157] Jeder Zugangspunkt verfügt über einen eigenen IP-Adresspool, sodass die vergebenen dynamischen IP-Adressen abhängig vom Zugangspunkt sind. Sie lassen sich auch rückwärts zum jeweiligen Zugangspunkt hin auflösen;[158] es ergibt sich dann eine Domäne als einer der letzten hops, die das Kfz-Kennzeichen des Einwahlortes enthält, z.B. `h-eb1.h.de.net.dtag.de` für den Zugangspunkt Hannover. Zugleich ist aber der Flatrate-Vertrag regelmäßig nicht an einen bestimmten Anschluss gebunden: Die Einwahl ist mit der Zugangskennung von jedem Anschluss in Deutschland möglich. Bei Access Providern, die – wie die DTAG – bestimmte IP-Adresspools an bestimmte Zugangspunkte gebunden haben, ist die dynamisch vergebene IP-Adresse demnach auch ein Standortdatum.

2. Rechtsfolgen der Einordnung

a) Möglicher Widerspruch

Daraus ergibt sich ein möglicher Widerspruch in § 96 Abs. 1 Nr. 1 TKG: Standortdaten dürfen nach der abschließenden[159] Aufzählung auch für die dort bezeichneten Zwecke nur erhoben und verwendet werden, wenn es sich um einen mobilen Anschluss handelt. Die grammatische Auslegung der Vorschrift lässt zweierlei Schlüsse zu: Entweder es sollen neben den zuerst

---

[156] Sogenannte Points of Presence (PoP).
[157] *Bundesnetzagentur*, Beschluss BK 4a-06-039/R vom 13.09.2006, http://www.bundesnetzagentur.de/media/archive/7381.pdf , S. 4.
[158] Mit „Reverse DNS", siehe *Wikipedia*: Rerverse DNS, http://de.wikipedia.org/wiki/Reverse_DNS , in Verbindung mit einem *Traceroute*, also einer Verfolgung des Verbindungsweges.
[159] BeckTKG-*Robert*, § 96 Rn. 2.

bezeichneten Daten auch *sonstige* Standortdaten verwendet werden dürfen, wenn es sich um einen mobilen Anschluss handelt – oder *alle* Standortdaten dürfen nur bei mobilen Anschlüssen verwendet werden.

aa) Mobile Anschlüsse

Internet-Anschlüsse sind regelmäßig keine mobilen Anschlüsse. Etwas anderes gilt nur bei Internetnutzung über Mobilfunknetze und bei den aufkommenden Hotspot-Flatrates,[160] die es dem Kunden erlauben, sich in vielen Gaststätten und Hotels per Funknetzwerk mit dem Internet zu verbinden, sicher nicht jedoch bei leitungsgebundenen DSL-Anschlüssen.

bb) Dienst mit Zusatznutzen

Gemäß § 98 TKG wäre eine Verarbeitung[161] von Standortdaten noch zulässig, wenn sie einem Dienst mit Zusatznutzen dienen würde und eine Einwilligung oder Anonymisierung vorliegt, jedoch bringt weder die IP-Adresse als solche noch ihre örtliche Zuordnung einen erkennbaren Zusatznutzen; die IP-Adresse als solche ist im Gegenteil schon für den eigentlichen Hauptnutzen, nämlich den Zugang zum Internet erforderlich. Soweit die örtliche Zuordnung es z.B. Websitebetreibern erlaubt, die Inhalte nach regionaler Herkunft des Nutzers anzupassen, erbringt allenfalls jener einen Dienst mit Zusatznutzen, nicht aber der Access Provider.

cc) Mögliche Rechtsfolge

Würde § 96 Abs. 1 Nr. 1 TKG also die Verwendung *aller* Standortdaten für immobile Anschlüsse nicht erlauben, dürfte eine Verwendung von ortsgebundenen dynamischen IP-Adressen – außer bei den vorgenannten mobilen Anschlüssen – nicht einmal für die in § 96 TKG bezeichneten Zwecke stattfinden.

---

[160] Vgl. *Heise Online*, AOL startet Hotspot-Flatrate, 10.05.2006, http://www.heise.de/newsticker/meldung/72928.

[161] Der Gesetzgeber hat hier die abweichende Terminologie der DSRLeK übernommen: „Verarbeitung" ist hier als Oberbegriff für jedweden Umgang mit Daten, also nach eigentlicher TKG-Terminologie Erhebung und Verwendung, zu verstehen; vgl. oben B I 4; BeckTKG-*Wittern*, § 98 Rn. 6.

b) Diskussion

aa) Änderung des Wortlauts gegenüber der TDSV

Der gegenüber der TDSV in § 96 Abs. 1 Nr. 1 angepasste Wortlaut „beteiligte Anschlüsse" (statt § 5 Abs. 1 Nr. 1 TDSV: „anrufender/angerufener Anschluss") soll die Anwendung auf IP-Adressen nahelegen,[162] sodass eine gemäß § 96 TKG zweckgebundene Erhebung und Verwendung möglich ist. Allerdings ist dieses – für sich genommen zutreffende – Argument auf IP-Adressen insgesamt gerichtet und nicht speziell auf solche, die einen Standort angeben.

bb) Verstoß gegen Sparsamkeitsgebot

Durch die ortsgebundene Zuteilung gibt der Access Provider dem Datum IP-Adresse unnötigerweise überhaupt erst seine Qualität als Standortdatum. Es ließe sich daher argumentieren, dass die Anbieter, die dynamische IP-Adressen ortsgebunden zuteilen, sich die Erlaubnis aus § 96 TKG abschneiden und sich dadurch sozusagen selbst dafür sanktionieren, dass sie mit ihrer Praxis entgegen dem Sparsamkeitsgebot aus § 3a BDSG Standortdaten überhaupt erst erheben.

c) Gemeinschaftsrechtlicher Hintergrund

Nach Erwägungsgrund 35 DSRLeK sind Standortdaten dann Verkehrsdaten, wenn sie die Nachrichtenübertragung ermöglichen. Die Zuweisung einer dynamischen IP-Adresse ermöglicht erst die Kommunikation. Die IP-Adresse ist also zugleich Verkehrsdatum und Standortdatum.

Art. 9 DSRLeK ist überschrieben mit „Andere Standortdaten als Verkehrsdaten". Auch wenn Art. 9 DSRLeK punktgenau nur in § 98 TKG umgesetzt wird und nicht im letzten Halbsatz in § 96 Abs. 1 Nr. 1 TKG, der in der Richtlinie keine genaue Entsprechung findet, so ist doch anzunehmen, dass der Gesetzgeber in § 98 TKG, der keine Einschränkung wie Art. 9 DSRLeK enthält, die Richtlinie genau umsetzen will und die Terminologie auch in § 96 Abs. 1 Nr. 1 TKG eingehalten hat. Standortdaten sind daher sowohl in

---

[162] BeckTKG-*Robert*, § 96 Rn. 3.

72

§ 98 als auch in § 96 Abs. 1 Nr. 1 TKG nur „andere Standortdaten als Verkehrsdaten".

d) Stellungnahme

Demnach ist die ortsabhängig vergebene dynamische IP-Adresse zwar *auch* ein Standortdatum, allerdings ändern sich dadurch die Erlaubnisse aus § 96 Abs. 1 Nr. 1 TKG nicht, weil die IP-Adresse eben auch Verkehrsdatum ist und somit kein „anderes Standortdatum als Verkehrsdaten". Gleichwohl sollten die Access Provider gemäß § 3a BDSG darauf verzichten, IP-Adressen ortsabhängig zu vergeben und ihre Netzstruktur entsprechend anpassen, damit IP-Adressen nicht unnötigerweise auch Standortdaten werden.

VI. Erhebung und Löschungspflicht

1. Erhebung und Speicherung für die Verbindung

Gemäß § 96 Abs. 1 Nr. 1 TKG darf der Access Provider die Nummer oder Kennung erheben oder verwenden, soweit dies für die bezeichneten Zwecke erforderlich ist. Eine Nummer ist definitionsgemäß (§ 3 Nr. 13 TKG) eine Zeichenfolge für die Adressierung in TK-Netzen und umfasst daher auch IP-Adressen. Das Erbringen eines TK-Dienstes ist einer der im Abschnitt genannten Zwecke (§ 91 Abs. 1 TKG).[163]

Die Erhebung erfolgt bereits dadurch, dass der Access Provider selbst die dynamische IP-Adresse bei der Einwahl generiert bzw. auswählt und zuteilt. Danach speichert er sie jedenfalls für die Dauer der Internet-Verbindung, um die IP-Datenpakete an den adressierten Kundencomputer zustellen zu können.[164] Dabei kann es sich durchaus um einen Zeitraum von mehreren Tagen oder gar Wochen handeln.[165] Die Erhebung und die Speicherung während der Verbindung ermöglichen den Internet-Zugang und die

---

[163] Ebendort, Rn 8.
[164] Vgl. Abb. 1.
[165] Falls nicht, wie bei vielen Access Providern üblich, nach 24 Stunden zwangsweise die Verbindung getrennt wird.

Nutzung überhaupt erst und sind daher Gegenstand der vertraglichen Pflichten des Access Providers gegenüber seinem Kunden.

2. Löschungspflicht mit Erlaubnisvorbehalt

Gemäß § 96 Abs. 2 sind die Daten jedoch nach Verbindungsende unverzüglich zu löschen, wenn nicht eine der dort bezeichneten Ausnahmen, also ein Erlaubnistatbestand, vorliegt. Diese Regelung entspricht Art. 6 Abs. 1 DSRLeK und ist eine Ausprägung des Verbotsprinzips mit Erlaubnisvorbehalt aus dem allgemeinen Datenschutzrecht (BDSG und DSRL).

D. Erlaubnis für die Speicherung

Nachdem die rechtliche Qualität der dynamischen IP-Adresse feststeht, fragt sich, welche der denkbaren Erlaubnistatbestände tatsächlich eine Speicherung über das Verbindungsende hinaus rechtfertigen. Allen Erlaubnistatbeständen ist gemein, dass sie aus systematischen Gründen grundsätzlich eng auszulegen sind, denn § 3a BDSG errichtet mit dem Prinzip der Datenvermeidung und Datensparsamkeit einen Grundsatz des Datenschutzrechts, der Ausfluss des Erforderlichkeitsprinzip der Verfassung[166] und der DSRL[167] ist.

I. Einwilligung

Vereinzelt wird angenommen, dass eine Einwilligung des Kunden für die Verwendung der Verkehrsdaten genügt.[168]

1. Abschließende Regelung im TKG

Dem ist entgegenzuhalten, dass § 96 Abs. 2 die Speicherung über das Verbindungsende hinaus regelt, und zwar insoweit abschließend, wie nicht andere bereichsspezifische Gesetze eingreifen.[169] § 94 TKG enthält selbst keine Regelung darüber, inwieweit eine Einwilligung möglich ist, sondern regelt nur eine mögliche Form der Einwilligung. §§ 4 Abs. 1, 4a BDSG sind keine bereichsspezifischen Vorschriften, weil sie nicht auf das Fernmeldegeheimnis gerichtet sind; sie werden durch die Normen des TKG verdrängt.[170] Der Gesetzgeber hat in §§ 96 Abs. 3, 98 Abs. 1 TKG ausdrücklich auch geregelt, wann die Verwendung von Daten bei vorliegender Einwilligung erlaubt ist; dessen hätte es nicht bedurft, wenn Einwilligungen ohnehin möglich wären.

---

[166] Simitis-*Bizer*, § 3a Rn 1, *Dix*, DuD 2003, 234 [235].
[167] Siehe oben C I 3 a.
[168] *Bosse/Richter/Schreier*, CR 2007, 79 [82]; BeckTKG-*Dahlke*, § 45e Rn. 4 hinsichtlich des Einzelverbindungsnachweises.
[169] Das hat der Gesetzgeber durch das TKG-Änderungsgesetz zum Ausdruck gebracht, indem er in § 96 Abs. 2 Satz 1 eine Öffnungsklausel sogar für ausdrücklich durch andere Gesetze bestehende Verwendungspflichten eingefügt hat.
[170] *Tinnefeld* in *Roßnagel*, Handbuch Datenschutzrecht, 4. Teil, Rn. 36.

2. Grundrechtliche Abwägung

a) Privatautonomie

Bereits der Ausdruck „informationelle Selbstbestimmung" impliziert, dass der Datenschutz nicht nur ein negatives Schutzrecht ist, sondern auch eine positive Seite hat, also den Einzelnen nicht nur vor der ungewollten Erhebung und Verwendung seiner Daten schützt, sondern ihm auch das Recht zusteht, autonom über die Verwendung seiner Daten zu entscheiden. Das gilt im Grunde nicht weniger für die vom Fernmeldegeheimnis besonders geschützten Verkehrsdaten.

b) Schutz des Kommunikationspartners

Hinsichtlich des Fernmeldegeheimnisses sind jedoch auch die Interessen des Kommunikationspartners zu berücksichtigen: Die privatautonome Bestimmung über die Verwendung von Kommunikationsdaten betrifft regelmäßig nicht nur die geschützten Daten des einen, sondern auch des anderen Kommunikationspartners.

c) Veräußerlichkeit von Grundrechten

Den Grundrechten ist ihre Veräußerlichkeit geradezu immanent, da sie eben Schutzrechte für den Einzelnen sind; gleichwohl wird überwiegend angenommen, dass die Grundrechte einen unveräußerlichen Kern haben, der in der Menschenwürde besteht.[171]

Wenn dieser Kernbereich hinsichtlich höchstpersönlicher Daten wie dem menschlichen Genom diskutiert wird, mag dies seine Berechtigung haben. Dass jedoch die für eine Internet-Verbindung zugeteilte dynamische IP-Adresse den Kernbereich der Menschenwürde in ähnlicher Weise berührt, kann nicht angenommen werden.

d) Beschränkung der Privatautonomie

Das BVerfG sieht die Privatautonomie als notwendigerweise begrenzt und gesetzlich ausgestaltungsbedürftig an.[172] Es obliegt dem Staat, im Rahmen

---

[171] *Fisahn*, ZRP 2001, 49 [53].
[172] *Eschenbach/Niebaum*, NVwZ 1994, 1079 [1080] in kritischem Bezug auf *BVerfG* E 89, 214.

der Privatautonomie strukturelle Disparitäten auszugleichen, um dadurch der Privatautonomie erst Geltung zu verschaffen.

3. Gemeinschaftsrechtlicher Hintergrund

Das BDSG setzt die DSRL um, nicht aber die DSRLeK. Diese enthält in Art. 6 Abs. 3 besondere Erlaubnisse für den Fall, dass eine Einwilligung vorliegt; auch dessen hätte es nicht bedurft, wenn eine Einwilligung ohnehin möglich wäre. Gemäß Erwägungsgrund 17 DSRLeK soll die Einwilligung die „gleiche Bedeutung" haben wie in der DSRL. „Bedeutung" ist in diesem Zusammenhang aber nicht rechtsfolgenmäßig gemeint, sondern begrifflich; insbesondere die Legaldefinition des Art. 2 lit. h DSRL soll übernommen werden, die Einwilligung also zwanglos, konkret und informiert sein, *soweit* sie zulässig ist.

Die Zulässigkeit einer weitergehenden Einwilligung ist daher gemeinschaftsrechtlich *nicht geboten.* Damit ist noch nichts darüber gesagt, ob eine weitergehende Einwilligung aber durch die Richtlinie *verboten* sein soll. Der EuGH betrachtet die Datenschutzvorschriften nicht als Mindest- sondern als Vollharmonisierung;[173] es ist daher anzunehmen, dass auch nach dem Gemeinschaftsrecht eine Einwilligung nur in den in der DSRLeK ausdrücklich genannten Zwecken zulässig ist.

4. Stellungnahme

Verfassungsrechtlich möglich – und geboten – wäre eine Beschränkung des autonomen Verzichts auf das Fernmeldegeheimnis, wenn eine strukturelle Disparität vorläge. Das ist der Fall: Der Einzelne hat praktisch keine wirksamen Kontrollmöglichkeiten, ob und wie seine Daten beim Access Provider verwendet werden und ob dies nur genau in dem Umfang geschieht, in den er eingewilligt hat. Der Gesetzgeber ist daher angehalten, durch klare Regelungen die Verwendung von Daten von vornherein weitmöglichst auszuschließen, um einer – auch nur fahrlässig – über die Einwilligung hinausgehenden Verwendung vorzubeugen.

---

[173] *EuGH* EuZW 2004, 245 [252: Abs. 96] hinsichtlich der DSRL; siehe auch oben C I 3 a.

Diese Argumentation reicht aber nur so weit, wie nicht durch die privatautonome Ausübung eines Verzichts auf den Schutz der Verbindungsdaten andere schützenswerte Interessen des Einzelnen wahrgenommen werden.

Ähnliches gilt für die gemeinschaftsrechtliche Bewertung: Auch hier kann der Schutz nicht weiter gehen, als andere gemeinschaftsrechtliche Ziele durch eine Einwilligung erst verwirklicht werden können. Dazu gehört – neben dem Datenschutz selbst – der Verbraucher- und Kundenschutz einschließlich des Ziels, im Telekommunikationssektor durch transparenten Wettbewerb günstige Verbraucherpreise zu schaffen.

Dies gilt allerdings für beide Seiten, also auch für den Access Provider. Die vergebene dynamische IP-Adresse ist aus Sicht des Access Providers ebenso geschützt wie aus Kundensicht, da er der Kommunikationspartner ist.

Eine Einwilligung in eine Verwendung – über die vom TKG ausdrücklich vorgesehenen Fälle hinaus – ist also nur möglich, wenn die Einwilligung beidseitig erfolgt und die Speicherung Zwecken dient, die dem Telekommunikationsrecht immanent sind. Einzelfälle werden sogleich zu erörtern sein.

II. Vermarktung, Gestaltung und Dienste mit Zusatznutzen

§ 96 Abs. 3 TKG sieht eine Einwilligung in die Verwendung von Verkehrsdaten für die Vermarktung und die Gestaltung von Telekommunikationsdiensten vor sowie für Dienste mit Zusatznutzen, jedoch auch insoweit nur in Bezug auf den einwilligenden Teilnehmer. Ob sich die Einschränkung „im dafür erforderlichen Zeitraum" nur – wie die historische Entstehung der Norm nahelegt[174] – auf die Verwendung für Dienste mit Zusatznutzen bezieht oder auf alle in § 96 Abs. 3 TKG enthaltenen Erlaubnistatbestände, mag dahinstehen: Das Erforderlichkeitsprinzip gilt ohnehin und gestattet eine Speicherung und Verwendung auch mit Einwilligung des Teilnehmers nur, soweit und solange es für die genannten Zwecke erforderlich ist.

---

[174] *„oder zur Bereitstellung von Diensten mit Zusatznutzen im dazu erforderlichen Zeitraum"* ist insgesamt gegenüber dem Wortlaut des § 6 Abs. 3 TDSV eingefügt worden.

Systematisch erlaubt Abs. 3 als Ausnahme zu Abs. 1 es dem TK-Diensteanbieter, Verkehrsdaten *überhaupt* zu erheben und zu verwenden. Da die Erhebung der IP-Adresse bereits technisch notwendig ist, bedarf es dieser Erlaubnis insoweit nicht. Gleichwohl ist Abs. 3 geeignet, auch die Verwendung der in Abs. 1 bezeichneten Verkehrsdaten über die eigentlichen Zwecke hinaus zu erlauben.

1. Vermarktung und Gestaltung

Die Vermarktung und Gestaltung kann in dem Angebot neuer Tarife oder der Entwicklung der technischen Infrastruktur bestehen, und war nicht nur maßgeschneidert für den einzelnen Teilnehmer, sondern auch allgemein.[175] Es ist jedoch nicht erkennbar, wie die Vermarktung oder Gestaltung von TK-Diensten von der zugeteilten IP-Adresse abhängen könnte. Tarifmodelle und die technische Infrastruktur sollten auf die Verbindungszeiten und übertragenen Datenvolumina abgestimmt sein, die Infrastruktur für die IP-Adressvergabe auch auf die Anzahl und Häufigkeit der Adressvergaben. Für keine dieser Aspekte ist aber die Auswertung der konkret zugeteilten IP-Adresse erforderlich oder auch nur geeignet, sodass auch mit Einwilligung des Teilnehmers für die Vermarktung und Gestaltung von TK-Diensten die Speicherung zwecks Auswertung der dynamischen IP-Adresse nicht zulässig ist.

2. Dienste mit Zusatznutzen

Eine Einwilligung ist auch zulässig für Dienste mit Zusatznutzen; diese Regelung zielt insbesondere auf standortbezogene Anwendungen ab. Diese sind aber allenfalls für die Dauer der Verbindung vorstellbar. Für die Verwendung der IP-Adresse nach Verbindungsende besteht kein denkbarer Zusatznutzen.

III. Speicherung zur Entgeltermittlung und -abrechnung

Gemäß § 97 TKG dürfen die in § 96 Abs. 1 TKG genannten Daten – also auch die Zuordnung der dynamischen IP-Adresse – verwendet werden,

---

[175] BeckTKG-*Robert*, § 96 Rn. 15, m.w.N.

soweit sie für die Ermittlung und Abrechnung von Entgelten erforderlich sind.

1. Ermittlung und Abrechung

Inhalt des Flatrate-Tarifs ist grundsätzlich unbeschränkte Verbindungsdauer und unbeschränktes Datenvolumen; das Entgelt ist pauschal zu entrichten. Schon daraus ergibt sich, dass sich das Entgelt bereits unmittelbar aus dem Flatrate-Tarif ergibt und grundsätzlich nicht anhand von Verkehrsdaten ermittelt und abgerechnet werden muss. Die einzige abrechnungsrelevante Information für den Flatrate-Tarif ist, dass der Access Provider den Internet-Zugang funktionsfähig vorgehalten hat.

Dagegen ist eingewendet worden, dass der Flatrate-Tarif regelmäßig nur bestimmte Zugangsarten umfasst – im Fall der verbreiteten DSL-Flatrates den Zugang eben über einen DSL-Breitbandanschluss – und nicht den gleichzeitigen Zugang über mehrere Anschlüsse. Unter der gleichen Benutzerkennung kann der Kunde aber, wenn der Access Provider dies vorsieht, auch eine zweite gleichzeitige Verbindung oder Verbindungen über andere Anschlüsse aufbauen, die mit dem Pauschaltarif nicht abgegolten sind. Dafür sei es erforderlich, die IP-Adressen zu speichern, da über diese abgerechnet werde.[176]

Das ist jedoch unzutreffend. Selbst wenn nach Zeit oder Datenvolumen zusätzliche Entgelte für andere Nutzungsarten zu entrichten sind, so hängen diese Entgelte eben von der Verbindungszeit und vom Volumen ab, nicht aber von der IP-Adresse. Für die Ermittlung und Abrechnung der durch zusätzliche Nutzung anfallenden Entgelte ist die IP-Adresse in keiner Weise aussagekräftig; die für die Abrechnung relevanten Daten müssen nicht in Bezug zu einer IP-Adresse gespeichert werden und diese wiederum mit Bezug zu den Bestandsdaten, sondern die abrechnungsrelevanten Daten

---

[176] *RP Darmstadt*, MMR 2003, 213 [213].

können auch unmittelbar mit Bezug zu den Bestandsdaten gespeichert werden.[177]

2. Nachweis der Richtigkeit

a) Streit über die Richtigkeit

Sowohl bei der Berechnung anderer Zugangsarten, als auch bei der Berechnung eines Resellers an Kunden ohne Flatrate-Tarif kann es zum Streit zwischen Access Provider und Kunden darüber kommen, ob einzelne Verbindungen tatsächlich stattgefunden haben. Bei Kunden mit Flatrate-Tarif kann es zum Streit kommen, ob der Access Provider eine Zugangsmöglichkeit zum Internet vertragsgemäß ständig vorgehalten hat oder ob der Zugang in bestimmten Zeiträumen gar nicht möglich war.

b) Praktische Bedeutung und Beweiskraft

Das insoweit erfahrene *AG Darmstadt*[178] hat dazu ausgeführt, dass IP-Adressen in der Praxis von Access Providern nicht für den Nachweis der Richtigkeit von Abrechnungen vorgelegt werden. Das mag bereits an dem geringen Beweiswert liegen: Die Tatsache, dass eine IP-Adresse zugeteilt wurde, mag zwar indizieren, dass eine Internet-Verbindung aufgebaut wurde, jedoch würde dafür bereits genügen, die Information zu speichern, dass irgendeine IP-Adresse überhaupt vergeben wurde.[179] Ohnehin aber kann die Vergabe einer IP-Adresse nicht sicher beweisen, dass das – geschuldete – Routing von IP-Paketen auch funktioniert hat.[180]

c) Beweislast

Jedoch sind die Access Provider insoweit auch nicht beweisbelastet: Gemäß § 45i Abs. 2 TKG trifft sie keine Nachweispflicht für Verbindungen, soweit die betreffenden Daten aufgrund rechtlicher Verpflichtungen gelöscht werden mussten. Die Access Provider müssen dann nur nachweisen, dass

---

[177] *LG Darmstadt*, GRUR-RR 2006, 173 [174]; *Dix*, DuD 2003, 234 [235].
[178] *AG Darmstadt*, a.a.O. [636]; das *AG Darmstadt* war das gemäß § 17 Abs. 1 ZPO zuständige Gericht für die seinerzeit rechtlich selbständige DTAG-Tochter T-Online International AG, die der bundesweit größte Access Provider war.
[179] *Dix*, DuD 2003, 234 [235].
[180] *J. Breyer*, DuD 2003, 491 [492].

ihre Systeme allgemein fehlerfrei funktionieren, § 45i Abs. 3 TKG[181]; gelingt dies, gilt die Richtigkeit der Abrechnung *prima facie* als erwiesen.[182]

d) Speicherung der IP-Adresse zum Nachweis?

Nach verbreiteter Ansicht kommen für den Nachweis der Richtigkeit ohnehin keine Daten in Frage, die nicht schon für die Abrechnung erforderlich sind.[183] Auch wenn man dies außer Acht lässt, ergibt sich jedoch nichts anderes, denn weder ist der Access Provider ist für Daten, die er nicht speichern darf, beweisbelastet noch wäre die Zuordnung der IP-Adresse ein aussagekräftiges Beweismittel.

3. Einzelverbindungsnachweis

Da die IP-Adresse eine Kennung i.S.d. § 96 Abs. 1 Nr. 1 TKG ist, stellt sich die Frage, ob sie auch Gegenstand eines Einzelverbindungsnachweises nach §§ 99 Abs. 1, 45e Abs. 1 TKG sein kann.

a) Einzelverbindungsnachweis bei Internet-Flatrate?

Der Gesetzgeber hat bewusst darauf verzichtet, die Regelungen über den Einzelverbindungsnachweis auf die Telefonie zu beschränken.[184] Sie sind daher auch auf Internet Access anwendbar.

Bisher war umstritten, ob ein Einzelverbindungsnachweis auch bei Flatrates möglich ist. Ein Einzelverbindungsnachweis kam grundsätzlich nur in Frage über Daten über abzurechnende kostenpflichtige Verbindungen; solche entstehen im Rahmen des Flatrate-Tarifs nicht. Die Verbindungen im

---

[181] Dies ist hinsichtlich der Entgeltermittlungssysteme neuerdings ohnehin durch Qualitätskontrolle oder Sachverständigengutachten der Bundesnetzagentur turnusmäßig nachzuweisen, § 45g Abs. 2 TKG.

[182] *AG Darmstadt*, a.a.O. [635f.]; dies verkennt BeckTKG-*Wittern*, § 97 Rn 5.

[183] *J. Breyer*, a.a.O.; *Eckhardt*, K&R 2006, 293 [295], m.w.N.

[184] BeckTKG-*Dahlke*, § 45e Rn. 4; *Bundesnetzagentur*, Stellungnahme für den Ausschuss für Wirtschaft und Technologie des 16. Deutschen Bundestages zum Entwurf eines Gesetzes zur Änderung telekommunikationsrechtlicher Vorschriften, Ausschussdrucksache 16(9)361 vom 13.10.2006, S. 2.

Rahmen von Flatrates waren daher bislang ebenso wenig in Einzelverbindungsnachweise aufzunehmen wie kostenlose Einzelverbindungen.[185]

Dem hat *Dahlke* entgegengehalten, dass es dem Kunden nur mit einem Einzelverbindungsnachweis möglich ist, festzustellen, ob sich der Flatrate-Tarif für ihn rechnet.[186] Dem ist zuzustimmen: Wenn der Kunde die Einzelverbindungen auch im Flatrate-Tarif ausdrücklich aufgeschlüsselt haben möchte, sollte dies ermöglicht werden, denn die Kontrolle des individuellen Preis- /Leistungsverhältnisses dient selbst dem Kundenschutz und einem transparenten und wirksamen Wettbewerb.[187]

Der Gesetzgeber hat dies erkannt und durch das TKG-Änderungsgesetz in § 99 Abs. 1 Satz 1 TKG festgelegt, dass dem Kunden auch die Daten pauschal abgegoltener Verbindungen mitgeteilt werden dürfen. § 96 Abs. 2 TKG verweist als Erlaubnistatbestand für eine Speicherung nach Verbindungsende auf § 99 TKG, sodass ein Einzelverbindungsnachweis geeignet ist, die Speicherung der dafür notwendigen Daten zu rechtfertigen.

b) IP-Adresse im Einzelverbindungsnachweis?

Die IP-Adresse ist eine Kennung i.S.d. § 96 Abs. 1 Nr. 1 TKG. Obwohl es für die Entgelthöhe (auch bei Nicht-Flatrates) nicht auf die vergebene dynamische IP-Adresse ankommt, kann diese als Kennung des beteiligten Anschlusses Gegenstand des Einzelverbindungsnachweises sein.

Bei ISDN-Anschlüssen ist die abgehende Telefonnummer (MSN) Pflichtbestandteil[188] des Einzelverbindungsnachweises, obwohl es für das Entgelt darauf ebenso wenig ankommt.[189] Sie dient der Zuordenbarkeit und

---

[185] *Westdeutscher Rundfunk*, Datenschutz: Kein Einzelverbindungsnachweis bei Telefon-Flatrate, 14.06.2005, http://www.wdr.de/radio/wdr2/quintessenz/255822.phtml, unter Bezugnahme auf die *Bundesnetzagentur* und den *BfDI*.

[186] BeckTKG-*Dahlke*, § 45e Rn. 25, verkennt jedoch nicht, dass der Wortlaut etwas anderes vorgibt.

[187] Vgl. oben D I 4.

[188] Pflichtbestandteil meint, dass der Kunde darauf einen Anspruch aus § 45e TKG hat.

[189] Bisher ist dies von der *Bundesnetzagentur* im Rahmen der Auslegung von § 14 TKV unverbindlich geregelt worden und es ist anzunehmen, dass diese Auffassung gemäß § 45e Abs. 2 verbindlich verfügt wird (vgl. BeckTKG-*Dahlke*, § 45e Rn. 27-29 und 31).Die *Bundesnetzagentur* hat d. Verf. am 05.03.2007 mitgeteilt, dass eine Verfügung

(Fortsetzung auf nächster Seite)

Kostenkontrolle. Dagegen ließe sich einwenden, dass die MSN Bestands- und kein Verkehrsdatum ist; jedoch ist die MSN als abgehende Kennung bei einer einzelnen Verbindung ebenso Teil eines Verkehrsdatensatzes.

Fraglich ist, ob die IP-Adresse einen ähnlichen Zweck erfüllen kann wie die Angabe der abgehenden Telefonnummer. Denkbar ist, dass der Kunde mit dem Einzelverbindungsnachweis potenziell für irgendwelche Umstände Beweis führen möchte, indem er die ihm vom Access Provider aufgelistete IP-Adresse mit z.B. bei Telemediendiensteanbietern gespeicherten Datensätzen oder mit dem Kopfzeilenbereich von Emails[190] in Verbindung bringt.

c) Zulässigkeit der Speicherung

Es besteht insoweit zwar kein *Anspruch* des Kunden aus § 45e Abs.1 TKG auf einen Einzelverbindungsnachweis, denn der Anspruch ist auf die Nachvollziehbarkeit von Teilbeträgen beschränkt und greift bei Flatrates nicht. Wenn der Access Provider jedoch seinerseits einwilligt, indem er einen Einzelverbindungsnachweis in dieser Form fakultativ anbietet, ist die Speicherung der vergebenen dynamischen IP-Adresse zu diesem Zweck zulässig. Dies steht auch im Einklang mit der DSRLeK, da die Anforderung eines Einzelverbindungsnachweises eine „Kundenanfrage" i.S.d. Art. 6 Abs. 5 DSRLeK ist.

4. Abrechnung mit anderen Diensteanbietern

a) Fremde Diensteanbieter

§ 97 Abs. 5 TKG erlaubt nur die Verwendung im Verhältnis zu anderen Diensteanbietern i.S.d. § 3 Nr. 6 TKG, wenn der Access Provider mit diesem anderen Anbieter oder dessen Kunden abrechnen wollte oder die Daten der Abrechnung des anderen Diensteanbieters mit seinem Kunden ermöglichen. Relevant ist das insbesondere für die Verwendung von

---

nach § 45e Abs. 2 TKG sich noch in Vorbereitung befindet, dass aber jedenfalls die abgehende Telefonnummer bei ISDN-Anschlüssen, an denen mehrere Telefonnummern (MSN) anliegen, Pflichtbestandteil des Einzelverbindungsnachweises sein wird.
[190] Die meisten Email-Anbieter verzeichnen im Kopfzeilenbereich von Emails die IP-Adresse des Absenders.

Mobilfunkanschlüssen im Ausland bzw. von ausländischen Mobilfunkanschlüssen im Inland (*International Roaming*).

Derzeit sind derartige Abrechnungsmodelle mit Internet-Flatrates nicht üblich, es ist jedoch keineswegs ausgeschlossen, dass zukünftig Flatrate-Tarife angeboten werden, die den Zugang zum Internet auch über andere Access Provider ohne zusätzliche Kosten erlauben; insbesondere für den Bereich mobiler Zugänge (Mobilfunk, Hotspots) ist das nicht fernliegend. Der Access Provider, der einen „fremden" Kunden bedient, müsste dann mit demjenigen Access Provider, dessen Kunden er den Zugang zum Internet ermöglicht hat, abrechnen.

Dafür ist aber die Speicherung der dynamischen IP-Adresse nicht erforderlich. Es würde genügen, wenn der Access Provider speichert, wie viel Datenvolumen und Verbindungszeit *alle* Kunden eines *bestimmten* anderen Access Providers insgesamt in seinem Netz verbraucht haben oder Verbindungszeit und Datenvolumen einer einzelnen Verbindung anonym oder in Verbindung mit einem Bestandsdatum gespeichert werden.

b) Diensteanbieter ohne eigenes Netz
Im Fall des Resale kommt es vor, dass der Reseller vom Netzbetreiber erst nach einigen Tagen die Verbindungsdaten erhält, auf deren Grundlage jener dann abrechnet.[191] Erst der Reseller weiß überhaupt, dass ein bestimmter Kunde einen bestimmten Tarif hat oder einen Einzelverbindungsnachweis möchte. Bis zu diesem Zeitpunkt, also der Auswertung der Daten des Betreibers durch den Reseller, soll die Speicherung der IP-Adresse gemäß § 97 Abs. 1 Satz 2 TKG erforderlich und daher auch zulässig sein.[192]

Fraglich ist, ob der Netzbetreiber alle von ihm bei der Diensterbringung erhobenen Daten speichern und an den Reseller weiterleiten darf.[193] Zwar spricht der Wortlaut der Vorschrift – „*die für die Erbringung von dessen Diensten*

---

[191] *AG Darmstadt*, MMR 2005, 634 [635]
[192] *AG Darmstadt*, a.a.O.; das Gericht fasst diesen Sachverhalt unter § 97 Abs. 3 TKG, wobei aber Abs. 1 Satz 2 einschlägig wäre.
[193] So *Ohlenburg*, MMR 2004, 431 [435].

erhobenen Verkehrsdaten" – dafür, dass keine Einschränkungen gemacht werden müssen. Allerdings gebieten die verfassungskonforme und die richtlinienkonforme Auslegung der Vorschrift eine Einhaltung des Erforderlichkeitsprinzips und damit eine Restriktion des Wortlauts. Das Erforderlichkeitsprinzip ist nur dann eingehalten, wenn der wiederverkaufende Access Provider zumindest einige der vom Netzbetreiber gespeicherten IP-Adresszuordnungen noch benötigt; nur dann muss er die für ihn relevanten Datensätze ermitteln. Wäre von vornherein ausgeschlossen, dass der Reseller noch irgendwelche der beim Netzbetreiber gespeicherten Datensätze benötigt, dann wäre die dortige Speicherung unzulässig.

Die sich aus § 97 Abs. 1 Satz 2 TKG ergebene Erlaubnis der kurzfristigen Vorratsspeicherung beim Netzbetreiber und Weitergabe an den Access Provider zwecks Ermittlung der dort noch zu verwendenden Datensätze ist daher nicht eigenständig, sondern nur akzessorisch zu einer Erlaubnis des Access Providers zur zweckgebundenen Ermittlung relevanter Datensätze.

5. Leistungsermittlung

Zur Entgeltermittlung im weiteren Sinne könnte man noch die Ermittlung der Gegenleistung des Access Providers zählen. Das Geschäftsmodell bei Flatrates beinhaltet auf Providerseite eine Mischkalkulation: Einige Kunden nehmen mehr Leistungen, also Verbindungszeit und Datenverkehr, in Anspruch und andere weniger; erstere Kunden sind im Flatrate-Tarif gegenüber der Einzelabrechnung – oder gar absolut – ein Verlustgeschäft. Es ist für die Access Provider daher durchaus überlegenswert, den Vielnutzern ordentliche Kündigungen auszusprechen; dies wäre grundsätzlich durch Artt. 12 Abs. 1, 2 Abs. 1 GG gedeckt.[194] Um Vielnutzer festzustellen, müssen die Access Provider allerdings zunächst einmal Datenvolumina und/oder Verbindungsdauer erheben.

---

[194] Jedenfalls bei nicht marktbeherrschenden Unternehmen; bei diesen könnte die Bundesnetzagentur gemäß § 42 Abs. 4 Satz 3 TKG n.F. ein Diskriminierungsverbot gegenüber Endkunden verhängen (dieses bestand bisher automatisch nach § 2 TKV; vgl. BR-Drs. 359/06 S. 40f.). Zu Flatrate-Kündigungen vgl. *Heise Online*, O2 kündigt WAP-Powersaugern die Flatrate, 24.10.2006, http://www.heise.de/newsticker/meldung/79935.

Auch für diese Zwecke ist aber das Speichern der dynamischen IP-Adresse nicht erforderlich. Es würde genügen, nach Verbindungsende das während der Verbindung angefallene Datenvolumen bzw. die Verbindungsdauer auf eine gespeicherte Summe oder Durchschnittszahl aufzuaddieren. Ob das zulässig wäre, mag dahinstehen, die Speicherung der Zuordnung von dynamischen IP-Adressen über das Verbindungsende hinaus rechtfertigt es jedenfalls nicht.

IV. Speicherung zur Fehler- und Störungsbeseitigung

Gemäß § 100 Abs. 1 TKG darf der Access Provider auch Verkehrsdaten verwenden, soweit dies für die Erkennung, Eingrenzung und Beseitigung von Störungen oder Fehlern an seinen Telekommunikationsanlagen (i.S.d. § 3 Nr. 23 TKG) erforderlich ist.

Auch die zur Steuerung und zum Routing eingesetzten Computersysteme des Access Providers sind Telekommunikationsanlagen. Soweit für die genannten Zwecke die Speicherung der IP-Adresse erforderlich ist, ist die Speicherung auch zulässig.

1. Offensichtlichkeit der Störung?

Unklar ist allerdings, wann die Tatbestandsvariante „Erkennen" vorliegt. Während die Eingrenzung oder Beseitigung voraussetzt, dass ein Fehler oder eine Störung bereits bekannt ist, ist dies bei „Erkennen" dem Wortlaut nach nicht ohne weiteres der Fall.

Eine Störung oder ein Fehler lassen sich nicht immer einfach daran erkennen, dass eine Funktionsbeeinträchtigung vorliegt. Computersysteme und -netzwerke von Access Providern sind meist redundant ausgelegt, sodass Fehler und Störungen an einem Anlagenteil sich nicht in der Funktionalität nach außen bemerkbar machen.

Das TKG ist systematisch darauf ausgelegt, auch die Betriebssicherheit und Verfügbarkeit von TK-Diensten sicherzustellen, und zwar auch durch präventive Maßnahmen.[195] Dazu gehört auch die Erkennung von Fehlern und Störungen, die sich noch nicht durch Funktionsausfälle bemerkbar machen. Auch eine Gegenüberstellung mit Abs. 3 zeigt, dass der Gesetzgeber dort „tatsächliche Anhaltspunkte" zur Tatbestandsvoraussetzung gemacht hat, jedoch nicht in Abs 1. Daher sind auch vorsorgliche Maßnahmen zur Erkennung von eventuellen Fehlern und Störungen von § 100 Abs. 1 TKG erfasst.

2. Verhältnismäßigkeit

Die Speicherung der Verkehrsdaten muss allerdings besonders bei präventiver Störungserkennung unter strenger Wahrung der Verhältnismäßigkeit erfolgen. Die dynamisch vergebene IP-Adresse darf daher nur gespeichert werden, wenn und soweit dies für die Störungs- oder Fehlererkennung unbedingt erforderlich ist und muss, sobald sie dafür nicht mehr gebraucht wird, unverzüglich gelöscht werden.[196]

Störungen und Fehler, für die die vergebene IP-Adresse von Belang sein könnte, können sich praktisch nur auf die Vergabe der Adresse und das Routing beziehen; beides erfolgt aber *während* der Verbindung. Soweit eine Speicherung über das Verbindungsende doch notwendig ist, könnte die IP-Adresse anonymisiert werden, indem aus ihr ein eindeutiger, aber unumkehrbarer Hashwert[197] erzeugt wird.

3. Ergebnis

§ 100 Abs. 1 TKG erlaubt die personenbezogene Speicherung der dynamischen IP-Adresse für die Beseitigung und Eingrenzung, aber auch vorsorglich für die Erkennung von Fehlern und Störungen, soweit die Speicherung dafür geeignet und erforderlich ist und die IP-Adresse nicht anonymisiert werden kann.

---

[195] BeckTKG-*Wittern*, § 100 Rn. 6 unter Verweis auf § 109 Abs. 2 TKG.
[196] *Köcher/Kaufmann*, DuD 2006, 360 [363].
[197] Etwa MD5, vgl. *Wikipedia*: MD5, http://de.wikipedia.org/wiki/MD5.

V. Bekämpfung von Leistungserschleichungen

1. Telekommunikationsrecht

§ 100 Abs. 3 TKG erlaubt die Verwendung von Verkehrsdaten zum Aufdecken und Unterbinden von Leistungserschleichungen (§ 265a StGB) und sonstigen rechtswidrigen Inanspruchnahmen. Als mögliche „Angreifer" kommen dabei nicht nur die Nutzer selbst in Frage, sondern auch andere TK-Diensteanbieter, die in Bereicherungs- oder Schädigungsabsicht Verbindungen herstellen.[198]

Im Gegensatz zu Abs. 1 umfasst der Erlaubnistatbestand des Abs. 3 nicht auch das „Erkennen"; präventive Maßnahmen sind ausgeschlossen. Es sind tatsächliche Anhaltspunkte erforderlich, die auch dokumentiert werden müssen. Allerdings umfasst die Erlaubnis auch ein „Frühwarnsystem" bereits bei ungewöhnlichem Telekommunikationsverhalten.[199] Liegt ein Anfangsverdacht vor, so erlaubt Satz 3 auch eine Speicherung zum Zweck der „Rasterauswertung".

2. Telemedienrecht

§ 15 Abs. 8 TMG erlaubt die Verwendung von Nutzungsdaten, wenn tatsächliche Anhaltspunkte dafür vorliegen, dass bestimmte Nutzer die Dienste nutzen, ohne das Entgelt dafür bezahlen zu wollen, soweit dies für die Rechtsverfolgung erforderlich ist.

Diese Vorschrift ist gemäß § 11 Abs 3 TMG auch auf Telemedien anwendbar, die überwiegend in der Signalübertragung über TK-Netze bestehen; nachdem auf Access Provider das TMG im Grunde anwendbar ist und überwiegend Signalübertragung Gegenstand der Dienste ist, gilt also § 15 Abs. 8 TMG für Access Provider. Die IP-Adresse ist geeignet, den Nutzer zu identifizieren und kann daher gemäß § 15 Abs. 1 Nr. 1 TMG unter die Nutzungsdaten subsumiert werden.

---

[198] BeckTKG-*Wittern*, § 100 Rn. 10.
[199] *Wittern*, a.a.O. Rn. 11 m.w.N.

3. Abgrenzung

Auch wenn die Vorschriften einander ähnlich sind, ergeben sich Unterschiede etwa hinsichtlich der Anzeigepflicht für entsprechende Verfahren (§ 100 Abs. 3 Satz 5 TKG) und der Bekanntgabe an den Nutzer (§ 15 Abs. 8 Satz 3 TMG). Eine Abgrenzung ist jedoch im Rahmen der Fragestellung nicht erforderlich, da jedenfalls beide Vorschriften die Speicherung der IP-Adresse erlauben, soweit und solange dies zu dem praktisch deckungsgleichen Zwecken erforderlich ist: Beide Vorschriften erlauben die Speicherung von IP-Adressen beim Vorliegen tatsächlicher Anhaltspunkte, keine der beiden Vorschriften erlaubt eine Speicherung auf Vorrat.[200]

4. Rechtswidrige Inhalte als rechtswidrige Inanspruchnahme?

Die Regelungen eröffnen die Frage, ob denn Rechtsverstöße, die den Inhalt der übertragenen Daten betreffen, eine rechtswidrige Inanspruchnahme des TK-Dienstes darstellen.

Die Access Provider haben in ihren AGB die rechtswidrige Bereitstellung von Daten ausgeschlossen, insbesondere hinsichtlich des Jugendschutzrechts, des Urheberrechts und des allgemeinen Strafrechts.[201]

Sofern die AGB Vertragsbestandteil werden, könnte man annehmen, dass z.B. die Bereitstellung von urheberrechtlich geschützten Werken als Dateien durch einen Nichtberechtigten nicht der vertraglich vereinbarten Nutzung des TK-Dienstes entspricht und daher eine rechtswidrige Inanspruchnahme ist.

Dafür wäre es aber erforderlich, dass die AGB-Regelungen die Leistungspflicht des Access Providers einschränken und nicht lediglich eine (zusätzliche) Haftungsfreistellung zum Gegenstand haben. Was vom Access Provider als AGB-Verwender gewollt ist, hängt vom genauen Wortlaut der AGB des jeweiligen Access Providers ab. Zweifelhaft ist aber, ob eine solche Leistungsbeschränkung wirksam wäre:

---

[200] Ebenso *Kitz*, GRUR 2003, 1014 [1018] für § 6 TDDSG.
[201] Vgl. exemplarisch die AGB der DTAG für T-Online, Ziffer 4.2, http://www.t-com.de/dlp/agb/18306.pdf.

Gemäß § 307 Abs. 2 Nr. 2 BGB ist eine unangemessene Benachteiligung anzunehmen, wen wesentliche typische Rechte oder Pflichten aus dem Vertrag erheblich eingeschränkt werden. Der Access Provider schuldet den Zugang zum Internet.[202] Das Bereitstellen und die Übertragung von Dateien sind eine typische Nutzung des Internet. Was Inhalt der Datei ist, unterliegt als Kommunikationsinhalt dem Fernmeldegeheimnis des Art. 10 Abs. 1 GG.[203] Typische Leistungspflicht eines TK-Diensteanbieters ist auch, die Leistung unabhängig von Inhalt zu erbringen: Ebenso wenig, wie Telefongesellschaften ihre Dienste auf bestimmte Gesprächsinhalte beschränken dürfen, können Access Provider die Datenübertragung im Internet auf bestimmte Dateiinhalte beschränken.

Die rechtswidrige Übertragung bestimmter Inhalte durch den Kunden im Rahmen des Internet Access stellt also im Verhältnis zum Access Provider keine rechtswidrige Inanspruchnahme dessen Dienste dar und rechtfertigt daher nicht die Speicherung der IP-Adresse.

VI. Speicherung zur Gewährleistung der ICT-Sicherheit

1. Bedeutung der IP-Adresse für die Gewährleistung von ICT-Sicherheit

Die Speicherung von IP-Adressen kann die Verfolgung von „Angreifern" erleichtern: Durch eine schnelle Reaktion auf einen technischen Angriff können die Schäden gemindert werden; durch die Speicherung, Auswertung und Verbreitung von Informationen über den „Angreifer" können zudem andere Serverbetreiber vorgewarnt werden; dies entspricht auch der „Waffengleichheit" mit den Hackern, die ebenso Informationen über Sicherheitslücken über das Internet austauschen können.[204]

Die IP-Adresse hat daher eine Doppelfunktion: Einerseits ist es möglich, allein anhand der IP-Adresse festzustellen, ob ein Angriff vorliegt, da die

---

[202] Siehe oben B I 2 a.

[203] „Spätestens" der Inhalt der Datei; ob schon die Information, ob ein jeweiliges IP-Paket der Dateiübertragung oder einer anderen Anwendung dient (Stichwort „Netzneutralität"), Inhalt (oder Umstand) der Kommunikation ist, mag hier dahinstehen.

[204] *Johnston*, LNCS 2212/2001, 150 [157f.].

meisten Angriffe darin bestehen, eine Vielzahl von IP-Paketen an den angegriffenen Computer zu senden und anhand der Absenderadresse ebendies erkannt werden kann. Hierzu allein ist allerdings die Speicherung, wem die Adresse zugeordnet wurde, nicht erforderlich; es genügt, die IP-Adresse zu identifizieren und IP-Pakete oder bestimmte Operationen von dieser Adresse zu blockieren.

Andererseits ermöglicht sie aber, mit der Zuordnungsinformation, die Feststellung der Person des Angreifers. Daraus ergibt sich zwar keine Sicherheit im technischen Sinn; allerdings wirkt allein die Möglichkeit der Identifikation der hinter der IP-Adresse stehenden Person abschreckend und daher generalpräventiv.[205]

Die genannten Zwecke fallen möglicherweise in den Bereich der Nr. 4, 5 der Anlage zu § 9 BDSG. In den Verfahren vor dem AG und LG Darmstadt hatte sich der beklagte Access Provider auch auf die Nr. 2 berufen; wie die IP-Adresse aber schon technisch einer sinnvollen und wirksamen Zugangskontrolle dienen kann, ist vom Access Provider dort nicht dargelegt worden und auch sonst nicht ersichtlich.[206]

2. ICT-Sicherheit als Erlaubnistatbestand?

Das *RP Darmstadt* hat argumentiert, die Speicherung der IP-Adresse diene der ICT-Sicherheit und sei daher gerechtfertigt.[207] Bei den vielen Unsicherheiten und Angriffsmöglichkeiten aus dem Internet seien die Access Provider darauf angewiesen, ein wirksames Daten- und Anlagenschutzniveau auf diese Weise herzustellen.

a) Telemedienrecht

Das *RP Darmstadt* hatte die Verpflichtung des Access Providers § 9 BDSG (nebst Anlage) zur Gewährleistung der Datensicherheit als „andere Rechtsvorschrift" i.S.d. § 3 Abs. 2 TDDSG und somit als Erlaubnistatbestand

---

[205] A.A. *Schmitz*, MMR 2003, 214 [216], der in der gespeicherten Zuordnung nur ein Instrument für die individuelle Strafverfolgung sieht; ebenso a.A. *Leutheusser-Schnarrenberger*, ZRP 2007, 9 [11].
[206] So auch *AG Darmstadt*, a.a.O., mit zustimmender Anm. *Kazemi*.
[207] *RP Darmstadt*, MMR 2003, 213 [214].

92

verstanden. Die Erbringung von Telemediendiensten sei überhaupt nur möglich, wenn Datensicherheit gewährleistet würde.[208]

Es ist zweifelhaft, ob diese Rechtsauffassung – nachdem das RP schon die Anwendbarkeit des Telekommunikationsrechts verkannt hatte – wenigstens folgerichtig war: Abzulehnen ist zwar die Ansicht, dass § 9 BDSG durch das Telemedienrecht ausgeschlossen sei;[209] das TMG enthält keinerlei Vorschriften über die Datensicherung, sodass gemäß § 12 Abs. 4 TMG auf § 9 BDSG zurückgegriffen werden kann und muss. Jedoch dient § 9 BDSG dem technischen Schutz, also der Sicherung, von Daten[210] und soll nicht ihre Verwendung erlauben; Datenschutz und Datensicherung stehen nicht in einem Spannungsverhältnis, sondern sind gleichgerichtet.[211]

Jedenfalls hat die Nachfolgevorschrift § 12 Abs. 2 TMG die Auffassung des RP obsolet gemacht: Sie lässt als Erlaubnistatbestände in anderen Rechtsvorschriften nur noch solche zu, die sich ausdrücklich auf Telemedien beziehen, was bei § 9 BDSG nicht der Fall ist.

b) Telekommunikationsrecht

Für die technischen Anlagen, mit denen die Access Provider TK-Dienste erbringen, gilt ohnehin nicht § 9 BDSG, sondern § 109 TKG als *lex specialis*. Auch § 109 TKG ist kein Erlaubnistatbestand. Die Erlaubnistatbestände des TKG sind in § 96 Abs. 2 abschließend aufgezählt, § 109 gehört nicht dazu. Für § 109 TKG gilt – genauso wie für § 9 BDSG – dass sich der Access Provider nicht einer Pflichtenkollision zwischen Datensicherung und Datenschutz befindet, in der abgewogen werden müsste, sondern der rechtliche Datenschutz und die rechtlichen Pflichten zur technischen Sicherung der Daten sind beide gleichgerichtet auf die Wahrung der informationellen Selbstbestimmung und des Fernmeldegeheimnisses.

---

[208] Ebendort; wenn das RP die Datensicherheit als notwendigen Bestandteil des Teledienstes ansah, hätte es allerdings auf § 3 Abs. 1 TDDSG und nicht auf Abs. 2 abstellen müssen.

[209] *J. Breyer*, DuD 2006, 491 [493], lässt unklar, ob er § 9 BDSG im Telemedienrecht gänzlich ausschließt oder nur als Erlaubnistatbestand ablehnt.

[210] Simitis-*Ernestus*, §9 Rn. 1.

[211] Ebendort, Rn. 2; *Schmitz*, MMR 2003, 114 [116].

VII. Speicherung aufgrund von Auskunftspflichten

1. Bestehende Auskunftspflichten

a) Auskunftspflichten im Urheberrecht

Nach Ansicht des *LG Hamburg*[212] besteht ein Auskunftsanspruch gegen den Access Provider aus § 101a UrhG analog. Die allgemeine Haftung des Access Providers als Mitstörer sei gemäß § 8 Abs. 1 TDG nicht von den Privilegierungen der §§ 9 bis 11 TDG[213] erfasst und § 101a UrhG gelte zwar direkt nur für Vervielfältigungsstücke, sei aber analog auch auf das Recht der öffentlichen Zugänglichmachung (§ 19a UrhG) anwendbar.[214]

Im weiteren Verfahrensverlauf hat das *OLG Hamburg* diese Entscheidung abgeändert und gegen den Auskunftsanspruch entschieden: Es hat die analoge Anwendung des § 101a UrhG auf die öffentliche Zugänglichmachung verworfen und auch erkannt, dass eine eventuelle Störerhaftung nur auf Beseitigung, nicht aber aus Auskunft hinauslaufen könnte.[215] Ebenso haben das *OLG München*[216], das *KG Berlin*[217], das *LG Flensburg*[218] und das *OLG Frankfurt/Main*[219] eine Auskunftspflicht abgelehnt.[220] Auch in der überwiegenden Literatur wird ein Auskunftsanspruch aus § 101a UrhG oder § 242 BGB nicht anerkannt.[221]

---

[212] *LG Hamburg*, MMR 2005, 55 [57].
[213] §§ 8 bis 11 TDG sind durch die (bis auf die numerischen Verweise) unveränderten §§ 7 bis 10 TMG ersetzt worden.
[214] *LG Hamburg*, a.a.O. [56f.]; ebenso *Czychowski*, MMR 2004, 514 [517].
[215] *OLG Hamburg*, MMR 2005, 453 [454ff.].
[216] *OLG München*, MMR 2005, 616.
[217] *KG Berlin*, MMR 2007, 116, ablehnend auch für § 242 BGB als Anspruchsgrundlage [117].
[218] *LG Flensburg*, GRUR-RR 2006, 174.
[219] *OLG Frankfurt/Main*, MMR 2005, 241 [243].
[220] Abgelehnt worden sind eigentlich die einstweiligen Verfügungen, für die der Auskunftsanspruch *offensichtlich* hätte bestehen müssen; gleichwohl haben, bis auf das *OLG München*, die Gerichte deutlich die Argumente gegen eine Auskunftspflicht hervorgehoben.
[221] *Sieber/Höfinger*, MMR 2004, 575 [579f.]; *Spindler*, MMR 2005, 243 [245]; *Linke*, MMR 2005, 456 [457f.]; *Kaufmann/Köcher*, MMR 2005, 61 [61f.]; *Kitz*, GRUR 2003, 1014 [1019]; *Einzinger/Schubert/Schwabl/Wessely/Zykan*, MR 2005, 113 [117] für das vergleichbare österreichische Recht, jeweils m.w.N.

b) Andere Auskunftspflichten

Auskunftspflichten hinsichtlich der Zuordnung einer dynamischen IP-Adresse ergeben sich aber etwa aus § 113 TKG oder §§ 100g, 100h StPO,[222] aus § 8a Abs. 2 Bundesverfassungsschutzgesetz und aus § 2 Abs. 1 Satz 3 G10. Ebenso wie § 2 G10 sieht § 100g StPO, anders als noch seine Vorgängervorschrift § 12 Fernmeldeanlagengesetz, eine Auskunft auch für zukünftige Verbindungen vor. Die übrigen Vorschriften beziehen sich auf Daten über vergangene Verbindungen.

2. Auskunftspflichten als Erlaubnistatbestand?

Bisweilen wird angenommen, dass bestehende Auskunftspflichten es rechtfertigen, Daten zu Erheben und zu Speichern, damit der Auskunftsanspruch eines eventuellen zukünftigen Berechtigten nicht leerläuft:

a) Das schwedische Öffentlichkeitsprinzip

Die schwedische Regierung geht davon aus, dass unter die in Art. 7 lit. c. DSRL bezeichneten rechtlichen Verpflichtungen, die eine Verwendung von Daten erlauben, auch Auskunftspflichten, nämlich die schwedischen nationalen Informationsfreiheitsbestimmungen (*offentlighetsprincip*), fallen können; sie hat die DSRL entsprechend umgesetzt.[223] Die Kommission hat im Jahr 2000 Vertragsverletzungsverfahren gegen mehrere Mitgliedsstaaten wegen mangelhafter Umsetzung der DSRL eingeleitet, jedoch nicht gegen Schweden.[224]

Ob das aber von einer richtlinienbezogenen rechtlichen Überzeugung der Kommission getragen ist, ist zweifelhaft. Schweden hatte schon bei seinem Beitritt erklärt, dass das *offentlighetsprincip* zu seinen *„fundamentalen Grundsätzen"* und seinem *„verfassungsrechtlichen, politischen und kulturellen Erbe"* gehört.[225]

---

[222] Zu der Frage, ob regelmäßig § 113 TKG oder § 100g StPO Anwendung finden muss, siehe oben C IV 2.

[223] *Steele*, Liverpool Law Review 2002, 19 [26].

[224] Ebendort [26f.].

[225] Erklärung des Königreichs Schweden zur Öffentlichkeit der Verwaltung, Schlussakte über die Bedingungen des Beitritts des Königreichs Norwegen, der Republik Österreich, der Republik Finnland und des Königreichs Schweden und die Anpassungen der die Europäische Union begründenden Verträge, ABl. C 241 vom 29.08.1994, S. 397.

Ob die Erklärung völkerrechtlich oder „nur" politisch zu berücksichtigen ist, mag dahinstehen, jedenfalls konstituiert sie keinen Erlaubnistatbestand im Datenschutzrecht. Auch wenn Informationsfreiheit und Datenschutz in einem offensichtlichen Spannungsverhältnis stehen, können Informationspflichten nicht per se herangezogen werden, um eine Vorratsspeicherung für Daten für den Fall aller möglichen Auskunftspflichten zu rechtfertigen.

b) Rechtsprechung und Literatur

Das *LG Frankfurt/Main* hat in einem Beschwerdeverfahren gegen einen Beschluss nach §§ 100g, 100h StPO festgestellt, dass sich aus der Auskunftspflicht nicht die Pflicht ergibt, bestimmte Daten erst zu erheben oder zu speichern, sondern die Auskunftspflicht erstrecke sich nur auf solche Daten, die schon rechtmäßig gespeichert werden; die Erhebung und Speicherung anderer Daten könne nur im Rahmen der Telekommunikationsüberwachung angeordnet werden.[226] Die überwiegende Literatur teilt die Auffassung des LG.[227]

c) Stellungnahme

Bereits im Volkszählungsurteil hat das *BVerfG* klargestellt, dass eine Erhebung oder Verwendung von Daten für nicht klar bestimmte Zwecke verfassungswidrig ist.[228] Es ist daher zutreffend, dass eventuelle zukünftige Auskunftsbegehren über vergangene IP-Adresszuordnungen es nicht rechtfertigen können, die Daten sämtlicher Kunden auf Vorrat zu speichern. Jede IP-Adresse jedes Kunden würde sonst gespeichert, ohne dass bekannt ist, ob überhaupt über genau diese IP-Adresse und genau diesen Kunden Auskunft begehrt wird und wenn ja, zu welchem Zweck.

Zuzugeben ist, dass das Versagen einer Erlaubnis zur Speicherung von dynamischen IP-Adressen eine erhebliche Hürde für die Strafverfolgung im Internet darstellt und diese in weiten Teilen praktisch unmöglich macht und

---

[226] *LG Frankfurt/Main* MMR 2004, 344; erläutert von *Krasemann*, JurPC 140/2004.
[227] *Bär*, MMR 2004, 340 [342] (anders noch *ders.*, MMR 2002, 358, [360]); *Jandach*, FS Kilian, S. 449f.; KKStPO-*Nack*, § 100g Rn. 6; Löwe/Rosenberg-*Schäfer*, § 100g Rn. 1.
[228] *BVerfG* E 65, 1 [65f.].

so *de facto* einen rechtsfreien Raum schafft.[229] Das kann aber zu keiner anderen Beurteilung führen. Es wäre Sache des Gesetzgebers, eine entsprechende Güterabwägung vorzunehmen und dem unter Wahrung der Verhältnismäßigkeit entgegenzutreten; die Einschränkung von Grundrechten aus Opportunitätsgründen ohne klare gesetzliche Grundlage ist jedenfalls nicht hinnehmbar.

Schwieriger ist die Frage, ob eine Speicherung der IP-Adressen eines bestimmten Kunden *für die Zukunft* nicht durch den Auskunftsanspruch gerechtfertigt werden kann; in diesem Fall ist der Zweck der Speicherung bereits konkret bestimmt. Nimmt man mit dem *LG Frankfurt/Main* an, dass die Speicherung auch dann unzulässig ist, ergibt sich möglicherweise ein Wertungswiderspruch: Für die Speicherung zukünftiger Verkehrsdaten wäre ein – auch in den Inhalt erfassender – Beschluss nach § 100a StPO zulässig, während allein die Aufzeichnung von Verkehrsdaten als milderes Mittel versagt wäre.[230] Dem ist aber entgegenzuhalten, dass erstens die Telekommunikationsüberwachung nach den Bestimmungen der TKÜV zwar vom Access Provider technisch durch Schnittstellen zu ermöglichen, aber nicht selbst durchzuführen ist. Zweitens ist kein Gericht daran gehindert, einen Anordnungsbeschluss nach § 100a StPO auf die Verkehrsdaten zu beschränken;[231] wenn auch ohne die Aufzeichnung von Inhalten die strafprozessual bedeutsamen Erkenntnisse gewonnen werden können, wäre das Gericht dazu unter Verhältnismäßigkeitsgesichtspunkten sogar verpflichtet.

Daher ist die h.M. zutreffend. Auskunft erteilen kann man nur über Informationen, über die man verfügt. Eine Auskunftspflicht beinhaltet schon sprachlich keine Verpflichtung, sich die Informationen beschaffen zu müssen. Auskunftspflichten können daher keine Erlaubnistatbestände für die Speicherung der dynamischen IP-Adresse sein, sondern beziehen sich allein auf Daten, die ohnehin (zulässigerweise) gespeichert werden.

---

[229] *Heidrich*, DuD 2003, 237 [238].
[230] So *Bär*, MMR 2004, 340 [343].
[231] Löwe/Rosenberg-*Schäfer*, § 100a Rn. 62.

3. Änderungen durch das TKG-Änderungsgesetz?

Durch das TKG-Änderungsgesetz ist § 96 Abs. 2 Satz 1 TKG geändert worden. Nunmehr dürfen die Verkehrsdaten auch für die *„durch andere gesetzliche Vorschriften begründeten Zwecke"* verwendet werden. Der Gesetzgeber hatte dabei insbesondere die Auskunftserteilung über Verkehrsdaten an Staatsanwaltschaften und Sicherheitsbehörden im Blick.[232] Zweck dieser Änderung war es jedoch nicht, die materielle Rechtslage zu ändern, sondern sie klarzustellen: Der alte Wortlaut des § 96 Abs. 1 Satz 1 TKG ließ den Schluss zu, dass auch zulässigerweise gespeicherte Daten nicht aufgrund anderer Gesetze verwendet werden durften, da § 96 Abs. 1 TKG als abschließend galt.[233]

Eine Ausweitung der Speicherungsbefugnisse ergibt sich weder aus dem neuen Wortlaut noch wäre sie nach der amtlichen Begründung gewollt; zulässig ist auch weiterhin nur die Beauskunftung von Daten, die bereits zulässigerweise gespeichert werden.[234] Allerdings eröffnet der neue Wortlaut die Möglichkeit, auch schon die Speicherung von Daten durch ein anderes Gesetz anzuordnen; jedoch müsste ein solches Gesetz nicht nur materiell verhältnismäßig, sondern auch bereichsspezifisch sein.

4. Änderungen durch die Durchsetzungsrichtlinie

a) Durchsetzungsrichtlinie und Umsetzung

Deutschland muss die Durchsetzungsrichtlinie,[235] deren Umsetzungsfrist bereits am 29.04.2006 abgelaufen ist, noch in nationales Recht umsetzen. Art. 8 Abs. 1 lit. c der Richtlinie sieht einen Auskunftsanspruch für Inhaber geistig-gewerblicher Schutzrechte vor gegen jede Person, die *„nachweislich für rechtsverletzende Tätigkeiten genutzte Dienstleistungen in gewerblichem Ausmaß erbrachte"*.

---

[232] BT-Drs. 15/5213, S. 32f.
[233] Ebendort.
[234] A.A. *Dietrich*, GRUR-RR 2006, 145 [147].
[235] Richtlinie 2004/48/EG des Europäischen Parlaments und des Rates vom 29. April 2004 zur Durchsetzung der Rechte des geistigen Eigentums, ABl. L 157 vom 30.04.2004, S. 45-86.

Die Bundesregierung hat dazu einen Regierungsentwurf vorgelegt.[236] Gemäß § 101 UrhG[RegE] soll der Auskunftsanspruch über die Herkunft und den Vertriebsweg gegen Dritte bestehen, wenn die Rechtsverletzung offensichtlich ist oder der Verletzte gegen den Verletzer Klage erhoben hat.[237]

Kann die Auskunft nur unter Verwendung von Verkehrsdaten erteilt werden, steht der Auskunftsanspruch unter Richtervorbehalt (§ 101 Abs. 9 UrhG[RegE]). Diese Formulierung wird den Streit, den es um die Anwendbarkeit von § 113 TKG oder §§ 100g, 100h StPO gibt,[238] für diesen Anspruch vermeiden: Hier ist deutlich, dass der Richtervorbehalt schon gilt, wenn die Auskunft nur unter *Verwendung* von Verkehrsdaten erteilt werden kann; dass die Verkehrsdaten *Gegenstand* der Auskunft sind, ist nicht erforderlich.

b) Erlaubnistatbestand durch die Umsetzung der Durchsetzungsrichtlinie?

Es stellt sich die Frage, ob sich aus der Umsetzung der Durchsetzungsrichtlinie eine Verpflichtung der Access Provider ergibt, eine vorratsmäßige Speicherung der eventuell zu beauskunftenden Daten vorzunehmen.

aa) Ziele der Richtlinie

Gemäß Erwägungsgrund 20 dient die Durchsetzungsrichtlinie der wirksamen Erlangung und Sicherung von Beweismitteln, die von zentraler Bedeutung für die in ihren Rechten verletzten Inhaber geistig-gewerblicher Schutzrechte sind. Jedenfalls würde es die Wirksamkeit (*effet utile*) der Richtlinienumsetzung fördern, wenn die Access Provider die Daten auch speichern müssten.

---

[236] BR-Drs. 64/07.
[237] Die Änderungen werden wegen der größten praktischen Relevanz im Internet hier anhand des UrhG aufgezeigt; parallele Vorschriften werden auch im Patent-, Gebrauchsmuster-, Marken-, Halbleiterschutz-, Geschmacksmuster- und Sortenrecht eingeführt.
[238] Siehe oben C IV 2.

bb) Schadensersatzanspruch

Der auskunftsverpflichtete Dritte haftet wegen falscher oder unvollständiger Auskünfte dem Rechteinhaber auf Schadensersatz (§ 101 Abs. 5 UrhG^{RegE}). Auch dies könnte für eine Speicherungspflicht sprechen, denn zur Erteilung einer im Sinne des Auskunftsbegehrens vollständigen Auskunft, die von Schadensersatzansprüchen freihält, müssen die vollständigen Auskünfte zunächst gespeichert werden.

cc) Vorabentscheidungsersuchen

Das *Juzgado de lo Mercantil Número 5 de Madrid* hat den EuGH in einem Vorabentscheidungsersuchen (Art. 234 EG) gefragt, ob es das Gemeinschaftsrecht den Mitgliedsstaaten gestatte, *„in zivilrechtlichen Verfahren die den [Access Providern u.a.] obliegende Pflicht, die während der Erbringung von Diensten der Informationsgesellschaft gewonnenen Verbindungs- und Verkehrsdaten zu speichern und bereitzustellen, zu beschränken".*[239] Das madrilenische Gericht geht davon aus, dass sich insbesondere aus Art. 8 Abs. 1 und 2 der Urheberrechtsrichtlinie (2001/29/EG) und Art. 8 der Durchsetzungsrichtlinie eine Pflicht zur Beauskunftung *und* Speicherung ergibt. Jedenfalls hält es dies offenbar für denkbar und hat die letztgültige Entscheidung über die Auslegung der Richtlinien dem EuGH überlassen.

dd) Stellungnahme

Der europäische Richtliniengeber hat durch die Durchsetzungsrichtlinie die DSRL und die DSRLeK nicht berührt; sie soll daher aus europäischer Sicht keine Verschlechterung des Datenschutzniveaus bewirken, jedenfalls keine weitere Verschlechterung, als sich unmittelbar aus der Auskunft als solcher ergibt.

Das Ziel der Richtlinie, nämlich effektiver Zugang zu Beweismitteln, ist nicht zu verwechseln mit der Generierung von Beweismitteln. Dass Rechteinhaber an vorhandene Beweismittel herankommen sollen, ist das, was Ziel

---

[239] Vorlagefrage des *Juzgado de lo Mercantil Número 5* Madrid vom 26.06.2006, Rechtssache EuGH C-275/06, ABl. C 212 vom 2.9.2006, S. 19-20; Hervorhebung d. Verf.

der Richtlinie ist; Ziel der Richtlinie ist es nicht, irgendjemanden zu überwachen, damit Beweismittel überhaupt erst entstehen.

Auch der Schadensersatzanspruch, den der Bundesgesetzgeber einführen will, spricht nicht für eine Pflicht zur Speicherung, denn die Vollständigkeit der Auskunft bemisst sich nicht nach dem Begehren, sondern nach dem Anspruch des Rechteinhabers. Der Anspruch ist aber, wie zuvor aufgezeigt, auf die ohnehin zulässigerweise gespeicherten Daten beschränkt.

Auch angesichts der Durchsetzungsrichtlinie und ihrer Umsetzung ins deutsche Recht bleibt es also dabei, dass sich aus den Auskunftsansprüchen keine Erlaubnis ergibt, eventuell zu beauskunftende Daten auf Vorrat zu speichern.

VIII. Speicherung im Rahmen der Telekommunikationsüberwachung

1. Rechtsgrundlagen der TK-Überwachung

a) TK-Überwachung im Strafprozessrecht

Die Überwachung der Telekommunikation ist im Strafprozessrecht insbesondere in § 100a StPO vorgesehen, aber auch in Nebenvorschriften wie § 23a Zollfahndungsdienstgesetz.

b) Telekommunikationsüberwachung im Gefahrenabwehrrecht

Für den Bereich des Gefahrenabwehrrechts sind die Länder gesetzgebungsbefugt, auch soweit es die Telekommunikationsüberwachung angeht.[240] Für Niedersachsen[241] ermöglicht § 33a Abs. 1 Nr. 1, Abs. 2 NSOG die Telekommunikationsüberwachung zu Zwecken der Gefahrenabwehr.[242] Die

---

[240] Nicht jedoch für die Prävention von Straftaten, dahingehend hat der Bundesgesetzgeber in den §§ 100a ff. StPO abschließend von seiner Gesetzgebungsbefugnis Gebrauch gemacht: *BVerfG* MMR 2005, S. 674-680.

[241] Für andere Länder siehe *Nachbaur*, NJW 2007, 335 [337: Fn. 19].

[242] Ob § 10 NSOG das Zitiergebot des Art. 19 Abs. 1 Satz 2 GG für diese Vorschrift erfüllt, ist sehr zweifelhaft: Nach *BVerfG* a.a.O. hat der Landesgesetzgeber es versäumt, auch im Änderungsgesetz (Gesetz zur Änderung des Niedersächsischen Gefahrenabwehrgesetzes vom 11.12.2003, NdsGVBl. 2003, S. 414) dem Zitiergebot nachzukommen; das *BVerfG* hat auch deswegen die Nr. 2, 3 des § 33a Abs. 1 NSOG verworfen – es ließe sich schwerlich erklären, warum für die mit gleichem Gesetz eingeführte, aber

(Fortsetzung auf nächster Seite)

Vorschrift bezieht sich auch auf Verkehrsdaten und steht unter Richtervorbehalt. Gemäß § 33a Abs. 5 NSOG sind TK-Anbieter verpflichtet, der Polizei die Überwachung und Aufzeichnung zu ermöglichen.

c) TK-Überwachung zu geheimdienstlichen Zwecken
Eine TK-Überwachung zu geheimdienstlichen Zwecken kann insbesondere aufgrund §§ 1, 3 G10 vorgenommen werden.

2. TK-Überwachung als Erlaubnistatbestand?
Die TKÜV regelt die Vornahme der TK-Überwachung. Demnach erfolgt die Überwachung nicht durch den Access Provider, sondern dieser ermöglicht sie nur, indem er an einem Übergabepunkt eine Kopie der vollständigen Telekommunikation bereitstellt.

Die Vorschriften zur TK-Überwachung enthalten daher keine Erlaubnis zur Speicherung von Verbindungsdaten. Soweit sich aus der technischen Umsetzung der Bereitstellung eine Verzögerung der Löschung der Daten ergibt, die nicht unter zumutbaren Umständen abstellbar ist, so ist dies im Rahmen der Unverzüglichkeit der Löschung zu berücksichtigen: Kann der Access Provider durch eine TK-Überwachung die Daten erst später löschen, hat er nicht schuldhaft gezögert.

IX. Speicherung für IP-Billing

1. IP-Billing als Zahlungsmethode
IP-Billing ist ein neues Abrechnungsverfahren für im Fernabsatz im Internet erworbene Waren und Dienstleistungen: Dabei wird der Kunde allein durch seine eindeutige IP-Adresse identifiziert; es müssen weder zusätzliche Hard- oder Software installiert werden noch müssen für die Bezahlung Benutzername oder Passwort eingegeben werden, lediglich eine einmalige Registrierung beim Abrechungsunternehmen ist erforderlich. Die Abrechnung der

---

beim *BVerfG* nicht verfahrensgegenständliche Nr. 1 etwas anderes gelten sollte. Die Betrachtungen sind gleichwohl gültig für gefahrenabwehrrechtliche TK-Überwachungsnormen auch anderer Länder, die vom Landesgesetzgeber wirksam zustande gebracht wurden.

Leistungen soll über die Telekommunikationsrechnung erfolgen.[243] Insbesondere sollen auch Leistungen abgerechnet werden, die nicht direkt über die TK-Verbindung erbracht werden, also keine Mehrwertdienste i.S.d. § 3 Nr. 25 TKG sind.

Dafür müssen, neben dem Internet-Access Vertrag zwischen dem Provider und seinem Kunden, vertragliche Vereinbarungen auch zwischen dem Kunden und dem Abrechnungsunternehmen, zwischen dem Provider und dem Abrechnungsunternehmen sowie zwischen diesem und dem Onlineshop-Anbieter (o.ä.) bestehen. Grundlage für den einzelnen Buchungsvorgang ist dann zusätzlich der jeweilige Vertrag zwischen den Onlineshop und dem Kunden.

Für die Durchführung soll es erforderlich sein, dass der Access Provider die Zuordnung der IP-Adresse speichert, damit diese vom Abrechnungsunternehmen mitsamt der Zahlungsvorgänge mitgeteilt und letztlich zugeordnet werden kann.[244]

2. Einwilligung

Bosse/Richter/Schreier halten eine Einwilligung des Kunden für die Speicherung für ausreichend.[245] Dem ist nicht zuzustimmen: Die Einwilligung ist grundsätzlich auf die im TKG vorgesehenen Fälle begrenzt und kann darüber hinaus nur zulässig sein, soweit dem Telekommunikationsrecht immanente Ziele damit verwirklicht werden.[246] Das ist hier jedoch nicht der Fall: Das Bezahlen über eine Telekommunikationsverbindung und die dabei erfolgende Identifikation über die IP-Adresse dienen weder dem Kunden- bzw. Verbraucherschutz noch dem TK-Wettbewerb.

Richtig ist zwar, dass das IP-Billing es ermöglicht, eine Zahlung ohne Angabe von sonstigen personenbezogenen Daten an den Zahlungsempfänger durchzuführen und damit auch dem Datenschutz gedient wird. Anderer-

---

[243] *Bosse/Richter/Schreier*, CR 2007, 79 [80].
[244] Ebendort [82].
[245] Ebendort.
[246] Vgl. oben D I 4.

seits handelt es sich aus telekommunikations-datenschutzrechtlicher Perspektive eben bei der IP-Adresse gerade um ein Verkehrsdatum und bei der Anschrift „nur" um Bestandsdaten. Die Speicherung eines Verkehrsdatums um der Nichtspeicherung von Bestandsdaten Willen zuzulassen, würde die Wertungen des TK-Datenschutzrechts unterlaufen. Eine Einwilligung für die Datenspeicherung zum Zweck des IP-Billing ist daher *de lege lata* unzulässig.

3. § 97 Abs. 6 TKG

§ 97 Abs. 6 TKG erlaubt die Verwendung von Daten, wenn der Access Provider Leistungen eines Dritten abrechnet, die dieser im Zusammenhang mit der Erbringung von TK-Diensten erbracht hat. Geschaffen wurde die Vorschrift, um die Bezahlung von Waren und Dienstleistungen über die Mobilfunkrechnung zu ermöglichen;[247] der Wortlaut ist technisch neutral und die Bezahlung über die Internetzugangsrechnung wäre nichts entscheidend anderes.

Ob jedoch der Wortlaut der Vorschrift dem Willen des Gesetzgebers auch entspricht, erscheint fraglich. Das einzuziehende Entgelt müsste für eine im Zusammenhang mit einem TK-Dienst *erbrachte* Leistung entstanden sein. Zwar hat der Gesetzgeber nicht auf die Terminologie „telekommunikationsgestützte Dienste" (§ 3 Nr. 25 TKG) zurückgegriffen, was nahelegt, dass nicht nur (sicher aber auch) solche Leistungen gemeint sind, die unmittelbar über die Telekommunikationsverbindung erbracht werden. Wird jedoch in einem Onlineshop eine körperliche Ware gekauft, dann erbringt der Händler seine Leistung mit der Lieferung der Ware – in welchem Zusammenhang soll das noch mit Telekommunikation stehen? Denkbar wäre die Anknüpfung an den Onlineshop selbst, der ein Telemediendienst ist und daher *über* Telekommunikation erbracht wird – jedoch wird dort regelmäßig nicht die entgeltpflichtige Leistung *erbracht*.

---

247 BR-Drs. 300/00, S. 17.

Ob die Erlaubnis aus § 97 Abs. 6 TKG die Datenverwendung zum Zwecke des Inkasso für alle Waren und Dienstleistungen umfasst,[248] ist daher sehr fraglich. Die Anwendung über Mobiltelefone, die der Gesetzgeber wohl im Sinn hatte, lief auf die Zahlung an Warenautomaten hinaus, bei denen der Bezug der Ware in einem engen zeitlichen und örtlichen Zusammenhang mit der TK-Verbindung steht; dieser enge Zusammenhang ist jedoch bei einer Warenbestellung in einem Onlineshop allenfalls bei umgehender ortsnaher Lieferung (z.B. Pizzabringdienst) gegeben, nicht jedoch bei einer klassischen Versandwarenbestellung.

4. Stellungnahme

§ 97 Abs. 6 TKG erlaubt daher – die genannten Vertragsbeziehungen vorausgesetzt – eine Speicherung der dynamisch zugeordneten IP-Adresse zum Zwecke des IP-Billing für telekommunikationsgestützte Dienste – unter § 3 Nr. 25 TKG lassen sich insbesondere die meisten kostenpflichtigen Telemediendienste subsumieren[249] – und für orts- und zeitnahe Warenlieferungen, nicht jedoch darüber hinaus.

Es wäre Sache des Gesetzgebers, die Speicherung der dynamischen IP-Adresse für diese Zwecke zu erlauben, wenn es gelänge, die mit dem IP-Billing verbundenen Sicherheitsbedenken[250] auszuräumen und wenn feststeht, dass das Verfahren ohne die Speicherung tatsächlich nicht durchführbar ist; auch daran bestehen aber Zweifel: Die Identifikation des Anschlussinhabers wäre sicherlich auch bereits während der Verbindung möglich, indem das Abrechnungsunternehmen schon im Zeitpunkt des Bezahlvorganges beim Access Provider anhand der IP-Adresse ein Bestandsdatum – etwa die Kundennummer – abfragt oder bereits beim Bezahlvorgang die Zahlungsdaten mit der IP-Adresse an den Access

---

[248] So wohl BeckTKG-*Wittern*, § 97 Rn. 19.

[249] Zweifelhaft für Hosting, weil die Leistung des Hosting Providers zwar über Telekommunikationsverbindungen „erbracht" (eigentlich sogar nur „sichtbar") wird, aber nicht hauptsächlich über die zum Kunden, sondern über die zu Dritten, die die Website (etc.) des Kunden betrachten.

[250] Dazu *Bosse/Richter/Schreier*, a.a.O. [83].

Provider übermittelt, der dann bei sich noch während der Verbindung die Zuordnung vornimmt.

X. Unverzügliche Löschung

Das *LG Darmstadt* hat im Urteilstenor antragsgemäß die Löschung der Daten angeordnet, sobald sie nicht mehr erforderlich sind.[251] Fraglich ist daher, wann die Daten unter sachlichen und zeitlichen Aspekten gelöscht werden müssen.

Die Daten aller IP-Adresszuordnungen werden gemeinsam gespeichert. Nur einige dieser Zuordnungen dürfen anlassbezogen verwendet werden. Zwischen der allgemeinen Speicherung und der Selektion der Daten, die noch zu den dargestellten zulässigen Zwecken verarbeitet werden, erfolgt also eine kurzfristige Vorratsspeicherung.

Die Ermittlung der weiter zu verwendenden Daten und dann die Löschung der übrigen Daten müssen jeweils „unverzüglich" erfolgen.

1) Unverzüglichkeit

Die landläufige Definition „ohne schuldhaftes Zögern" wird in der aufsichtsbehördlichen Praxis großzügig ausgelegt: Der *BfDI* und die *Bundesnetzagentur* räumen den Access Providern für die Ermittlung der für Abrechnungszwecke und den präventiven Missbrauchsschutz erforderlichen und Löschung der übrigen Daten einschließlich einer eventuellen vorherigen Speicherung durch den Netzbetreiber eine Frist von 14 Tagen ein.[252]

Zuzugeben ist, dass die Löschung nicht umgehend[253] und auch nicht unmittelbar[254] nach Verbindungsende erfolgen muss. Dem Access Provider bleibt also eine angemessene Zeit; es stellt sich aber die Frage, ob 14 Tage wirklich noch angemessen sind.

---

[251] *LG Darmstadt*, GRUR-RR 2006, 173 [173].
[252] Siehe oben A I, Fn. 18.
[253] *Eckardt*, K&R 2006, 293 [295f.] in Bezug auf *LG Darmstadt*, a.a.O.
[254] So die Terminologie des Gesetzgebers in § 9 Abs. 5 ABMG; gemeint ist damit „sofort", BT-Drs. 14/7013, S. 15.

In der amtlichen Begründung zu § 6b BDSG (Videoüberwachung) hat der Gesetzgeber die Sichtung des aufgezeichneten Materials nur binnen ein bis zwei Arbeitstagen als unverzüglich erachtet,[255] und das, obwohl die Auswertung von Videomaterial – im Gegensatz zu Verkehrsdatensätzen – regelmäßig nicht vollautomatisch erfolgen kann.

Noch strenger war die Vorgängerregelung zu § 96 Abs. 2 TKG, nämlich § 6 Abs. 2 TDSV, wonach Verkehrsdaten spätestens am Tag nach Beendigung der Verbindung gelöscht werden mussten. Gegenüber *„am Tag nach der Beendigung der Verbindung"* stellt *„unverzüglich"* nach dem Willen des Gesetzgebers eher eine Verschärfung, jedenfalls aber keine Lockerung dar.[256]

2) Zumutbarkeit und Güterabwägung

Eine Ermittlungs- und Löschungsfrist in dieser Größenordnung, also etwa ein Tag, ist angemessen, wenn sie den Access Providern unter Abwägung mit den rechtlich geschützten Interessen der Teilnehmer und Nutzer zumutbar ist.

Eckhardt hält eine kürzere Frist, als durch die handelsüblichen Fakturierungsverfahren faktisch vorgegeben ist, für unzumutbar, zumal auch auf Kundenseite nur das Interesse an einer einige Tage früheren oder späteren Löschung entgegensteht.[257] Allerdings hat die DTAG selbst die Kosten für die Einführung und Unterhaltung eines schneller – sogar unmittelbar nach Verbindungsende[258] – auswertenden Fakturierungssystems auf einmalig 40.950 € und jährlich 27.300 € beziffert.[259] Berücksichtigt man einen

---

[255] BT-Drs. 14/5793, S. 63.
[256] So auch *Ohlenburg*, MMR 2004, 431 [434].
[257] *Eckhardt*, a.a.O. [296].
[258] *LG Darmstadt*, GRUR-RR 2006, 173 [173].
[259] *BGH* MMR 2007, 37 [37]. Die DTAG wollte den Rechtsstreit revisionsfähig machen und hatte daher Anlass, möglichst hohe Kosten darzulegen; es ist also anzunehmen, dass die dargelegten Kosten jedenfalls nicht untertrieben sind, sondern im Gegenteil (mit dem *BGH* a.a.O.), dass diese Kalkulation bereits schwerlich nachvollziehbare Positionen enthält und übertrieben ist. Die Darstellung der DTAG war auf Abrechnungszwecke beschränkt; auch für die Missbrauchserkennung ist es aber sicherlich mit ähnlich geringem Aufwand möglich, wenigstens den „Löwenanteil" der völlig unverdächtigen Zuordnungsdaten automatisiert zeitnah zu löschen.

Quartalsumsatz in der Größenordnung von 500.000.000 €,[260] bewegen sich diese Kosten im Bereich von Hundertstelpromille.[261]

Dem gegenüber steht eine Beeinträchtigung der Grundrechte der Teilnehmer und Nutzer, die zwar für jede einzelne gespeicherte IP-Adresszuordnung gering und kurzfristig ist, insgesamt gesehen jedoch eine große Vielzahl von Personen betrifft und sich ständig wiederholt.[262] Unter diesen Gesichtspunkten ist es keineswegs einsehbar, warum die Änderung der Fakturierungs- und Missbrauchskontrollpraxis hin zu einem Verfahren, dass die Verkehrsdaten unmittelbar – oder zumindest bis spätestens zum Ende des auf das Verbindungsende folgenden Tages – auswertet, den Access Providern nicht zumutbar sein soll; die Access Provider sind daher rechtlich verpflichtet, entsprechend schnelle Verfahren einzuführen.

---

[260] *Golem.de*, T-Online: Rekordwachstum und sinkender Gewinn, 8.11.2005, http://www.golem.de/0511/41488.html.

[261] Bei den anderen – sämtlich kleineren – Access Providern verschlechtert sich tendenziell das Verhältnis zwischen Kosten und Umsatz durch geringere Skalenerträge, aber signifikante Bereiche werden sicherlich nicht erreicht.

[262] So auch *Leutheusser-Schnarrenberger*, ZRP 2007, 9 [11]; dies verkennt *Eckhardt*, a.a.O., bei seiner Güterabwägung.

E. Anstehende Umsetzungen

Für Deutschland stehen zwei Umsetzungen von Völker- resp. Europarecht an, die die Verwendung von Verkehrsdaten betreffen, nämlich die Cybercrime Konvention des Europarates und die Data Retention Richtlinie der EG.

I. Umsetzung der Cybercrime Konvention

1. Gegenstand der Konvention

Das Übereinkommen über Computerkriminalität des Europarates[263] vom 23.11.2001 (*Cybercrime Konvention*) war der erste multilaterale Vertrag über die Bekämpfung von Computerkriminalität.[264] Die Cybercrime Konvention setzt einen internationalen Rahmen für die Staaten zur Bekämpfung von Computerkriminalität sowohl im materiellen Strafrecht als auch im Strafprozessrecht.[265] Das Übereinkommen betrifft nur die Kommunikation mittels Computersystemen. Ausführliche und umfangreiche Erläuterungen zur Cybercrime Konvention finden sich im *Explanatory Report*[266] des Europarates.

a) Strafprozessuale Maßnahmen

Die Konvention sieht unter anderem die Erhebung und Verwendung von Verkehrsdaten für strafprozessuale Zwecke vor:

Gemäß Art. 16 müssen die Vertragsstaaten Maßnahmen treffen, um die umgehende Sicherung von Computerdaten – einschließlich Verkehrsdaten – zu ermöglichen, um die Daten vor einer Löschung zu bewahren. Diese Verpflichtung gilt auch, wenn Diensteanbieter mehrerer Staaten beteiligt sind; dann müssen die Daten auch weitergegeben werden (Art. 17). Die Vorschriften beziehen sich allerdings nur auf bereits erhobene und gespei-

---

[263] Konventionen des Europarates können internationales Binnenmarktrecht bilden, siehe oben C I 4.

[264] *Pocar*, European Journal on Criminal Policy and Research 2004, 27 [30].

[265] Ebendort.

[266] *Vertragsbüro des Europarates*, http://conventions.coe.int/Treaty/en/Reports/Html/185.htm.

cherte Daten; Verpflichtungen zur Vorratsspeicherung ergeben sich daraus nicht.[267]

Art. 18 sieht Auskunftsanordnungen durch Behörden über Bestandsdaten vor. Ob dies Bestandsdaten umfasst, die nur unter der Verwendung von Verkehrsdaten ermittelt werden können, bleibt offen.[268] Die Auskunftsverpflichteten sollen dadurch jedenfalls nicht zur Speicherung verpflichtet werden.[269]

Die Vertragsstaaten müssen gemäß Art. 20 Abs. 1 die erforderlichen Maßnahmen zu treffen, um Verkehrsdaten in Echtzeit zu erheben und aufzuzeichnen; ihnen bleibt die Wahl, ob sie zur technischen Umsetzung die Diensteanbieter zur Erhebung und Speicherung verpflichten oder dazu, die Erhebung und Speicherung durch die zuständigen Behörden zu ermöglichen. Die Erhebung und Speicherung soll jedoch nicht vorratsweise, sondern jeweils auf bestimmte strafrechtliche Ermittlungen und Verfahren gerichtet sein.[270]

b) Materieller Anwendungsbereich

Die Maßnahmen sind verpflichtend anzuwenden in Bezug auf alle mit Computern begangenen Straftaten nach nationalem materiellen Strafrecht (Art. 14 Abs. 2 lit. b), wobei sich die Vertragsstaaten zur Sanktionierung mehrerer Tatbestände durch ihr nationales materielles Strafrecht verpflichten, darunter verschiedene Formen von Computersabotage und -betrug sowie Urheberrechtsverletzungen (in „gewerblichem Ausmaß"), Kinderpornografie (Artt. 2 bis 10) und Rechtsradikalismus (Zusatzprotokoll[271]). Die Staaten, die Verkehrsdaten wie Kommunikationsinhalte schützen, können sich die Anwendung der Echtzeiterfassung auf bestimmte Katalogstraftaten vorbehalten; ebenso ist grundsätzlich eine Beschränkung

---

[267] *Explanatory Report,* Abs. 150, mit ausdrücklichem Hinweis auf Flatrates.
[268] Zu dem Streit siehe oben C IV 2.
[269] *Explanatory Report,* Abs. 181.
[270] Ebendort, Abs. 216.
[271] Zusatzprotokoll zum Abkommen über Computerkriminalität betreffend die Kriminalisierung mittels Computersystemen begangener Handlungen rassistischer und fremdenfeindlicher Art vom 28.01.2003.

auf öffentliche TK-Netze möglich (Art. 14 Abs. 3).[272] Die individuelle Anwendung der Maßnahmen steht auch unter ausdrücklichem Vorbehalt der Menschenrechte und Grundfreiheiten des nationalen Rechts und der EMRK sowie der Verhältnismäßigkeit (Art. 15).[273]

2. Umsetzung der Konvention

a) Ratifikationsstand unter den Mitgliedsstaaten der EU

Die Konvention wurde (u.a.) von sämtlichen Mitgliedsstaaten der EU unterzeichnet, jedoch bisher nur von Bulgarien, Dänemark, Estland, Frankreich, Litauen, den Niederlanden, Rumänien, Slowenien, Ungarn und Zypern ratifiziert.[274]

b) Umsetzung in Deutschland

Den materiellen Umsetzungsbedarf will die Bundesregierung durch das von ihr eingebrachte *Strafrechtsänderungsgesetz zur Bekämpfung der Computerkriminalität*[275] erfüllen; die prozessrechtliche Umsetzung soll gemeinsam mit der Umsetzung der Data Retention Richtlinie (dazu sogleich) erfolgen und zeitgleich mit der Umsetzung der prozessrechtlichen Vorgaben soll die Ratifikation erfolgen.[276]

aa) Umgehende Sicherung

Die Umsetzung der Artt. 16f. müsste es ermöglichen, die Access Provider durch behördliche Anordnung zu verpflichten, auf die automatische Löschung bestimmter IP-Adresszuordnungen zu verzichten. Dies würde vom Access Provider einen aktiven Eingriff in seine Datenverarbeitung erfordern,[277] und müsste, um nicht völlig leerzulaufen, für diesen die Speicherung und Nicht-Löschung der zugeordneten IP-Adresse rechtfertigen.

---

[272] *Explanatory Report* Abs. 143f..
[273] Ebendort, Abs. 145f.
[274] *Vertragsbüro des Europarates*,
http://conventions.coe.int/Treaty/Commun/ChercheSig.asp?NT=185&CL=GER,
Stand 08.03.2007; Nicht-EU-Mitgliedsstaaten unberücksichtigt.
[275] BT-Drs. 16/3656.
[276] Dies hat das *Bundesministerium der Justiz* d. Verf. am 9.03.2007 mitgeteilt.
[277] *Gercke*, MMR 2004, 801 [802].

bb) Herausgabeanordnung

In Bezug auf Access Provider und von diesen zu beauskunftende Bestandsdaten stellt Art. 18 an das deutsche Recht keine Anforderungen, die nicht im
Grunde bereits durch § 113 TKG erfüllt würden.[278] Nach Art. 18 muss der
Access Provider Auskunft über die Daten erteilen, die sich in seinem Besitz
oder unter seiner Kontrolle befinden, während § 133 TKG auf die von ihm
erhobenen Daten abstellt; diese Unterscheidung dürfte aber im Hinblick auf
die Fragestellung wenig praxisrelevant sein.

cc) Verkehrsdatenerfassung in Echtzeit

Eine Erfassung der Verkehrsdaten in Echtzeit, wie sie Art. 20 vorsieht, ist
durch § 100a StPO im Rahmen der TK-Überwachung bereits vorgesehen.[279]
Die Erfassung erfolgt dabei nach gemäß der TKÜV durch die zuständige
Behörde und muss vom Access Provider „nur" ermöglicht werden. § 100g
StPO trägt eine Verkehrsdatenerfassung in Echtzeit nicht:[280] Aus der Pflicht
zur unverzüglichen Beauskunftung zukünftiger Verkehrsdaten eine Pflicht
zur vollautomatischen Beauskunftung in Echtzeit zu machen, wäre eine
Umgehung der strengeren Vorschriften für die TK-Überwachung; eine
Erfassung in Echtzeit stellt schon begrifflich eine Überwachung dar und
nicht bloß eine Auskunft. Für die Umsetzung von Art. 20, sofern sie
überhaupt gesondert erfolgt, gilt hinsichtlich der Speicherung der IP-
Adressen nichts anderes als für die bestehende TK-Überwachung.[281]

II. Umsetzung der Data Retention Richtlinie

1. Gegenstand der Richtlinie

Die Data Retention Richtlinie[282] der EG verpflichtet die EU-
Mitgliedsstaaten, in ihrem jeweiligen nationalen Recht die Speicherung von

---

[278] Zu dem Streit, ob Namen „hinter" dynamischen IP-Adressen auf Grundlage des § 113
TKG beauskunftet werden dürfen und müssen, oben C IV 2.

[279] Siehe oben D VII 2 c.

[280] A.A. *Gercke*, a.a.O. [806].

[281] Siehe oben D VIII.

[282] Richtlinie 2006/24/EG des Europäischen Parlaments und des Rates vom 15. März
2006 über die Vorratsspeicherung vom Daten, die bei der Bereitstellung öffentlich
zugänglicher Kommunikationsdienste oder öffentlicher Kommunikationsnetze erzeugt
oder verarbeitet werden und zur Änderung der Richtlinie 2002/58/EG, ABl. L 105
vom 13.04.2006, S. 54-60.

Verkehrsdaten „auf Vorrat", also ohne vorher individuell bestimmten Zweck, anzuordnen. Adressaten des nationalen Rechts sollen die Anbieter öffentlich zugänglicher Kommunikationsdienste und Betreiber öffentlicher Kommunikationsnetze sein; darunter fallen auch Access Provider.

Zu den zu speichernden Verkehrsdaten gehören insbesondere *„der Name und die Anschrift des Teilnehmers bzw. registrierten Benutzers, dem eine IP-Adresse, Benutzerkennung oder Rufnummer zum Zeitpunkt der Nachricht zugewiesen war"* (Art. 5 Abs. 1 lit. a Nr. 2 Ziffer iii) sowie *„Datum und Uhrzeit der An- und Abmeldung beim Internetzugangsdienst [...] zusammen mit der vom Internetzugangsan-bieter einer Verbindung zugewiesenen dynamischen oder statischen IP-Adresse und die Benutzerkennung des Teilnehmers oder des registrierten Benutzers"* (lit. c Nr. 2 Ziffer i). Insoweit wird der von der DSRLeK errichtete Grundsatz der Löschung von Verkehrsdaten nach Verbindungsende völlig aufgegeben.[283]

Die Speicherfrist wird durch die Richtlinie auf einen Korridor zwischen sechs und 24 Monaten festgelegt (Art. 6). Die Richtlinie regelt ausschließlich die Speicherung der Daten und nicht ihre Verwendung; dies bleibt den Mitgliedsstaaten vorbehalten (Art. 4).

2. Umsetzung der Richtlinie

Die Umsetzungsfrist für den für die Speicherung von IP-Adressen einschlä-gigen Bereich des Internetzugangs endet für Deutschland am 15. März 2009.[284]

Die Bundesregierung hat einen Referentenentwurf für die Umsetzung erstellt.[285] Gemäß § 110a Abs. 1 und 4 TKG[RefE] sollen die Access Provider Verkehrsdaten für die Dauer von sechs Monaten speichern, nämlich die

---

[283] Stellungnahme des *Europäischen Datenschutzbeauftragten*, ABl. C 298 vom 29.11.2005, S. 1-12 [3].

[284] Art. 15 Abs. 3 Data Retention Richtlinie i.V.m. der Erklärung Deutschlands, ABl. L 105 vom 13.04.2006, S. 63.

[285] *Bundesministerium der Justiz*, Referentenentwurf eines Gesetzes zur Neuregelung der Telekommunikationsüberwachung und anderer verdeckter Ermittlungsmaßnahmen sowie zur Umsetzung der Richtlinie 2006/24/EG vom 8.11.2006, http://www.humanistische-union.de/fileadmin/hu_upload/doku/vorratsdaten/de-recht/bmj_2006.11.pdf (das Ministerium selbst hat den Referentenentwurf nicht veröffentlicht).

dem Teilnehmer für eine Verbindung zugewiesene IP-Adresse, eine eindeutige Anschlusskennung sowie den Zeitpunkt von Beginn und Ende der Verbindung. Nach Ablauf der Speicherfrist sollen nicht benötigte Daten binnen eines weiteren Monats gelöscht werden (§ 110b Abs. 2 TKG[RefE]).

3. Formelle und materielle Bedenken

Gegen die Data Retention Richtlinie bestehen formelle und materielle Bedenken:

a) Formelle Bedenken

Die Richtlinie stützt sich formell auf Art. 95 EG. Dieser ist eine Generalkompetenz für die Rechtsangleichung zum Zweck der Funktionsfähigkeit des Binnenmarktes.[286] Er dient der Angleichung von nationalen Rechtsvorschriften, die durch ihre Unterschiedlichkeit die Verwirklichung der Marktfreiheiten behindern.[287]

Nach Auffassung des Richtliniengebers beeinträchtigen die rechtlichen und technischen Unterschiede für die Vorratsdatenspeicherung im Strafprozessrecht den Binnenmarkt für elektronische Kommunikation (Erwägungsgrund 6).

Irland hat vor dem EuGH auf Nichtigkeit der Richtlinie geklagt.[288] Ziel der Richtlinie sei nicht das Funktionieren des Binnenmarktes, sondern die Erleichterung der Strafverfolgung; die Richtlinie werde daher nicht von der Kompetenz aus Art. 95 EG und auch von keiner anderen Kompetenz des EG-Vertrages getragen. Allenfalls könne ein einstimmiger Rahmenbeschluss gemäß Artt. 31, 34 EU in Betracht kommen.[289]

Dem wird entgegengehalten, dass der EG zwar die Kompetenz für das Strafprozessrecht fehlt, dass sie aber insoweit strafprozessuale Richtlinien erlassen könne, wie diese nicht nur zum Abbau von Hürden auf dem

---

[286] Callies/Ruffert-*Kahl*, Art. 95 EG Rn. 5.
[287] Ebendort, Rn. 13.
[288] EuGH Rechtssache C-301/06, ABl. C 237 vom 30.09.2006, S. 5.
[289] Tatsächlich gab es einen der Richtlinie ähnlichen Rahmenbeschlussentwurf (Ratsdokument 8958/04), der jedoch im November 2004 fallengelassen wurde, vgl. *Leutheusser-Schnarrenberger*, ZRP 2007, 9 [9].

Binnenmarkt erforderlich sind, sondern auch an binnenmarktrelevante und gemeinschaftsrechtlich geregelte Tätigkeiten – hier das Erbringen von TK-Diensten – anknüpfen.[290] Außerdem gehöre der TK-Datenschutz durch die DSRLeK zum gemeinschaftlichen Besitzstand, der nur durch gemeinschaftsrecht angetastet werden dürfe.[291]

b) Materielle Bedenken

Neben den formellen gibt es auch erhebliche materielle Bedenken gegen die Richtlinie und ihre Umsetzung, wobei die Einwände nach deutschem Verfassungsrecht parallel zu denen auf europäischer Ebene nach der EMRK und den Unionsgrundrechten verlaufen.[292]

Bereits die Speicherung von Verkehrsdaten über mit ihr unmittelbar verbundenen Zwecke hinaus stellt einerseits einen Eingriff in das Fernmeldegeheimnis aus Art. 10 Abs. 1 GG dar,[293] andererseits aber auch in die Berufsausübungsfreiheit der Access Provider.

Zweifelhaft ist, ob dieser Eingriff gerechtfertigt ist; dafür müsste er sich bei einer Güterabwägung als verhältnismäßig erweisen. Von dem Eingriff ins Fernmeldegeheimnis durch die Richtlinienumsetzung sind alle Personen betroffen, die Teilnehmer oder Nutzer in TK-Netzen sind – also praktisch jedermann. In die Grundrechte der allermeisten Betroffenen wird dabei eingegriffen, ohne dass diese durch ihr Verhalten einen Verdacht begründet hätten.[294] Dem gegenüber steht die eventuell vereinfachte Aufklärung von Straftaten, die ganz überwiegend nur wirtschaftliche Interessen einzelner

---

[290] In Anlehnung an *EuGH* EuZW 2005, 632 [634f. Abs. 52], der der Gemeinschaft die Kompetenz für das Umweltstrafrecht zur Bewehrung der EG-Umweltvorschriften zugesprochen hat.

[291] Stellungnahme des Rechtsausschusses des Europäischen Parlaments, Plenarsitzungsdokument A6-0174/2006, S. 11-13; a.A. 130 Mitglieder des Deutschen Bundestages, BT-Drs. 16/1622, S. 5.

[292] *Leutheusser-Schnarrenberger*, a.a.O. [11].

[293] *BVerfG* E 85, 386 [398].

[294] *Leutheusser-Schnarrenberger*, a.a.O. [11].

berühren; über das Internet begangene oder geplante Kriminalität stellt keine Massenbedrohung dar.[295]

c) Stellungnahme

Die formellen Einwände gegen die Richtlinie sind überzeugend. Es ist nicht erkennbar, dass unterschiedliche Vorschriften zur Vorratsdatenspeicherung den Binnenmarkt behindern: Die Bundesregierung geht von nur marginalen zusätzlichen Kosten für die TK-Diensteanbieter durch die Vorratsspeicherung aus,[296] die nicht geeignet sind, Verzerrungen auf dem Binnenmarkt auszulösen, wenn sie nur in einigen Mitgliedsstaaten anfielen und in anderen nicht. Überhaupt ist bereits der Harmonisierungsgrad der Richtlinie gering: Neben dem weiten Speicherfristkorridor von sechs bis 24 Monaten erlaubt Art. 12 den Mitgliedsstaaten, noch längere Fristen durch ihr nationales Recht anzuordnen.

Im übrigen hätte es im Sinne des Subsidiaritätsprinzips genügt, allenfalls festzulegen, welchen Bestimmungen TK-Unternehmen unterliegen, die ihre Dienste in einem anderen Mitgliedsstaat anbieten und nach welchem Recht bei innergemeinschaftlichen TK-Verbindungen zu verfahren ist.

Der Unterschied zu der EuGH-Rechtsprechung zum Umweltstrafrecht besteht darin, dass mit der Data Retention Richtlinie keineswegs Verstöße gegen gemeinschaftsrechtliche Vorschriften bewehrt werden sollen, sondern Rechtsverstöße, die außerhalb des gemeinschaftsrechtlich harmonisierten und harmonisierbaren Rechts liegen.[297] Allein die Ermöglichung der strafprozessualen Verfolgung knüpft an das harmonisierende Gemeinschaftsrecht an; dies genügt aber für eine Kompetenz aus Art. 95 EG nicht.[298]

Die Beurteilung der materiellen Verhältnismäßigkeit hängt wesentlich von der Frage ab, wie geeignet und erforderlich die Vorratsspeicherung von

---

[295] *P. Breyer*, European Law Journal 2005, 365 [369].
[296] RefE (Fn. 285), S. 7.
[297] Die deutliche Mehrzahl „schwerer Fälle wie organisierte Kriminalität und Terrorismus" (Erwägungsgrund 9) liegt außerhalb national strafbewehrten Gemeinschaftsrechts.
[298] So auch *Westphal*, EuZW 2006, 555 [557] m.w.N.

Verkehrsdaten ist. Wenn schwerste Straftaten, die durch wenige Personen begangen werden, tatsächlich nur ermittelt und aufgeklärt werden könnten, indem die Verkehrsdaten praktisch aller Bürger gespeichert werden, spräche viel für eine Vereinbarkeit der Richtlinie und ihrer Umsetzung mit den europäischen und deutschen Grundrechten. Allerdings haben zahlreiche Fahndungserfolge gezeigt, dass die Aufklärung von Straftaten im Internet auch mit den bestehenden rechtlichen und technischen Instrumenten möglich ist; in Irland soll die Vorratsspeicherung nach empirischen Erkenntnissen hingegen nicht zu einer signifikant höheren Aufklärungsquote geführt haben.[299] Danach sprechen, auch bei Berücksichtigung der Einschätzungsprärogative des Richtliniengebers, die besseren Gründe für die Annahme, dass die Richtlinie und ihre geplante Umsetzung materiell grundrechtswidrig sind.

---

[299] *Heise Online*, Schwere Bedenken gegen Neufassung der TK-Überwachung, 22.01.2007, http://www.heise.de/newsticker/meldung/84033; zu dem Umgehungsmöglichkeiten für Kriminelle *Vassilaki*, MMR 2/2006, XIII; für das Vereinigte Königreich vgl. Stellungnahme des *Europäischen Datenschutzbeauftragten*, ABl. C 298 vom 29.11.2005, S. 1-12 [3].

F. Resümee

Die Vorratsspeicherung von dynamischen IP-Adresszuordnungen ist *de lege lata* unzulässig, sieht man von einer ganz kurzfristigen Speicherung zum Zweck der Missbrauchskontrolle und bis zur Auswahl noch für anlassbezogene Verwendung benötigter Datensätze ab.

Unverständlich ist daher die Praxis der Access Provider, die Daten für bis zu zwei Wochen auf Vorrat zu speichern; ebenso unverständlich ist die Billigung dieser Praxis durch die zuständige Aufsichtsbehörde, den *BfDI*, im Einvernehmen mit der *Bundesnetzagentur*, zumal das *LG Darmstadt* in seinem Urteil keineswegs erkennen lässt, dass es eine Speicherfrist in dieser Größenordnung für zulässig hält. Zwar ist die vom LG postulierte Löschung *„unmittelbar nach dem Ende der jeweiligen Verbindung"*[300] nicht in jedem Fall durchführbar, aber angesichts der verhältnismäßig einfachen und kostengünstigen Möglichkeiten, die Daten vollautomatisch zu verarbeiten und auch im Fall des Resale (wenigstens fast) in Echtzeit zu übermitteln und auszuwerten, sind ein bis zwei Wochen weit entfernt von dem, was als angemessen, zumutbar und „unverzüglich" gelten kann.

Die Unzulässigkeit der Speicherung wirft, auch angesichts der lockeren Auskunftspraxis der Access Provider,[301] die Frage auf, was die erlangten Daten eigentlich wert sind für die anfragenden Verwertungsgesellschaften und Staatsanwaltschaften. Die Rechtsprechung[302] hat die prozessuale Verwertbarkeit von Informationen, die unter Verletzung des Fernmeldegeheimnisses oder des Allgemeinen Persönlichkeitsrechts erlangt wurden, ausgeschlossen; dies sollte nicht anders auch für IP-Adressen gelten, von

---

[300] *LG Darmstadt*, a.a.O. [371].

[301] *Mühlbauer*, Wer die Verbindungsdaten speichert (und das Gegenteil behauptet), Telepolis 24.01.2007.

[302] Zuletzt die „Vaterschaftstest-Entscheidungen" *BVerfG* 1 BvR 421/05 vom 13.02.2007 (http://www.bverfg.de/entscheidungen/rs20070213_1bvr042105.html) Rn. 92ff.; *BGH* NJW 2005, 497 [498f.] hinsichtlich der informationellen Selbstbestimmung; für das Fernmeldegeheimnis *OLG Stuttgart* MMR 2002, 746 [750]; *BFH* NJW 2001, 2118 [2119]; für das Recht am gesprochenen Wort in der Telekommunikation *BVerfG* E 106, 28 [44ff.].

deren Zuordnung nur Kenntnis erlangt werden konnte, weil diese unter Verstoß gegen den TK-Datenschutz (noch) gespeichert war.

Der Umgang mit der Zuordnung dynamischer IP-Adressen ist nicht zuletzt deswegen problematisch, weil das Telekommunikationsrecht, einschließlich seines besonderen Datenschutzrechts, noch immer sehr auf die klassische Telefonie zugeschnitten ist. Die technische Entwicklung der Telekommunikation auch im Recht nachzuvollziehen, ist dem Gesetzgeber trotz zahlreicher Novellierungen immer noch nicht gelungen, mit der Konsequenz, dass ein technisch trivialer, nicht besonders neuer und tagtäglich millionenfach auftretender Vorgang – die Zuordnung einer dynamischen IP-Adresse – in seiner rechtlichen Beurteilung noch immer Probleme bereitet.

Dabei stehen die nächsten Probleme in diesem Bereich bereits vor der Tür: Das neue Internetprotokoll IPv6 sieht vor, dass dynamische IP-Adressen nicht mehr vom Access Provider zugeteilt, sondern vom anwählenden Rechner sich selbst zugewiesen werden.[303] Die rechtliche Bewertung dieses Vorgangs dürfte weitere Fragestellungen aufwerfen.

Der europäische und der deutsche Gesetzgeber sind daher aufgefordert, dem technischen Konvergenzprozess der Medien (nicht nur) im Bereich der Telekommunikation auch rechtlich zu entsprechen und dabei den Datenschutz und das Fernmeldegeheimnis nicht aufzuweichen: Urheberrechtliche Vergehen im Bagatellbereich rechtfertigen dies nicht und für die Bekämpfung schwererer Kriminalität stehen ausreichend anlassbezogene Maßnahmen zur Verfügung.

---

[303] *Wikipedia*: IPv6, http://de.wikipedia.org/wiki/IPv6#Autokonfiguration.

Rechtliche Anforderungen an die elektronische Rechnung in Deutschland

Malek Barudi
cand. iur. an der
Gottfried Wilhelm Leibniz Universität Hannover

Gliederung

Abkürzungsverzeichnis

a.a.O.	am angegebenen Ort
a. E.	am Ende
a. F.	alte Fassung
Abl. EG	Amtsblatt der Europäischen Gemeinschaften
Abs.	Absatz
Art.	Artikel
AO	Abgabenordnung
B2B	Business to Business
BB	Betriebs-Berater (Zeitschrift)
BC	Bilanzbuchhalter und Controller (Zeitschrift)
BGB	Bürgerliches Gesetzbuch
BGBl.	Bundesgesetzblatt
BStBl.	Bundessteuerblatt
BMF	Bundesministerium für Finanzen
BR-Drs.	Bundesratsdrucksachen
BT-Drs.	Bundestagsdrucksachen
bzw.	beziehungsweise
CD-ROM	Compact Disk Read Only Memory
CR	Computer und Recht (Zeitschrift)
DB	Der Betrieb (Zeitschrift)
ders.	derselbe
DStR	Deutsches Steuerrecht (Zeitschrift)
DuD	Datenschutz und Datensicherheit (Zeitschrift)
DVD	Digital Versatile Disc
ECM	Enterprise-Content-Managment
EDI	Electronic Data Interchange
EDIFACT	Electronic Data Interchange For Administration, Commerce and Transport
EG	Europäische Gemeinschaften
E-Mail	Electronic Mail
EU	Europäische Union
f.	folgende
ff.	fortfolgende
GDPdU	Grundsätze zum Datenzugriff und zur Prüfbarkeit digitalerUnterlagen
gem.	gemäß
GoBS	Grundsätze ordnungsgemäßer DV-gestützter Buchführungssysteme
HGB	Handelsgesetzbuch
Hrsg.	Herausgeber
Hs.	Halbsatz
INF	Die Information für Steuerberater und Wirtschaftsprüfer (Zeitschrift)
i.S.d.	Im Sinne des
i.S.v.	im Sinne von
ITRB	Der IT-Rechts-Berater (Zeitschrift)
i.V.m.	in Verbindung mit

Lit.	Buchstabe
MDR	Monatszeitschrift für Deutsches Recht (Zeitschrift)
MMR	Multimedia und Recht (Zeitschrift)
Mrd.	Milliarden
NJW	Neue Juristische Wochenzeitschrift (Zeitschrift)
Nr.	Nummer
OWiG	Gesetz über Ordnungswidrigkeiten
PIN	persönliche Identifikationsnummer
PKI	Public-Key-Infrastructure
RDV	Recht der Datenverarbeitung (Zeitschrift)
RL	Richtlinie
Rn.	Randnummer
RNotZ	Rheinische Notar-Zeitschrift (Zeitschrift)
S.	Seite
SigG-1997	Signaturgesetz 1997
SigG-2001	Signaturgesetz 2001
SigV	Signaturverordnung
sog.	sogenannte/n/r/s
StÄndG-2001	Steueränderungsgesetz 2001
StÄndG-2003	Steueränderungsgesetz 2003
StSenkG	Steuersenkungsgesetz
u.a.	unter anderem
UR	Umsatzsteuer-Rundschau (Zeitschrift)
UStB	Der Umsatz-Steuer-Berater (Zeitschrift)
UStDV	Umsatzsteuerdurchführungsverordnung
UStG	Umsatzsteuergesetz
UStR-2005	Umsatzsteuerrichtlinien 2005
WORM	Write Once Read Many
vgl.	vergleiche
z.B.	zum Beispiel

Literaturverzeichnis

Abel, *Stefan*
Urkundsbeweis durch digitale Dokumente, in MMR 1998, 644 ff.

Andres, *Joerg* / **Huss,** *Bernhard*
Die elektronische Rechnung im deutschen Umsatzsteuerrecht,in JurPC
Web-Dok. 99/2002, http://www.jurpc.de/aufsatz/20020099.htm
(zuletzt abgerufen am 18. März 2007, 22.30 Uhr).

Bathe, *Hans-Jürgen*
Neue Vorschriften zur Ausstellung und Aufbewahrung von
Rechnungen, in BC 2004, 13 ff.

ders.
Umsatzsteuer-Richtlinien 2005: Ausgewählte Beispiele zur
Rechnungserteilung, in BC 2005, 65 ff.

Berndt, *Oliver*
Signieren oder Resignieren?, in ECMguide.de 2007, 14,
http://www.ecmguide.de/service/md2.asp?df=ECMguide_01_2007.p
df&mt=18 (zuletzt abgerufen am 18. März 2007, 21 Uhr).

Bernütz, *Stefan*
Zukunft der elektronischen Rechnungen im Umsatzsteuerrecht – Zum
Referentenentwurf zur Umsetzung der 6. EG-Richtlinie,
in DB 2003, 2403 ff.

ders.
Vorsteuerabzug aus elektronischen Rechnungen – Telefax als sichere
Alternative?, in BB 2003, 2043 ff.

Bettendorf, *Jörg*
Elektronische Dokumente und Formqualität, in RNotZ 2005, 277 ff.

Bieser, *Wendelin*
Bundesregierung plant Gesetz zur digitalen Signatur, in CR 1996, 564
ff.

Blankenheim, *Marcus M.*
„Steuerpflichtiger" und Unternehmerbegriff im Umsatzsteuerrecht,
Köln 2005.

Borges, *Georg*
Verträge im elektronischen Geschäftsverkehr, München 2003.

Bösing, *Sebstian*
Authentifizierung und Autorisierung im elektronischen Rechtsverkehr,
Baden-Baden 2005.

Brandner, *Ralf* / **Pordesch**, *Ulrich* / **Roßnagel**, *Alexander* /
Schachermayer, *Joachim*
Langzeitsicherung qualifizierter elektronischer Signaturen,
in DuD 2002, 97 ff.

Brisch, *Klaus M.*
Gemeinsame Rahmenbedingungen für elektronische Signaturen,
in CR 1998, 492 ff.

Bunjes, *Johann* / **Geist**, *Reinhold*
Umsatzsteuergesetz, Kommentar, 8. Auflage, München 2005, (zitiert:
Bearbeiter, in: Bunjes/Geist, Umsatzsteuergesetz).

Byers, *Fred R.*
Care And Handling Of CDs and DVDs – A Guide For Librarians and
Archivists, NIST Special Publication 500-252, Oktober 2003,
http://www.itl.nist.gov/div895/carefordisc/CDandDVDCareandHan
dlingGuide.pdf (zuletzt abgerufen am 18. März 2007, 22.30 Uhr).

Ditz, *Xaver*
Reichweite des digitalen Datenzugriffs der Finanzverwaltung im
nationalen und internationalen Konzern, in DStR 2004, 2038 ff.

Ebbing, *Frank*
Schriftform und E-Mail, in CR 1996, 271 ff.

Erben, *Inga S.* / **Pawlitschko**, *Klaus*
Ausgewählte umsatzsteuerrechtliche Aspekte im E-Commerce,
in ITRB 2005, 22 ff.

Erber-Faller, *Sigrun*
Gesetzgebungsvorschläge der Bundesnotarkammer zur Einführung
elektronischer Unterschriften, in CR 1996, 375 ff.

Fittkau, *Herbert*
Elektronische Rechnungen im Umsatzsteuerrecht,
in UStB 2004, 285 ff.

Goebel, *Jürgen W.* / **Scheller**, *Jürgen*
Elektronische Unterschriftverfahren in der Telekommunikation,
Braunschweig 1991.

Groß, *Stefan* / **Gregorius**, *Alexander*
Welche umsatzsteuerlichen Anforderungen gelten für elektronische
Abrechnungen?, in BC 2005, 104 ff.

Groß, *Stefan* / **Kampffmeyer**, *Ulrich* / **Matheis**, *Philipp*
Die Vorbereitung auf die digitale Außenprüfung – ein Lösungsansatz,
in BB 2004, 1083 ff.

Hähnchen, *Susanne*
Das Gesetz zur Anpassung der Formvorschriften des Privatrechts und
anderer Vorschriften an den modernen Rechtsverkehr,
in NJW 2001, 2831 ff.

Härting, *Niko*
Internetrecht, 2. Auflage, Köln 2005.

Heeseler, *Markus*
Das Zurückbehaltungsrecht bei Fehlen von umsatzsteuerlich geforderten Rechnungsangaben, in BB 2006, 1137 ff.

Heun, *Sven-Erik*
Elektronisch erstellte oder übermittelte Dokumente, in CR 1995, 2 ff.

Hoffmann, *Mario*
Willenserklärungen im Internet, Hamburg, Dresden 2003.

Hoffrichter-Dahl, *Gabriele* / **Moecker,** *Udo*
Umsatzsteuer, 7. Auflage, München 2006.

Huschens, *Ferdinand*
Neuregelungen im Bereich der Umsatzsteuer durch das StÄndG 2003 - Teil I, in INF 2004, 56 ff.

ders
Änderungen im Bereich der Umsatzsteuer durch das Schwarzarbeitsbekämpfungsgesetz, in INF 2004, 658 ff.

Jakob, *Wolfgang*
Umsatzsteuer, 3. Auflage, München 2005.

Jungermann, *Sebastian*
Der Beweiswert elektronischer Signaturen, Frankfurt/Main, Berlin 2002.

Käbisch, *Volker*
Vorsteuerabzug mittels elektronischer Rechnungen – Rechtliche Entwicklungen und praktische Hinweise zur Umsetzung, in DStR 2002, 521 ff.

Kilian, *Wolfgang*
EG-Richtlinie über digitale Signaturen in Kraft, in BB 2000, 733 ff.

Kilian, *Wolfgang* / **Heussen,** *Benno*
Computerrechtshandbuch, 24. Ergänzungslieferung, München 2006.
(zitiert: Bearbeiter, in: Kilian/Heussen, Computerrechtshandbuch)

Klapdor, *Ralf* / **Klapdor,** *Dorrit*
Auswirkungen der Einführung elektronischer Rechnungen in das Umsatzsteuerrecht, in DStR 2000, 2116ff.

Köhler, *Markus* / **Arndt,** *Hans-Wolfgang* / **Fetzer,** *Thomas*
Recht des Internet, 5. Auflage, Heidelberg, München, Landsberg, Berlin 2006.

Kubicek, *Matthias*
Vorsteuerabzug und elektronische Rechnungen – ein Ausblick, in BB 2002, 28 ff.

Lapp, *Thomas*
Zulässigkeit, Vorsteuerabzug, Vertragsklauseln..., in ITRB 2006, 44 ff.

Lange, *Hans-Friedrich*
Das Recht auf Vorsteuerabzug, in DStR 2004, 1773 ff.

Lejeune, *Ine* / **Evrard,** *Daniel*
E-Invoicing and e-Archiving – taking the next step, A European
Survey by PricewaterhouseCoopers,
http://www.pwc.ch/user_content/editor/files/publ_tls/pwc_e-invoicing_next_step_e.pdf,
(zuletzt abgerufen am 18. März 2007, 21 Uhr).

Lippross, *Otto-Gerd (Hrsg.)*
Basiskommentar Steuerrecht, 34. Lieferung, Köln 2006.

Lippross, *Otto-Gerd* / **Janzen,** *Hans-Georg*
Umsatzsteuer 2006 – UStG, UStDV, Umsatzsteuerrichtlinien 2005 mit
aktueller Kommentierung, Stuttgart, München, Hannover, Berlin,
Weimar, Dresden 2006.

Mattes, *Norbert*
Setzt dem Umsatzsteuerbetrug ein Ende!, in UR 2006, 689 ff.

Melchior, *Jürgen-*
Das Steueränderungsgesetz 2003 im Überblick, in DStR 2003, 2137 ff.

Münch, *Lars*
Die Schriftform im elektronischen Zeitalter, in ITRB 2002, 122 ff.

Nieskens, *Hans*
Wichtigste Änderungen der Umsatzsteuer durch das
Steueränderungsgesetz 2003 und das Haushaltsbegleitungsgesetz 2004,
in UR 2004, 105 ff.

Noack, *Ulrich*
Digitaler Rechtsverkehr: Elektronische Signatur, elektronische Form
und Textform, in DStR 2001, 1893 ff.

Nowak, *Ulrich*
Der elektronische Vertrag - Zustandekommen und Wirksamkeit unter
Berücksichtigung des neuen "Formvorschriftenanpassungsgesetzes",
in MDR 2001, 841 ff.

Nuthmann, *Thomas*
Signierungsprobleme bei der Umsatzsteuer, in ITRB 2002, 173.

Pahne, *Jens*
Maßnahmen zur Eindämmung des Umsatzsteuerbetrugs, Lohmar,
Köln 2006.

Paukstadt, *Maik* / **Matheis,** *Philipp*
Neue Hürden beim Vorsteuerabzug – Kritische Würdigung neuer
Rechnungsanforderungen in der Umsatzsteuer, in DStR 2005, 414 ff.

Pordesch, *Ulrich*
Die elektronische Form und das Präsentationsproblem,
Baden-Baden 2003.

Pordesch, *Ulrich* / **Nissen**, *Kai*
Fälschungsrisiken elektronisch signierter Dokumente,
in CR 1995, 562 ff.

Puchert, *Sigmar*
Rechtssicherheit im Internet, Berlin, Heidelberg 2001.

Quack, *Dietlinde* / **Möller**, *Martin*
Ökobilanzielle Analyse von Rechnung Online im Vergleich zu
Rechnung per Brief, http://www.oeko.de/oekodoc/282/2005-019-
de.pdf (zuletzt abgerufen am 18. März 2007, 21 Uhr).

Rapp, *Christiane*
Rechtliche Rahmenbedingungen und Formqualität elektronischer
Signaturen, München 2002.

Roßnagel, *Alexander*
Die fortgeschrittene elektronische Signatur, in MMR 2003, 164 ff.

ders.
Das Gesetz und die Verordnung zur digitalen Signatur – Entstehung
und Regelungsgehalt, in RDV 1998, 5 ff.

ders.
Die Sicherheitsvermutung des Signaturgesetzes, in NJW 1998, 3312 ff.

Roßnagel, *Alexander* / **Fischer-Dieskau**, *Stefanie*
Automatisiert erzeugte elektronische Signaturen, in MMR 2004, 133 ff.

Roßnagel, *Alexander* / **Fischer-Dieskau**, *Stefanie* /
Wilke, *Daniel*
Transformation von Dokumenten, in CR 2005, 903 ff.

Roßnagel, *Alexander* / **Fischer-Dieskau**, *Stefanie* /
Pordesch, *Ulrich* / **Brandner**, *Ralf*
Erneuerung elektronischer Signaturen, in CR 2003, 301 ff.

Sachtleben, *Oliver*
Elektronische Rechnungen – neue Rechtsgrundlagen und zu
erwartende Schwierigkeiten, in BC 2000, 234 ff.

ders.
Elektronische Rechnungen – Auswirkungen und Probleme des neuen
§ 14 Abs. 4 UStG, in DB 2001, 614 ff.

Schmidl, *Michael*
Die elektronische Signatur, in CR 2002, 508 ff.

Schmidt, *Alexander*
Schwarzarbeitsbekämpfungsgesetz: Neuerungen im Zusammenhang
mit der Rechnungsstellung (§§ 14, 14b und 26a UStG),
in DB 2004, 1699 ff.

Schneider, *Ralf*
Neusignatur – Anforderungen und Praxis, in DuD 2003, 91 ff.

Skrobotz, *Jan*
Das elektronische Verwaltungsverfahren – Die elektronische Signatur
im E-Government, Berlin 2005.

Sölch, *Otto* / **Ringleb**, *Karl* / **Mößlang**, *Gerhard (Hrsg.)*
Umsatzsteuer, Kommentar, 56. Auflage, München 2006
(zitiert: Bearbeiter, in: Sölch/Ringleb).

Spatscheck, *Rainer* / **Ehnert**, *Manja*
Auswirkungen der gesetzlichen Neuregelung, in UStB 2005, 121 ff.

Stadie, *Holger*
Umsatzsteuerrecht, Köln 2005.

Steininger, *Katharina*
Elektronische Signaturen – Ein Leitfaden zum erfolgreichen Einsatz
von elektronischen Signaturen, Linz 2006.

Strömer, *Tobias H.*
Onlinerecht, 4. Auflage, Heidelberg 2006.

Tettenborn, *Alexander*
Die Evaluierung des IuKDG – Erfahrungen, Erkenntnisse und
Schlussfolgerungen, in MMR 1999, 516 ff.

Tiedtke, *Walter*
Die Rechnung im Umsatzsteuerrecht, in UR 2005, 237 ff.

Vanheiden, *Udo* / **Wenning**, *Jochen*
Die elektronische Rechnung, in UStB 2001, 377 ff.

Wagner, *Wilhelm*
Anforderungen an die Rechnungsangaben für Vorsteuerabzug und
„Ausstellerhaftung" sowie unterschiedliche Verfahren der Rechnungs-
berichtigung nach dem StÄndG 2003, in DStR 2004, 477 ff.

Weber, *Christian*
Die Änderung der umsatzsteuerrechtlichen Vorschriften zur
Ausstellung von Rechnungen und zum Vorsteuerabzug durch das
Steueränderungs-gesetz 2003, in DB 2004, 337 ff.

Weimann, *Rüdiger*
Elektronische Rechnung: Überprüfung durch den
Rechnungsempfänger, in UStB 2007, 25f.

ders.
Elektronische Rechnungen, in UStB 2006, 309 ff.

ders.
Berichtigung von Rechnungen, in UStB 2006, 343 ff.

Werner, *Marcus*
Sind Sicherheitskopien von CDs notwendig?, in CR 2000, 807 ff.

Welsch, *Günther*
Stufenweise skalierbare Sicherheit für digitale Signaturen,
in DuD 1999, 520 ff.

Westermann, *Harm Peter (Hrsg.)*
Erman: Bürgerliches Gesetzbuch, Kommentar, 11. Auflage, Münster
2004 (zitiert: Bearbeiter, in: Erman, Bürgerliches Gesetzbuch).

Weyand, *Raimund*
Ausstellen und Aufbewahren von Rechnungen, in INF 2005, 66 ff.

Zugmaier, *Oliver*
Vorsteuerabzug aus Faxrechnungen – oder: Umsatzsteuerpraxis zu
Beginn des 21. Jahrhunderts –Anmerkung zum BMF-Schreiben vom
29.1.2004, IV B 7 – S 7280 – 19/04, in DStR 2004, 345 f.

A. Einleitung

I. Problemstellung

„Signieren oder Resignieren?"[1] Diese Frage stellen sich Unternehmer, seitdem in das deutsche Umsatzsteuergesetz (UStG) die Möglichkeit eingeführt wurde, Rechnungen elektronisch zu übermitteln. Denn zu dieser Art der Rechnungsstellung, die im Geschäftsverkehr zunehmend eBilling oder eInvoicing genannt wird, ist grundsätzlich eine qualifizierte elektronische Signatur oder eine qualifizierte elektronische Signatur mit Anbieter-Akkreditierung nach dem Signaturgesetz erforderlich.

Bei den Überlegungen, von der herkömmlichen Ausstellung von Rechnungen auf Papier zur elektronischen Übermittlung zu wechseln, stehen vor allem ökonomische und ökologische Gesichtspunkte sowie die zu beachtenden Anforderungen an die elektronische Rechnung im Vordergrund.

Dabei können sowohl Aussteller als auch Empfänger von der neuen Rechnungsstellungsmöglichkeit profitieren. Ein besonders interessantester Aspekt für die Unternehmer ist die Kostenersparnis. Durch den Wegfall von Ausdruck, Kuvertierung und postalischer Zustellung der Rechnung lassen sich auf Seiten des Versenders enorme finanzielle Einsparungen erreichen. Das Institut für Wirtschaftsinformatik der Universität Hannover hat in einer im November 2006 veröffentlichten Studie ermittelt, dass allein durch die Umstellung auf den elektronischen Versand durchschnittlich 4,20 Euro pro Rechnung eingespart werden könnten.[2]

Der unternehmerisch tätige Empfänger einer Rechnung hat von der elektronischen Übermittlung ebenfalls Vorteile. So entfällt beispielsweise die sonst aufwendige Einbindung einer per Post erhaltenen Rechnung in den

---

[1] Titel eines Beitrags zur elektronischen Signatur von Berndt, ECMguide.de 2007, 14, abzurufen unter
http://www.ecmguide.de/service/md2.asp?df=ECMguide_01_2007.pdf&mt=18
(zuletzt abgerufen am 18. März 2007, 21 Uhr).
[2] Siehe Pressemitteilung von rechnung.de, abzurufen unter
http://www.rechnung.de/pressedownload/Pressemitteilung_rechnung_141206.pdf
(zuletzt abgerufen am 18. März 2007, 21 Uhr)

informationstechnologisch organisierten Arbeitsablauf. Das Einscannen und Auslesen der Rechnung wird überflüssig, ein Medienbruch entfällt. Ferner wird dadurch eine elektronische Archivierung möglich, die die traditionellen Platzprobleme bei der Lagerung von wichtigen Dokumenten vergessen lässt. Dies führt dazu, dass auf beiden Seiten ein unnötiger Verbrauch von Ressourcen vermieden und dadurch Zeitersparnis und Prozessoptimierung erreicht werden kann. Im Übrigen wird der elektronischen Rechnung in einer ökologisch-bilanziellen Analyse des Öko-Instituts e.V. aus dem Jahr 2005 wegen des niedrigeren Energie- und Papierverbrauchs ein signifikanter Vorteil für die Umwelt gegenüber der Rechnung per Brief attestiert.[3]

Aufgrund der vorstehend genannten Vorzüge ist man geneigt, die Einführung der elektronischen Rechnung als einen Meilenstein für den modernen Geschäftsverkehr zu betrachten. Dennoch ist ihre Anwendung bisher keineswegs überall verbreitet. Einer Studie des Wirtschaftsprüfungsunternehmens PricewaterhouseCoopers aus dem Jahr 2005 zufolge wird die Rechnung auf Papier sowohl beim Versand als auch bei der Archivierung weiterhin bevorzugt.[4] Bekräftigt wird diese Analyse durch eine Umfrage unter hundert deutschen Unternehmen zum Thema elektronische Rechnungsverarbeitung, die ergab, dass eBilling nur eingeschränkt genutzt wird.[5]

Die vorliegende Arbeit beschäftigt sich daher mit der Frage, ob die rechtlichen Vorschriften tatsächlich zur Akzeptanz der elektronischen Rechnung unter den Unternehmern und zur Förderung ihrer zahlreichen Vorteile beitragen. Spannend ist vor allem der Blick auf das Erfordernis einer qualifizierten elektronischen Signatur für eine elektronisch übermittelte

---

[3] Siehe Analyse von *Quack/Möller*, abzurufen unter
http://www.oeko.de/oekodoc/282/2005-019-de.pdf (zuletzt abgerufen am 18. März 2007, 21 Uhr).

[4] Studie zur Nutzung von elektronischen Rechnungen und elektronischer Archivierung in europäischen Unternehmen von *Lejeune/Evrard*,
abzurufen unter http://www.pwc.ch/user_content/editor/files/publ_tls/pwc_e-invoicing_next_step_e.pdf (zuletzt abgerufen am 18. März 2007, 21 Uhr).

[5] Vgl. Artikel in
http://computerzeitung.de/themen/anwendungen/article.html?thes=&art=/articles/2007004/30941874_ha_CZ.html (zuletzt abgerufen am 18. März 2007, 22.30 Uhr). Das detaillierte Umfrageergebnis ist zu finden unter
http://www.itella.de/ilwww/germany/de/News_und_Events/News/Studie.html (zuletzt abgerufen am 18. März 2007, 22.30 Uhr).

Faktura. Überdies sind ausgewählte Aspekte der elektronischen Archivierung zu thematisieren. Ziel dieser Arbeit ist es schließlich, eine Einschätzung zur Notwendigkeit der qualifizierten elektronischen Signatur für elektronische Rechnungen zu geben.

II. Aufbau und Verlauf der Untersuchung

Aufgrund der Themenstellung ist die Bearbeitung auf die nationale Ebene beschränkt. Nur peripher wird auf die europäische Rechtssetzung eingegangen, um die Entwicklung der elektronischen Rechnung nachvollziehen zu können. Einer Darstellung der zu beachtenden rechtlichen Vorschriften für die elektronische Rechnung schließt sich eine Diskussion zu ausgewählten Problempunkten an. Es sei darauf hingewiesen, dass die überwiegende Anzahl diskussionsfähiger Aspekte bei der elektronischen Rechnungsstellung zwischen Unternehmern, sog. B2B-Transaktionen, vorhanden ist. Das eBilling, an dem Private als Rechnungsempfänger beteiligt sind, wirft demgegenüber nur vereinzelt Fragen auf, die im Kontext der Arbeit zu klären sein werden. Die Untersuchung ist daher weitgehend auf die Rechnungsstellung zwischen Unternehmern eingegrenzt.

Die Arbeit schließt mit einer kritischen Würdigung bezüglich der Anforderungen an die elektronische Rechnung und mit einem Ausblick auf die Zukunft des eBilling.

B. Grundlagen zur elektronischen Rechnung

I. Die elektronische Signatur als Bestandteil der elektronischen Rechnung

Die elektronische Rechnung ist, wie ihr Name bereits vermuten lässt, kein auf Papier ausgedrucktes Dokument. Daher ist gesetzlich vorgeschrieben, dass ihre Echtheit und Unversehrtheit durch eine qualifizierte elektronische Signatur nach dem Signaturgesetz gewährleistet sein muss. Um die elektronische Rechnungsstellung verstehen zu können, ist es sinnvoll, zunächst die Entwicklung und die Zusammenhänge der elektronischen Signatur sowie ihre verschiedenen Formen einzuordnen.

1. Die rechtliche Entwicklung der elektronischen Signatur

a. Rechtslage bis Mitte der 1990er Jahre

Als klassischer Geschäftsverkehr galt seit jeher die Kommunikation per Brief, dem durch die eigenhändige Unterschrift und den Briefumschlag ein ausreichender Beweiswert hinsichtlich der Identität des Ausstellenden und der Richtigkeit des im Brief enthaltenen Inhalts zugemessen wurde.

Aufgrund der stetig wachsenden informationstechnologischen Infrastruktur in Unternehmen und dem damit verbundenen Bedürfnis, elektronische Daten auf Herkunft und Richtigkeit zu überprüfen, entstand Ende der 1980er Jahre erstmals ein größeres Interesse für die elektronische Unterschrift.[6] Probleme ergaben sich jedoch nicht nur auf dem Gebiet der Überprüfung der Unverfälschtheit elektronischer Dokumente, sondern auch in den Bereichen, in denen das Gesetz ausdrücklich die Schriftform forderte und somit ein nicht auf Papier gebrachtes Schriftstück als dafür nicht ausreichend galt. Darüber hinaus gab es enorme Defizite bezüglich der Verwertbarkeit elektronischer Dokumente als Beweismittel.[7] Diesem Konflikt – auf der einen Seite die rasante Entwicklung neuer Technologien und den damit verbundenen ökonomischen Vorteilen und andererseits die

---

[6] *Goebel/Scheller*, Elektronische Unterschriftsverfahren in der Telekommunikation, S. 1; ausführlich hierzu *Roßnagel*, RDV 1998, 5 (7 ff.).
[7] Vgl. *Bieser*, CR 1996, 564.

Vorschrift, eine Urkunde eigenhändig zu unterschreiben – wurde mit der Forderung einer Überarbeitung der Schriftformvorschrift bezüglich Anerkennung von elektronischen Dokumenten oder der Einführung einer elektronischen Form begegnet.[8] Der Gesetzgeber reagierte auf diese Veränderung der Kommunikation und des Geschäftsverkehrs im alltäglichen Leben und veröffentlichte ein Papier mit dem Titel „Rechtliche Rahmenbedingungen für neue Informations- und Kommunikationsdienste"[9], in dem sowohl die Schaffung der Möglichkeit einer digitalen Signatur diskutiert wurde als auch die Überprüfung der Schriftform in § 126 BGB dahingehend, ob diese den Anforderungen des modernen Geschäftsverkehr noch gewachsen sei.

b. Das SigG-1997

Im Jahr 1997 wurden auf den genannten Diskussionspunkten aufbauend das „Gesetz zur digitalen Signatur" (SigG-1997) und die „Verordnung zur digitalen Signatur" (SigV) erlassen. Diese beiden Neuerungen im deutschen Recht stellten zum damaligen Zeitpunkt die weltweit ersten gesetzlichen Regelungen ihrer Art dar.[10] Ziel war die Schaffung eines „administrative[n] Rahmen[s]"[11] zur Gewährleistung der Verlässlichkeit digitaler Signaturen und damit einhergehend die Optimierung der Sicherheit für den elektronischen Rechtsverkehr.[12] Es sollte unter Aufbau von privatwirtschaftlich organisierten Zertifizierungsstellen, die der Kontrolle der Regulierungsbehörde für Telekommunikation und Post unterlagen, ein hohes Maß an Rechtssicherheit in den neuen Medien erreicht werden.[13] Anfängliche Probleme ergaben sich hauptsächlich im Bereich der Interoperabilität, also der Zusammenarbeit der verschiedenen Systeme.[14] Darüber hinaus blieb die

---

[8] Vgl. *Ebbing*, CR 1996, 271 ff.; ähnliche, jedoch skeptischere Betrachtung bei *Heun*, CR 1995, 2 ff.; ebenso *Erber-Faller*, CR 1996, 375 ff.

[9] Abgedruckt in CR 1996, 384 ff.

[10] *Roßnagel*, RDV 1998, 5.

[11] BT-Drs. 13/7385, 26.

[12] *Bösing*, Authentifizierung und Autorisierung im elektronischen Rechtsverkehr, S. 26 f.

[13] BT-Drs. 14/1191, 17.

[14] *Tettenborn*, MMR 1999, 516 (520).

Frage nach dem genauen Beweiswert von nach dem SigG-1997 gesetzeskonform erstellten elektronischen Signaturen umstritten und ungeklärt.[15]

c. Die Signaturrichtlinie 1999/93/EG

Um mit der rasch fortschreitenden technologischen Entwicklung Schritt halten und sowohl das daraus entstehende enorme wirtschaftliche Potential nutzen als auch die Akzeptanz der elektronischen Signatur innerhalb der Gemeinschaft fördern zu können, verabschiedeten das europäische Parlament und der Rat im Dezember 1999 die „Richtlinie über gemeinsame Rahmenbedingungen für elektronische Signaturen"[16] (RL 1999/93/EG, sog. Signaturrichtlinie). Eines der Ziele dieser Richtlinie ist die Harmonisierung der Rahmenbedingungen für elektronische Signaturen in den Mitgliedsstaaten.[17] Darüber hinaus sieht sie eine Verhinderung der Diskriminierung der elektronischen Signatur zur handschriftlichen Unterschrift vor.[18] Auch die zuvor strittige Frage der Beweiskraft eines elektronischen Dokuments schien durch die Richtlinie geklärt.[19] Es bestand Anlass zur Hoffnung, die elektronische Signatur über die Grenzen von Großunternehmen hinaus auch für kleinere Unternehmen sowie für den Privatgebrauch interessant zu machen.[20]

d. Das heute in Deutschland geltende Recht

In der Pflicht zur Umsetzung der zuvor genannten Richtlinie erließ der deutsche Gesetzgeber im Jahr 2001 das „Gesetz über die Rahmenbedingungen für elektronische Signaturen"[21] (SigG-2001). Darin sind nunmehr die geltenden Standards der verschiedenen Formen der elektronischen Signatur geregelt. Der Begriff „digitale Signatur", wie er im SigG-1997 zu finden war, wurde durch die Bezeichnung „elektronische Signatur" ersetzt. In textlicher Übereinstimmung mit der Signaturrichtlinie hinsichtlich des Wortlauts der

---

[15] Zum Streitstand siehe *Bösing*, a.a.O., S. 27; sich dafür aussprechend *Abel*, MMR 1998, 644 (647); dagegen *Roßnagel*, NJW 1998, 3312 (3316); *Jungermann*, Der Beweiswert elektronischer Signaturen, S. 71 f.
[16] Abl. EG 2000 Nr. L 13, 12 ff.
[17] *Brisch*, CR 1998, 492.
[18] Vgl. Art. 5 Abs. 1 Lit. a) RL 1999/93/EG.
[19] Vgl. Art. 5 Abs. 1 Lit. b) RL 1999/93/EG; *Kilian*, BB 2000, 733 (735).
[20] *Kilian*, BB 2000, 733 (735).
[21] BGBl I 2001, 876.

einfachen und fortgeschrittenen Signatur sieht das deutsche Gesetz jedoch über die Anforderungen der Richtlinie hinaus auch eine qualifizierte elektronische Signatur (§ 2 Nr. 3 SigG-2001) vor, die, wenn sie mit Hilfe eines akkreditierten Zertifizierungsdiensteanbieters erstellt wurde[22], weit über den gestellten Sicherheitsvorgaben der Richtlinie liegt.

Die Einbindung der Regelungen des SigG-2001 in die Rechtsordnung geschah schließlich durch das „Gesetz zur Anpassung der Formvorschriften des Privatrechts und anderer Vorschriften an den modernen Rechtsverkehr"[23]. Nunmehr ist die elektronische Form in § 126a BGB aufgenommen und aufgrund des § 126 Abs. 3 BGB der Schriftform gleichgestellt, sofern das elektronische Dokument mit einer qualifizierten elektronischen Signatur nach dem SigG-2001 versehen ist und kein ausdrücklicher gesetzlich vorgegebener Ausschluss der elektronischen Form vorliegt.[24] Damit hat sich die Diskussion bezüglich der Gleichsetzung der elektronischen Form – mit qualifizierter elektronischer Signatur – mit der Schriftform erledigt.[25]

2. Signaturtypen nach dem SigG-2001

a. Authentizität und Integrität als wesentliche Aufgaben der Signatur

Die im SigG-2001 genannten elektronischen Signaturen unterscheiden sich im Wesentlichen nach der Art ihrer Sicherheitsstufen. Entscheidend dabei ist die Frage nach der Authentizität und der Integrität des mit einer Signatur versehenen elektronischen Dokuments.[26] Es soll sichergestellt werden, dass die Nachricht tatsächlich von der angegebenen Quelle stammt und während des Übermittlungsvorgangs nicht verfälscht wird.[27] Dabei ist nicht für jede zu versendende Nachricht eine gleich hohe Sicherheit notwendig. Ein wichtiger Aspekt ist das Gefährdungspotential für die einzelnen zu übermittelnden Nachrichten.[28] Im SigG-2001 sind daher die Voraussetzungen für

---

[22] Dann handelt es sich um eine „qualifizierte elektronische Signatur mit Anbieter-Akkreditierung" (§ 15 Abs. 1 S. 4 SigG-2001).

[23] BGBl I 2001, 1542 ff.

[24] *Hoffmann*, Willenserklärungen im Internet, S. 126; *Strömer*, Onlinerecht, S. 307.

[25] *Härting*, Internetrecht, Rn. 184.

[26] *Kubicek*, BB 2002, 328 (328 f.).

[27] *Borges*, Verträge im elektronischen Geschäftsverkehr, S. 46 f.

[28] *Welsch*, DuD 1999, 520 (521); *Schmidl*, CR 2002, 508 (509).

vier Arten der elektronischen Signatur genannt. Je nach Bedarf hinsichtlich der Übermittlung sensibler elektronischer Dokumente ist zwischen der einfachen elektronischen Signatur (§ 2 Nr. 1 SigG-2001), der fortgeschrittenen elektronischen Signatur (§ 2 Nr. 2 SigG-2001), der qualifizierten elektronischen Signatur (§ 2 Nr. 3 SigG-2001) und der qualifizierten elektronischen Signatur mit Anbieter-Akkreditierung (§§ 1 Nr. 15, 15 SigG-2001) zu wählen. Allerdings haben lediglich die beiden qualifizierten elektronischen Signaturen rechtliche Bedeutung.[29] Die besondere Relevanz dieser qualifizierten Signaturen ergibt sich nicht zuletzt aus den gesetzlichen Anforderungen an die elektronische Rechnung.

b. Die einfache elektronische Signatur

Als die einfachste elektronische Signatur sieht das SigG-2001 jegliche elektronische Daten an, die anderen elektronischen Daten beigefügt oder mit ihnen verknüpft werden und somit den Ersteller des Dokuments erkennbar machen (§ 2 Nr. 1 SigG-2001). Dies ist bereits der Fall bei einer eingescannten Unterschrift oder bei einem beigefügten Bild, das auf den Verfasser hinweist.[30] Da hier keine weiteren Sicherheitsanforderungen gestellt sind, soll die einfache elektronische Signatur die Technologieneutralität des Gesetzes darstellen.[31] Eine besondere Fälschungssicherheit ist dabei nicht vorgeschrieben.[32] Daher leuchtet es ein, dass eine eingescannte Unterschrift, ein Bild oder ähnliche Daten meist ohne weiteres aus dem elektronischen Dokument herauskopiert werden können und diese Art der Signierung für sich zwar zur Authentifizierung dienen mag. Im Streitfall kann diese aber nichts über die Authentizität und Integrität des Textes aussagen.[33]

c. Die fortgeschrittene elektronische Signatur

Über die einfache Beifügung von zur Authentifizierung dienenden Daten an das elektronische Dokument hinaus geht die fortgeschrittene elektronische

---

[29] *Strömer*, Onlinerecht, S. 309.
[30] *Redeker*, IT-Recht in der Praxis, Rn. 845; *Münch*, ITRB 2002, 122; BT-Drs. 14/4662, 18.
[31] Vgl. BT-Drs. 14/4662, 18.
[32] *Hoffmann*, Willenserklärungen im Internet, S. 97.
[33] So auch *Münch*, ITRB 2002, 122; *Hoffmann*, a.a.O., S. 98.

Signatur (§ 2 Nr. 2 SigG-2001). Das SigG-2001 fordert von dieser Form die ausschließliche Zuweisung einer Signatur zu einer bestimmten Person.[34] Ferner soll damit die Identifizierung des Signaturschlüssel-Inhabers möglich und eine Veränderung der Daten während der Übermittlung der Nachricht ausgeschlossen sein. Darüber hinaus muss der Unterzeichner die Signatur mit Mitteln erstellen, die er unter seiner alleinigen Kontrolle halten kann.[35] Bei dieser Art der Signierung sind ein privater und ein öffentlicher Schlüssel des Versenders erforderlich. Die Unterzeichnung erfolgt dabei mit dem nur dem Versender bekannten privaten Schlüssel.[36] Die Überprüfung hingegen ist dem Empfänger durch den Abruf des öffentlichen Schlüssels möglich.[37] Auf technischer Seite geschieht dies durch komplexe kryptographische Vorgänge, die eine asymmetrische Verschlüsselung ermöglichen.[38] Das Verfahren der fortgeschrittenen elektronischen Signatur ist jedoch nicht in besonders hohem Maße vor Manipulationen geschützt, da an die Anbieter fortgeschrittener Signaturen keine Qualitätsanforderungen gestellt sind.[39] Daher hat der Gesetzgeber nicht schon diese Art der Signierung als ausreichend für die elektronische Form in § 126 a BGB gehalten.[40]

d. Qualifizierte elektronische Signatur

Im Unterschied zur fortgeschrittenen elektronischen Signatur sind die Anforderungen an die qualifizierte elektronische Signatur (§ 2 Nr. 3 SigG-2001) erhöht. Kennzeichnend für diese Art der Signatur ist die Einführung zweier weiterer Sicherheitsstandards: das qualifizierte Zertifikat und die sichere Signaturerstellungseinheit. Die Signaturen müssen von einem Zertifizierungsdiensteanbieter, auch Trustcenter genannt, zertifiziert worden sein. Dabei ist das Zertifikat eine elektronische Bescheinigung, die die

---

[34] *Härting*, Internetrecht, Rn. 191.
[35] Die Anforderungen an fortgeschrittene elektronische Signaturen im SigG-2001 entsprechen denen in Art. 2 Nr. 2 der Signaturrichtlinie 1999/93/EG. Vgl. hierzu auch *Rapp*, Rechtliche Rahmenbedingungen und Formqualität elektronischer Signaturen, S. 37 f.
[36] *Bösing*, Authentifizierung und Autorisierung im elektronischen Rechtsverkehr, S. 22.
[37] *Bösing*, a.a.O., S. 23.
[38] Für Details zur asymmetrischen Verschlüsselung siehe *Bösing*, a.a.O., S. 20 ff.; eine kleine Übersicht bei *Puchert*, Rechtssicherheit im Internet, S. 83 ff.; zum Signierverfahren siehe sogleich unter B.I.3.
[39] *Roßnagel*, MMR 2003, 164 (166).
[40] *Roßnagel*, MMR 2003, 164 (166 f.).

Zuordnung der Signaturprüfdaten zu einer Person und die Identität derselben bestätigt.[41] Die Qualifikation des Zertifikates beruht auf der Einhaltung
der in § 7 SigG-2001 geforderten Angaben und eines nach den §§ 4 bis 14
SigG-2001 zuverlässigen Zertifizierungsdiensteanbieters. Diese Organisation
überprüft die Identität des Antragstellers vor Vergabe eines Schlüsselpaares.[42] Qualifizierte Zertifikate können daher nur an natürliche Personen
vergeben werden. Darüber hinaus stellt der Zertifizierungsdiensteanbieter
sicher, dass der Bewerber über eine sichere Signaturerstellungseinheit,
beispielsweise eine Chip-Karte mit Kartenleser und eine geeignete Software[43], verfügt.

Sofern diese hohen Voraussetzungen erfüllt sind, kann die Schriftform
durch diese elektronische Form ersetzt werden. Die Authentizität und
Integrität einer elektronischen Nachricht werden anhand dieses Verfahrens
ausreichend sichergestellt. Rechnungen, die eine qualifizierte elektronische
Signatur tragen, werden Rechnungen auf Papier gleichgestellt.

e. Qualifizierte elektronische Signatur mit Anbieter-Akkreditierung

Die in Deutschland rechtlich sicherste Möglichkeit der Signierung elektronischer Dokumente ist die Anwendung der qualifizierten elektronischen
Signatur, die mit Hilfe eines akkreditierten Zertifizierungsdiensteanbieters
erstellt wird. Die Akkreditierung ist für den Anbieter freiwillig und wird
durch die Bundesnetzagentur als zuständige Behörde[44] vorgenommen.
Anbieter, die sich akkreditieren lassen wollen, müssen nachweisen, dass sie
die an die Zertifizierungsdiensteanbieter gestellten Anforderungen in den
§§ 4 bis 14 SigG-2001 erfüllen. Resultat der Akkreditierung ist der Erhalt
eines Gütezeichens der Bundesnetzagentur und das erhöhte Vertrauen in
den akkreditierten Anbieter. Dadurch enthält diese Art der Signierung die

---

[41] *Borges*, Verträge im elektronischen Geschäftsverkehr, S. 108.
[42] *Strömer*, Onlinerecht, S. 309; *Käbisch*, DStR 2002, 521 (522).
[43] *Groß/Gregorius*, BC 2005, 104 (105).
[44] Siehe
<www.bundesnetzagentur.de/enid/55f817788161537d01ba8c6e86ccf3bd,0/Technisch
e_Regulierung_Telekommunikation/Elektronische_Signatur_gz.html> (zuletzt abgerufen am 18. März 2007, 22.30 Uhr).

Sicherheit, dass die Identifizierung des Signaturschlüssel-Inhabers staatlicher Kontrolle unterliegt.

3. Signierverfahren bei fortgeschrittenen und qualifizierten elektronischen Signaturen

Die fortgeschrittenen und die qualifizierten elektronischen Signaturen beruhen auf einer sog. Public-Key-Infrastructure (PKI), die die Verwendung eines einmalig vergebenen asymmetrischen Schlüsselpaares voraussetzt.[45] Dabei handelt es sich einerseits um den öffentlichen Schlüssel (Public Key oder Signaturprüfschlüssel), der jedem bekannt sein darf, und andererseits um den geheimen privaten Schlüssel (Private Key oder Signaturschlüssel) des Unterzeichners. Das Verfahren einer solchen Signatur besteht aus mehreren Schritten.

Zunächst wird beim Absender mittels einer Hashfunktion ein digitaler Fingerabdruck des Originaltextes berechnet.[46] Dies ist der sog. Hashwert. Er stellt einen komprimierten Zahlencode des Textes dar. Vorteil dieses Vorgangs ist, dass die sonst langen Verarbeitungszeiten bei der Anwendung der Algorithmen insbesondere bei größeren Datenmengen entfallen.[47] Aus dem Hashwert können keine Rückschlüsse auf den Inhalt des ursprünglichen Dokuments gezogen werden.[48]

In einem zweiten Schritt wird anhand des privaten Schlüssels des Absenders und eines Verschlüsselungsalgorithmus eine Prüfsumme aus dem Hashwert errechnet, so dass der ursprüngliche Hashwert chiffriert ist.[49] Der verschlüsselte Hashwert wird an das zu versendende Dokument angehängt und stellt die elektronische Signatur dar.

---

[45] *Schmidl*, CR 2002, 508 (510).
[46] Vgl. *Steininger*, Elektronische Signaturen, S. 54.
[47] Vgl. *Herchenbach-Canarius/Mertes*, in: Kilian/Heussen, Computerrechtshandbuch, Nr. 152, Rn. 9 u. 12.
[48] Vgl. *Schmidl*, CR 2002, 508 (510); *Köhler/Arndt/Fetzer*, Recht des Internet, S. 82.
[49] Vgl. *Steininger*, Elektronische Signaturen, S. 55; *Bösing*, Authentifizierung und Autorisierung im elektronischen Rechtsverkehr, S. 22.

Der Empfänger erhält den öffentlichen Schlüssel entweder vom Absender selbst oder vom Zertifizierungsdiensteanbieter.[50] Mit diesem Schlüssel wird auf Empfängerseite die zuletzt errechnete Prüfsumme wieder in den ursprünglichen Hashwert entschlüsselt. Zur Überprüfung der Unversehrtheit des Originaltexts wird beim Empfänger der entschlüsselte Hashwert vom Dokument getrennt, ein Referenz-Hashwert des Textes errechnet und mit dem erhaltenen verglichen. Stimmen beide Werte überein, ist die Nachricht integer. Das Signierverfahren und die Überprüfung der Signatur geschehen derweil automatisch durch den Computer.

Die Integrität einer Nachricht enthält jedoch keine Aussage über deren Authentizität. Erst durch die Vergabe eines Zertifikats an eine identifizierbare Person wird der öffentliche Schlüssel eindeutig zugewiesen. Die Garantie dafür, dass eine Person auch tatsächlich diejenige ist, die im Zertifikat genannt wird, übernehmen die Zertifzierungsdiensteanbieter. Sofern also der entschlüsselte Hashwert und der neu berechnete Referenz-Hashwert übereinstimmen und das ausgestellte Zertifikat Gültigkeit besitzt, sind Integrität und Authentizität des erhaltenen elektronischen Dokuments nachgewiesen.[51] Tritt bei der Prüfung jedoch ein Fehler auf, ist die Nachricht entweder nicht von dem angegebenen Absender, oder das Dokument ist nicht einwandfrei übermittelt worden.[52] Allerdings kann aus dem Fehler nicht hergeleitet werden, ob das Dokument absichtlich manipuliert wurde oder ein Übertragungsfehler vorliegt.[53] Ebensowenig ist dieser Weg des Signaturverfahrens allein zur Verschlüsselung eines Textes anwendbar. Das signierte Dokument wird im Klartext übermittelt und sichert daher nicht die Vertraulichkeit der darin enthaltenen Informationen.[54] Die Verschlüsselung eines Dokuments im Public-Key-Verfahren kann jedoch dadurch erfolgen, dass der Absender den Originaltext mithilfe des öffentlichen Schlüssels des

---

[50] *Nowak*, MDR 2001, 841 (843).
[51] Vgl. *Groß/Gregorius*, BC 2005, 104 (106).
[52] *Groß/Gregorius*, BC 2005, 104 (106).
[53] *Skrobotz*, Das elektronische Verwaltungsverfahren, S. 54.
[54] Vgl. *Schmidl*, CR 2002, 508 (511); *Sachtleben*, DB 2001, 614 (615).

Empfängers verschlüsselt und letzterer die Entschlüsselung mit seinem geheimen Schlüssel vornimmt.[55]

Die größere Sicherheit einer qualifizierten elektronischen Signatur im Vergleich zur fortgeschrittenen Signatur ergibt sich zum Einen aufgrund der Zertifikatsvergabe durch einen Zertifizierungsdiensteanbieter und zum Anderen aufgrund einer sicheren Signaturerstellungseinheit, beispielsweise einer Chip-Karte mit Lesegerät. Der große Vorteil liegt darin, dass der private Schlüssel des Unterzeichners auf dieser Karte abgelegt ist und nicht ausgelesen werden kann.

II. Die elektronische Rechnung im UStG

1. Definition Rechnung

Die detaillierte Auseinandersetzung mit den Anforderungen an die Rechnung und insbesondere mit der elektronischen Rechnung bedingt zunächst die Bestimmung des Begriffs „Rechnung". In § 14 Abs. 1 Satz 1 UStG ist geregelt, dass eine Rechnung jedes Dokument ist, das die Abrechnung über eine Lieferung oder eine sonstige Leistung zum Inhalt hat. Der früher verwendete Begriff „Urkunde" wurde konsequenterweise durch den Ausdruck „Dokument" ersetzt, um auch Rechnungen auf elektronischem Weg einzubeziehen.[56] Zu berücksichtigen ist, dass eine Rechnung nicht notwendigerweise ein einzelnes Schriftstück ist. Vielmehr können mehrere Dokumente dergestalt vorliegen, dass sie zusammen die erforderlichen Angaben enthalten und somit in ihrer Gesamtheit als Rechnung zu qualifizieren sind.[57]

Üblicherweise werden Rechnungen vom leistenden Unternehmer an den Leistungsempfänger versendet. Es besteht aber auch die Möglichkeit, dass der Leistungsempfänger über eine Leistung abrechnet. Diese Art der Rechnungsstellung wird als Gutschrift bezeichnet.[58] Für sie gelten die

---

[55] Vgl. *Noack*, DStR 2001, 1893 (1894).
[56] *Wagner*, in: Sölch/Ringleb, § 14 Rn. 40; *Nieskens*, UR 2004, 105 (113).
[57] Vgl. § 31 Abs. 1 Satz 1 Umsatzsteuerdurchführungsverordnung (UStDV). Zu den notwendigen Angaben in einer Rechnung siehe sogleich unter B.II.3.b.
[58] Vgl. § 14 Abs. 2 Satz 2 UStG.

gleichen Anforderungen wie an die Rechnungsausstellung von Leistungssteller an Empfänger.

2. Die Einführung der elektronischen Rechnung in das UStG

Die Möglichkeit, eine Rechnung auf elektronischem Weg zu übermitteln, war nicht von vornherein im UStG vorgesehen. Erst mit der zunehmenden Nutzung der Informationstechnologie in Unternehmen und der Zuwendung zum papierlosen Schriftverkehr wurde ein solches Bedürfnis offenbar. Vor Einführung des § 14 Abs. 4 Satz 2 UStG a. F., der im Zuge des Steuersenkungsgesetzes[59] (StSenkG) zum Jahr 2002 aufgenommen wurde und erstmals eine mit einer qualifizierten digitalen Signatur nach dem SigG-1997 versehene Abrechnung als Rechnung im Sinne des UStG zulassen sollte, konnte nach herrschender Ansicht ein elektronisches Dokument mangels Urkundsqualität die Voraussetzungen an eine zum Vorsteuerabzug berechtigende Rechnung nicht erfüllen.[60]

Noch vor dem Inkrafttreten des StSenkG wurde § 14 Abs. 4 UStG jedoch durch das Steueränderungsgesetz 2001[61] (StÄndG-2001) geändert und an das zwischenzeitlich verkündete SigG-2001 angepasst mit der Folge, dass der Begriff „digitale Signatur" von dem Ausdruck „elektronische Signatur" abgelöst wurde. Darüber hinaus war für eine rechtskonforme elektronische Rechnung nunmehr eine qualifizierte elektronische Signatur mit Anbieter-Akkreditierung erforderlich. Zwar wurden dadurch die Weichen für die elektronische Rechnung gestellt[62] – jedoch aufgrund der Forderung nach der höchsten Sicherheitsstufe für Signaturen mit einer beachtlichen Hürde.

Zum 27. Juli 2002 erfuhr § 14 Abs. 4 Satz 2 UStG eine weitere Änderung. Um die Signierung zu erleichtern, wurde durch Art. 10 des Steuerbeamten-Ausbildungsgesetzes[63] auch die qualifizierte elektronische Signatur als für die Rechnungsstellung zulässig anerkannt. Dies stellte laut Gesetzesbegründung

---

[59] BGBl I 2000, 1433.
[60] So auch *Klapdor/Klapdor*, DStR 2000, 2116; *Weimann*, UStB 2006, 309; *Vanheiden/Wenning*, UStB 2001, 377; *Sachtleben*, BC 2000, 234.
[61] BGBl I 2001, 3794 (3810 ff).
[62] *Käbisch*, DStR 2002, 521.
[63] BGBl I 2002, 2715.

einen ersten vorgezogenen Schritt zur Umsetzung der EG-Richtlinie 2001/115/EG[64] (sog. Rechnungsrichtlinie) dar.[65]

Das „Zweite Gesetz zur Änderung steuerlicher Vorschriften"[66] (StÄndG-2003), das auf Grundlage der Rechnungsrichtlinie die Vereinfachung, Harmonisierung und Modernisierung der steuerrechtlichen Anforderungen an die Rechnung vorsah,[67] legte den neuen Standort der Vorschriften über elektronische Rechnungen im UStG fest. In der derzeit geltenden Fassung des UStG sind diese Regelungen nunmehr in § 14 Abs. 3 UStG zu finden.

3. Allgemeine Anforderungen an die Rechnung

Die in den §§ 14, 14 a UStG geregelten obligatorischen Vorgaben gelten sowohl für elektronisch übermittelte als auch für auf Papier ausgestellte Rechnungen.

a. Verpflichtung zur Ausstellung von Rechnungen

Erbringt ein Unternehmer eine steuerbare Leistung, hat er dem Leistungsempfänger eine Rechnung auszustellen. Unternehmer i.S.d. UStG ist jeder, der eine gewerbliche oder selbständige berufliche Tätigkeit ausübt.[68]

Diese Verpflichtung trifft ihn allerdings grundsätzlich nur dann, sofern er an einen anderen Unternehmer oder an eine juristische Person, die kein Unternehmen ist, leistet (vgl. § 14 Abs. 2 Satz 1 Nr. 2 Satz 2 UStG). Eine Rechnungserstellung unter Unternehmern ist allerdings im Gegensatz zu früherem Recht nunmehr auch ohne Verlangen des Geschäftspartners Pflicht.[69]

Ferner ist ein Unternehmer stets verpflichtet eine Rechnung auszustellen, wenn eine Werklieferung oder sonstige Leistung für ein Grundstück erbracht wurde. Besonderheit hieran ist, dass die Verpflichtung auch

---

[64] Abl. EG L 15 2002, 14.
[65] BT-Drs. 14/8887, 27.
[66] BGBl I 2003, 2645.
[67] Vgl. *Wagner*, DStR 2004, 477; *Bernütz*, DB 2003, 2403 (2403 f.).
[68] Vgl. § 2 Abs. 1 Satz 1 UStG.
[69] Vgl. *Bathe*, BC 2004, 13; für einen Überblick zu den Änderungen des UStG durch das StÄndG-2003 siehe *Melchior*, DStR 2003, 2137 ff.

gegenüber einem Leistungsempfänger besteht, der weder Unternehmer noch Eigentümer des Grundstücks sein muss.[70] Ein Grund für diese erweiterte Rechnungsstellungspflicht auch ohne Verlangen des Rechnungsadressaten ist der Wille des Gesetzgebers, die Schwarzarbeit bei Bauleistungen und die damit einhergehende Steuerhinterziehung entschieden bekämpfen zu können.[71] Mit dieser Neuregelung haben die Rechnungsvorschriften des UStG erstmals nicht mehr nur ausschließliche Bedeutung für Unternehmer.

Beide Konstellationen erfordern eine Rechnungsstellung innerhalb einer Frist von sechs Monaten nach Ausführung der Leistung (vgl. § 14 Abs. 2 Satz 1 Nr. 1 a. E., Nr. 2 Satz 2 a. E. UStG).

Leistet ein Unternehmer hingegen an eine Privatperson, und handelt es sich dabei nicht um eine Werklieferung oder eine im Zusammenhang mit einem Grundstück stehende Dienstleistung, besteht die Berechtigung der Rechnungsstellung für den Unternehmer (vgl. § 14 Abs. 2 Satz 1 Nr. 2 Satz 1 UStG). Diese gesetzliche Regelung ist indes überflüssig, da jedermann, also auch eine Privatperson, das Recht hat, Rechnungen mit beliebigem Inhalt auszustellen.[72]

Mithin bleibt festzuhalten, dass bei Leistungen an Unternehmer und juristische Personen sowie bei Werklieferungen und sonstigen Leistungen im Zusammenhang mit einem Grundstück stets eine Rechnung auszustellen ist.

b. Pflichtangaben

Damit eine Faktura gesetzeskonform erstellt wird, müssen grundsätzlich sämtliche verpflichtende Angaben darin enthalten sein. Im Einzelnen sind diese in § 14 Abs. 4 Satz 1 bis 9 UStG aufgelistet. Neben der vollständigen Namens- und Anschriftsbezeichnung von Leistungssteller und -empfänger

---

[70] Vgl. *Wagner*, in Sölch/Ringleb, § 14 Rn. 74 ff; Rn. 1 f. Im BMF Schreiben vom 24.11.2004, DStR 2004, 2150 = DB 2004, 2779 ff.

[71] *Paukstadt/Matheis*, DStR 2005, 414 (416); *Bathe*, BC 2005, 65 (66); *Stadie*, Umsatzsteuerrecht, Rn. 14.12.

[72] *Stadie*, Umsatzsteuerrecht, Rn. 14.23.

ist auch die Angabe der Umsatzsteuer-Identifikationsnummer oder Steuernummer, des Ausstellungsdatums, der fortlaufenden Rechnungsnummer und des Leistungsgegenstands notwendig. Ferner müssen der Zeitpunkt der Leistung, das Entgelt sowie der anzuwendende Steuersatz und der Steuerbetrag angegeben werden. Sofern es sich bei der Leistung um einen steuerfreien Umsatz handelt, ist auch ein Hinweis auf die Steuerbefreiung erforderlich.

Führt ein Unternehmer eine Werklieferung oder eine sonstige Leistung in Zusammenhang mit einem Grundstück für einen Nichtunternehmer aus, hat er nicht nur – wie oben bereits beschrieben – die Pflicht, eine Rechnung auszustellen. Darin muss dann auch ein Hinweis auf die Aufbewahrungspflicht des Nichtunternehmers enthalten sein.[73]

Insbesondere die mit dem StÄndG-2003 eingeführte Vorschrift der obligatorischen Angabe der Rechnungsnummer soll gewährleisten, dass jede Rechnung ein Unikat ist und damit das Entdeckungsrisiko bei absichtlich falsch erteilter Faktura steigt.[74]

Die Vielzahl der notwendigen Angaben bedeutet im Einzelfall einen erheblichen Aufwand für den Steuerpflichtigen hinsichtlich der Überprüfung der Richtigkeit der Rechnungsstellung.[75] Es darf jedoch nicht verkannt werden, dass die Funktion der Rechnung – die Möglichkeit, Vorsteuerabzug geltend zu machen – gerade durch die verschiedenen Angaben gewährleistet sein soll.[76]

Bei besonderen Leistungen sind zusätzliche Pflichten zu beachten, auf die hier aus Gründen der Übersichtlichkeit nicht eingegangen werden kann.[77] Rechnungen über Beträge, die 150 Euro nicht übersteigen, müssen nicht alle zuvor genannten Daten enthalten. Eine Erleichterung hinsichtlich der

---

[73] Zur Aufbewahrungspflicht siehe sogleich unter B.II.5.a.
[74] Im Einzelnen dazu *Weber*, DB 2004, 337 ff.
[75] Hierzu *Paukstadt/Matheis*, DStR 2005, 414 ff; zu ausführlichen Einzelheiten zu den vorgeschriebenen Angaben in einer Rechnung siehe *Huschens*, INF 2004, 56 ff.
[76] *Stadie*, Umsatzsteuerrecht, Rn. 14.45; auf den Vorsteuerabzug wird im Folgenden eingegangen.
[77] Siehe § 14 a UStG.

Pflichtangaben Name und Anschrift, Ausstellungsdatum, Leistungsgegen-stand, Entgelt und Steuerbetrag tritt jedoch nicht ein (vgl. § 33 UStDV).

Bemerkenswert ist schließlich, dass eine Unterschrift für die Gültigkeit der Rechnung nicht erforderlich ist.[78]

4. Spezielle Anforderungen an die elektronische Rechnung

Nach geltendem Recht können Rechnungen nicht nur per Post, sondern auch auf elektronischem Weg übermittelt werden. An diese Vorgehensweise sind jedoch zusätzliche Anforderungen geknüpft, die im Folgenden erörtert werden.

a. Notwendigkeit der Zustimmung des Rechnungsempfängers

Bevor die erforderlichen Voraussetzungen für eine elektronische Übertra-gung von Rechnungen in Betracht gezogen werden können, muss der Empfänger der Faktura mit dem papierlosen Geschäftsverkehr einverstan-den sein. Gem. § 14 Abs. 1 Satz 2 UStG ist die Wirksamkeit einer Rech-nungsübermittlung auf elektronischem Weg von der Zustimmung des Empfängers abhängig. Ihm steht also ein Wahlrecht zwischen Rechnungen per Post und elektronischen Rechnungen zu.[79] Wie eine solche Zustimmung auszusehen hat, ist im Gesetz nicht ausdrücklich geklärt. Jedoch herrscht Einigkeit darüber, dass daran mangels Formvorgaben keine hohen Anforde-rungen zu stellen sind.[80] Bereits Stillschweigen wird als konkludente Zustimmung gewertet.[81] Dies erscheint auch vor dem Hintergrund des Gedankens des § 362 Abs. 1 HGB gerecht, denn Unternehmer, sofern sie auch Kaufleute i.S.d. HGB sind, müssen sich der Auswirkungen ihres Schweigens in Bereichen, die dem Unternehmen zuzurechnen sind, bewusst sein.

---

[78] *Stadie*, Umsatzsteuerrecht, Rn. 14.28; *Roßnagel/Fischer-Dieskau*, MMR 2004, 133 (135); *Nuthmann*, ITRB 2002, 173.
[79] *Weimann*, UStB 2007, 25 (25f.).
[80] So auch *Stadie*, Umsatzsteuerrecht, Rn. 14.31; *Wagner*, in Sölch/Ringleb, Umsatzsteuer, § 14 Rn. 60; *Lapp*, ITRB 2006, 44 (45).
[81] Vgl. *Fittkau*, UStB 2004, 285 (288); *Weber*, DB 2004, 337 (338); Rn. 10 im BMF Schreiben vom 29.1.2004, UR 2004, 167 ff. = DStR 2004, 268 ff.

b. Zulässige Übermittlungsformen

Eine elektronisch übermittelte Rechnung muss die Gewähr dafür bieten, dass während oder nach der Übertragung keine Veränderungen an ihr vorgenommen wurden und Integrität sowie Authentizität des Dokuments nachweisbar sind.

Daher sind in § 14 Abs. 3 UStG verbindliche Vorgaben aufgestellt, die erfüllt sein müssen, um eine elektronische Rechnung als gültig ansehen zu können.

Entweder kann die Rechnung im EDI-Verfahren (Electronic Data Inter-change) per Datenaustausch übermittelt werden. Unter dem EDI-Verfahren versteht man im Allgemeinen den elektronischen Austausch von Geschäfts-daten ohne manuelle Eingriffe. Um einen reibungslosen Austausch zu ermöglichen, werden die Unternehmensdaten in ein Standarddatenformat konvertiert (z.B. EDIFACT), so dass der Geschäftspartner die Daten wiederum vollelektronisch weiterverarbeiten kann. Wird von diesem Verfahren Gebrauch gemacht, ist eine zusammenfassende Sammelrechnung erforderlich, die auf Papier oder mit einer mindestens qualifizierten elektro-nischen Signatur versendet werden muss (vgl. § 14 Abs. 3 Satz 1 Nr. 2 UStG). Daneben stehen andere, im Gesetz nicht näher genannte Möglich-keiten der Rechnungsübermittlung auf elektronischem Weg, die zwingend eine qualifizierte elektronische Signatur oder eine solche mit Anbieter-Akkreditierung aufweisen müssen (vgl. § 14 Abs. 3 Satz 1 Nr. 1 UStG). Unter dem Begriff der elektronischen Übermittlung sind Möglichkeiten wie E-Mail aber auch die Versendung maschinell lesbarer Datenträger wie Diskette, CD-ROM oder DVD zu verstehen,[82] wobei die E-Mail die in der Praxis häufigste Übertragungsform darstellt.[83] Die Übermittlung per Telefax ist ein interessant zu betrachtender Diskussionspunkt, der im Folgenden noch gesondert dargestellt wird.[84]

---

[82] So *Fittkau*, UStB 2004, 285; *Käbisch*, DStR 2002, 521.
[83] So *Groß/Gregorius*, BC 2005, 104 (106); ebenso *Käbisch*, DStR 2002, 521 (523).
[84] Siehe unter C.I.1.

Festzuhalten ist, dass bei den beiden in § 14 Abs. 3 UStG aufgeführten Punkten zur vollständigen Rechnungsabwicklung auf elektronischem Weg unbedingt eine qualifizierte elektronische Signatur erforderlich ist. Bei der Rechnungserstellung ist es allerdings auch möglich, mehrere an einen Empfänger adressierte Rechnungen zusammenzufassen und mit nur einer qualifizierten elektronischen Signatur zu versenden.[85]

Wählt man beim EDI-Verfahren hingegen die Sammelrechnung als Papierdokument, ist eine elektronische Signatur zwar nicht notwendig, jedoch entfällt dadurch auch die Möglichkeit, auf Papierrechnungen verzichten zu können.

Neben dem Erfordernis der Signatur gelten für die elektronische Rechnung alle Pflichtangaben wie für eine Rechnung auf Papier auch.

c. Signierung im Massenverfahren

Ein Problem bei der Signierung von elektronischen Rechnungen liegt darin, dass die Signatur an eine natürliche Person geknüpft ist. Im Gegensatz zu per Post übermittelten Rechnungen, die ohne Unterschrift Gültigkeit besitzen und deshalb nach dem Ausdruck direkt in den Briefumschlag gesteckt und abgesendet werden können, muss jede elektronische Rechnung persönlich signiert werden.

Unklarheiten bezüglich des massenhaften Einsatzes von Signaturen bei der Rechnungsstellung hat das Bundesfinanzministerium (BMF) beseitigt.[86] Es erkennt an, dass die Signierung in einem automatisierten Massenverfahren möglich ist, ohne jedoch weitergehende Hinweise zur Umsetzung zu geben.[87] In Betracht kommen etwa Zeitfenster, bei denen die PIN einmal eingegeben wird und für einen gewissen Zeitraum alle elektronischen Rechnungen ohne erneute PIN-Eingabe signiert werden können.[88] Diese

---

[85] *Erben/Pawlitschko*, ITRB 2005, 22 (23).
[86] Zweifelnd hinsichtlich der rechtlichen Voraussetzungen von Signaturen im Massenverfahren *Nuthmann*, ITRB 2002, 173.
[87] Vgl. Rn. 18 im BMF Schreiben vom 29.1.2004, UR 2004, 167 ff = DStR 2004, 268 ff.
[88] Vgl. *Käbisch*, DStR 2002, 521 (524).

Möglichkeit stellt eine Erleichterung hinsichtlich des eBilling insbesondere in großen Unternehmen dar, die täglich zahlreiche Rechnungen versenden.

5. Aufbewahrungspflichten für Rechnungen

Neben den inhaltlichen Anforderungen an Rechnungen im Allgemeinen und den technischen Voraussetzungen an elektronische Rechnungen im Speziellen, sind auch die Aufbewahrungspflichten für die Dokumente zu beachten.

a. Die allgemeinen Aufbewahrungspflichten

Die für Rechnungen verpflichtenden Aufbewahrungsvorschriften sind in § 14 b UStG geregelt. Danach ist der leistungsempfangende Unternehmer verpflichtet, alle Rechnungen, die er erhalten hat, zehn Jahre aufzubewahren (vgl. § 14 b Abs. 1 Satz 1 UStG). Die gleiche Pflicht trifft den leistenden Unternehmer, der ein Doppel der von ihm ausgestellten Rechnung ebenfalls für den genannten Zeitraum archivieren muss. Der Zeitraum entspricht im Übrigen den Anforderungen des § 147 Abs. 3 Abgabenordnung (AO). Die Frist beginnt mit Ende des Jahres, in dem die Rechnung ausgestellt wurde. Abweichend von § 14 b Abs. 1 Satz 1 UStG kann die Pflicht zur Aufbewahrung der Rechnungen sogar über zehn Jahre hinaus bestehen, sofern die Unterlagen für Steuern von Bedeutung sind, deren Festsetzungsfrist noch nicht abgelaufen ist (vgl. § 14 b Abs. 1 Satz 3 Hs. 2 i.V.m. § 147 Abs. 3 Satz 3 AO). Dies stellt für beide beteiligte Geschäftspartner einen erheblichen Archivierungsaufwand dar.

Überdies hat die Aufbewahrungspflicht nicht mehr nur ausschließliche Bedeutung für Unternehmer. Seit der Neufassung des UStG muss nunmehr auch eine Privatperson Rechnungen oder andere für die Umsatzsteuer beweiskräftige Unterlagen zwei Jahre aufbewahren (vgl. § 14 b Abs. 1 Satz 5 UStG). Dazu zählen beispielsweise Kontoauszüge, Quittungen oder schriftliche Angebote.[89] Dabei ist es unerheblich, ob der leistende Unter-

---

[89] *Schmidt*, DB 2004, 1699 (1701); Rn. 26 im BMF Schreiben vom 24.11.2004, DB 2004, 2779 ff.

nehmer seiner Pflicht, den Nichtunternehmer auf die Aufbewahrungspflicht hinzuweisen, nachgekommen ist.[90]

Eine weitere zu beachtende Vorgabe ist die Lesbarkeit der Rechnungen über den gesamten zu archivierenden Zeitraum (§ 14 b Abs. 1 Satz 2 UStG). Hierfür muss sichergestellt sein, dass die auf Papier gedruckten Dokumente nicht unlesbar verblassen oder im Falle elektronischer Archivierung nicht anderweitig ihre Eignung zur Lesbarkeit verlieren.

Als weiterer Punkt in den Vorschriften zur Aufbewahrung von Rechnungen ist schließlich auch der Aufbewahrungsort gesetzlich geregelt. Der im Inland ansässige Unternehmer[91] hat die zu archivierenden Papier-Rechnungen auch inländisch oder in einem der in § 1 Abs. 3 UStG genannten Orte[92] zu lagern (vgl. § 14 b Abs. 2 Satz 1 UStG).

Die beschriebenen weitreichenden Aufbewahrungsvorschriften bedeuten sowohl für Unternehmer als auch für Nichtunternehmer, für Rechnungssteller gleichermaßen wie für -empfänger enorme Anstrengungen hinsichtlich der geeigneten Lagerung.

b. Spezielle Regelungen für elektronisch archivierte Rechnungen

Die Aufbewahrungspflichten für Rechnungen, die nicht auf Papier aufbewahrt werden, sind unter weitergehenden Aspekten zu betrachten. Hervorzuheben ist, dass es sich bei elektronisch archivierten Rechnungen nicht zwangsläufig um elektronische übermittelte Rechnungen handeln muss.[93] Per Post zugegangene Unterlagen können beispielsweise eingescannt und digitalisiert werden.

---

[90] *Wagner*, in: Sölch/Ringleb, § 14 b Rn. 18 a; Die Hinweispflicht des Unternehmers ergibt sich aus § 14 Abs. 4 S. 1 Nr. 9 UStG.

[91] Die Aussagen bezüglich des Aufbewahrungsortes sind auch auf den in einem Gebiet nach § 1 Abs. 3 UStG ansässigen Unternehmer zu beziehen. Wer als ansässig anzusehen ist, ist in § 14 b Abs. 3 UStG geregelt.

[92] Hier sind insbesondere Freihäfen zu nennen.

[93] Vgl. Rn. 74 im BMF Schreiben vom 29.1.2004, UR 2004, 167 ff. = DStR 2004, 268 ff.; *Bathe*, BC 2005, 65 (68 f.).

aa. Online-Zugriff

Wie auch bei Rechnungen auf Papier gelten die bereits gemachten Ausführungen bezüglich der Aufbewahrungspflichtigen und -fristen. Sofern von der Möglichkeit, Rechnungen elektronisch aufzubewahren, Gebrauch gemacht wird, gelten abweichende Regelungen im Hinblick auf den möglichen Aufbewahrungsort. Der Unternehmer kann die Rechnungen dann auch im übrigen Gemeinschaftsgebiet aufbewahren (vgl. § 14 b Abs. 2 Satz 2 UStG). Die Berechtigung, die Rechnungen an den zuvor genannten Aufbewahrungsorten zu archivieren, bleibt indes bestehen.

Allerdings führt die elektronische Archivierung zu der Verpflichtung, den Finanzbehörden eine jederzeitige vollständige Fernabfrage zu ermöglichen (vgl. § 14 b Abs. 2 Satz 2, Abs. 4 UStG). Dies ist unter dem Begriff „Online-Zugriff" beschrieben. Aus dieser Regelung ergeben sich für die Finanzbehörden weitreichende Download-, Einsichts- und Verwendungsmöglichkeiten bezüglich der aufbewahrten Rechnungen, ohne im Unternehmen persönlich vor Ort erscheinen zu müssen. Der Online-Zugriff ist gerade wegen des Rechts der Unternehmer, die Daten im gesamten EU-Raum zu archivieren, unverzichtbar.[94]

bb. AO, GDPdU und GoBS

Die weiteren zu beachtenden Regeln bei der elektronischen Archivierung von Rechnungen ergeben sich aus den „Grundsätzen zum Datenzugriff und zur Prüfbarkeit digitaler Unterlagen"[95] (GDPdU) und den Vorschriften der AO.[96] Dies bedeutet konkret, dass die Finanzbehörden über den Online-Zugriff hinaus auch das Recht besitzen, unmittelbar selbst oder mittelbar durch Auswertung der Daten durch das Unternehmen auf das Datenverarbeitungssystem zuzugreifen. Ferner können die Behörden verlangen, die elektronisch gespeicherten Dokumente und Unterlagen auf einem maschinell verwertbaren Datenträger ausgehändigt zu bekommen (vgl. § 147 Abs. 6

---

[94] *Wagner*, in: Sölch/Ringleb, § 14 b Rn. 26; Lippross, Basiskommentar Steuerrecht, § 14 b Rn. 25.

[95] BMF Schreiben vom 16.7.2001, abgedruckt in UR 2001, 457 ff.; eine gute Übersicht mit Erklärungen zu den einzelnen Begriffen der GDPdU und der GoBS ist zu finden in *Groß/Kampffmeyer/Matheis*, BB 2004, 1083 ff.

[96] Rn. 76 im BMF Schreiben vom 29.1.2004, UR 2004, 167 ff. = DStR 2004, 268 ff.

AO). Ein Problem, das sich aus dieser Einsichtsmöglichkeit ergibt, ist die Filterung von steuerlich relevanten Unterlagen einerseits und nicht für die Finanzbehörden bestimmten Dokumenten wie beispielsweise personenbezogenen Daten andererseits. Hier soll dem Steuerpflichtigen zunächst ein eigener Kompetenzrahmen zur Qualifizierung von steuerlich wesentlichen Unterlagen gegeben werden, ehe die Behörde ein Nachprüfungsrecht geltend machen kann.[97]

Unter Zugrundelegung der GDPdU, die im Einzelnen wiederum auf die „Grundsätze ordnungsgemäßer DV-gestützter Buchführungssysteme"[98] (GoBS) verweisen, ist die Rechnung als solche nicht nur zu archivieren. Aus diesen Grundsätzen werden weitere Pflichten hergeleitet.

So muss der Empfänger die elektronisch übermittelte Rechnung zunächst auf ihre Authentizität und Integrität prüfen. Das Ergebnis ist zu dokumentieren.

Außerdem muss eine Speicherung der elektronischen Rechnung auf einem Datenträger erfolgen, der eine nachträgliche Änderung nicht mehr zulässt. Bei einer zeitweiligen Speicherung auf einem änderbaren Speichermedium muss seitens des Datenverarbeitungssystems gewährleistet sein, dass in dieser Zeit Veränderungen der Daten unmöglich sind.

Eine Konvertierung der elektronischen Rechnung in ein unternehmenseigenes Format (In-House-Format) entbindet nicht von der Pflicht, die ursprünglich erhaltene Version zu archivieren. Dies ergibt sich daraus, dass die Überprüfung der elektronischen Signatur nicht am transformierten sondern nur am ursprünglich erhaltenen Dokument möglich ist.[99]

Ferner sind die Signaturprüfschlüssel und das qualifizierte Zertifikat des Empfängers aufzubewahren.

---

[97] Vgl. *Ditz*, DStR 2004, 2038 (2040); BMF Schreiben vom 16.7.2001, UR 2001, 457 (458).
[98] BMF Schreiben vom 7.11.1995, BStBl I 1995, 738 ff.
[99] Vgl. *Roßnagel/Fischer-Dieskau/Wilke*, CR 2005, 903 (904).

Ist die elektronische Rechnung chiffriert übermittelt worden, ist sowohl die verschlüsselte als auch die entschlüsselte Version des Dokuments zu archivieren.

Nicht zuletzt müssen die eingesetzten Archivierungs- Übertragungs- und Konvertierungssysteme die Anforderungen der GoBS erfüllen und alle Schritte der elektronischen Rechnung wie Eingang, Archivierung und eventuell Konvertierung protokolliert werden.

Aus diesen Bedingungen ergibt sich ersichtlich eine Vielzahl von Anforderungen, damit die Vorteile der elektronischen Archivierung genutzt werden können.

6. Vorsteuerabzug

Die zu berücksichtigenden Anforderungen an eine Rechnung, insbesondere an eine elektronische Rechnung, sind nach der dargestellten Rechtslage enorm. Wofür aber müssen diese Voraussetzungen alle erfüllt sein?

Die Funktion einer jeden Rechnung besteht vor allem darin, den beteiligten Unternehmern die Informationen zu Verfügung zu stellen, die sie für die Durchführung des Vorsteuerabzuges benötigen.[100] Zum besseren Verständnis der weiteren Ausführungen sind daher zunächst einige steuerrechtliche Begriffe zu erläutern. An dieser Stelle sollen nur Verständnisvoraussetzungen geschaffen werden. Auf die einzelnen Details des Steuerrechts muss aus Übersichtsgründen verzichtet werden.

a. Definition Umsatzsteuer

Um den Begriff Vorsteuerabzug klären zu können, ist das Verständnis hinsichtlich des Ausdrucks Umsatzsteuer von Bedeutung. Umsatzsteuer ist die Steuer auf Lieferungen und sonstige Leistungen, die ein Unternehmer gegen Entgelt im Rahmen seines Unternehmens ausführt (vgl. § 1 Abs. 1 Nr. 1 Satz 1 UStG). Dies bedeutet, dass die Leistung eines Unternehmers auf jeder Stufe von Hersteller an Händler und weiter an den Verbraucher

---

[100] *Tiedtke*, UR 2005, 237 (238); *Stadie*, Umsatzsteuerrecht, Rn. 14.45.

besteuert wird. Damit werden also auch Umsätze gegenüber Unternehmern besteuert.[101]

b. Erläuterung Vorsteuerabzug

Obwohl die Unternehmer die Umsatzsteuer schulden (vgl. § 13 a Abs. 1 UStG), sind Träger der Umsatzsteuer die Verbraucher.[102] Daher hat ein Unternehmer, der Waren oder Dienstleistungen von einem anderen Unternehmer nicht zum eigenen Verbrauch erwirbt, die Möglichkeit, die ihm vom Lieferanten in Rechnung gestellte Umsatzsteuer abzuziehen. Dadurch wird sichergestellt, dass der Unternehmer von allen zuvor auf ihn übergewälzten Umsatzsteuerbeiträgen entlastet und nur der bei dem Weiterverkauf erzielte Mehrwert der Ware mit Umsatzsteuer belastet wird.[103] Im Ergebnis erhält er vom Fiskus den Umsatzsteuerbetrag zurück, den er an den Lieferanten zahlen musste.[104] Anhand dieses Systems wird gewährleistet, dass der Unternehmer nicht zum Träger der Steuer wird und eine wettbewerbsneutrale Umsatzbesteuerung funktioniert.[105] Der Unternehmer erhält also das Recht und einen Anspruch zur Erstattung der Vorsteuerbeträge vom Fiskus.[106] Dies ist der sog. Vorsteuerabzug. Verbraucher hingegen sind nicht vorsteuerabzugsberechtigt.[107]

c. Erfordernisse für den Vorsteuerabzug

Das Recht, Vorsteuerabzug geltend zu machen, ist für den Unternehmer im Rahmen seiner wirtschaftlichen Tätigkeit außerordentlich wichtig. Denn nur so kann er im Wettbewerb konkurrenzfähig sein.

Für den Vorsteuerabzugsanspruch ist jedoch eine Reihe von Voraussetzungen zu erfüllen. Neben dem Vorliegen einer tatsächlich erbrachten Leistung und der Unternehmereigenschaft sowohl des Leistenden als auch des

---

[101] Vgl. *Stadie*, Umsatzsteuerrecht, Rn. 1.10.

[102] *Wagner*, in: Sölch/Ringleb, Umsatzsteuer, § 15 Rn. 24; Tiedtke, UR 2005 237 (238).

[103] *Stadie*, Umsatzsteuerrecht, Rn. 1.14; *Lange*, DStR 2004, 1773.

[104] *Wagner*, in: Sölch/Ringleb, Umsatzsteuer, § 15 Rn. 16.

[105] Lippross, Basiskommentar Steuerrecht, § 15 Rn. 1; *Stadie*, Umsatzsteuerrecht, Rn. 1.14, 15.2.

[106] *Lange*, DStR 2004, 1773; *Wagner*, in Sölch/Ringleb, § 15 Rn. 44.

[107] *Blankenheim*, „Steuerpflichtiger" und Unternehmerbegriff im Umsatzsteuerrecht, S. 8; *Jakob*, Umsatzsteuer, Rn. 771.

Anspruchstellers muss insbesondere eine ordnungsgemäße Rechnung ausgestellt worden sein (vgl. § 15 Abs. 1 Satz 1 Nr. 1 Satz 2 UStG). Die Anforderungen dafür ergeben sich wiederum aus §§ 14, 14 a UStG. Vorrangiger Zweck dieses Erfordernisses einer ordnungsgemäßen Rechnung ist die Möglichkeit für das Finanzamt zu überprüfen, ob eine Umsatzbesteuerung seitens des Unternehmers tatsächlich vorgenommen wurde.[108]

Nur elektronische Rechnungen, die neben den Pflichtangaben auch mit einer mindestens qualifizierten elektronischen Signatur versehen sind, berechtigen zum Vorsteuerabzug. Daraus ergibt sich für den Leistungsempfänger insbesondere die Problematik, bei elektronisch übermittelten Rechnungen auf eine korrekte Signatur achten zu müssen. Darüber hinaus geht das BMF davon aus, dass die in der Rechnung enthaltenen Angaben auf ihre Vollständigkeit und Richtigkeit hin zu überprüfen sind.[109]

Denn nur bei einer vollständigen Rechnung kann der Vorsteuerabzug geltend gemacht werden.[110]

7. Folgen eines Verstoßes gegen die Rechnungsvorschriften

Interessant ist die Betrachtung der Folgen, die eine Verletzung der gesetzlich geregelten Vorschriften zu der Rechnungserstellung und den Aufbewahrungspflichten haben.

a. Verlust des Anspruchs auf Vorsteuerabzug

Zunächst ist festzuhalten, dass eine nicht gesetzeskonforme Rechnung nicht zum Vorsteuerabzug gem. § 15 UStG berechtigt. Sämtliche Pflichtangaben müssen also enthalten sein.[111] Ist die Rechnung unvollständig, führt dies jedoch nicht sofort zum Verlust des Anspruchs. Unrichtige Angaben in der Rechnung können berichtigt und fehlende Angaben nachgereicht werden (vgl. § 14 Abs. 6 Nr. 5 UStG i.V.m. § 31 Abs. 5 UStDV). Die Berichtigung der Faktura muss die gleichen formalen Anforderungen erfüllen wie die

---

[108] *Stadie*, Umsatzsteuerrecht, Rn. 15.56.
[109] Rn. 88 im BMF Schreiben vom 29.1.2004, UR 2004, 167 ff. = DStR 2004, 268 ff.
[110] *Bathe*, BC 2004, 13 (16).
[111] Vgl. *Weber*, DB 2004, 337 (344 f.); *Wagner*, DStR 2004, 477.

Rechnung an sich, also bei elektronischer Übermittlung ebenfalls mit einer qualifizierten elektronischen Signatur versendet werden.[112]

Zudem hat der Anspruchsteller nach Ansicht des BMF zwar die Pflicht zu überprüfen, ob die Rechnung vollständig und richtig ausgestellt wurde. Dies muss allerdings mit dem Grundsatz der Verhältnismäßigkeit im Einklang stehen, so dass der Vorsteuerabzug jedenfalls dann nicht entfällt, wenn die in der Rechnung angegebene Steuernummer oder Umsatzsteueridentifikationsnummer nicht korrekt ist und der Rechnungsempfänger dies nicht erkennen konnte.[113] Darüber hinaus sollen geringe, nicht sinnentstellende Ungenauigkeiten in der Rechnung ebenfalls toleriert werden.[114] Sind die Angaben hingegen nicht nur geringfügig ungenau, und werden diese nicht berichtigt oder fehlende Angaben nicht nachgeliefert, ist die daraus folgende Konsequenz die endgültige Versagung des Vorsteuerabzuges.[115]

Fehlt bei einer elektronischen Rechnung die qualifizierte elektronische Signatur, oder ist diese bei der Verifizierung beanstandet worden, trägt der Empfänger die Folgen. Dies bedeutet, dass auch dann der Anspruch auf Vorsteuerabzug entfällt.

b. Anspruch auf Rechnungsstellung

Eine ordnungsgemäß ausgestellte Rechnung ist für den leistungsempfangenden Unternehmer aufgrund der eben gemachten Ausführungen also notwendige Voraussetzung für den Vorsteuerabzug. Probleme können dann auftreten, wenn der Rechnungsaussteller eine nicht gesetzeskonforme Rechnung ausstellt und diese nicht berichtigt. Es stellt sich die Frage, welche Möglichkeiten der Leistungsempfänger hat.

Allgemein anerkannt ist, dass die Rechnungsstellung aus dem Grundsatz von Treu und Glauben (§ 242 BGB) hergeleitet wird und diese eine zivil-

---

[112] *Weimann*, UStB 2006, 343; so auch *Wagner*, DStR 2004, 477 (479).
[113] Vgl. Rn. 88 f. im BMF Schreiben vom 29.1.2004, UR 2004, 167 ff. = DStR 2004, 268 ff.
[114] *Lange*, DStR 2004, 1773 (1776); Rn. 92 im BMF Schreiben vom 29.1.2004, UR 2004, 167 ff. = DStR 2004, 268 ff.
[115] Vgl. *Fittkau*, UStB 2004, 285 (286).

rechtliche Nebenpflicht des vertraglichen Schuldverhältnisses zwischen Leistendem und Empfänger darstellt.[116] Der Leistungssteller ist demnach verpflichtet, anhand ordnungsgemäßer Rechnungen seinen Vertragspartner vor möglicherweise entstehenden Schäden durch Versagung des Vorsteuerabzuges zu bewahren.

Somit kann der Leistungsempfänger einen Anspruch auf Erteilung einer ordnungsgemäßen Rechnung geltend machen und diesen vor den Zivilgerichten einklagen.[117]

c. Bußgeld

aa. Nichtausstellung von Rechnungen
Wie im Zusammenhang mit der Verpflichtung zur Ausstellung von Rechnungen bereits angeführt, ist der leistende Unternehmer verpflichtet, innerhalb von sechs Monaten eine Rechnung auszustellen.

Die Nichtbeachtung der Rechnungsstellungsvorschriften kann als Ordnungswidrigkeit mit Bußgeld geahndet werden, sofern der Unternehmer vorsätzlich oder leichtfertig seine Pflicht verletzt (vgl. § 26 a Abs. 1 Nr. 1, Abs. 2 UStG). Dies betrifft allerdings nur die Fälle der Nichterteilung oder der nicht rechtzeitigen Erteilung einer Rechnung. Eine fehler- oder lückenhafte Rechnung, die nicht alle in §§ 14 Abs. 4, 14 a UStG geforderten Angaben enthält, stellt hingegen keine Ordnungswidrigkeit dar und ist daher nicht Gegenstand dieser Bußgeldvorschrift.[118] Grund dafür könnte sein, dass die Rechnung bei nur geringfügigen Ungenauigkeiten trotzdem zum Vorsteuerabzug berechtigen soll.[119]

---

[116] Vgl. Rn. 4 im BMF Schreiben vom 29.1.2004, UR 2004, 167 ff. = DStR 2004, 268 ff.; *Heeseler*, BB 2006, 1137; siehe auch Umsatzsteuer-Richtlinien 2005, BR-Drs. 696/04, Abschnitt 183 Abs. 5 S. 2.

[117] Vgl. *Bathe*, BC 2005, 65 (66); *Weimann*, UStB 2006, 343.

[118] Siehe Rn. 8, 23 im BMF Schreiben vom 24.11.2004, DB 2004, 2779 ff.; ebenso *Hoffrichter-Dahl/Moecker*, Umsatzsteuer, Rn. 313 a; *Huschens*, INF 2004, 658 ff; *Schmidt*, DB 2004, 1699 (1701); *Spatscheck/Ehnert*, UStB 2005, 121 (124); *Paukstadt/Matheis*, DStR 2005, 414 (417); eine andere Ansicht vertritt *Weyand*, INF 2005, 66 ff., der den Bußgeldtatbestand auch auf das Fehlen von den in § 14 UStG geforderten Mindestinhalten einer Rechnung ausweiten will.

[119] *Huschens*, INF 2004, 658 ff.

bb. Nichtaufbewahrung von Rechnungen

Neben der Nichtausstellung stellt auch die Nichtaufbewahrung von Rechnungen eine Ordnungswidrigkeit dar (vgl. § 26 a Abs. 1 Nr. 2 und 3 UStG). Kommt der Unternehmer seiner Pflicht, ausgestellte Rechnungen als Doppel bzw. empfangene Original-Rechnungen zehn Jahre lang aufzubewahren, vorsätzlich oder leichtfertig nicht nach, kann dieses Verhalten mit Bußgeld belegt werden.

Bemerkenswert ist in diesem Zusammenhang insbesondere auch die mögliche Bußgeldzahlung von nichtunternehmerisch Tätigen, die ihre Aufbewahrungspflicht nach § 14 b Abs. 1 Satz 5 UStG verletzen. Nach dem Willen des BMF handelt der private Leistungsempfänger bei Nichtaufbewahrung auch dann ordnungswidrig, wenn er vom Rechnungssteller überhaupt nicht auf seine Pflicht zur Aufbewahrung hingewiesen wurde.[120] Dies stimmt im Hinblick auf die Hinweispflicht des Unternehmers und den steuerrechtlich nicht vorgebildeten privaten Leistungsempfänger bedenklich. Zwar ist der leistende Unternehmer in einem solchen Fall verpflichtet, den Empfänger auf dessen Aufbewahrungspflicht hinzuweisen (vgl. § 14 b Abs. 1 Satz 5 UStG). Fehlt dieser Hinweis, ist die Rechnung nicht vollständig. Jedoch unterfällt eine nicht komplette, aber dennoch tatsächlich ausgestellte Rechnung – wie bereits eben zuvor erläutert – nicht dem Bußgeldtatbestand gem. § 26 a Abs. 1 Nr. 1 UStG, so dass eine Sanktion daraus nicht hergeleitet werden kann.[121] Wenn der Nichtunternehmer nun mangels Hinweis oder steuerrechtlicher Vorkenntnisse die erforderlichen Unterlagen nicht aufbewahrt, findet er sich in einer Situation wieder, in der er ohne Wissen ordnungswidrig handelt. Da hilft die auf Initiative des Bundesrates und durch Beschluss des Vermittlungsausschusses eingeführte Möglichkeit, anstelle von Rechnungen andere beweiskräftige Unterlagen wie Kontoauszüge oder Quittungen ausreichen zu lassen,[122] nur bedingt weiter.

---

[120] Siehe Rn. 29 f. Im BMF Schreiben vom 24.11.2004, DB 2004, 2779 ff; so auch *Weyand*, INF 2005, 66 ff.

[121] Das Fehlen des Hinweises auf die Aufbewahrungspflicht nach § 14 Abs. 4 S. 1 Nr. 9 UStG stellt nach dem Willen des BMF ebenfalls keine Ordnungswidrigkeit i.S.v. § 26 a UStG dar. Vgl. auch *Spatscheck/Ehnert*, UStB 2005, 121 (124), *Weyand*, INF 2005, 66 ff.

[122] Vgl. BT-Drs. 15/3497, 3.

Das Argument der Bundesregierung, wegen der zwei Jahre dauernden Gewährleistungszeit würden private Leistungsempfänger die Rechnungen für diesen Zeitraum ohnehin meist aufbewahren,[123] lässt den freiwilligen Charakter dieser Aufbewahrung außer Acht. Letztlich bleibt zu hoffen, dass bei einer Nichtaufbewahrung von Rechnungen und Unterlagen durch den privaten Leistungsempfänger aufgrund fehlenden Hinweises bezüglich der Aufbewahrungspflicht von einer Bußgelderhebung abgesehen wird.

Kommt der Unternehmer seiner Pflicht zur Rechnungsstellung gegenüber dem Privaten überhaupt nicht nach, etwa weil er irrtümlich davon ausgeht, im Zusammenhang mit der konkreten Leistung keine Rechnung ausstellen zu müssen, und liegt dem Nichtunternehmer daher gar keine Rechnung vor, ist es fraglich, ob die Aufbewahrungspflicht für den Nichtunternehmer auch dann gilt. Einerseits spricht die eingeführte Erleichterung, neben Rechnungen auch andere beweiskräftige Unterlagen ausreichen zu lassen, dafür, dass die Pflicht zur Aufbewahrung auch bei Nichtausstellung einer Rechnung nicht unverhältnismäßig ist. Der private Leistungsempfänger kann eben auch andere Beweisdokumente als die Rechnung aufbewahren kann.[124] Andererseits wurde die Erweiterung der Aufbewahrungspflicht auf andere beweiskräftige Unterlagen als die Rechnung gerade zugunsten des nichtunternehmerisch Tätigen vorgenommen. Müsste der Private diese nun aufbewahren, obwohl er keine Rechnung erhalten hat, würde der Zweck der Erleichterung unterlaufen und de facto eine weitergehende als die durch die Erleichterung gewollte Pflicht bedeuten.[125] Aus dem letztgenannten Aspekt ist ersichtlich, dass eine Aufbewahrungspflicht seitens des privaten Leistungsempfängers trotz nicht erfolgter Rechnungsstellung des Unternehmers die Intention der Erleichterung bezüglich beweiskräftiger Unterlagen i.S.v. § 14 b Abs. 1 Satz 5 UStG ins Gegenteil verkehren würde. Daher sprechen die gewichtigeren Argumente gegen die Möglichkeit der Bestrafung wegen Verletzung einer Pflicht zur Aufbewahrung anderer beweiskräftiger Unterlagen, sofern keine Rechnung ausgestellt wurde.

---

[123] Vgl. BT-Drs. 15/2948, 20.
[124] Dieser Ansicht folgend *Huschens*, INF 2004, 658 ff.
[125] So auch *Spatscheck/Ehnert*, UStB 2005, 121 (125).

cc. Höhe des Bußgeldes

Die Höhe des möglichen Bußgeldes richtet sich nach der Unternehmerei-genschaft des Rechnungsstellers bzw. -empfängers. Gegen den unternehme-risch Tätigen kann bei Nichtbeachtung der Rechnungsvorschriften ein Bußgeld in Höhe von bis zu fünftausend Euro verhängt werden (vgl. § 26 a Abs. 2 Hs. 2 UStG). Diese Möglichkeit übersteigt im Übrigen die in §§ 147, 377 Abs. 1, 2 AO i.V.m. § 17 Abs. OWiG festgesetzte Grenze von höchs-tens tausend Euro Bußgeld.

Verstößt der private Leistungsempfänger gegen seine Aufbewahrungs-pflicht, kann auch ihn ein Bußgeld in Höhe von bis zu 500 Euro treffen (vgl. § 26 a Abs. 2 Hs. 1 UStG).

Daraus ist ersichtlich, dass den Vorschriften über die Rechnungserteilung und -aufbewahrung große Bedeutung zukommen und diese in der Praxis daher genau beachtet werden sollten.

C. Diskussionspunkte bezüglich der elektronischen Rechnung

Aus den bereits erläuterten Voraussetzungen für elektronische Rechnungen ergibt sich eine Reihe interessanter Fragen, die im Folgenden diskutiert werden.

I. Elektronische Rechnungsübermittlung ohne qualifizierte elektronische Signatur?

Aufgrund der dargestellten technischen Komplexität des Signierens elektronischer Dokumente stellt sich dem rechnungsstellenden Unternehmer die Frage, ob Möglichkeiten bestehen, rechtskonforme Rechnungen ohne qualifizierte elektronische Signatur elektronisch übermitteln zu können.

Es sei darauf hingewiesen, dass sich die im weiteren Verlauf genannten Probleme nur auf Rechnungen beziehen, zu deren Ausstellung der Unternehmer verpflichtet ist.

1. Telefax als Alternative?

Der Wunsch, die neuen elektronischen Medien – insbesondere E-Mail und Internet – möglichst umfassend einzusetzen, steht wie ausgeführt teilweise im Widerstreit mit den rechtlichen Vorgaben an Form und Gültigkeit der damit übermittelten Dokumente. Welche Alternativen hat ein Unternehmen, das über eine informationstechnologische Infrastruktur verfügt, jedoch wegen der Vielzahl der an Rechnungen per E-Mail geknüpften Anforderungen nach anderen elektronischen Übermittlungswegen sucht?

Eine Antwort könnte die Nutzung eines Fax-Servers sein, um Rechnungen kostengünstig zu versenden. Bei dieser Übertragungsform ist es möglich, das zu versendende und das ankommende Fax nicht auf Papier zu fixieren, sondern als Datei abzuspeichern. Daneben könnte auch die traditionelle Übertragung von Faxmitteilungen mittels eines herkömmlichen Faxgerätes eine in Betracht zu ziehende Möglichkeit darstellen.

Die Übermittlung von Rechnungen anhand von Faxgeräten war bereits Anfang der 1990er Jahre Inhalt eines Schreibens des BMF, das die Wirksamkeit von per Fax gesendeten Rechnungen für den Vorsteuerabzug anerkannte.[126] Dem Fax wurde eine Sonderstellung eingeräumt, denn dem Grunde nach war für den Vorsteuerabzug zur damaligen Zeit eine Urkunde zwingend erforderlich.

Somit stellte diese Variante eine Alternative zum Postweg dar. Eine Unterscheidung zwischen verschiedenen Faxmöglichkeiten wurde nicht vorgenommen. Vor dem Hintergrund der damals üblichen Faxübertragungen konnte jedoch davon ausgegangen werden, dass eine Abrechnung auf Papier beim Sender und eine äquivalente Kopie beim Empfänger existierte.[127] Auch mit Verbreitung des Internetzugangs und damit einhergehenden Alternativen zum Standard-Faxgerät in Gestalt von Fax-Servern schien daran zunächst kein Zweifel zu bestehen.

Jedoch hat das BMF zur Klarstellung der Umsetzung der Rechnungsrichtlinie 2001/115/EG ein Schreiben verfasst, das sich auch auf die Vereinbarkeit einer Rechnung per Fax mit den Vorschriften des § 14 UStG bezieht.[128] Danach ist in Rn. 22 festgehalten, dass per Fax gesendete Rechnungen elektronisch übermittelte Rechnungen sind.[129] Die in dem Schreiben vertretene Ansicht ist gleichermaßen in die Umsatzsteuer-Richtlinien 2005 (UStR-2005) aufgenommen worden.[130]

Irritierend ist jedoch die sich daran anschließende unterschiedliche Beurteilung von Standard-Faxgerät und Computer-Telefax/Fax-Server.[131] Nach Rn. 23 f. des BMF-Schreibens soll nur bei einer Übermittlung eines Faxes von Standard-Faxgerät zu Standard-Faxgerät keine qualifizierte elektronische Signatur erforderlich sein. Bei allen anderen Fax-Übertragungsformen, bei denen ein Computer als Faxserver beteiligt ist, ist eine solche Signatur sowohl nach dem Schreiben des BMF als auch nach dem Gesetzeswortlaut

---

[126] BMF Schreiben vom 25.5.1992, UR 1992, 217 ff. = DB 1992, 1379 f.

[127] *Bernütz*, BB 2003, 2043 (2044).

[128] BMF Schreiben vom 29.1.2004, UR 2004, 167 ff. = DStR 2004, 268 ff.

[129] Siehe auch *Zugmaier*, DStR 2004, 345 (346); insoweit missverständlich, als sie nicht ausschließlich von Fax-Rechnungen als elektronischen Rechnungen ausgehen *Groß/Gregorius*, BC 2005, 104 (106).

[130] Siehe UStR 2005, BR-Drs. 696/04, Abschnitt 184a Abs. 5 S. 1.

[131] Vgl. *Weber*, DB 2003, 337 (339).

verpflichtend. Grund für die differenzierte Betrachtung des BMF im Hinblick auf die verschiedenen Fax-Übertragungen soll die geringe Manipulationsgefahr bei ausschließlicher Verwendung von Standard-Faxgeräten sein.[132]

Wenn das BMF jedoch das Fax als elektronisches Dokument im Sinne von § 14 Abs. 3 UStG ansieht, ist es höchst fraglich, ob eine Unterscheidung der Fax-Übertragungsformen vom Gesetz gedeckt ist.[133] Denn der Wortlaut von § 14 Abs. 3 UStG enthält keine Möglichkeit, eine elektronisch übermittelte Rechnung nicht mit einer qualifizierten elektronischen Signatur zu versehen und trotzdem zum Vorsteuerabzug zuzulassen. Darüber hinaus kann es auch nicht Sinn und Zweck der Regelung sein, sich auf eine ganz bestimmte Übertragungsweise festzulegen und zusätzlich sichergehen zu müssen, dass die an den Geschäftspartner per Standard-Faxgerät gesendete Rechnung auch an einem Standard-Faxgerät ankommt. Dem Betriebsprüfer wird es in der Regel auch selten gelingen, anhand einer ausgedruckten Fax-Rechnung den Übermittlungsweg zu bestimmen. Diese Forderung kann zum Einen gesetzlich nicht begründet werden und ist zum Anderen praktisch nicht umsetzbar. Sofern das BMF also an Standard-Faxgerät und Computer-/Fax-Server unterschiedliche Anforderungen knüpft, widerspricht es sich selbst und dem Gesetz.

Ferner setzen das BMF-Schreiben sowie die UStR-2005 eine Vorgabe, die bei den Unternehmern ebenfalls für Verunsicherung sorgt. So sollen bei Faxübertragungen unter ausschließlicher Verwendung von Standard-Faxgeräten sowohl der Rechnungsaussteller als auch der -empfänger die Rechnung in Papierform aufbewahren.[134] Der Rechnungsempfänger kann jedoch nicht zwangsläufig davon ausgehen, dass der Aussteller auch

---

[132] So *Lippross/Janzen*, Umsatzsteuer 2006, S. 369.
[133] So auch *Tiedtke*, UR 2005, 237 (241).
[134] Rn. 23 im BMF Schreiben vom 29.1.2004, UR 2004, 167 ff. = DStR 2004, 268 ff.; UStR 2005, BR-Drs. 696/04, Abschnitt 184a Abs. 5 S. 4; siehe auch *Erben/Pawlitschko*, ITRB 2005, 22 (24).

tatsächlich die Rechnung auf Papier aufbewahrt.[135] Mithin sind die Vorgaben im Schreiben des BMF fragwürdig und nicht praktikabel.

Hervorzuheben ist in diesem Zusammenhang, dass sowohl das Schreiben des BMF als auch die UStR-2005 verwaltungsinterne Anweisungen darstellen und daher nicht ohne Weiteres Außenwirkung entfalten.[136] Jedoch werden die Finanzbehörden die in den Anweisungen enthaltenen Vorgaben zur Verminderung von Steuerausfällen befolgen, so dass daraus der praktische Bezug hergestellt wird.

Aus den genannten Punkten ergibt sich folglich, dass der Einsatz von Fax-Servern für die Unternehmen keine Erleichterung hinsichtlich der Erstellung qualifizierter elektronischer Signaturen ermöglicht. Nach dem Gesetzeswortlaut sind bei allen Fax-Übertragungen die Anforderungen des § 14 Abs. 3 UStG zu erfüllen, um nicht den Vorsteuerabzug zu gefährden.

2. Ausdruck der erhaltenen elektronischen Rechnungen

Da ohne eine qualifizierte elektronische Signatur das Telefax wie eben gezeigt keine sichere Alternative zur Rechnung per E-Mail ist, könnten die Anforderungen an die elektronische Rechnung mit dem Ausdruck einer Rechnung durch den unternehmerisch tätigen Empfänger umgangen werden.

Die praktische Frage, die sich bei einer ausgedruckten Rechnung stellt, ist, ob es eine sichere Nachweismöglichkeit gibt, dass das vorliegende Dokument tatsächlich vom Rechnungssteller ausgedruckt und auf dem Postweg übermittelt oder erst nach elektronischer Übermittlung beim Empfänger ausgedruckt wurde. Im zweiten Fall könnten die Pflichten hinsichtlich einer qualifizierten elektronischen Signatur und die vielen Aufbewahrungsvorschriften – beispielsweise Dokumentation der Überprüfung von Integrität und Authentizität der elektronischen Rechnung, Aufbewahrung des Signaturprüfschlüssels und andere Anforderungen – rechtswidrig umgangen

---

[135] Vgl. *Zugmaier*, DStR 2004, 345 (346).
[136] Klarstellend *Lapp*, ITRB 2006, 44 (45).

werden. Denn einer ausgedruckten Datei sieht man es im Regelfall nicht an, an welchem Ort sie ausgedruckt wurde.[137]

Andersherum weckt eine tatsächlich beim Leistenden erstellte Rechnung, die inklusive Firmenanschrift und Briefkopf auf Blankopapier ausgedruckt und ohne eingestanztes oder farblich abgesetztes Firmenlogo versehen ist, schnell den Verdacht, erst beim Empfänger ausgedruckt worden zu sein.[138] Dadurch kann es zu der widersprüchlichen Situation kommen, dass eine ordnungsgemäß per Post übermittelte Rechnung aus Angst vor fälschlicher Nichtanerkennung zum Vorsteuerabzug vom Rechnungsempfänger nicht akzeptiert wird.[139] Da eine nicht auf elektronischem Weg übermittelte Rechnung keine Unterschrift benötigt, ist auch eine Unterscheidung anhand dieses Merkmals nicht möglich. Wie bei einer Steuerprüfung der Beweis geführt werden soll, dass die eine Rechnung per Post erhalten, die andere aber vom Empfänger selbst ausgedruckt wurde, erscheint im Einzelfall praktisch schwer vorstellbar.

Es bleibt festzuhalten, dass hier ein Spannungsverhältnis besteht zwischen den Vorteilen der elektronischen Rechnung hinsichtlich effizienterer Geschäftskommunikation auf der einen Seite und den durch die hohen gesetzlichen Anforderungen entstandenen Gefahren für die Rechtskonformität andererseits. Der bloße Ausdruck von Rechnungen, die elektronisch übermittelt wurden, genügt jedenfalls nicht den Anforderungen an eine ordnungsgemäße Aufbewahrung. Ferner wird auf diese Weise die Notwendigkeit einer qualifizierten elektronischen Signatur nicht entbehrlich.

Daher stellt dieser Weg keine Alternative für den Unternehmer dar, die rechtlichen Anforderungen an die elektronische Rechnung hinsichtlich der qualifizierten elektronischen Signatur und der Aufbewahrungs- und Dokumentationspflichten zu erleichtern.

---

[137] *Tiedtke*, UR 2005, 237 (240).
[138] *Weimann*, UStB 2006, 309.
[139] So auch der Beraterhinweis von *Weimann*, UStB 2006, 309.

3. Fazit

Weder das Telefax noch der Ausdruck von elektronisch übermittelten Rechnungen machen das Erfordernis der qualifizierten elektronischen Signatur überflüssig. Entgegen der Auffassung des BMF kann nach dem Gesetzeswortlaut auch bei der Übermittlung eines Telefaxes von Standard-Faxgerät an Standard-Faxgerät nicht auf diese Art der Signatur verzichtet werden. Dies liegt vor allem an der eindeutigen elektronischen Übermittlungsform eines Faxes. Im Übrigen ist die Unterscheidung zwischen den Faxgeräten in der Praxis hinderlich und die Überprüfung, welches Fax von welchem Gerät gesendet wurde nur unter erheblichen Nachforschungen möglich.

Der Ausdruck von elektronischen Rechnungen ohne Signatur beim Empfänger ist im Einzelfall schwierig nachzuweisen. In jedem Fall aber verstößt diese Vorgehensweise gegen die gesetzlichen Vorschriften. Es ist festzuhalten, dass eine elektronisch übermittelte Rechnung stets eine qualifizierte elektronische Signatur oder eine Signatur mit Anbieter-Akkreditierung benötigt.

II. Erhöhte Anforderungen an elektronisch übermittelte Rechnungen angemessen?

Eine Rechnung muss das Schriftformerfordernis nicht erfüllen, da eine Unterschrift nicht erforderlich ist. Dies wurde bereits im Rahmen der Pflichtangaben für eine Rechnung kurz erwähnt. Eine mit einer qualifizierten elektronischen Signatur übermittelte Rechnung erfüllt dennoch die elektronische Form nach § 126a BGB und dadurch auch die Schriftform gem. § 126 BGB. Nicht zuletzt zur Sicherung des Anspruchs auf Vorsteuerabzug ist diese Signierung Pflicht. Dadurch wird, obwohl die Rechnung unabhängig von ihrem Übermittlungsweg nicht verfälscht sein darf, dem Anschein nach der konventionelle Postweg privilegiert. Warum also entscheidet der Übermittlungsweg über die praktischen Formanforderungen einer Rechnung? Diese Frage setzt eine Auseinandersetzung mit dem Gefährdungspotential für elektronische Rechnungen sowie deren Sinn und Zweck voraus.

1. Fälschungsrisiko von elektronischen Rechnungen

Eine hundertprozentige Sicherheit vor gefälschten Dokumenten gibt es nicht. Daher muss danach gefragt werden, ob elektronisch übermittelte Rechnungen fälschungsanfälliger als Rechnungen auf Papier sind. Könnte dies bejaht werden, wäre die Forderung nach einem Verfahren zur Verifizierung der Unversehrtheit und Echtheit elektronischer Rechnungen nachvollziehbar.

Das Risiko bei einem elektronischen Dokument besteht in erster Linie aufgrund der fehlenden Verkörperung und der damit grundsätzlich verbundenen Möglichkeit, die Dateien beliebig zu ändern.[140] Die Geschichte einer ungesicherten elektronischen Nachricht ist nicht zu erkennen. Im Gegensatz zu handschriftlich erstellten Dokumenten kann das Schriftbild keiner Person zugeordnet oder anhand einer Papieralterung das Ausstellungsdatum bestimmt werden.[141] Darüber hinaus fehlt es an der Möglichkeit, die Integrität und Authentizität des elektronischen Dokuments feststellen zu können.

Anders zu beurteilen ist hingegen ein signiertes Dokument. Elektronische Rechnungen, die mit einer qualifizierten elektronischen Signatur oder einer Signatur mit Anbieter-Akkreditierung versehen sind, weisen das höchstmögliche Sicherheitsniveau auf, das nach dem SigG-2001 erreicht werden kann. Zwar kann das Signaturverfahren eine Manipulierbarkeit des signierten Dokuments nicht ausschließen. Jedoch verhindert es spurlose und unbemerkte Veränderungen.[142]

Die Identität des Ausstellenden ist auch bei einer mit einer qualifizierten elektronischen Signatur versehenen Rechnung nicht absolut gewährleistet. So kann beispielsweise ein Dritter in Besitz der mit dem privaten Schlüssel versehenen Chip-Karte und der PIN gelangen und die Identität des Berech-

---

[140] Vgl. *Bettendorf*, RNotZ 2005, 277 (278); *Skrobotz*, Das elektronische Verwaltungsverfahren, § 7 S. 40 f.; *Pordesch*, Die elektronische Form und das Präsentationsproblem, S. 35.
[141] *Pordesch/Nissen*, CR 1995, 562 (566);
[142] *Skrobotz*, Das elektronische Verwaltungsverfahren, § 8 S. 58.

tigten vortäuschen.[143] Die Gefahr, dass eine Unterschrift gefälscht wird, kann jedoch im Rechtsverkehr ebenfalls nicht mit Sicherheit ausgeschlossen werden. Bei einer Rechnung ist eine Unterschrift darüber hinaus gar nicht erforderlich. Damit ist in diesem Fall die Gewähr hinsichtlich der Echtheit der Faktura nicht zweifelsfrei gegeben. Mit den modernen Möglichkeiten durch Farbkopierer und -drucker, Textverarbeitungs- und Zeichenprogrammen ist es vergleichsweise einfach, einen Rechnungsvordruck zu fälschen.[144]

Folglich kann nicht davon ausgegangen werden, dass Rechnungen, die nicht elektronisch übermittelt werden, weniger anfällig für Fälschungen sind. Sofern die Rechnung eine gültige qualifizierte elektronische Signatur trägt, ist das Vertrauen in ihre Echtheit und Unversehrtheit höher einzustufen als in eine auf Papier übermittelte Rechnung ohne Unterschrift.[145] Insoweit grenzen die erhöhten Formanforderungen an eine elektronische Rechnung zwar deren Fälschungsrisiko ein. Sie stehen allerdings im Widerspruch zu den weniger strengen Formerfordernissen an eine Rechnung auf Papier.

2. Funktion und Beweiswert der Rechnung

Möglicherweise ist die qualifizierte elektronische Signatur einer Rechnung dann sinnvoll, wenn es auf ihre Beweiskraft vor Gericht ankommt. Denn § 371 a Abs. 1 ZPO legt fest, dass elektronische Dokumente mit einer qualifizierten Signatur der Beweiskraft einer handschriftlichen Urkunde nicht nachstehen.

Fraglich ist jedoch, ob die Rechnung überhaupt als Beweismittel vor Gericht geeignet ist. Zwischen den beteiligten Unternehmern ist in der Regel nicht zu erwarten, dass der Beweiswert einer Rechnung in Zweifel gezogen wird. Denn die Situation liegt anders als bei solchen elektronischen Dokumenten,

---

[143] Vgl. die Begründung zum Entwurf des Gesetzes zur Anpassung der Formvorschriften des Privatrechts und anderer Vorschriften an den modernen Geschäftsverkehr, BT-Drs. 14/4987, 16; so auch *Palm*, in: Erman, Bürgerliches Gesetzbuch, § 126a, Rn. 5; eine hohe Missbrauchsgefahr sieht vor allem *Hähnchen*, NJW 2001, 2831 (2833).
[144] *Weber*, DB 2004, 337 (338).
[145] Zustimmend *Skrobotz*, Das elektronische Verwaltungsverfahren, § 9 S. 62 f., § 10 S. 65.

bei denen der Empfänger vom Erklärenden eine Verpflichtung oder einen Vorteil gerichtlich durchsetzen will.

Die Rechnung dient der Artikulation und Kommunikation von Forderungen zwischen den Geschäftspartnern.[146] Aus einer Rechnung ergibt sich kein unmittelbarer Vorteil für den Empfänger gegenüber dem Rechnungssteller, den er vor Gericht beweisen müsste. Darin ist im Grunde nur die Forderung der Gegenleistung enthalten, die eine Belastung für den Rechnungsempfänger darstellt. Dieser wird also kein Interesse haben, gerichtlich klären zu lassen, ob die erhaltene Rechnung tatsächlich echt ist. Denn wenn er sie für gefälscht hält, wird er beim Versender nachfragen und den angegebenen Betrag im Zweifel nicht begleichen. Eine Feststellung der Echtheit der Rechnung durch das Gericht wäre überflüssig.

Der Rechnungssteller hat seinerseits die Leistung regelmäßig bereits erbracht. Die Rechnung hat bei der Durchsetzung seiner Interessen vor Gericht, etwa weil der Leistungsempfänger nicht zahlt, keine Bedeutung. Vielmehr wird er darlegen, dass die Leistung erfolgt ist und auf die vertragliche Vereinbarung hinweisen. Im Falle eines elektronischen Vertragsschlusses wäre eine qualifizierte elektronische Signatur zur Klärung des Beweiswertes des Vertrags sinnvoll. Im Verhältnis von Rechnungssteller zu -empfänger ist der Beweiswert der elektronisch übermittelten Rechnung hingegen irrelevant. Eine qualifizierte elektronische Signatur wäre nicht notwendig.

Allerdings kann der elektronischen Rechnung die Funktion eines Beweismittels zukommen, sofern der Empfänger gegenüber den Finanzbehörden nachweisen will oder muss, dass die erhaltene Rechnung echt und unverfälscht ist. In diesem Fall hat ein Dokument mit einer qualifizierten elektronischen Signatur den Vorteil, dass es einer Urkunde gleichgestellt ist und der Anscheinsbeweis nach § 371 a ZPO nur schwer zu widerlegen ist.

---

[146] *Tiedtke*, UR 2005, 237 (243).

Im Gegensatz zu einer fortgeschrittenen elektronischen Signatur ist die Identität des Ausstellenden durch das qualifizierte Zertifikat rechtsverbindlich festgestellt. Insoweit besteht in diesem Punkt Rechtssicherheit. Da an fortgeschrittene Signaturen keine Qualitätsanforderungen gestellt sind,[147] bieten sie weniger Sicherheit vor Manipulationen bei der Vergabe der Zertifikate. Jedoch ist sowohl bei fortgeschrittenen als auch bei qualifizierten Signierverfahren eine PKI notwendig. Daher kann davon ausgegangen werden, dass die Integrität des übermittelten Dokuments sichergestellt ist. In diesem Punkt gewährleisten fortgeschrittene elektronische Signaturen eine ähnlich hohe Sicherheit hinsichtlich der Unverfälschtheit wie qualifizierte Verfahren.[148]

So kann ausgeschlossen werden, dass in einer elektronischen Rechnung im Nachhinein beispielsweise der ausgewiesene Umsatzsteuerbetrag zu Gunsten des Rechnungsempfängers geändert wird.

Zum Nachweis der Integrität einer Rechnung genügte also eine fortgeschrittene elektronische Signatur. Das Vertrauen in die Identität des Rechnungsstellers ist mit einer qualifizierten elektronischen Signatur hingegen größer.

3. Eingrenzung des Vorsteuerbetruges

Die erhöhten Anforderungen an elektronische Rechnungen könnten ferner nachvollziehbar sein, wenn sich mit ihnen der Umsatzsteuerbetrug eindämmen ließe. In diesem Kontext ist hervorzuheben, dass die Umsatzsteuer neben der Lohnsteuer die wichtigste Einnahmequelle für die Bundes- und Länderhaushalte ist.[149] Das Umsatzsteueraufkommen in Deutschland stellt fast ein Drittel des gesamten Steueraufkommens in der Bundesrepublik dar.[150] Dies verdeutlicht, welche erhebliche Bedeutung die Umsatzsteuer für die Finanzierung des Staatshaushaltes hat. Durch Umsatzsteuerbetrug entgehen dem Fiskus jährlich geschätzte 15 bis 17 Mrd. Euro.[151] Formen

---

[147] *Roßnagel*, MMR 2003, 164 (166).
[148] Mit dieser Auffassung in diesem Punkt im Ergebnis übereinstimmend *Roßnagel*, MMR 2003, 164 (166).
[149] Vgl. Bericht des Bundesrechnungshofes zum StÄndG-Entwurf, BR-Drs. 637/03, 14.
[150] *Pahne*, Maßnahmen zur Eindämmung des Umsatzsteuerbetrugs, S. 62.
[151] *Pahne*, a.a.O. S. 62; *Mattes*, UR 2006, 689.

des Betrugs können zum Einen die sog. „Ohne-Rechnung-Geschäfte" sein. Bei diesen Geschäften tätigt der Unternehmer Leistungen mit steuerpflichtigen Umsätzen, schreibt darüber jedoch keine Rechnung und führt daher keine Umsatzsteuer ab. Auf der anderen Seite wird Betrug begangen mit erfundenen Rechnungen, deren angegebene Umsatzsteuer tatsächlich nicht gezahlt wurde, der Vorsteuerabzug aber dennoch geltend gemacht wird. Die Eingrenzung der zweiten Variante des Umsatzsteuerbetrugs, des sog. Vorsteuerbetrugs, ist gerade deshalb notwendig, weil dem Fiskus nicht nur wie bei der nicht abgeführten Umsatzsteuer Einnahmen entgehen, sondern er überdies ohne Rechtsgrund auch noch Geld auszahlt.[152]

Die „Ohne-Rechnung-Geschäfte" werden dadurch einzugrenzen versucht, indem die Rechnungsstellung nunmehr unter Unternehmern und bei Leistungen im Zusammenhang mit einem Grundstück verpflichtend ist.[153] Dem Vorsteuerbetrug hingegen wird mit den vielfältigen Anforderungen an die Rechnungsstellung insbesondere bei elektronischen Rechnungen begegnet.

Fraglich ist, ob die Pflicht, eine elektronische Rechnung mit einer qualifizierten elektronischen Signatur zu versehen, den Vorsteuerbetrug tatsächlich effektiv eindämmen kann. In diesem Zusammenhang ist zu berücksichtigen, dass für Papier-Rechnungen ein Unterschriftserfordernis nicht vorhanden ist.

Heutzutage werden Rechnungen, auch wenn sie per Post oder Fax gesendet werden, fast ausnahmslos elektronisch per Textverarbeitungsprogramm am Computer erstellt.[154] Elektronischen Dokumenten ohne geeignete Sicherungsmöglichkeiten kann man eine Fälschung nicht ansehen. Eine unechte elektronische Rechnung herzustellen, wäre ohne das Erfordernis einer qualifizierten elektronischen Signatur daher keine Schwierigkeit.

---

[152] Vgl. *Pahne*, a.a.O., S. 64.
[153] Vgl. *Spatscheck/Ehnert*, UStB 2005, 121.
[154] So auch *Tiedtke*, UR 2005, 237 (240).

Will ein Unternehmer zu Unrecht Vorsteuerabzug geltend machen, wird er den Erhalt, die Integrität und die Authentizität einer tatsächlich nicht erstellten Rechnung vortäuschen. Erstellt er eine gefälschte Rechnung und speichert er diese ohne auszudrucken, könnte zum Einen eine fehlende Signatur die Fälschung auffallen lassen und ohnehin nicht zum Vorsteuerabzug berechtigen. Zum Anderen wäre eine vom Unternehmer gefälschte Rechnung mittels einer manipulierten qualifizierten elektronischen Signatur aufgrund der in ihr eingebauten Sicherheitsmerkmale erkennbar, so dass die Anforderungen an die elektronische Rechnung insoweit einen Schutz vor den beschriebenen Betrugsversuchen darstellen.

Allerdings ist der bereits genannte Umstand zu bedenken, dass auch per Post übermittelte Rechnungen überwiegend am Computer erstellt werden. Da die auf dem Postweg versendeten Rechnungen nun aber keine Unterschrift benötigen, wird dem betrügerisch tätigen Unternehmer die Herstellung von gefälschten Papier-Rechnungen am eigenen Computer vergleichsweise einfach gemacht. Denn anders als bei der elektronischen Rechnung, bei der die Unversehrtheit des Inhalts und die Echtheit der Herkunft mit einer qualifizierten Signatur gewährleistet werden sollen, scheint das Vertrauen in die Integrität und Authentizität von Rechnungen, die auf Papier übermittelt werden, ohne Weiteres vorhanden zu sein.[155] Eine Unterscheidung zwischen tatsächlich vom Leistenden ausgestellten Rechnungen auf Papier und solchen, die der Vorsteuerbetrüger selbst erstellt und ausdruckt, ist für die Finanzbehörden schwierig.

Festzuhalten bleibt daher, dass die Bekämpfung des Vorsteuerbetrugs durch die Einführung der qualifizierten elektronischen Signatur für elektronisch übermittelte Rechnungen durchaus erfolgsversprechend ist. Aufgrund der Tatsache, dass auf Papier übermittelte Rechnungen heutzutage fast ausschließlich auch per Textverarbeitungsprogramm erstellt werden und keine Unterschrift aufweisen müssen, ist die Fälschungsmöglichkeit für betrügerische Unternehmer in diesem Punkt jedoch nicht erheblich erschwert. So

---

[155] Vgl. *Tiedtke*, UR 2005, 237 (240).

kann mit dem Erfordernis einer qualifizierten elektronischen Signatur der Vorsteuerbetrug aufgrund gefälschter Rechnungen nur teilweise eingegrenzt werden.

4. Richtlinienkonformität des § 14 Abs. 3 UStG

Das deutsche UStG sieht im Gegensatz zur Rechnungsrichtlinie vor, dass eine elektronische Rechnung zumindest eine qualifizierte elektronische Signatur benötigt. Die europäische Regelung hingegen enthält zwar auch die Forderung nach der Überprüfung der Integrität und Authentizität einer elektronisch übermittelten Rechnung. Jedoch ist dafür gem. des durch die Rechnungsrichtlinie geänderten Art. 22 Abs. 3 Lit. c) der 6. EG-Richtlinie[156] lediglich eine fortgeschrittene elektronische Signatur erforderlich. Insofern könnte der Eindruck entstehen, dass das UStG mit der vorhandenen strikteren Vorschrift in § 14 Abs. 3 UStG zu weit ginge.

Allerdings stellt die Richtlinie ausdrücklich heraus, dass die Mitgliedstaaten höhere Anforderungen an die elektronische Rechnung stellen dürfen. So können sie eine Signatur verlangen, die auf einem qualifizierten Zertifikat beruht und mithilfe einer sicheren Signaturerstellungseinheit erstellt wurde.[157] Dies trifft auf die Regelung im UStG zu.

Im Gesetzgebungsverfahren zum StÄndG-2003 wurde von den Wirtschaftsverbänden zwar gefordert, die fortgeschrittene elektronische Signatur für eine vorsteuerabzugsberechtigende Rechnung zuzulassen.[158] Diesem Wunsch wurde seitens des Gesetzgebers jedoch nicht entsprochen.

Die Rechnungsrichtlinie sieht überdies vor, die Möglichkeit eines dritten Wegs zu schaffen, Rechnungen elektronisch zu übermitteln. Allerdings ist dieser Weg nicht definiert. Der deutsche Gesetzgeber hat von dieser Möglichkeit keinen Gebrauch gemacht und sich nur auf die Übertragung per EDI oder die sonstige Übermittlung mit einer mindestens qualifizierten

---

[156] RL 77/388/EWG.
[157] Vgl. Art. 22 Abs. 3 Lit. c) RL 77/388/EWG bzw. Art. 2 Abs. 2 RL 2001/115/EG.
[158] Vgl. *Weber*, DB 2004, 337 (338).

elektronischen Signatur beschränkt. Hinsichtlich des § 14 Abs. 3 UStG steht das Gesetz also im Einklang mit der Rechnungsrichtlinie.

5. Fazit

Vor dem Hintergrund des Ausmaßes des Umsatzsteuerbetrugs besteht ein fundiertes Interesse seitens des Gesetzgebers, die Integrität und Authentizität von Rechnungen zu fordern. Die gesetzlich vorgegebene Voraussetzung einer qualifizierten elektronischen Signatur für die elektronische Rechnungsübermittlung ist jedoch gerade wegen des heutzutage nicht mehr wegzudenkenden Computereinsatzes auch bei der Rechnungserstellung auf Papier und den damit einhergehenden Fälschungsrisiken in einem besonderen Licht zu betrachten. Solange die Möglichkeit der Rechnungsübermittlung auf Papier besteht, wird der Vorsteuerbetrug nicht vollständig zurückgedrängt werden können. Gerade unehrliche Unternehmer werden die notwendigen gesetzlichen Anforderungen vordergründig erfüllen bzw. weiterhin auf Rechnungen auf Papier setzen. Insofern steht die qualifizierte elektronische Signatur in dieser Hinsicht als Synonym für das Spannungsverhältnis zwischen ökonomischem und technischem Fortschritt und berechtigtem rechtlichen Interesse an der Eingrenzung des Umsatzsteuerbetrugs.

III. Angemessene Verlagerung der Überprüfungspflicht auf den Rechnungsempfänger?

Wie bereits ausführlich erläutert, ist Voraussetzung für den Vorsteuerabzug eine ordnungsgemäße Rechnung gem. § 14, 14 a UStG. Eine elektronisch übermittelte Rechnung muss nicht nur alle erforderlichen inhaltlichen Angaben enthalten. Nach den Ausführungen der GDPdU und GoBS hat der Rechnungsempfänger außerdem die Signatur zu überprüfen und weitreichende Aufbewahrungs- und Dokumentationspflichten. Kommt er diesen Pflichten nicht nach, droht ihm die Versagung des Vorsteuerabzuges und die Rückzahlung bereits gezogener Vorsteuer. Bedeuten diese Konsequenzen im Falle des Erhalts einer elektronisch übermittelten Rechnung eine nachteilige Verlagerung des Risikos einer falschen Rechnung auf den Leistungsempfänger?

Sowohl bei auf Papier als auch auf elektronischem Weg übermittelten Rechnungen gelten die Vorschriften hinsichtlich der Vollständigkeit und Richtigkeit der Faktura. Dies bedeutet, dass die Rechnung unabhängig von der Übertragungsform einwandfrei sein muss. Die Überprüfung der inhaltlichen Anforderungen ist vom Empfänger also definitiv vorzunehmen.[159] Die zusätzliche Belastung ergibt sich jedoch bei elektronisch übermittelten Rechnungen aufgrund der darüber hinaus gehenden Überprüfungspflicht der elektronischen Signatur sowie der Dokumentations- und Aufbewahrungspflichten. Ferner sind die GDPdU und die GoBS zu beachten. Fehler bei diesen Vorgängen oder die Nichtbeachtung können den Vorsteuerabzug gefährden, so dass der Empfänger einer elektronischen Rechnung ein zusätzliches Vorsteuerabzugsrisiko trägt.[160] Die Papier-Rechnung hingegen erweckt nach den gesetzlichen Regelungen noch immer ein größeres Vertrauen.

Dem Rechnungsempfänger steht bei alledem aber die gesetzlich festgelegte Möglichkeit zu, elektronische Rechnungen nicht zu akzeptieren und stattdessen die Übermittlung auf dem herkömmlichen Postweg zu verlangen. Dadurch erspart er sich die aufwendigen zusätzlichen Pflichten, die mit einer elektronischen Rechnung einhergehen. Andererseits ist dies kein Zugeständnis an die technische Entwicklung der neuen Medien und sorgt zusätzlich dafür, Archivierungsprozesse nicht optimieren zu können.

Der bei der Akzeptierung von elektronischen Rechnungen entstehende praktische Zwang, ein elektronisches Archiv anzulegen, ist ebenfalls zu berücksichtigen. Das Ausdrucken der Rechnungen zum Zwecke der Aufbewahrung ohne elektronische Langzeitspeicherung der Daten widerspricht den gesetzlichen Regelungen. Jedoch steht der Unternehmer eben auch in diesem Punkt vor einer Abwägung, ob er sich dem modernen Geschäftsverkehr anschließt und die Anforderungen akzeptiert, oder auf die herkömmliche Übermittlung und Aufbewahrung von Rechnungen setzt.

---

[159] Übereinstimmend dazu *Lapp*, ITRB 2006, 44 (46); *Erben/Pawlitschko*, ITRB 2005, 22 (24).
[160] Vgl. *Fittkau*, USTB 2004, 285 (292); ebenso *Zeuner*, in: Bunjes/Geist, Umsatzsteuergesetz, § 14 Rn. 22.

Letztlich bleibt es dem Rechnungsempfänger überlassen, die Vorteile der elektronischen Rechnung zu genießen und das zusätzliche Risiko des Vorsteuerabzugsverlusts einzugehen, so dass ihn die Überprüfungspflicht im Ergebnis nicht benachteiligt.

IV. Aspekte der elektronischen Archivierung

Die elektronische Archivierung von Rechnungen ist an viele zu erfüllende Bedingungen geknüpft. An dieser Stelle soll auf einzelne rechtliche und praktische Problemstellungen vertieft eingegangen werden.

1. Erneuerung elektronischer Signaturen (Übersignierung)

Ein interessanter Aspekt bei der Aufbewahrung von elektronischen Dokumenten im Allgemeinen und der elektronischen Rechnung im Speziellen ist die Sicherheitseignung der qualifizierten elektronischen Signatur über einen langfristigen Zeitraum.

Die Aufbewahrungsfrist für steuerrechtlich relevante Dokumente beträgt zehn Jahre. Dies betrifft unabhängig von ihrer Aufbewahrungsform auch die Rechnung. Insbesondere bei der elektronischen Archivierung jedoch stellt die genannte Frist von zehn Jahren eine vor dem Hintergrund des technischen Fortschritts lange Zeit dar. Anders formuliert bedeutet dies, dass Sicherheit und rechtliche Gültigkeit elektronischer Signaturen einer zeitlichen Begrenzung unterliegen. Denn mit der stetigen Weiterentwicklung in der Kryptanalyse und der Optimierung von Rechnerleistungen steigt auch die Gefahr, dass die zum Ausstellungszeitpunkt sichere Signatur in bestimmter Zeit nicht mehr den Sicherheitsstandards genügt.[161] Insbesondere der asymmetrische Verschlüsselungsalgorithmus einer Signatur wird aufgrund der genannten Fortschritte nur für einen bestimmten Zeitraum als sicher angesehen.[162]

---

[161] Vgl. *Roßnagel/Fischer-Dieskau/Pordesch/Brandner*, CR 2003, 301 (302); *Schneider*, DuD 2003, 91.

[162] *Roßnagel/Fischer/Dieskau/Pordesch/Brandner*, CR 2003, 301 (302); vgl. auch http://www.bsi.bund.de/gshb/deutsch/g/g02079.htm (zuletzt abgerufen am 18. März 2007, 22.20 Uhr).

Für diese Entwicklung auf dem technischen Gebiet ist in § 6 Abs. 1 Satz 2 SigG-2001 vorgesehen, dass der Zertifizierungsdiensteanbieter den Nutzer einer qualifizierten elektronischen Signatur darüber zu unterrichten hat, wann die Signatur nicht mehr als sicher gilt und ein Dokument gegebenenfalls neu signiert werden muss. In § 17 SigV ist vorgeschrieben, dass Daten, die für einen längeren Zeitraum in signierter Form benötigt werden, bei Bedarf neu zu signieren sind. Die Beurteilung bezüglich der Sicherheitseignung der gewählten Algorithmen und des Zeitraums, in dem sie als sicher angesehen werden, übernimmt die Bundesnetzagentur.[163]

Dabei ist anzunehmen, dass eine qualifizierte elektronische Signatur nur mit einem gleichwertigen oder höheren Signaturverfahren übersigniert werden darf, da sonst das gesetzlich geforderte hohe Maß bei der zweiten Signierung umgangen werden könnte.[164] Die erneute Signierung muss vor Ablauf der Eignung der bei der Erstsignierung eingesetzten Algorithmen oder der dazugehörigen Parameter erfolgen. Der aufbewahrungspflichtige Rechnungsempfänger muss sich also in regelmäßigen Abständen vergewissern, dass die elektronischen Signaturen der archivierten Rechnungen noch als geeignet anzusehen sind und gegebenenfalls eine Übersignierung vornehmen.

Problematisch und aufwendig wird die erneute Signierung bei großen Archiven. Es ist jedoch nicht erforderlich, jede einzelne Rechnung neu zu signieren. Vielmehr kann eine später erteilte Signatur zum Zwecke der Langzeitsicherung viele Dokumente umfassen.[165]

Um elektronische übermittelte Rechnungen für den gesamten steuerrechtlich relevanten Zeitraum von zehn Jahren rechtskonform aufzubewahren, müssen die damit verknüpften qualifizierten elektronischen Signaturen

---

[163] Die im Jahr 2006 als geeignet angesehenen Algorithmen zur Erfüllung der Anforderungen des § 17 SigV sind veröffentlicht im Bundesanzeiger Nr. 58, 1913 ff.; siehe auch http://www.bundesnetzagentur.de/media/archive/5951.pdf (zuletzt abgerufen am 18. März 2007, 22.20 Uhr).

[164] So auch *Brandner/Pordesch/Roßnagel/Schachermayer*, DuD 2002, 97 (98); *Roßnagel/Fischer-Dieskau/Pordesch/Brandner*, CR 2003, 301 (304).

[165] *Roßnagel/Fischer-Dieskau/Pordesch/Brandner*, CR 2003, 301 (304).

folglich regelmäßig auf ihre Sicherheitseignung überprüft und mit einer erneuten Signierung an die veränderten technischen Gegebenheiten angepasst werden. Dies bedeutet für den Aufbewahrenden einen zusätzlichen technischen Aufwand im Vergleich zur Archivierung von Papierdokumenten.

2. Praktische Probleme bei der Langzeitarchivierung

Die Aufbewahrung von elektronischen Rechnungen ist jedoch nicht nur im Hinblick auf die Erneuerung von Signaturen mit zusätzlichem Aufwand verbunden. Praktische Probleme stellen sich insbesondere dadurch, dass den Finanzbehörden die Einsichtnahme in die archivierten Dokumente auch Jahre später noch ohne weiteres möglich gemacht werden muss.

a. Archivierung von Hard- und Software

Digital gespeicherte Unterlagen sind abhängig von bestimmter Software, einem kompatiblen Betriebssystem und den Speichermedien, die für die Archivierung eingesetzt werden. Insbesondere die fortschreitende Entwicklung von Datenträgern stellt den aufbewahrungspflichtigen Unternehmer regelmäßig vor Schwierigkeiten. Denn zum Einen haben digitale Speichermedien nur eine begrenzte Haltbarkeit. Zum Anderen ist vor dem Hintergrund der technischen Entwicklung nicht sichergestellt, dass ein Datenträger, der mit der heutigen Hard- und Software ausgelesen werden kann, auch in Zukunft noch von neueren Computersystemen unterstützt wird. Als Beispiel lässt sich die Entwicklung der 5¼-Zoll-Diskette anführen, die vor etwa dreißig Jahren auf den Markt kam und in ihren Kapazitäts- und Nutzungsmöglichkeiten bereits in den 1980er Jahren von der 3½-Zoll-Diskette abgelöst wurde. Doch auch das kleinere Diskettenformat ist mittlerweile obsolet und wird in der modernen Hardwareausrüstung nicht mehr berücksichtigt. Die Mindesthaltbarkeit von 3½-Zoll-Disketten beträgt nur etwa drei Jahre.[166] Für den für elektronisch aufbewahrte Rechnungen geforderten Les- und Verfügbarkeitszeitraum von zehn Jahren kann ein solcher Datenträger also keine Gewähr bieten.

---

[166] *Andres/Huss*, JurPC Web-Dok. 99/2002, Abs. 27.

In der heutigen Zeit stehen als Speichermedien vor allem die sog. WORM-Technologien[167] wie CD-ROM oder DVD sowie ferro-magnetische Festplatten im Vordergrund. Die Lesbarkeit einer beschreibbaren CD-ROM wird mit mindestens zehn Jahren angegeben,[168] so dass diese den Archivierungsanforderungen grundsätzlich genügt. Andere Datenträger wie Flash-Speicher auf USB-Sticks oder SD-Speicherkarten hingegen haben bei einfacherer Benutzung teilweise bereits mehr Speicherkapazität als eine gewöhnliche CD-ROM. Die Sicherheit, dass diese Entwicklung die CD-ROM in Zukunft nicht überflüssig machen wird, kann nicht ausgeschlossen werden.

Eine Möglichkeit, den schnellen technischen Fortschritt mit den Erfordernissen der elektronischen Archivierung in Einklang zu bringen, ist neben der Aufbewahrung der Datenträger die zusätzliche Lagerung der zum Zeitpunkt des Rechnungserhalts aktuellen Hard- und Software. Auf diese Weise kann zumindest dem Problem begegnet werden, dass die vorhandenen Daten aufgrund der Obsoleszenz des Trägermediums nicht mehr visualisiert werden können.

b. Unveränderbarkeit der Daten und Datenverlust

Die Archivierung der Computersysteme kann allerdings nicht vor eventuellem Datenverlust auf den Speichermedien schützen. Die Lesbarkeit der Rechnungen ist über mindestens zehn Jahre zu ermöglichen. Zudem muss gewährleistet sein, dass die Finanzbehörden im Rahmen des Online-Zugriff jederzeit unverzüglich auf die Daten zugreifen können.

In diesem Zusammenhang besteht der wesentliche Vorteil eines WORM-Mediums gegenüber Festplatten oder Flash-Speicherkarten darin, dass das einmal beschriebene Medium nicht mehr geändert werden kann und somit schreibgeschützt ist. Die Unveränderbarkeit und Revisionssicherheit der gespeicherten Daten ist auf einem WORM-Medium sichergestellt. Dies betrifft indes nicht die heutzutage ebenfalls erhältlichen mehrfach be-

---

[167] WORM ist die Abkürzung für „Write Once Read Many".
[168] Vgl. *Werner*, CR 2000, 807.

schreibbaren CD-RWs bzw. DVD-RWs. Jedoch hängt die Lebensdauer der Daten beträchtlich von der gewählten Lagerung und der Behandlungsweise des Trägermediums ab.[169] Gerade in diesem Punkt ist die elektronische Aufbewahrung von Rechnungen anfällig für ungewollten Datenverlust. Bereits kleine Kratzer auf der beschriebenen Seite einer CD oder erhebliche Sonneneinstrahlung können die gesicherten Daten derart beschädigen, dass sie vom Laufwerk nicht mehr gelesen werden können und eine Visualisierung am Bildschirm unmöglich wird.[170] Darüber hinaus können Fehler bei der Verarbeitung der Rechnungen oder in der verwendeten Software selbst unbemerkt Schäden oder Veränderungen an den Daten hervorrufen bzw. diese komplett vernichten.

Schließlich steht die generelle Mindesthaltbarkeit von heutigen Speichermedien zwar nicht im Widerstreit mit dem gesetzlich geforderten Aufbewahrungszeitraum von elektronischen Rechnungen. Jedoch sind die Risiken des Datenverlusts zu beachten, die im Vergleich zur Archivierung von Papierdokumenten weitaus höher sind.

---

[169] *Werner*, CR 2000, 807.
[170] Zur Handhabung und Haltbarkeit von CDs und DVDs sowie zur Fehleranfälligkeit siehe *Byers*, Care and Handling of CDs and DVDs – A Guide for Librarians and Archivists, NIST Special Publication 500-252, http://www.itl.nist.gov/div895/carefordisc/CDandDVDCareandHandlingGuide.pdf (zuletzt abgerufen am 18. März 2007, 22.30 Uhr).

D. Schlussbetrachtung und Ausblick

I. Kritische Würdigung der hohen Anforderungen an elektronische Rechnungen

Die Anforderungen an die Ausstellung und Aufbewahrung von elektronischen Rechnungen sind zahlreich, komplex und teilweise nur unter großen Anstrengungen einzuhalten. Einige der Probleme ergeben sich aus der Beschaffenheit eines elektronischen Dokuments selbst, andere hingegen werden durch genau einzuhaltende Regelungen hervorgerufen. Bei den Versuchen, die Defizite einer elektronischen Rechnung wie beispielsweise Manipulierbarkeit durch strikte gesetzliche Vorgaben zu kompensieren, tritt die Privilegierung einer auf traditionellem Weg übermittelten Rechnung auf Papier zum Vorschein. Diese Bevorzugung ergibt sich nicht ausdrücklich aus dem Gesetz. Vielmehr hat der Gesetzgeber durch Einführung der Möglichkeit einer elektronischen Rechnungsstellung eine Gleichstellung der Übermittlungswege angestrebt. Allerdings kann nicht übersehen werden, dass gerade die nicht erforderliche Unterschrift einer per Post versandte Rechnung eine erhebliche Erleichterung im Vergleich zur qualifizierten elektronischen Signatur einer elektronischen Rechnung bedeutet.

Des Weiteren erfordern die zahlreichen zu beachtenden Aufbewahrungsvorschriften einen erheblichen organisatorischen Aufwand, der die Vorteile der elektronischen Archivierung hinsichtlich Platzeinsparung und Lagerung relativiert. Überdies muss bei der Aufbewahrung der notwendigen Datenträger besonders achtsam vorgegangen werden, um nicht ungewollt Daten zu vernichten. Das Spannungsverhältnis zwischen technischem Fortschritt und rechtlichen Regelungen ist für den Unternehmer ein Problem, das eine umfangreiche Abwägung zwischen den Vorteilen und Risiken sowie eine Analyse hinsichtlich des eigenen Nutzens der elektronischen Rechnungsstellung unumgänglich macht.

Die Ungleichbehandlung von elektronisch übermittelten Rechnungen ist vor dem Hintergrund der genannten Gefahrenpotentiale beim Vorsteuerbetrug nachvollziehbar und ein richtiger Schritt, das erstrebte Ziel – die Eindämmung des Umsatzsteuerbetrugs – zu erreichen. Allerdings darf dabei die andere Seite nicht außer Acht gelassen werden. In der heutigen Zeit birgt die elektronische Rechnungsstellung erhebliches Einsparungspotential. Darüber hinaus ist sie wegen des nicht mehr erforderlichen Papiers auch eine ökologisch sinnvolle Möglichkeit, den Geschäftsverkehr zu optimieren.

Der Zweck der Eindämmung des Umsatzsteuerbetrugs wird darüber hinaus nicht erreicht, wenn die elektronische Rechnungsstellung von vielen Unternehmern nicht angenommen und weiterhin auf Rechnungen per Post vertraut wird.

Qualifizierte elektronische Signaturen sind im Rechtsverkehr insbesondere dort sinnvoll, wo es auf den Beweiswert eines elektronischen Dokuments ankommt oder die Schriftform ersetzt werden soll. Die Funktion einer elektronischen Rechnung hingegen ist von diesen Aspekten nur teilweise betroffen. Das Erfordernis einer qualifizierten elektronischen Signatur stellt meines Erachtens daher eine Überreglementierung dar, die das eBilling einschränkt.

II. Die Zukunft der elektronischen Rechnung

Die mit der Einführung der Möglichkeit einer elektronischen Rechnungsstellung geäußerten Erwartungen, dass eine weitere Hürde für den elektronischen Geschäftsverkehr wegfalle,[171] sind nur teilweise erfüllt worden. Die erhöhten Anforderungen an die elektronische Rechnung und ihre Archivierung relativieren die Hoffnungen und machen diesen Weg der Rechnungsstellung noch immer nicht attraktiv genug, um sich gegenüber dem traditionellen Versand per Brief signifikant durchzusetzen.

Die Einführung eines Schriftformerfordernisses für Rechnungen brächte den Geschäftsverkehr insbesondere bei größeren Unternehmen, in denen die Rechnungen ohnehin automatisch per Computer erstellt und dann ausgedruckt werden, fast vollständig zum Erlahmen. Daher wäre ein solcher

---

[171] So *Andres/Huss*, JurPC Web-Dok. 99/2002, Abs. 29 u. 31; ähnlich *Schmidl*, CR 2002, 508 (517).

Weg, der den Vorsteuerbetrug sicherlich weiter eindämmen könnte, absolut ungeeignet.

Da Rechnungen heutzutage nicht mehr ohne weiteres nach Handschrift, Schreibmaschinen- und Computerdruck unterschieden werden können, könnte die Attraktivität der elektronischen Rechnung gesteigert werden, wenn auf die qualifizierte elektronische Signatur verzichtet würde und stattdessen eine fortgeschrittene elektronische Signatur Anwendung fände. Damit fiele das zusätzlich erforderliche qualifizierte Zertifikat sowie die benötigte Hardware in Form von sicheren Signaturerstellungseinheiten weg. Eine Annäherung an die Anforderungen an eine per Post übermittelte Rechnung könnte erreicht werden, ohne jedoch auf eine Überprüfung der Integrität und Authentizität völlig verzichten zu müssen. Hinsichtlich der Gefährdungspotentiale der elektronischen Rechnung wäre die fortgeschrittene Signatur ebenfalls ausreichend. Zwar büßte man mangels qualifizierten Zertifikats eine gewisse Sicherheit bei der Identifizierung des Rechnungsausstellers ein. Jedoch stellte dies vor dem Hintergrund der vorhandenen Fälschungsgefahren bei Rechnungen auf Papier keine signifikante zusätzliche Unsicherheit für das Vertrauen in die Rechnung dar. Die Unverfälschtheit des übermittelten Dokuments wäre aufgrund des Public-Key-Verfahrens ebenfalls gewährleistet.

Überdies stünde eine fortgeschrittene elektronische Signatur im Einklang mit den europarechtlichen Vorgaben.

Allerdings ist angesichts der Möglichkeit, den Vorsteuerbetrug eingrenzen zu können, nicht davon auszugehen, dass der Gesetzgeber die rechtlichen Anforderungen an die elektronische Rechnung erleichtern wird.

Es bleibt daher abzuwarten, ob im Zuge des weiteren technischen Fortschritts die qualifizierte elektronische Signatur anwendungsfreundlicher gestaltet und ihr damit zum endgültigen Durchbruch in der Rechnungsstellung verholfen werden kann. Ökonomische und ökologische Aspekte sind dabei stets ihre Fürsprecher.

Die rechtliche Beurteilung von „Spam-Mails"nach deutschem und europäischem Recht

Christian Klügel
cand. iur. an der
Gottfried Wilhelm Leibniz Universität Hannover

Inhaltsverzeichnis

Abkürzungsverzeichnis

a.A.	andere/-r Ansicht
Abs.	Absatz
a.F.	alte Fassung
AfP	Archiv für Presserecht
AG	Amtsgericht
Alt.	Alternative
BB	Betriebs-Berater
BDSG	Bundesdatenschutzgesetz
BGB	Bürgerliches Gesetzbuch
BGBl	Bundesgesetzblatt
BGH	Bundesgerichtshof
bspw.	beispielsweise
BT	Bundestag
bzgl.	bezüglich
bzw.	beziehungsweise
CR	Computer und Recht
d.h.	das heißt
Diss	Dissertation
Drucks	Drucksache
DuD	Datenschutz und Datensicherung
EG	Vertrag zur Gründung der Europäischen Gemein-schaft
etc.	et cetera
evtl.	eventuell/-e/-en/-er/-es
gem.	gemäß
Gf.	Geschätsführer
GG	Grundgesetz
ggf.	gegebenenfalls
grds.	grundsätzlich
GRUR	Gewerblicher Rechtsschutz und Urheberrecht
GRUR Int	Gewerblicher Rechtsschutz und Urheberrecht – Auslands- und Internationaler Teil
Hrsg.	Herausgeber/-in
i.d.S.	in diesem Sinne
i.R.	im Rahmen
i.R.d.	im Rahmen der/-des
i.R.s.	im Rahmen seiner
i.S.d.	im Sinne der/des
i.S.v.	im Sinne von
i.V.m.	in Verbindung mit
JA	Juristische Arbeitsblätter
K&R	Kommunikation uns Recht
LG	Landesgericht
lit.	litera
MarkenG	Gesetz über den Schutz von Marken und sonstigen Kennzeichen
MDR	Monatsschrift für deutsches Recht
MdStV	Mediendienste-Staatsvertrag

MMR	MultiMedia und Recht
NJW	Neue Juristische Wochenschrift
Nr.	Nummer
o.ä.	oder ähnliche/-es
o.g.	oben genannte/-en/-er/-es
OLG	Oberlandesgericht
Rs.	Rechtssache
S.	Seite/-n
Slg.	Sammlung (der EuGH-Rechtsprechung)
SigG	Signaturgesetz
sog.	sogenannt/-e/-en/-er/-es
StGB	Strafgesetzbuch
TDDSG	Teledienstedatenschutzgesetz
TDG	Teledienstegesetz
TKG	Telekommunikationsgesetz
TMG	Telemediengesetz
u.a.	und andere
UKlaG	Unterlassungsklagegesetz
u.U.	unter Umständen
UWG	Gesetz gegen den unlauteren Wettbewerb
vgl.	vergleiche
VuR	Verbraucher und Recht
WRP	Wettbewerb in Recht und Praxis
z.B.	zum Beispiel
zit.	zitiert
ZRP	Zeitschrift für Rechtspolitik
z.T.	zum Teil

Literaturverzeichnis

Ahrens, *Hans-Jürgen*
Das Herkunftslandprinzip in der E-Commerce-Richtlinie,
CR (12) 2000, S. 835 ff.

Alexander, *Christian*
Die strafbare Werbung in der UWG-Reform, WRP (4) 2004, S. 407 ff.

Arndt, *Hans-Wolfgang*
Europarecht, 8. Auflage, Heidelberg 2006.

Ayad, *Patrick*
E-Mail-Werbung – Rechtsgrundlagen und Regelungsbedarf,
CR (8) 2001, S. 533 ff.

Ayad, *Patrik* **/ Schafft,** *Thomas*
Einwilligung ins Direktmarketing – formularmäßig unwirksam?,
BB (34) 2002, S. 1711 ff.

Baetge, *Dietmar*
Unverlangte E-Mail-Werbung zwischen Lauterkeits- und Deliktsrecht,
NJW (15) 2006, S. 1037 ff.

Bender, *Rolf* **/ Kahlen,** *Christine*
Neues Telemediengesetz verbessert den Rechtsrahmen für Neue
Dienste und Schutz vor Spam-Mails, MMR (9) 2006, S. 590 ff.

Berlit, *Wolfgang*
Wettbewerbsrecht – Ein Grundriss, 6. Auflage, München 2005.

Boesche, *Katharina*
Wettbewerbsrecht, 1. Auflage, Berlin 2005.

Borchardt, *Klaus-Dieter*
Die rechtlichen Grundlagen der Europäischen Union, 3. Auflage,
Heidelberg 2006, (zit.: Borchardt, Europäische Union).

Bühring, *Dietrich*
Der Einsatz von Laien als Werber unter Gewährung einer
Werbeprämie, WRP (11) 1958, S. 81 ff.

Bülow, *Peter* **/ Artz,** *Markus*
Fernabsatzverträge und Strukturen eines Verbraucherprivatrecht im
BGB, NJW (29) 2000, S. 2049 ff.

Dieselhorst, *Jochen* **/ Schreiber,** *Lutz*
Die Rechtslage zum E-Mail-Spamming in Deutschland,
CR (9) 2004, S. 680 ff.

Eckhardt, *Jens*
Datenschutzrichtlinie für elektronische Kommunikation –
Auswirkungen auf die Werbung mittels elektronischer Post, MMR (9)
2003, S. 557 ff.

Eggendorfer, *Tobias*
No Spam! Besser vorbeugen als heilen, 1. Auflage, Frankfurt 2005.

Ekey, *Friedrich* / **Klippel,** *Diethelm* / **Kotthoff,** *Jost* / **Meckel,** *Astrid* /
Plaß, *Gunda*
Heidelberger Kommentar zum Wettbewerbsrecht, 2. Auflage,
Heidelberg 2005, (zit.: Ekey u.a. Wettbewersrecht).

Engels, *Stefan* / **Eimterbäumer,** *Elke*
Sammeln und Nutzen von e-Mail-Adressen zu Werbezwecken,
K&R (5) 1998, S. 196 ff.

Engels, *Stefan* / **Salomon,** *Thomas*
Vom Lauterkeitsrecht zum Verbraucherschutz: UWG-Reform 2003,
WRP (1) 2004, S. 32 ff.

Ernst, *Stefan*
Verbraucherschutzrechtliche Aspekte des Internets,
VuR (8) 1997, S. 259 ff.

Ernst, *Stefan* / **Seichter,** *Dirk*
Werben mittels E-Cards – Rechtliche Beurteilung als Spamming?,
MMR (12) 2006, S. 779 ff.

Fezer, *Karl-Heinz (Hrsg.)*
Lauterkeitsrecht – Kommentar zum Gesetz gegen den unlauteren
Wettbewerb, Band 1: §§ 1 – 4 UWG, 1. Auflage, München 2005
(zit.: Fezer UWG).

Fikentscher, *Wolfgang* / **Möllers,** *Thomas*
Die (negative) Informationsfreiheit als Grenze von Werbung und
Kunstdarbietung, NJW (19) 1998, S. 1337 ff.

Finger, *Thorsten*
Strafbarkeitslücken bei so genannten Kettenbrief-, Schneeball- und
Pyramidensystemen, ZRP (5) 2006, S. 159 ff.

Frank, *Thomas*
„You've got (Spam-) Mail" – Zur Strafbarkeit von E-Mail-Werbung,
CR (2) 2004, S. 123 ff.

Freitag, *Andreas* / **Busemann,** *Rudolf*
Zur wettbewerbsrechtlichen Zulässigkeit von elektronischer Post als
Mittel des Direktmarketing, AfP (5) 1998, S. 475 ff.

Funk, *Axel*
Wettbewerbsrechtliche Grenzen von Werbung per E-Mail,
CR (7) 1998, S. 411 ff.

Gercke, *Marco*
Die Strafbarkeit von „Phishing" und Identitätsdiebstahl,
CR (8) 2005, S. 606 ff.

Glöckner, *Jochen*
„Cold Calling" und europäische Richtlinie zum Fernabsatz – ein
trojanisches Pferd im deutschen Lauterkeitsrecht,
GRUR Int. (1) 2000, S. 29 ff.

Günther, *Andreas*
Erwünschte Regelung unerwünschter Werbung?,
CR (3) 1999, S. 172 ff.

Harte-Bavendamm, *Henning* / **Henning-Bodewig,** *Frauke*
Gesetz gegen den unlauteren Wettbewerb (UWG) – Kommentar,
1. Auflage, München 2004.

Härting, *Niko*
Internetrecht, 2. Auflage, Köln 2005.

Härting, *Niko* / **Eckart,** *Christian*
Provider gegen Spammer – können sich Provider mit rechtlichen
Ansprüchen gegen die Mailflut wehren?, CR (2) 2004, S. 119 ff.

Haltern, *Ulrich*
Europarecht – Dogmatik im Kontext, 1. Auflage, Tübingen 2005
(zit.: Haltern, Europarecht).

Haug, *Volker*
Grundwissen Internetrecht, 1. Auflage, Stuttgart 2005.

Hefermehl, *Wolfgang* / **Köhler,** *Helmut* /
Bornkamm, *Joachim*
Wettbewerbsrecht, 25. Auflage, München 2007
(zit.: Hefermehl/ Köhler/ Bornkamm).

Hermann, *Peter*
Die Erheblichkeitsschwelle i.S.des § 3 UWG-E,
GRUR (2) 2004, S. 94 ff.

Hermann, *Peter (Hrsg.)* / **Hirsch,** *Günter (Hrsg.)*
Münchener Kommentar zum Lauterkeitsrecht, Band 2, §§ 5-22 UWG,
1. Auflage, München 2006 (zit.: MüKo zum Lauterkeitsrecht).

Hilgendorf, *Eric* / **Frank,** *Thomas* / **Valerius,** *Brian*
Computer- und Internetstrafrecht, 1. Auflage, Heidelberg 2005
(zit.: Hilgendorf/ Frank/ Valerius).

Hoeren, *Thomas*
Vorschlag für eine EU-Richtlinie über E-Commerce – eine erste
kritische Analyse, MMR (4) 1999, 192 ff.

Hoeren, *Thomas*
BGH: E-Mail-Werbung, Anmerkung zu: BGH, Urteil vom 11.03.2004,
MMR (6) 2004, S. 386 ff.

Hoeren, *Thomas*
Virenscanning und Spamfilter – Rechtliche Möglichkeiten im Kampf
gegen Viren, Spams & Co., NJW (49) 2004, S. 3513 ff.

Ingerl, *Reinhard* / **Rohnke**, *Christian*
Kommentar zum Markengesetz, 2. Auflage, München 2003 (zit.:
Ingerl/ Rohnke, MarkenG).

Jankowski, *Rayner*
Kosten beim Empfänger unerwünschter E-Mails – nur ein
Scheinargument?, K&R (10) 2000, S. 499 ff.

Kelm, *Stefan*
Technische Maßnahmen gegen Spam, DuD (1) 1999, S. 27 ff.

Koenig, *Christian* / **Röder**, *Ernst*
Die EG-Datenschutzrichtlinie für Telekommunikation – Verpflichtung
auch für Internetdienstleister, CR (10) 2000, 668 ff.

Köhler, *Helmut*
UWG-Reform und Verbraucherschutz, GRUR (4) 2003, S. 265 ff.

Köhler, *Helmut*
Die „Bagatellklausel" in § 3 UWG, GRUR (1) 2005, S. 1 ff.

Lackner, *Karl* / **Kühl**, *Kristian*
Strafgesetzbuch – Kommentar, 25. Auflage, München 2004
(zit.: Lackner/ Kühl).

Lange, *Knut Werner*
Neue Marketingstrategien im Internet – Ökonomische und rechtliche
Analyse, BB (11) 2002, S. 561 ff.

Lehmler, *Lutz*
UWG – Kommentar zum Wettbewerbsrecht, 1. Auflage, Neuwied
2007 (zit.: Lehmler, Kommentar zum UWG).

Leible, *Stefan*
Spam oder nicht Nicht-Spam, das ist hier die Frage,
K&R (11) 2006,S. 485 ff.

Leible, *Stefan* / **Sosnitza**, *Olaf*
Telefonwerbung und Fernabsatzrichtlinie, K&R (7) 1998, S. 283 ff.

Leisse, *Gerd* / **Traub**, *Fritz*
Schadensschätzung im unlauteren Wettbewerb - Beitrag zur
Bezifferung des Entgangenen Gewinns, GRUR (1) 1980, S. 1 ff.

Leistner, *Matthias* / **Pothmann**, *Julia*
E-Mail-Direktmarketing im neuen europäischen Recht und in der
UWG Reform, WRP (7) 2003, S. 815 ff.

Lettl, *Tobias*
Rechtsfragen des Direktmarketings per Telefon und e-mail,
GRUR (11-12) 2000, S. 977 ff.

Lettl, *Tobias*
Das neue UWG, 1. Auflage, München 2004.

Lettl, *Tobias*
Der Schutz der Verbraucher nach der UWG-Reform,
GRUR (6) 2004, S. 449.

Leupold, *Andreas*
Die massenweise Versendung von Werbe-eMails: Innovatives Direkt-
marketing oder unzumutbare Belästigung des Empfängers?,
WRP (3) 1998, S. 270 ff.

Loewenheim, *Ulrich* / **Koch**, *Frank*
Praxis des Online-Rechts, 1. Auflage, Weinheim 1998.

Mankowski, *Peter*
Besondere Formen von Wettbewerbsverstößen im Internet und
Internationales Wettbewerbsrecht, GRUR Int. (11) 1999, S. 995 ff.

Micklitz, *Hans-W.* / **Reich**, *Norbert*
Umsetzung der EG-Fernabsatzrichtlinie im Blickpunkt:
Referentenentwurf eines Fernabsatzgesetzes, BB (41) 1999, S. 2093 ff.

Micklitz, *Hans-W.* / **Schirmbacher**, *Martin*
Distanzkommunikation im europäischen Lauterkeitsrecht,
WRP (2) 2006, S. 148 ff.

Mohr, *Alexander*
Internetspezifische Wettbewerbsverstöße, 1. Auflage, Karlsruhe 2006.

Nippe, *Wolfgang*
Belästigung zwischen Wettbewerbshandlung und Werbung – Zur
Auslegung des Begriffs der Werbung in § 7 Abs. 2 UWG,
WRP 2006, 951 ff.

Ohly, *Ansgar*
„Volenti non fit iniuria" - Die Einwilligung im Privatrecht, 1. Auflage,
Tübingen 2002 (zit.: Ohly, Die Einwilligung im Privatrecht).

Ohly, *Ansgar*
Das neue UWG – Mehr Freiheit für den Wettbewerb?,
GRUR (11) 2004, S. 889 ff.

Palandt, *Otto* / **Bassenge**, *Peter* / **Brudermüler**, *Gerd*
Palandt – Bürgerliches Gesetzbuch – Kommentar, 66. Auflage,
München 2007 (zit.: Palandt).

Pierson, *Matthias*
Online-Werbung nach der UWG-Reform – Teil 1,
K&R (11) 2006, S. 489 ff.

Pierson, *Matthias*
Online-Werbung nach der UWG-Reform – Teil 2,
K&R (12) 2006, S. 547 ff.

Piper, *Henning /* **Ohly,** *Ansgar*
Gesetz gegen den unlauteren Wettbewerb – Kommentar, 4. Auflage, München 2006 (zit.: Piper/Ohly).

Popp, *Andreas*
Von „Datendieben" und „Betrügern" – Zur Strafbarkeit des so genannten „phishing", NJW (49) 2004, S. 3517 ff.

Prasse, *Christian*
Spam-E-Mails in der neuen Rechtsprechung, MDR (7) 2006, S. 361 ff.

Reichelsdorfer, *Jörg*
„eMails" zu Werbezwecken – ein Wettbewerbsverstoß?, GRUR (3) 1997, 191 ff.

Rösler, *Hannes*
Werbende E-Karten – Zur Zulässigkeit von Mischformen zwischen elektronischem Direktmarketing und privater Kommunikation, WRP (4) 2005, S. 438 ff.

Schlaffge, *Andrea*
Wettbewerbsrechtliche Probleme des Direktmarketing im deutschen und europäischen Recht unter besonderer Berücksichtigung von E-Mail-Werbung, Diss., Düsseldorf 2002
(zit.: Schlafgge, Wettbewerbsrechtliche Probleme des Direktmarketing).

Schmidl, *Michael*
Private E-Mail-Nutzung – Der Fluch der guten Tat, DuD (29) 2005, S. 267 ff.

Schmittmann, *Jens*
LG Traunstein: Wettbewerbswidrige E-Mail-Werbung, Anmerkung zu: LG Traunstein, Beschluss vom 18.12.1997, MMR (1) 1998, S. 53 ff.

Schmittmann, *Jens*
Kosten beim Empfänger unerwünschter E-Mail-Werbung, K&R (3) 2002, S. 135 ff.

Schönke, *Adolf /* **Schröder,** *Horst*
Strafgesetzbuch – Kommentar, 27. Auflage, München 2006.

Schrey, *Joachim*
Nachlese: Wettbewerbswidrige „Junk-E-Mails", Kommentar zu: LG Traunstein, Beschluss vom 18.12.1997, K&R, (5) 1998, S. 222 ff.

Schrick, *Alexandra*
Direktmarketing mittels E-Mail und seine Entwicklung, MMR (7) 2000, S. 399 ff.

Schünemann, *Wolfgang*
„Unlauterkeit" in den Generalklauseln und Interessenabwägung nach neuem UWG, WRP (8) 2004, S. 925 ff.

Schütze, *Rolf*
Rechtsverfolgung im Ausland – Probleme des ausländischen und internationalen Zivilprozessrechts, 3. Auflage, Heidelberg 2002.

Schulze, *Reiner (Schriftl.)* / **Dörner**, *Heinrich* / **Ebert**, *Ina* / **Eckert**, *Jörn* / **Hoeren**, *Thomas*
Bürgerliches Gesetzbuch – Handkommentar, 5. Auflage, Baden-Baden 2007 (zit.: Hk-BGB).

Schmelz, *Christoph*
Ende der E-Mail-Werbung oder E-Mail-Werbung ohne Ende, JA (3) 2000, S. 242 ff.

Spindler, *Gerald* / **Ernst**, *Stefan*
Vertragsgestaltung für den Einsatz von E-Mail-Filtern, CR (6) 2004, S. 437 ff.

Splittgerber, *Andreas* / **Zscherpe**, *Kerstin* / **Goldmann**, *Enno*
Werbe-E-Mails – Zulässigkeit und Verantwortlichkeit, WRP 2006, S. 178.

Steckler, *Brunhilde (Hrsg.)* / **Pepels**, *Werner (Hrsg.)*
Das Recht im Direktmarketing, 1. Auflage, Berlin 2006.

Strömer, *Tobias*
Online-Recht – Juristische Probleme der Internet-Praxis erkennen und vermeiden, 4. Auflage, Heidelberg, 2006 (zit.: Strömer, Online-Recht).

Topf, *Jochen* / **Etrich**, *Matthias* / **Heidrich**, *Jörg* / **Romeo**, *Leslie* / **Thorbrügge**, *Marco* / **Ungerer**, *Bert*
Antispam-Strategien – Unerwünschte E-Mails erkennen und abwehren, 1. Auflage, Bonn 2005 (zit.: Topf/ua., Antispam-Strategien).

Tröndle, *Herbert* / **Fischer**, *Thomas*
Strafgesetzbuch und Nebengesetze – Kommentar 54. Auflage, München 2007.

Vehslage, *Thorsten*
E-Mail-Werbung, DuD (1) 1999, S. 22 ff.

Vehslage, *Thorsten*
K&R-Kommentar – LG Kiel, Urteil vom 30.09.1999 – 110 C 243/99, K&R (4) 2000, S. 203 ff.

Weiler, *Frank*
Spamming – Wandel des europäischen -Rechtsrahmens, MMR, (4) 2003, S. 223 ff.

Wendlandt, *Bettina*
Europäische, deutsche und amerikanische Regelungen von E-Mail-Werbung – Überlegungen zum Nutzen des „CAN-SPAM Act", MMR (6) 2004, S. 365 ff.

Woitke, *Thomas*
Informations- und Hinweispflichten im E-Commerce,
BB (47) 2003, S. 2469 ff.

Zscherpe, *Kerstin*
Anforderungen an die Datanschutzrechtliche Einwilligung im Internet,
MMR (11) 2004, S. 723 ff.

Ziem, *Claudia*
Spamming – Zulässigkeit nach § 1 UWG, Fernabsatzrichtlinie und E-
Commerce-Richtlinienentwurf, MMR (3) 2000, S. 129 ff.

Internetquellen

AGOF.de
AGOF – Arbeitsgemeinschaft Online-Forschung e.V.,
http://www.agof.de

Arbeitsgemeinschaft Online Forschung (AGOF) e.V.
Berichtsband – Teil 1 zur internet facts 2006-II,
http://www.agof.de/index.download.c98f9875573fa1d7a9d101f5c180
9b93.pdf

Bundesgesetzblatt online
Bundesanzeiger Verlagsgesellschaft mbh, http://www.bgbl.de/

Bundesministerium für Wirtschaft und Technologie
offizielle Homepage, http://www.bmwi.de/

Die Welt.de
„Online-Werbung legt stark zu", erschienen am: 09.01.2007,
http://www.welt.de/data/2007/01/09/1171197.html

Duden.de
Bibliographisches Institut & F.A. Brockhaus AG, offizielle Homepage,
http://www.duden.de/

Dysart, Joe
in: Financial Times, 17.03.2000, INSIDE TRACK: Whatever you do,
don't spam – Zusammenfassung,
http://www.joedysart.com/EMAILMARKETINGFT.htm

Europarat
offizielle Homepage, http://www.coe.int

Google Inc.
http://www.google.de/

Heidrich, Joerg
Kanzlei Joerg Heidrich, http://www.recht-im-internet.de/

heise online
Heise, Christian (Hrsg.)/ **Heise**, Ansgar (Gf./Hrsg.)/ **Perrson**,
Christian (Hrsg.), Heise Medien Gruppe, http://www.heise.de/

Hoeren, Thomas
Internetrecht, Stand: Juni 2006, http://www.uni-
muenster.de/Jura.itm/hoeren/material/Skript/skript_Juni2006.pdf

Hormel Foods Coorperation
offizielle Homepage, http://www.spam.com/

Langenscheidt, Andreas (Gf.)
Langenscheidt Fremdwörterbuch – Onlineversion,
http://www.langenscheidt.de/cgi-bin/fremdwb/searchfw.pl.

Langenscheidt, *Andreas (Gf.)*
Langenscheidt Internet-Wörterbuch – Onlineversion,
http://www.networds.de/.

Marshal *Limited*
offizielle Homepage, http://www.marshal.com/

OnlineAbzocke.de
http://www.onlineabzocke.de

Python, *Monty*
offizielle Homepage, http://pythonline.com/

Rothe, *Robert (Gf.)*
eleven GmbH, offizielle Homepage, http://www.eleven.de/de/

Tagesschau.de
Norddeutscher Rundfunk, offizielle Homepage,
http://www.tagesschau.de/

Templeton, Brad
private Homepage, http://www.templetons.com/brad/

The New Hacker's Dictionary
http://www.drbbs.com/jsw/jargon/jargon_34.html#TAG1799

Wikipedia *die freie Enzyklopädie*
http://de.wikipedia.org/wiki/Hauptseite

Einleitung

„Sie haben 78 neue Nachrichten"?!

Eine ganz ähnliche Entdeckung machen täglich Millionen von Internetusern, wenn sie das elektronische Postfach ihres E-Mail-Accounts öffnen. Die Ursache für dieses „Ärgernis" ist Spam, die massenhafte Versendung von unerwünschten E-Mails. Das Phänomen ist allgegenwärtig. Allein im letzten Jahr hat sich das Spam-Mail-Aufkommen versiebenfacht,[1] sodass inzwischen rund 75% aller E-Mails im Umlauf des WorldWideWeb in diese Kategorie fallen.[2] Weltweit führend im Versenden von Spam-Mails sind die USA, dicht gefolgt von China.[3] Die Massenbotschaften treten in mannigfachen Variationen in Erscheinung und lassen sich am effektivsten per elektronischer Post verbreiten. So wird heute von Viren, Würmern und ähnlicher Schadsoftware über betrügerische Inhalte bis hin zu Angeboten von – meist dubiosen – Waren und Dienstleistungen ein breites Spektrum verschiedener Inhalte via E-Mail an die User herangetragen. Insbesondere die Wirtschaft hat den massenhaften Versand von elektronischer Post zu Werbezwecken für sich entdeckt. Frei unter dem Motto „Wer nicht wirbt, der stirbt" werden die Kommunikationskanäle zum exzessiven Direktmarketing missbraucht und die Adressaten der Post belästigt. Dieses Problem der unliebsamen Massen-Werbung ist Inhalt der folgenden Arbeit. Analysiert werden soll, inwieweit das deutsche und das europäische Recht gegenwärtig dem Begehr nach Schutz und Offensive gegen die Spam-Plage gerecht werden. Besondere Aufmerksamkeit sei in diesem Zusammenhang dem Kommunikationsmedium der E-Mail als relevantestem Werbeträger gewidmet.

Faktische, d.h. technische Möglichkeiten um der Plage Herr zu werden und deren rechtliche Beurteilung sind dagegen nicht Gegenstand dieser Arbeit und sollen daher nicht vertieft werden.

---

[1] Siehe dazu: Eleven, Pressemitteilung vom 21.11.2006, unter:
http://www.eleven.de/print/de/company/press/releases/061121/?plain=1, Abruf am: 19.02.2007
[2] Siehe dazu: heise online, http://www.heise.de/newsticker/meldung/80478, Abruf am: 14.03.2007.
[3] Siehe dazu: Marshal, http://www.marshal.com/trace/spam_statistics.asp, Abruf am: 14.03.2007.

A. Das Phänomen Spam

I. Was ist Spam?

1. Begriffsherkunft und -entwicklung

Das Wort SPAM (in Großbuchstaben geschrieben) hat seinem Ursprung nach nichts mit Kommunikation zu tun, sondern ist eine seit dem Jahr 1936 geschützte Wortmarke der US-amerikanischen Firma Hormel Foods[4]. Die Abkürzung SPAM steht dabei je nach Ansicht für „spiced pork and ham"[5], „spiced pork and meat"[6], „shoulder pork and ham"[7] oder auch schlicht für „spiced ham"[8] und bezeichnet Frühstücksfleisch in Dosen – einen durchaus diskutierbaren Gaumenkitzel welcher in den USA jedoch Kultcharakter hat. Nur über den Umweg eines Sketches[9] der britischen Komikergruppe Monty Python[10] in ihrer Serie *Monty Python's Flying Circus* kam es dazu, dass der Begriff Einzug in den Bereich der Kommunikationstechnik fand.

In dem Sketch verlangt ein Gast in einem Restaurant, dessen Speisekarte ausschließlich SPAM-Delikatessen offeriert, eine Mahlzeit ohne SPAM. Daraufhin bietet ihr die verständnislose Bedienung ein Gericht mit wenig SPAM an, was das Begehr der Besucherin allerdings nicht gerade befriedigt. Während in dem Dialog ca. 100-120 mal das Wort „SPAM" fällt, wird das Gespräch immer wieder beherzt und rücksichtslos von einer Meute Wikinger unterbrochen, die eine Laudatio auf SPAM singenden, jedwede andere Konversation in dem Lokal schier unmöglich machen.

Die erstmalige mediale Verwendung des Begriffs „Spam" erfolgte wahrscheinlich Ende der 1980er Jahre im Zusammenhang mit den sog. Multi User Dungeons (MUD's).[11] Die Begrifflichkeit bezeichnete damals das in

---

[4] Siehe dazu: http://www.spam.com/, Abruf am: 10.02.2007.
[5] Eggendorfer, No Spam!, S. 19.
[6] Siehe dazu: http://www.recht-im-internet.de/themen/spam/definition.htm, Abruf am: 10.02.2007.
[7] Siehe dazu: http://www.templetons.com/brad/spamterm.html, Abruf am: 16.02.2007.
[8] Frank, CR 2004, 123, 123; Topf/ua., Antispam-Strategien, S. 19.
[9] Siehe dazu: http://video.google.de/videoplay?docid=5627694446211716271&q=Spam, Abruf am: 10.02.2007.
[10] Siehe dazu: http://www.pythonline.com/, Stand: 10.02.2007.
[11] Siehe dazu: http://www.templetons.com/brad/spamterm.html, Abruf am: 10.02.2007.

Hackerkreisen beliebte Fluten der Textinterfaces dieser MUD's mit einer Vielzahl von Postings identischen Inhalts.[12] Ziel war es eine weitere Kommunikation unter den Usern undenkbar zu machen oder gar das System durch ein Bombardement mit Input zum Absturz zu bringen[13].

Mitte der 1990er Jahre erlangte der Ausdruck „Spam" auch im Usenet Relevanz, als erstmals Beiträge mit werbendem Charakter in unzählige Newsgroups geposted worden waren.[14] Dabei wurden von einzelnen Usern massenhaft Artikel mit substanziell immer gleichem Inhalt verbreitet, wobei sich diese regelmäßig in keinster Weise thematisch mit den in den Foren geführten Diskussionen befassten.[15] Auch im Usenet resultierte aus dem Überschwemmen der Diskussionsforen mit werbenden Beiträgen nichts anderes – der Dialog zwischen den Usern wurde erheblich erschwert oder ganz unmöglich gemacht.

Was die Assoziation zwischen Hormel Foods SPAM® und der Annexion bzw. Adaptation des Begriffs „Spam" für den Sektor medialer Kommunikation mit Monty Pythons Sketch zu tun hat ist folglich offensichtlich. Sie liegt einerseits in der Massenhaftigkeit, die das Wort „Spam" in dem Sketch erfährt, und andererseits in dem Effekt, jegliche Kommunikation unmöglich zu machen, wie es auch die Wikinger in dem Sketch taten – Es schien dem Gast unmöglich SPAM® zu entgehen, und so stellt sich auch heute den Usern im Hinblick auf die E-Mail-Nutzung sinngemäß die vermeintliche Frage: „Frühstück mit Spam, oder gar kein Frühstück!"

Daneben stehen allerdings auch andere Deutungen zur Entstehung des Begriffs, wie z.B. „Spam" als Akronym aus den Begriffen „**sp**ill"

---

[12] Siehe dazu: The New Hacker's Dictionary,
http://www.drbbs.com/jsw/jargon/jargon_34.html#TAG1799, Abruf am: 10.02.2007.
[13] Siehe dazu: Tagesschau.de, Meldung vom 18.07.03, unter:
http://www.tagesschau.de/aktuell/meldungen/0,1185,OID2066468_TYP6_THE2064 036_NAV_REF1_BAB,00.html, Abruf am: 10.02.2007.
[14] Eggendorfer, No Spam!, S. 20.
[15] Kelm, DuD 1999, 27, 27; Siehe dazu: http://de.wikipedia.org/wiki/Spam, Abruf am: 10.02.2007.

(=überquellen, überlaufen) und „cram" (=vollstopfen, überfüllen)[16] oder „Spam" für „send phenomenal amounts of mail"[17].

2. Begriffsbedeutung

Heute wird der Begriff sehr uneinheitlich definiert. Dabei wird er unterschiedlich weit, differenziert nach Inhalt und Kommunikationsmedium, gefasst. Dieser Umstand ist wohl maßgeblich darauf zurückzuführen, dass sich auf der einen Seite das Internet rasant fortentwickelt und eine Fülle neuer technischer Möglichkeiten für den Bereich der Fernkommunikation geschaffen hat. Auf der anderen Seite muss erwähnt werden, dass die technische Evolution auch in anderen Sparten neben dem Internet nicht stagnierte, sondern ganz im Gegenteil auch dort dem Nutzer eine Anzahl neuer Kommunikationsmöglichkeiten an die Hand gegeben hat. Dieser Effekt brachte es zwangsläufig mit sich, dass sich auch die Möglichkeiten an einen oder mehrere Adressaten heranzutreten bzw. diese Dienste zu zweckentfremden, vervielfältigt haben.

Weitere Ungleichheiten ergeben sich daraus, dass Spam und ähnliche Phänomene nicht nur nach Gesichtspunkten der Informatik, sondern auch nach rechtlichen Aspekten zu beurteilen sind. Daher muss zunächst eine Abgrenzung zwischen Spam im technischen und Spam im rechtlichen Sinne getroffen werden.

a) Spam im technischen Sinne

Gerade im technischen Sinne ist sehr umstritten, was alles als Spam zu klassifizieren ist und wo die Bezeichnung ihre Grenzen findet. Während ein Teil der Fachkundigen unter Spam nur eine unerwünschte Werbe-E-Mail, die sog. UCE (= Unsolicited Commercial E-Mail) versteht[18], sieht die Mehrheit heutzutage Spam als sog. Unsolicited Bulk E-Mail (kurz UBE)[19]. Das ist eine in Massen versandte, sich an einen großen Empfängerkreis

---

[16] Siehe dazu: Langenscheidt, www.networds.de, Abruf am: 10.02.2007.
[17] Vehslage, DuD 1999, 22, 22.
[18] Eggendorfer, No Spam!, S. 20.
[19] Eggendorfer, No Spam!, S. 23.

richtende, unverlangte E-Mail unabhängig von ihrem Inhalt[20]. Das Medium ist also statisch, während der Inhalt variiert. D.h. es werden nicht nur Inhalte erfasst, die den Menschen als Empfänger im Visier haben, sondern auch E-Mails, die mit sog. Malware (z.B. Viren, Trojaner und Würmer)[21] bestückt sind und direkt auf den Computer bzw. das System des Empfängers abzielen. Aber auch die automatisch aufgrund von Malware generierten E-Mails (sog. kollateraler Spam)[22], die als Fehlermeldung (sog. bounce) bei einem Dritten eingehen, jedoch nicht direkt vom Absender zugeschickt wurden, würden erfasst. Andere gehen noch weiter und beschränken Spam zwar auf das Internet, nicht jedoch auf das Medium E-Mail[23]. Insofern wird von Spam via Instant Messaging (kurz SPIM) und Spam over Internet Telephony (kurz SPIT) und von Suchmaschinen-Spam, insbesondere Wiki- und Google-Spam[24], aber auch von Link- und Blog-Spam (kurz SPLOG) in Webforen, gesprochen. Einige benutzen den Begriff sogar universell mit der Begründung, jedes Medium würde früher oder später dahingehend zweckentfremdet Nachrichten zu verbreiten, die nach Ansicht des überwiegenden Teils der Nutzer deplaziert, störend oder riskant sind[25]. Ohne Beschränkung auf die vernetzte Computerwelt spricht man daher von Spam über Telefax und BTX, von Spam per SMS und MMS, auch Spam over Mobile Phone (kurz SPOM) genannt, sowie von (Fetznetz-) Telefon-Spam und sogar Briefkasten-Spam. Zu erwähnen bleiben noch einige Hardliner, die Spam nach wie vor, sehr eng, als unerwünschtes Usenet-Posting verstehen.[26]

Aus den genannten Aspekten wird deutlich, dass Spam kein einfach auf einen Kommunikationskanal oder ein Kommunikationsmittel beschränkbares Phänomen ist, sondern vielmehr ein Grundproblem der Kommunikationsgesellschaft tituliert. Infolge dieser Problematik sollte der Begriff auch

---

[20] Topf/ u.a., Antispam-Strategien, S. 19.
[21] Zu den Definition siehe im Einzelnen: www.networds.de, Abruf am: 11.02.2007.
[22] Topf/ u.a., Antispam-Strategien, S. 21.
[23] Eggendorfer, No Spam!, S. 19.
[24] Eggendorfer, No Spam!, S. 19.
[25] Topf/ u.a., Antispam-Strategien, S. 19.
[26] Eggendorfer, No Spam!, S. 20.

entsprechend weit gefasst und unabhängig vom Verbreitungsmedium und Inhalt als Synonym für unverlangte bzw. unerwünscht versendete Inhalte verstanden werden, deren Verbreitung eine besondere Massenhaftigkeit anhaftet.

b) Spam im rechtlichen Sinne

Im rechtlichen Sinne wird Spam dagegen verhältnismäßig einheitlich bewertet. Zunächst wird bzgl. der reinen Begrifflichkeit, im Hinblick auf das Kommunikationsmedium kongruent auf die E-Mail abgestellt.[27] Wichtigstes Merkmal dieser E-Mail ist, dass sie vom Empfänger unverlangt und unerwünscht ist. Oft wird angenommen, dass diese E-Mail einen kommerziell werbenden Charakter aufweisen muss, um sie als „Spam" zu bezeichnen.[28] Auseinander gehen die Meinungen bei der Frage, ob es sich darüber hinaus auch um eine Massen-E-Mail handeln muss. Manche differenzieren dies nicht konkret[29], andere stellen auf eine massenhaft versendete E-Mail ab.[30] Die meisten stellen, zumindest bzgl. der reinen Begrifflichkeit, auf eine einzelne unverlangte E-Mail ab[31].

Meiner Ansicht nach wird das generelle Erfordernis eines kommerziell werbenden Inhalts den tatsächlichen Gegebenheiten nicht gerecht. Mit Blick auf eine Beurteilung nach verschiedenen Rechtsmaterien muss der Begriff mehr als nur unverlangte Werbe-E-Mails erfassen können. Dazu empfiehlt es sich Spam-Mails ihrem Inhalt nach in Gruppen zu kategorisieren. In die erste Gruppe können alle E-Mails fallen, die Angebote für Waren und Dienstleitungen enthalten. Darunter fallen alle legalen, aber auch illegalen Konsumgüter und Dienstleistungen. In die zweite Gruppe gehört Spam mit strafbarer bzw. betrügerischer Intention, das[32] in mannigfachen Varianten

---

[27] Ziem, MMR 2000, 129, 129; Weiler, MMR 2003, 223, 223.
[28] Haug, Grundwissen Internetrecht, Rn. 611; Steckler in: Das Recht im Direktmarketing, S. 129; a.A. Weiler, MMR 2004, 223, 223, der generell von unverlangten E-Mail-Zusendungen ausgeht.
[29] Kelm, DuD 1999, 27, 27.
[30] Spindler/Ernst, CR 2004, 437,437; Frank, CR 2004, 123, 123.
[31] Wendlandt, MMR 2004, 365, 365; Dieselhorst/ Schreiber, CR 2004, 680, 680.
[32] Laut Duden „das" Spam, http://www.duden.de/suche/index.php?begriff=spam&bereich=mixed&pneu=, Abruf am 12.02.2007.

denkbar ist und keinen kommerziellen Charakter aufweisen muss. Letztlich soll eine dritte Gruppe all diejenigen E-Mails umfassen, die religiöse, weltanschauliche oder politische Ansichten verbreiten, ohne dabei wirtschaftliche Zwecke zu verfolgen – sozusagen Nicht-kommerzielle-Werbung. Nicht unter den hier verwendeten Spam-Begriff zu fassen sind dagegen E-Mails, die Malware enthalten, da die Malware-Problematik kein spaminzidentes, sondern ein ganz eigenes Problemfeld begründet.

Zur Frage der Massenhaftigkeit lässt sich angesichts der reinen Begrifflichkeit feststellen, dass in ihr gerade der Kern des Problems liegt. Abgesehen davon wird wohl jegliches Problem, das eine einzelne Nachricht aufwirft, durch ihren massenhaften Versand potenziert. Die Massenhaftigkeit wirft neben etwaigen Rechtsgutverletzungen durch einzelne Nachrichten weitere Probleme auf, die gerade ihr anhaften.

Spam im hier verwendeten Sinne ist daher der massenhafte Versand von unverlangten E-Mails.

II. Auswirkungen von Spam

Das Spam-Aufkommen hat sich im Jahr 2006 versiebenfacht, sodass inzwischen rund 75% aller E-Mails Spam darstellen.[33] Weitere 10% des E-Mail-Aufkommens sind abonnierte Massenmails, und nur 20% sind individuelle, erwünschte Nachrichten.[34] Die negativen Auswirkungen von Spam sind mannigfaltig und insbesondere für den Wirtschaftssektor von hohem Rang. Demgemäß lassen sich diese Folgen auch anhand ökonomischer Aspekte am besten skizzieren. Während aufgrund von Spam unmittelbare, mittelbare sowie sonstige Kosten entstehen, sind auch die immateriellen Schäden, die Spam verursacht, nicht von der Hand zu weisen. Um diese negativen Auswirkung nachvollziehen zu können ist es zunächst notwendig

---

[33] Siehe dazu: Eleven, Pressemitteilung vom 21.11.2006, unter: http://www.eleven.de/print/de/company/press/releases/061121/?plain=1, Abruf am: 19.02.2007
[34] Siehe dazu: Eleven, Pressemitteilung vom 21.11.2006, unter: http://www.eleven.de/print/de/company/press/releases/061121/?plain=1, Abruf am: 19.02.2007

die immense Wichtigkeit des Mediums E-Mail für die (werbetreibende) Wirtschaft aufzuzeigen.

1. Wirtschaftliche Bedeutung der E-Mail

Wie jüngste Marktforschungsstudien ergeben haben, sind 37,20 Millionen Deutsche ab 14 Jahren online anzutreffen, d.h. 57,2 % der deutschen Wohnbevölkerung (über 14 Jahre) hat im Jahr 2006 Gebrauch von der Nutzungsmöglichkeit des Internets gemacht[35]. Allein in der letzten Oktober-woche waren es noch 48,1 %.[36] Von diesen Usern hat sich mit 94,3%[37] fast jeder schon einmal im Internet über Produkte informiert und mit 72,8%[38] hat knapp ein Drittel dieser Internetuser bereits online etwas erworben. Daraus lässt sich folgern, dass sich das Internet gegenüber den klassischen Massenmedien als Werbeträger durchaus behaupten kann. Dementsprechend ist für die werbetreibende Wirtschaft eine starke Online-Präsenz unabdingbar um eine bestmögliche Zielgruppenabdeckung zu garantieren.[39] Gegenüber den herkömmlichen Medien bietet das Internet zudem den Vorteil der Interaktivität sowie Globalität und ist im Vergleich zu Funk, Print und TV auch besonders kostengünstig.[40] Der Online-Werbemarkt steht zwar noch in den Startlöchern, aber bei einem Wachstum von rund 45% im Vergleich zum Vorjahr wird sich der 3%-Anteil am Gesamtmarkt nach Einschätzung von Bitkom rasant potenzieren.[41]

---

[35] Siehe dazu: AGOF e.V., Berichtsband – Teil 1 zur internet facts 2006-II, S. 5, http://www.agof.de/index.download.c98f9875573fa1d7a9d101f5c1809b93.pdf, Stand: 15.02.2007.

[36] Siehe dazu: AGOF e.V., Berichtsband – Teil 1 zur internet facts 2006-II, S. 5, http://www.agof.de/index.download.c98f9875573fa1d7a9d101f5c1809b93.pdf, Stand: 15.02.2007.

[37] Siehe dazu: AGOF e.V., Berichtsband – Teil 1 zur internet facts 2006-II, S. 26, http://www.agof.de/index.download.c98f9875573fa1d7a9d101f5c1809b93.pdf, Stand: 15.02.2007.

[38] Siehe dazu: AGOF e.V., Berichtsband – Teil 1 zur internet facts 2006-II, S. 29, http://www.agof.de/index.download.c98f9875573fa1d7a9d101f5c1809b93.pdf, Stand: 15.02.2007.

[39] Pierson, K&R 2006, 489, 490.

[40] Lange, BB 2002, 561, 561.

[41] Vgl. dazu: N.N., die Welt.de, unter: http://www.welt.de/data/2007/01/09/1171197.html, Stand: 15.02.2007.

Besondere Attraktivität kommt dabei dem Internetdienst E-Mail zu. Die E-Mail wirkt nicht unmittelbar auf der graphischen Ebene, sondern bildet den direkten Vertriebskanal zum Kunden.[42]

Ihre Vorteile gegenüber anderen Direktmarketing-Instrumenten – das sind Medien, die eine direkte und individuelle Ansprache der Zielperson ermöglichen, wie bspw. Brief, Fax oder Telefon – sind erheblich. Wie das Telefon gestattet die E-Mail, entgegen Fax und Brief, eine unmittelbare Interaktion. Fein differenzierte Zielgruppensegmentierungen bieten optimale Individualität, was die Erwartung an eine feste Kundenbeziehung steigen lässt.[43] Fragen und Antworten, Produktinformation und Kaufbestätigung, alles ist ohne Medienbruch und einfach per Mouse-Click möglich, weshalb die Hemmschwelle zur Replik deutlich sinkt.[44] Die Streuwirkung sinkt und die Kommunikation wird gestärkt, was mehr Effektivität verspricht. Dieser Erfolg kann z.B. durch Verlinkung der E-Mail mit den Homepages der Unternehmen noch verstärkt werden, da so das Problem des Kunden die Webseite noch umständlich suchen zu müssen (sog. random chance shopper-Problem)[45] praktisch liquidiert wird.

Unangetastet ist die E-Mail als Direktmarketing-Instrument, wenn es um den Kostenfaktor geht. Versand- und Portokosten sowie Materialkosten, die in Hinblick auf die anderen Direktmarketing-Medien mitunter beachtlich sein können, entfallen gänzlich[46]. Des Weiteren fallen – beruhend auf dem Fakt, dass eine vorgefertigte, elektronisch fixierte Nachricht per Mouse-Click massenhaft versandt werden kann – verhältnismäßig nur geringfügige Personalkosten an.[47] Es entstehen lediglich die Kosten zur Internet-Einwahl bzw. die Leitungskosten, welche, anders als z.B. beim Fax, sehr gering

---

[42] Pierson, K&R 2006, 547, 552; Funk, CR 1998, 411, 412.
[43] Funk, CR 1998, 411, 412.
[44] Schlaffge, Wettbewerbsrechtliche Probleme des Direktmarketing, S. 6.
[45] Mankowski, GRUR Int. 1999, 995, 1000.
[46] Prasse, MDR 2006, 361, 361.
[47] Schlaffge, Wettbewerbsrechtliche Probleme des Direktmarketing, S. 7.

sind.[48] Dies wirkt sich insbesondere in Anbetracht des weltweiten Aktionsradius außerordentlich kostenminimierend aus.[49]

Letztlich sind der enorm schnelle Kommunikationsverlauf und die damit zusammenhängenden Zeitersparnisse festzuhalten. Die Übermittlungsgeschwindigkeit von Offerten, aber auch die potentieller Antworten gestaltet sich insbesondere gegenüber dem Briefversand deutlich zügiger.[50]

Aus volkswirtschaftlicher Sicht leistet ein derartig schnelles und kostengünstiges Marketingmedium einen Beitrag zu mehr Transparenz auf den europa- und weltweiten Märkten, woraus fühlbare Wohlfahrtsgewinne resultieren können. Bessere Gegenüberstellungsmöglichkeiten von Produkten stärken den Wettbewerb und führen tendenziell zu sinkenden Preisen.[51]

2. Durch Spam verursachte Kosten

Die folgenden Ausführungen sollen keine konkreten Kosten beziffern, sondern vielmehr die negativen Auswirkungen von Spam darstellen. Da diese jedoch zumeist in Geldwerte umschlagen, ist von Kosten die Rede. Um zu veranschaulichen wie die Spam-Folgen wirken, werden verschiedene Kostenkategorien angelegt. So wird von unmittelbar sowie mittelbar aus Spam resultierenden Kosten ausgegangen. Des Weiteren werden unter sonstigen Kosten die aus Antispam-Maßnahmen resultierenden Kosten skizziert. Die Verteilung in den aufgezeigten Kostengruppen beurteilt sich danach, ob es sich bei dem konkreten Anwender um einen Provider, ein Groß- oder Kleinunternehmen bzw. eine Privatperson handelt. Diese sollen hier jedoch nicht im Einzelnen dargestellt werden, es gilt vielmehr einen Überblick über den Wirkungsradius von Spam zu verschaffen.

a) Unmittelbare Kosten

Unmittelbare Kosten resultieren daraus, dass durch das massenhafte Versenden der Spam-Mails der data traffic stark beeinflusst wird. Die Mailserver- und Storage-Infrastruktur der Internet Service Provider (ISP)

---

[48] Funk, CR 1998, 411, 412.
[49] Funk, CR 1998, 411, 413.
[50] Funk, CR 1998, 411, 413.
[51] Funk, CR 1998, 411, 413.

wird derart belastet, dass es schwierig ist das hohe Datenaufkommen einwandfrei zu bewältigen.[52] Aufgrund der Verlangsamung des Datenstroms kommt es von Verzögerungen bei der E-Mail-Auslieferung bis hin zum Systemabsturz.[53] Die Kapazitäten an den weiterleitenden Stellen werden blockiert bzw. gesprengt und können nicht mehr anderweitig zur Verfügung gestellt werden.[54] Die ISP sind angehalten Systemerweiterungen durchzuführen, was wiederum höhere Preise für das Angebot ihrer Dienste nach sich zieht.[55] Bei den Privaten Accounts verhält es sich nicht anders. Die beschränkt großen Mailboxes können von Spam so überfüllt werden, dass für erwünschte, wichtige Nachrichten der Speicherplatz fehlt, diese nicht ankommen und u.U. ganz verloren gehen.[56] Weitere unmittelbare Kosten entstehen durch das notwendige „Abuse-Management", da der Provider zur Bearbeitung der Missbrauchsfälle sowie zur Aufklärung und Kundenbetreuung zusätzliches Personal einstellen muss.[57] Denn auf ihn fallen bspw. Kundenbeschwerden von Usern zurück die (fälschlicherweise) davon ausgehen, dass andere Kunden des ISP die unerwünschte Werbepost verschicken.[58] Schließlich entstehen auch beim einzelnen Empfänger die Kosten für den Download der Spam-Mails, d.h. der potentielle Kunde bezahlt noch selber dafür, dass er angeworben wird.[59]

b) mittelbare Kosten

In erster Linie wirkt sich das Spam-Aufkommen in einem Produktivitätsverlust der Mailempfänger aus. Die Unproduktivität lässt sich auf einen Arbeitszeitverlust zurückführen, denn es erfordert einen gewissen Konzentrations- und Zeitaufwand, die erwünschten von den unerwünschten Mails zu trennen – dieser kann zwar durch Filtersoftware verringert werden, allerdings ist diese nicht fehlerfrei.[60] So passiert es, dass unerwünschte

---

[52] Frank, CR 2004, 123, 123; Wendlandt, MMR 2004, 365, 365.
[53] Wendlandt, MMR 2004, 365, 365.
[54] Schrey, K&R 1998, 222, 224.
[55] Schrey, K&R 1998, 222, 224; Wendlandt, MMR 2004, 365, 365.
[56] Prasse, MDR 2006, 361, 361; Wendlandt, MMR 2004, 365, 366.
[57] Topf/ u.a, Antispam-Strategien, S. 37.
[58] Frank, CR 2004, 123, 123.
[59] Schmittmann, K&R 2002, 135, 137; a.A. Jankowski, K&R, 2000, 499, 502.
[60] Freitag/ Busemann, Afp 1998, 475, 478.

Werbe-Mails doch eine Lücke finden und der Empfänger arglos in diese „hineinstolpert" oder wichtige Mails vom Filter als Spam aussortiert werden.[61] Die erwähnten stark zeitverzögert ankommenden oder ganz verschollenen E-Mails können selbst zu mittelbaren Kosten führen, wenn daraus z.B. Termin- oder Fristsäumnisse o.ä. resultieren.[62] Mangelnde Erreichbarkeit über die Telefonleitung soweit kein ISDN-Anschluss vorhanden ist, trägt auch zu diesem Effekt bei.[63] Des Weiteren entstehen enorme Kosten infolge der Wartungen und Reparaturen an den beschädigten oder überlasteten Systemen.[64]

c) sonstige Kosten

Ferner entstehen Kosten durch Spamschutzmaßnahmen. Die Hard- und Software sowie Lizenzgebühren sind zu zahlen.[65] Die Administration dieser Maßnahmen erfordert wiederum Zusatzpersonal, während die übrigen Mitarbeiter für den richtigen Umgang mit der Schutztechnik geschult werden müssen.[66] Außerdem ist auch die Leitungzeit, während der die Filterprogramme arbeiten, nicht umsonst.[67] Durch die Spamschutzmaßnahmen verringern sich allerdings die oben genannten Kosten, die insofern gegengerechnet werden müssen.[68] Aber auch Verluste, die durch Imageschäden und infolgedessen wahrscheinlich werdende Public Relations und Marketing um diesen wieder zu beheben, sowie Kosten aufgrund von Wettbewerbsdruck gehören hierzu.[69]

3. Immaterielle Schäden durch Spam

Insbesondere der angesprochene Imageverlust ist hier hervorzuheben. Als „the quickest path to commercial suicide known today"[70] bekannt, werben heutzutage kaum noch seriöse Unternehmen via E-Mail für ihre Güter und

---

[61] Ernst, VuR 1997, 259, 262.
[62] Topf/ u.a., Antispam-Startegien, S. 37.
[63] Wendtlandt, MMR 2004, 365, 366.
[64] Schrey, K&R 1998, 222, 224.
[65] Topf/ u.a., Antspam-Strategien, S. 37.
[66] Mankowski, GRUR Int. 1999, 995, 1000; Topf/ u.a., Antspam-Strategien, S. 37.
[67] Mankowski, GRUR Int. 1999, 995, 1000.
[68] Topf/ u.a., Antispam-Strategien, S. 37.
[69] Topf/ u.a., Antispam-Strategien, S. 37.
[70] Dysart in: Financial Times, unter:
  http://www.joedysart.com/EMAILMARKETINGFT.htm, Abruf am: 19.02.2007.

Dienstleistungen. Ernst zu nehmen ist auch das schwindende Vertrauen der Internetuser in die Sicherheit des Netzes, welches durch die massenhafte Werbung für unseriöse Produkte und dubiose Dienstleistungen oder durch betrügerische E-Mails hervorgerufen wird.[71] Die Bedeutung der E-Mail als seriöses Kommunikationsmittel sinkt anlässlich dessen, wodurch auch die Rolle des Internets für die Wirtschaft geringer wird.[72]

---

[71] Siehe dazu: Heise-Online, News-Meldung vom 20.05.2003, unter:
    http://www.heise.de/newsticker/meldung/36983, Abruf am: 19.02.2007.
[72] Frank, CR 2004, 123, 123; Sindler/ Ernst, CR 2004, 437, 437.

B. Die rechtliche Beurteilung von Spam

Einleitung

Im Vordergrund der rechtlichen Beurteilung steht die Problematik der Massenhaftigkeit und die damit verbundene Frage, welche gesetzlichen Möglichkeiten es gibt, den Versand der Mails zu unterbinden. Besonderer Bezug wird dabei auf Spam zu Werbezwecken genommen, welches zumindest von den, unter den hier verwendeten Spam-Begriff fallenden Varianten am häufigsten vorkommt. Ferner weist das werbende Spam ein besonders hohes Potential für eine massenhafte Ausbreitung des Phänomens auf, denn das der Werbung immanente Ziel möglichst viele Menschen zu erreichen wird durch die Versendung von Massen-E-Mails am effektivsten umgesetzt.

1. Kapitel: Wettbewerbsrechtliche Beurteilung

Einleitung

In Anbetracht der immensen wirtschaftlichen Bedeutung der E-Mail und ihrer besonderen Eignung als Werbeträger und im Hinblick auf das erhebliche Wachstum des E-Commerce zeigt sich, dass heutzutage ein Unternehmen auf eine eigene Web-Präsenz nicht mehr verzichten kann.[73] Ihre Attraktivität führte dazu, dass Unternehmen sich die Vorteile der E-Mail zu Eigen machten und nun mehr oder weniger wahllos E-Mail-Werbung versenden, ohne dass deren Empfänger darum gebeten hätten. Eine derartige Methode bringt eine gewisse Belästigung für ihre Adressaten mit sich. Daneben stehen die rechtlichen Interessen der Mitbewerber der auf diese Art und Weise werbenden Unternehmen. Unternehmen, die Spam zu Werbezwecken betreiben wollen sich regelmäßig einen Vorsprung vor ihren Konkurrenten verschaffen. Diese ziehen wiederum (mehr oder weniger zwangsweise) nach, was zu einem unliebsamen Imitationseffekt dieser Vorgehensweise führt. Ferner soll sich vom Konkurrent abgehoben werden, woraus eine weitere Steigerung des Belästigungsgrades resultieren kann und wieder die Interessen der Allgemeinheit berührt würden. Wird ein solches Vorgehen nicht geahndet, droht es zum Standard zu werden. Gerade vor

---

[73] Leupold, WRP 1998, 270, 270.

diesem Hintergrund des Missbrauchs der Technik wurde vom deutschen Gesetzgeber eine explizite Regelung zum Spamming zu Werbezwecken in das Lauterkeitsrecht eingeführt. Als einzige ausdrückliche deutsche Reglementierung hat diese Vorschrift immense Bedeutung,[74] insbesondere auch aus Sicht heimischer Unternehmen im Hinblick auf die Vorschriften zum E-Mail-Marketing in anderen EU-Mitgliedstaaten.

I. Ausgangslage: Die rechtliche Bewertung vor der UWG Reform

Schon vor der ersten Stellungnahme zur rechtlichen Einordnung der unverlangten E-Mail-Werbung seitens des BGH[75] sind diverse Instanzgerichtliche Entscheidungen unterschiedlichen Ausgangs zu dieser Problematik ergangen. Vereinzelt wurde das Übermitteln unverlangter Werbe-E-Mails als zulässig erachtet, wenn diese karitativen Zwecken dienen sollte[76] oder soweit zuvor die Homepage des Absenders besucht und den darauf folgenden E-Mails nicht ausdrücklich widersprochen wurde.[77] Unter der großen Mehrheit der Gerichte kristallisierte sich eine sehr einheitliche, der o.g. Meinung entgegenstehende, Rechtsprechung heraus.[78] Danach waren Werbebotschaften solange unzulässig, bis der Adressat sein Einverständnis erklärt hatte oder ein solches zumindest vermutet werden konnte. Während anfänglich die Versendung an private E-Mail-Anschlüsse als wettbewerbswidrig iSv. § 1 UWG a.F. deklariert wurde,[79] bestätigten die folgenden Entscheidungen diesen Grundsatz und weiteten ihn noch auf die Werbung gegenüber Freiberuflern und Gewerbetreibenden aus.[80] Dieser gefestigten Rechtsprechung zufolge kamen nach materiellem Recht drei Anspruchsgrundlagen – mit Unterschieden im Hinblick auf die Aktivlegitimation – in Frage um gegen unverlangte E-Mail-Werbung mit Schadensersatz- und

---

[74] Mankowski in: Fezer UWG, § 7 Rn. 26.
[75] BGH GRUR 2004, 517, 517 = MMR 2004, 386, 387.
[76] AG Hannover NJW-RR 2003, 1272, 1272.
[77] LG Braunschweig NJW-RR 2000, 924, 924.
[78] LG Traunstein NJW 1998, 1648; LG Berlin MMR 1998, 491, 491; LG Ellwangen MMR 1999, 675, 675; LG Brakel MMR 1998, 492, 492; LG Karlsruhe MMR 2002, 402, 402.
[79] LG Traunstein NJW 1998, 1648.
[80] LG Berlin MMR 1998, 491, 491; LG Ellwangen MMR 1999, 675, 675; LG Brakel MMR 1998, 492, 492; LG Karlsruhe MMR 2002, 402, 402; LG Hamburg MMR 1999, 248, 248.

Unterlassungsansprüchen vorzugehen. Soweit es sich im Rahmen eines Wettbewerbsverhältnisses bei dem Anspruchsteller um einen Mitbewerber oder einen einschlägigen Verband handelte, kam ein Anspruch aus § 1 UWG a.F. in Betracht. Handelte es sich dagegen um einen Gewerbetreibenden, der mit dem Werbenden nicht im Wettbewerb stand, sollte sich dieser auf sein Recht am eingerichteten und ausgeübten Gewerbebetrieb nach §§ 823 I, 1004 I 2 BGB analog berufen können.[81] Letzteres galt auch für Verbraucher, die gestützt auf ihr allgemeines Persönlichkeitsrecht gegen unerbetene Werbe-E-Mails vorgehen konnten.[82] Die Argumentation für die Unzulässigkeit reichte von Konzentrations-, Arbeits- und Zeitaufwand für die Aussortierung der entsprechenden E-Mails über die Kapazitätsbelastung des Speichers und die Übertragungskosten bis hin zur der E-Mail-Werbung innewohnenden Nachahmungs- und Ausuferungsgefahr.[83] Größtenteils wies die deutsche Rechtsprechung damit eine deutlich restriktive Linie bzgl. ihrer Beurteilung der Zulässigkeit von Werbe-E-Mails auf.

Auch in der Literatur fand sich eine Divergenz zu dem Thema. Mehrheitlich wurde einer grundsätzlichen Zulässigkeit entgegen argumentiert und somit eine ähnlich restriktive Haltung wie in der Rechtsprechung vertreten – die Sittenwidrigkeit unverlangter Werbe-E-Mails wurde, wenn auch mit unterschiedlichen Erwägungen, befürwortet.[84]

Vertreter der Gegenauffassung plädierten für eine grundsätzliche Zulässigkeit von E-Mail-Werbung.[85]

Der BGH hat in der unverlangten Übermittlung von E-Mail-Werbung einen Verstoß gegen die guten Sitten gesehen und damit die bisherige Tendenz einer restriktiven Handhabung der instanzgerichtlichen Rechtsprechung

---

[81] LG Berlin MMR 2000, 704, 704.
[82] LG Berlin MMR 2000, 441, 441.
[83] LG München MMR 2003, 483, 483-484; LG Berlin MMR 2004, 44, 45.
[84] Günther, CR 1999, 172, 179-180; Engels/Eimterbäumer, K&R 196, 200; Schmittmann, MMR 1998, 53, 54; Schrick, MMR 2000, 399, 404-405; Fikentscher/ Mölles, NJW 1998, 1337, 1343; Niebler in: Loewenheim/ Koch, Praxis des Online-Rechts, S. 267.
[85] Ziem, MMR 2000, 129, 135; Lettl, GRUR 2000, 977, 982; Reichelsdorfer, GRUR 1997, 191, 197.

bestätigt.[86] Er stellte bei seiner Urteilsbegründung hingegen weniger auf den Kosten- oder Zeitaufwand ab, da diese beim Abruf einzelner E-Mails vergleichsweise gering seien.[87] Auch die Beeinträchtigung der Privatsphäre sei beim Abruf einzelner E-Mails, bei denen der Abrufzeitpunkt noch frei bestimmt werden könne, geringer als bei der Telefonwerbung.[88] Entscheidendes Kriterium für die Unlauterkeit sei vielmehr die Massenhaftigkeit der Werbemails gewesen. Kosten- und Zeitaufwand fielen bei einer Vielzahl solcher Werbe-Mails bedeutend ins Gewicht. Da schon jede einzelne E-Mail aufgrund ihrer besonderen Attraktivität den Keim für ein weiteres Umsichgreifen in sich trage, stellte der BGH im Einklang mit seiner zur Telefaxwerbung ergangenen Rechtsprechung[89] fest, dass wegen einer unzumutbaren Belästigung die Werbeform insgesamt als unlauter einzustufen sei.

Ausnahmsweise zulässig sei E-Mail-Werbung nur im Falle eines ausdrücklichen oder konkludenten Einverständnisses des Empfängers sowie gegenüber Gewerbetreibenden, wenn aufgrund konkreter, tatsächlicher Umstände ein sachliches Interesse des Adressaten vermutet werden könne.[90] In diesem Punkt hielt der BGH an seiner zur Telefonwerbung ergangenen Rechtsprechung fest, in der er ebenfalls auf konkrete tatsächliche Umstände die ein sachliches Interesse vermuten ließen, abstellte.[91] Der BGH hat damit die Anforderungen an das Vorliegen einer mutmaßlichen Einwilligung gegenüber Gewerbetreibenden gelockert. Während die Instanzgerichte[92] bisher das Bestehen eines geschäftlichen Kontakts forderten, bei dem des Weiteren die E-Mail das gängige Kommunikationsmittel gewesen sein musste, hat der BGH das Vorliegen eines solchen Kontakts nicht verlangt.

Die Beweislast für das Vorliegen eines ausschließenden Einverständnisses liegt laut BGH allerdings beim Werbenden, welcher ferner durch geeignete

---

[86] BGH MMR 2004, 386, 388.
[87] BGH MMR 2004, 386, 388.
[88] BGH MMR 2004, 386, 388.
[89] BGH GRUR 1996, 208, 209.
[90] BGH MMR, 2004, 386, 386.
[91] BGH NJW 1989, 2820, 2820.
[92] LG Berlin MMR 2004, 44, 46.

Maßnahmen dafür Sorge zu tragen hat, dass es auch nicht zu einer Fehlzustellung aufgrund ungewollter Falsch-Adressangaben kommt.[93]

Unberücksichtigt blieb jedoch die Frage, ob E-Mail-Werbung einen Eingriff in das allgemeine Persönlichkeitsrecht oder in das Recht am eingerichteten und ausgeübten Gewerbebetrieb darstellt. Denn in dem betreffenden Rechtsstreit disputierten Wettbewerber untereinander, sodass der BGH dazu keine Stellung beziehen musste.

II. Die deutsche Rechtslage nach der UWG Reform

Rund vier Monate nach dem bestätigenden Urteil des BGH gegen eine grundsätzliche Zulässigkeit von unverlangter E-Mail-Werbung hat sich mit Inkrafttreten des novellierten UWG[94] die Rechtslage bezüglich des Versendens solcher E-Mails (weiter) verändert. Nunmehr gilt gem. § 7 I UWG jegliche „unzumutbare Belästigung" eines Marktteilnehmers als unlauter i.S.v. § 3 UWG und ist somit unzulässig. Die „kleine Generalklausel"[95] bestimmt gem. § 7 II Nr. 3 Alt. 3 UWG, dass darunter auch jede Werbung fällt, die mittels elektronischer Post übersendet wird, ohne dass dafür eine Einwilligung der Adressaten vorliegt. Folglich ist damit erstmalig eine konkrete Regelung in Hinblick auf die Rechtslage bei unerwünschter E-Mail-Werbung getroffen worden. Die bisherige Restsprechung wurde durch die Reglementierung bestätigt und zumindest im Bereich des Wettbewerbsrechts herrschte von nun an Klarheit.

Die (vermeintliche) Lösung der Problematik des Direktmarketings via E-Mail resultierte aus der Umsetzung des § 13 der EU-Datenschutzrichtlinie für elektronische Kommunikation[96].[97] Die Vorschrift des § 7 II Nr. 3 UWG spiegelt dabei das Ergebnis einer jahrelangen europarechtlichen Fortentwicklung zur Bewertung von unverlangter E-Mail-Werbung wieder. Vor

---

[93] BGH MMR 2004, 386, 386.
[94] BGBl. I 2004, 1414-1421.
[95] Schünemann, WRP 2004, 925, 925.
[96] Richtlinie 2002/58/EG des Europäischen Parlaments und des Rates vom 12. Juli 2002 über die Verarbeitung personenbezogener Daten und den Schutz der Privatsphäre in der elektronischen Kommunikation, ABl. EG Nr. L 201 vom 31.07.2002, 37 ff.
[97] Zur Umsetzung vgl.: BT-Drucks. 15/ 1487, S. 21.

diesem Hintergrund erscheint es notwendig, dass vorerst diese Entwicklung nachvollzogen werden muss um sich anschließend entsprechend mit den einzelnen Voraussetzungskriterien dieser Vorschrift auseinander zu setzen. Ferner sollen die zur folgenden Aufbereitung der Problematik maßgeblichen gemeinschaftsrechtlichen Vorgaben einer Vertiefung der nationalen Vorschriften vorangestellt werden um den Prämissen der Normenhierarchie zu genügen.

1. Die europarechtliche Dimension der Beurteilung

Die nationalen Regelungen der EU-Mitgliedstaaten finden ihre Schranken grds. im Recht der Europäischen Union. Sowohl das Primärrecht als auch das Sekundärrecht können insoweit Grenzen für die Methode der deutschen Gesetzgebung bzw. Rechtssprechung in Bezug auf unverlangte Werbung per E-Mail aufzeigen.

Im primären Gemeinschaftsrecht lassen sich diesbezüglich keine expliziten Regelungen finden. Dagegen sind in den letzten 10 Jahren durch das Europäische Parlament und den Rat der Europäischen Union eine Reihe von Richtlinien verabschiedet worden und in Kraft getreten, die sich mit der Werbung über Distanzkommunikationsmittel, also auch mit E-Mail-Werbung befassen. Maßgeblicher Anknüpfungspunkt für die Beurteilung ist folglich das Sekundärrecht. Von höchstem Rang ist deshalb die Frage nach einer gemeinschaftsrechtskonformen Rechtsangleichung bzw. Richtlinienumsetzung der deutschen Reglementierung und Rechtspraxis. Unabhängig von einer expliziten Normierung durch das Primärrecht darf trotzdem nicht unberücksichtigt bleiben, dass das sekundäre Gemeinschaftsrecht nicht von der Bindung an das Primärrecht dispensieren kann.[98]

Zu beachten ist, dass die Richtlinien unterschiedliche Ansätze und Zielsetzungen verfolgen. Partiell geht es ausdrücklich um Verbraucherschutz, andererseits wird zu Gunsten des Binnenmarktes an einen medienbezogenen Ansatz angebunden. Dabei wird zum Teil an eine konkrete Dienstleistung angeknüpft, während andere dieser Rechtsakte völlig unabhängig von

---

[98] Schlaffge, Wettbewerbsrechtliche Probleme des Direktmarketing, S. 192.

Produkt oder Dienstleistung sind. Nicht zuletzt wird bezüglich des jeweiligen Kommunikationsmediums zwischen Anforderungen an die Art und Weise der Kontaktaufnahme und dem Kommunikationsverlauf differenziert.[99]

a) Fernabsatzrichtlinie (97/7/EG)[100]

aa) Regelungsgehalt

Auf europäischer Ebene wurde mit Art. 10 II der Fernabsatzrichtlinie (FARL) erstmalig eine Regelung getroffen, deren Inhalt sich zweifelsohne mit der Zulässigkeit unverlangter E-Mail-Werbung beschäftigt.[101] Ratio dieser sog. lauterkeitsrechtlichen Vorschrift ist den Verbraucher vor irreführenden oder allzu aggressiven Verkaufspraktiken zu schützen.[102] Mit Art. 10 II FARL ist bzgl. der Zulässigkeit von Werbung per E-Mail ein sog. Opt-out-Verfahren vorgesehen. Opt-out bedeutet in diesem Zusammenhang die grundsätzliche Zulässigkeit von E-Mail-Werbung, solange sich deren Adressat nicht ausdrücklich gegen eine solche Methode durch den Werbenden ausgesprochen hat.[103] Auf eine aktive Zustimmung zum Werbeempfang wird also verzichtet. Dem Opt-out-Verfahren steht das sog. Opt-in-Verfahren gegenüber, welches der europäische Gesetzgeber gem. Art. 10 I FARL der werbenden Kontaktaufnahme per Voice-Mail-System und Telefax vorbehalten hat. Opt-in beschreibt die Regelung, dass die Übermittlung unverlangter Werbung prinzipiell unzulässig ist, es sei denn, der Empfänger hat im Einzelfall dem Werbenden gegenüber vor dem erstmaligen Versand seine Zustimmung zur derartigen Kontaktaufnahme erklärt.[104]

---

[99] Micklitz/ Schirmbacher, WRP 2006, 148, 148.

[100] Richtlinie 97/7/EG des Europäischen Parlaments und des Rates vom 20. Mai 1997 über den Verbraucherschutz bei Vertragsabschlüssen im Fernabsatz, ABl. EG Nr. L 144 vom 04.06.1997, S. 19 ff.

[101] Leistner/ Pothmann, WRP 2003, 815, 818-819.

[102] Günther, CR 1999, 172, 174; Micklitz/ Reich, BB 1999, 2093, 2095.

[103] Micklitz/ Schirmbacher, WRP 2006, 148, 149.

[104] Micklitz/ Schirmbacher, WRP 2006, 148, 149.

Das Opt-in-Verfahren entspricht damit dem Maßstab, der nahezu einheit-lich von der deutschen Rechtsprechung[105] angewendet wurde als die FARL in Kraft getreten ist. Die bisherige Handhabung der Zulässigkeit von unverlangten Werbe-E-Mails im deutschen Recht ging also über das in Art. 10 II FARL normierte Prinzip hinaus. Auch bei der Umsetzung der FARL durch das am 20. Juni 2000 in Kraft getretene Fernabsatzgesetz fühlte sich der deutsche Gesetzgeber nicht veranlasst von dieser Rechtssprechung abzuweichen und das Opt-out-Prinzip für E-Mails zu übernehmen.[106] Daraus, dass der deutsche Gesetzgeber scheinbar keinen Umsetzungsbedarf sah, resultierte das Problem einer möglicherweise gemeinschaftsrechtswidri-gen Rechtslage im deutschen Recht, soweit man in Art. 10 II FARL eine verbindliche und abschließende Vorgabe sah. Teilweise wurde eine Gemein-schaftsrechtswidrigkeit bejaht.[107]

In Anbetracht des Art. 14 S. 1 FARL ist jedoch mit beinahe einhelliger, meiner Ansicht nach zutreffender Auffassung in der Literatur und Recht-sprechung anzunehmen, dass der europäische Gesetzgeber den Mitgliedstaa-ten einen Umsetzungsspielraum betreffend einer Zulässigkeit nach Opt-out- oder Opt-in-Verfahren einräumen wollte[108] und nicht bloß bezüglich der Umsetzung eines wirksamen Ablehnungsrechts[109]. Im Hinblick auf Art. 14 S. 2 FARL ergibt sich nach hier vertretener Auffassung ebenfalls nichts Anderes. Es handelt sich bei der Konkretisierung des möglichen Verbots bestimmter Waren- und Dienstleistungen – auch unter Berücksichtigung des 24. Erwägungsgrund der FARL – nicht um eine abschließende Beschrän-kung des Anwendungsbereichs des Art. 14 FARL insgesamt. Der Art. 10 FARL enthält nach dem ausdrücklichen Willen des Richtliniengebers nur den Kompromiss über ein Mindestniveau für den Verbraucherschutz,

---

[105] LG Traunstein NJW 1998, 1648; LG Berlin MMR 1998, 491, 491; LG Brakel MMR 1998, 492, 492.
[106] Mohr, Internetspezifische Wettbewerbsverstöße, S. 30.
[107] LG Berlin, CR 1999, 187, 189.
[108] Ayad, CR 2001, 533, 536; Bülow/ Artz, NJW 2000, 2049, 2056; Fikentscher/Möllers, NJW 1998, 1337, 1343-1344; Freitag/ Busemann, AfP 1998, 475, 478; Glöckner, GRUR Int. 2000, 29, 31; Günther, CR 1999, 172, 174-175; Leistner/ Pothmann WRP 2003, 815, 819; Weiler, MMR 2003, 223, 224.
[109] Ziem, MMR 2000, 129, 131-132.

nachdem die Mitgliedstaaten keinen Kompromiss zur Vollharmonisierung finden konnten. Auch vor dem Hintergrund des 17. Erwägungsgrundes kann der Anschein einer etwaigen Richtlinienwidrigkeit, der strikteren Reglementierung die das deutsche Recht vorsieht, demnach entkräftet werden.

bb) Verstoß gegen primäres Gemeinschaftsrecht

Voraussetzung für einen solchen über den Regelungsgehalt der Richtlinien hinausschießenden Schutzstandard einer nationalen Regelung ist jedoch ferner die Vereinbarkeit mit dem primären Gemeinschaftsrecht.[110] Dieser Grundsatz ist Ausfluss der allgemeinen Normenhierarchie, welche den grundsätzlichen Vorrang des primären vor dem sekundären Gemeinschaftsrecht bestimmt und ist zudem in Art. 14 S. 1 FARL ausdrücklich fixiert.[111] Dies gilt natürlich nur, soweit ein grenzüberschreitendes Element vorliegt, d.h. die Werbung von Anbietern aus den EU-Mitgliedstaaten betroffen ist.[112]

(1) Verstoß gegen die Warenverkehrsfreiheit

Bei einer Prüfung am Maßstab des Art. 28 EG ist zunächst zu klären, ob es sich bei (unverlangter) E-Mail-Werbung um eine produktbezogene Maßnahme oder nur um eine reine verkaufsbezogene Vertriebsmodalität handelt.[113] Regeln nationale Bestimmungen lediglich Letztere, so sind diese nach der Rechtsprechung des EuGH in Sachen *Keck/Mithouard*[114] nicht geeignet den Handel zwischen den Mitgliedstaaten zu behindern, d.h. sie würden von Art. 28 EG nicht erfasst.[115] Teilweise wird in der Literatur vertreten, es würde sich bei der Regelung zur E-Mail-Werbung zwar um eine Verkaufsmodalität handeln, diese sei jedoch zudem produktbezogen und

---

[110] Arndt, Europarecht, S. 97.
[111] Günther, CR 1999, 172, 176.
[112] Leistner/ Pothmann, WRP 2003, 815, 819.
[113] Ayad, CR 2001, 533, 535; Günther, CR
[114] EuGH NJW, 1994, 121, 121.
[115] Ayad, CR 2001, 533, 535; Günther, CR 1999, 172, 177; Schrick, MMR 2000, 399, 403.

daher an der EuGH-Rechtsprechung in Sachen *Cassis de Dijon*[116] zumessen. Der Anwendungsbereich des Art. 28 EG wäre somit eröffnet.[117]

(2) Verstoß gegen die Dienstleistungsfreiheit

Das Direktmarketing via E-Mail berührt, zumindest aus Sicht der auf diesem Wege werbenden Anbieter, die Dienstleistungsfreiheit i.S.v. Art. 49 ff EG.[118] Im Rahmen des Art. 49 ff. EG unterscheidet der europäische Gesetzgeber grundsätzlich nicht zwischen Maßnahmen, die warenbezogen sind, und solchen, die eine reine Vertriebsmodalität darstellen.[119] Zu prüfen ist die deutsche Regelung zur unverlangten E-Mail-Werbung i.R.d. Art. 49 EG am Maßstab der „Cassis de Dijon-Rechtsprechung".[120] Das bedeutet, dass eine Einschränkung der Warenverkehrsfreiheit nur durch Art. 30 EG bzw. zwingende Erfordernisse des Allgemeininteresses, unter die bspw. auch der Verbraucherschutz fällt, gerechtfertigt werden kann.[121] Es ist davon auszugehen, dass die Opt-in-Regelung – soweit diese auch technisch möglich ist – die einzige Regelung darstellt, die den Verbraucher vor jeglicher unerwünschten Belästigung durch E-Mail-Werbung zu schützen vermag und somit eine zulässige Beschränkung des § 49 EG darstellt.

(3) Ergebnis zur Vereinbarkeit mit Primärrecht

Da die deutsche Opt-in-Regelung nicht gegen die Grundfreiheiten verstößt, wird man schließlich von einer Neutralität des primären Gemeinschaftsrechts gegenüber den nationalen Zulässigkeitsregelungen zur unverlangt zugesandter E-Mail Werbung ausgehen können.

b) ISDN-Datenschutzrichtlinie (97/66/EG)[122]

6 Monate nach Inkrafttreten der FARL wurde das soeben genannte Ergebnis zum Art. 10 II i.V.m. Art. 14 S. 1 FARL durch eine Parallelregelung in der ISDN-Datenschutzrichtlinie (ISDN-RL) bestätigt. Während Art. 12 I

---

[116] EuGH Rs. 120/78, Slg. 1979, 649.
[117] Leible/ Sosnitza, K&R 1998, 283, 287; Leistner/ Pothmann, WRP 2003, 815, 819-820.
[118] Leistner/ Pothmann, WRP 2003, 815, 820.
[119] Mohr, Internetspezifische Wettbewerbsverstöße, S. 31.
[120] Leible/ Sosnitza, K&R 1998, 283, 288; Leistner/ Pothmann, WRP 2003, 815, 820.
[121] Borchardt, Europäische Union, Rn. 815.
[122] Richtlinie 97/66/EG des Europäischen Parlaments und des Rates vom 15.12.1997 über die Verarbeitung personenbezogener Daten und den Schutz der Privatsphäre im Bereich der Telekommunikation, ABl. EG Nr. L 24 vom 10.01.1998, S. 1 ff.

ISDN-RL mit Art. 10 I FARL beinahe identisch ist, gebietet Art. 12 II Hs. 1 der ISDN-RL für das Direktmarketing per Telefon – welches auch unter die in Art. 10 II FARL angesprochenen Fernkommunikationstechniken fällt – ausdrücklich ein Wahlrecht der Mitgliedstaaten zwischen Opt-in und Opt-out. Zwar weicht Art. 12 II ISDN-RL seinem Wortlaut nach von Art. 10 II FARL ab und lässt eine Opt-in-Regelung für individuelle Telefonanrufe ausdrücklich zu, dies wirk sich aber auf das Ergebnis nicht aus.[123] Da die ISDN-RL keine dem Art. 14 FARL entsprechende Regelung dafür trifft. Vielmehr gibt es, um eine Wahlmöglichkeit im Rahmen der Vorschrift des Art. 10 II FARL zu gewährleisten, die Mindestklausel des Art. 14 S.1 FARL. Der Grund für die ausdrückliche Wahlmöglichkeit im Gegensatz zur FARL ist einzig auf das Grundkonzept der ISDN-RL als vollharmonisierende Richtlinie zurückzuführen.[124] Im Hinblick auf das von der ISDN-RL nicht erfasste Medium der E-Mail darf jedoch nicht außer Acht gelassen werden, dass sich die FARL gem. ihrem Art. 1 nur auf Verbraucher (i.S.v. Art. 2 Nr. 2) und Zwecke des Fernabsatzes (Art. 2 Nr. 1) bezieht. Lässt aber die ISDN-RL aus Gründen des Privatsphäreschutzes das Verfahren nach Opt-in zu,[125] so kann für den Fernabsatz von Waren und Dienstleistungen richtigerweise nichts anderes gelten. Denn die ISDN-RL dient ebenso wie die FARL der Freiheit des Dienstleistungsverkehrs.[126]

c) E-Commerce-Richtlinie (2000/31/EG)[127]

Mit Erlass der E-Commerce-Richtlinie (ECRL) verlieh der europäische Gesetzgeber seinem bisherigen Kurs Nachdruck, indem er zusätzliche Anforderungen an den kommerziellen E-Mail-Versand knüpfte. Art. 7 I ECRL verordnet den Mitgliedstaaten eine Kennzeichnungspflicht für unerbetene Nachrichten, um mehr Transparenz i.S.e. klaren Erkennbarkeit des Werbezwecks zu schaffen, was sich bei der E-Mail auf eine entspre-

---

[123] Weiler, MMR 2003, 223, 225.
[124] Ayad, CR 2001, 533, 537; Günther, CR 1999, 172, 176.
[125] Vgl. 8. und 22. Erwägungsgrund der ISDNRL; Koenig/ Röder, CR 2000, 668, 674.
[126] Weiler, MMR 2003, 223, 225.
[127] Richtlinie 2000/31/EG des Europäischen Parlaments und des Rates vom 08.06.2000 über bestimmte rechtliche Aspekte der Dienste der Informationsgesellschaft, insbesondere des elektronischen Geschäftsverkehrs, im Binnenmarkt, ABl. EG Nr. L 186 vom 17.07.2000, S. 1 ff.

chende Angabe im Header bezieht.[128] Dem kann aber nicht entnommen werden, dass elektronische Werbe-Botschaften bei entsprechender Kennzeichnung grundsätzlich zulässig sein sollten.[129] Im Gegenteil lässt der Wortlaut des Art. 7 I ECRL viel eher darauf schließen, dass der europäische Gesetzgeber den Mitgliedstaaten bereits im Rahmen der FARL eine Gestaltungsfreiheit bezüglich der Opt-in- oder Opt-out-Alternative eingeräumt hat.[130] Auf eine diesbezügliche Neutralität des Gemeinschaftsrechts deuten auch die Erwägungsgründe 30 und 31 der ECRL hin. Hinzu kommt, dass eine Berücksichtigung der in Art. 7 II ECRL erwähnten Robinson-Listen nur für Mitgliedstaaten in Betracht kommt, die von einer generellen Zulässigkeit der E-Mail-Werbung ausgehen, also Opt-out vorgesehen haben. Schließlich sei darauf hingewiesen, dass das in Art. 3 I, II ECRL fixierte Herkunftslandprinzip gem. Art. 3 III i.V.m Anhang 8. Spiegelstrich ECRL nicht für ungewollte Werbung per elektronischer Post gilt, woraus folgt, dass bei solcher das Recht des jeweiligen Mitgliedstaates gilt, auf dessen Markt die Werbung abzielt (sog. Marktortprinzip[131]).[132] Folglich gab es für den deutschen Gesetzgeber, der unverlangte E-Mail-Werbung von vornherein als unzulässig betrachtete, wiederum keinerlei Umsetzungsbedarf.

Allerdings darf auch hier nicht unbeachtet bleiben, dass beide Richtlinien einen unterschiedlichen Anwendungsbereich abdecken. Sachlich erfassen zwar beide Vorschriften das Kommunikationsmittel E-Mail, jedoch schützt der Art. 10 II FARL seinem persönlichen Schutzbereich nach nur den Verbraucher. Dagegen können sich auf die Regelungen des Art. 7 I ECRL alle Nutzer im Sinne von Art. 2 lit. d) ECRL berufen. Die Robinson-Listen, die Art 7 II ECRL vorsieht, müssen sogar jeder natürlichen Person, unabhängig davon, ob sie Nutzer i.S.d. Art. 2 lit. d) ECRL sind, offen stehen.

---

[128] Hoeren, MMR 1999, 192, 197-198.
[129] Ayad, CR 2001, 533, 537; Hoeren, MMR 1999, 192, 198; Weiler, MMR 2003, 223, 225.
[130] Ayad, CR 2001, 533, 537; Hoeren, MMR 1999, 192, 198; Weiler, MMR 2003, 223, 225; a.A. Schmelz, JA 2000, 242, 248; Ziem, MMR 2000, 129, 134.
[131] Ayad, CR 2001, 533, 537.
[132] Ahrens, CR 2000, 835, 839.

d) Zwischenergebnis

Aus der Gesamtbetrachtung von FARL, ISDN-RL und der ECRL lässt sich mithin schließen, dass der europäische Gesetzgeber grundsätzlich ein liberales Leitbild in Bezug auf die Zulässigkeitsregelungen der einzelnen Mitgliedstaaten zur unverlangten Kontaktaufnahme mittels Fernkommunikationsmedien verfolgte und sich auch hinsichtlich des Fernabsatzes von Waren und Dienstleistungen nichts Anderes ergeben sollte.

e) Datenschutzrichtlinie für elektronische Kommunikation (2002/58/EG)

Durch das Inkrafttreten der Datenschutzrichtlinie für elektronische Kommunikation (EKDS-RL) wurde das neutral ausgerichtete europäische Leitbild für ungleiche nationale Regelungsansätze im Bereich der unverlangten E-Mail-Werbung erschüttert – gleichzeitig ist der europäische Gesetzgeber damit jedoch seiner Linie zu immer strengeren Maßstäben treu geblieben[133].

Mit Art. 13 I EKDS-RL hat der Gesetzgeber die Rechtslage zur elektronischen Post geändert. Der sachliche Anwendungsbereich erstreckt sich gem. Art. 2 lit. h) EKDS-RL auf jede „über ein öffentliches Kommunikationsnetz verschickte Text-, Sprach-, Ton- oder Bildnachricht, die im Netz oder im Endgerät des Empfängers gespeichert werden kann, bis sie von diesem abgerufen wird". Damit werden neben der E-Mail von § 13 I EKDS-RL auch SMS- und MMS-Nachrichten erfasst.[134] Daneben hat sich der EU-Gesetzgeber von seiner bisherigen Neutralität zu unterschiedlichen Regelungen bezüglich der Zulässigkeit von elektronischen Mitteilungen zum Zwecke des Direktmarketings abgewendet. Er nahm den Mitgliedstaaten ihren Umsetzungsspielraum bezüglich natürlicher Personen, indem er für das Marketing mittels elektronischer Post diesen gegenüber gem. Art. 13 I, V S. 1 EKDS-RL verpflichtend das Opt-in-Prizip vorschrieb und ihnen gem. Art. 13 V S. 2 EKDS-RL nur in Bezug auf juristische Personen ein Ermessen einräumte. Begründet hat er diese Maßnahme seinem 40. Erwä-

---

[133] Mohr, Internetspezifische Wettbewerbsverstöße, S. 32.
[134] Weiler, MMR 2003, 223, 227.

gungsgrund nach damit, dass die Teilnehmer einen effektiveren Schutz gegen die unbegehrten Nachrichten zu Marketingzwecken benötigen, da gerade diese Formen von Direktmarketing besonders preiswert und relativ leicht zu versenden seien und deshalb eine besondere Belastung und/ oder einen Kostenaufwand für den Empfänger bedeuten könnten. Ferner wird angeführt, dass der Umfang solcher Nachrichten Schwierigkeiten für die elektronischen Kommunikationsnetze und die Endgeräte der Adressaten mit sich bringen könne. Die restriktive deutsche Rechtssprechung und die entsprechenden Ansichten in der Literatur argumentierten ganz ähnlich und konnten sich daher durch die Erwägungen des europäischen Gesetzgebers bestätigt fühlen.[135]

Die erforderliche Einwilligung, wie sie Art. 13 I EKDS-RL vorschreibt, kann nach Erwägungsgrund 17 EKDS-RL in jeder Art gegeben werden, die gewährleistet, dass der Wunsch des Nutzers beworben zu werden in einer „spezifischen Angabe" zum Ausdruck gebracht wird und dass seine damit verbundenen personenbezogenen Daten verarbeitet werden dürfen. Dies kann konkludent beispielsweise durch entsprechendes markieren eines Feldes auf einer Internetseite erfolgen. Zu ihrer Wirksamkeit ist weiterhin erforderlich, dass sie für den konkreten Fall in vollumfänglicher Kenntnis der Sachlage und frei von Zwängen abgegeben wurde.[136]

Abgemildert wird die Regelung des Art. 13 I EKDS-RL durch Art. 13 II EKDS-RL, der im Rahmen „bestehender Kundenbeziehungen" (Erwägungsgrund 41 EKDS-RL) die Opt-out-Variante vorsieht.

Eine weitere Neuregelung findet sich in Art. 13 IV EKDS-RL, welcher das anonymisierte Direktmarketing verbietet.

---

[135] LG Traunstein NJW 1998, 1648; LG Berlin MMR 1998, 491, 491; LG Ellwangen MMR 1999, 675, 675; LG Brakel MMR 1998, 492, 492; LG Karlsruhe MMR 2002, 402, 402; Günther, CR 1999, 172, 179-180; Engels/Eimterbäumer, K&R, 196, 200; Schmittmann, MMR 1998, 53, 54; Schrick, MMR 2000, 399, 404-405; Fikentscher/ Mölles, NJW 1998, 1337, 1343; Niebler in: Loewenheim/ Koch, Praxis des Online-Rechts, S. 267.
[136] Mohr, Internetspezifische Wettbewerbsverstöße, S. 33; Leistner/ Pothmann, WRP 2003, 815, 821.

Wie erwähnt gilt gem. Art 13 V 1 EKDS-RL die Verpflichtung zur Opt-in-Regelung nur gegenüber natürlichen Personen, während es den nationalen Gesetzgebern durch Art. 13 V 2 EKDS-RL vorbehalten bleibt, einen entsprechenden Schutz der „berechtigten Interessen" juristischer Personen zu gewährleisten. Dieser Schutz kann durch ein Opt-in- oder nach Erwägungsgrund 45 EKDS-RL durch ein Opt-out-Verfahren i.V.m. einem Registereintrag i.S.d. Art. 7 II ECRL, durch die juristischen Personen die keine Werbung wünschen, umgesetzt werden. Die Richtlinie unterscheidet also zwischen natürlichen und juristischen Personen. Dagegen bezog sich die bisherige Rechtslage in Deutschland auf Privatpersonen einerseits und Gewerbetreibende auf der anderen Seite.[137] Zu beachten ist dabei, dass juristische Personen zwar regelmäßig auch Gewerbetreibende sind, natürliche Personen jedoch sowohl Privatpersonen als auch Gewerbetreibende sein können.[138] Da die nach deutscher Rechtsprechung für Gewerbetreibende geltenden Grundsätze mit den Anforderungen des Art. 13 II EKDS-RL konform gehen, hat diese differenzierte Kategorisierung jedoch keine wesentlichen Auswirkungen.[139]

f) Fernabsatzrichtlinie für Finanzdienstleistungen (2002/65/EG)[140]

aa) Die Regelung zur unverlangten E-Mail-Werbung

Durch die Regelung zur unverlangten E-Mail-Werbung in Art. 10 der Fernabsatzrichtlinie für Finanzdienstleistungen (FAFDL-RL) schien der vorherige Pfad hin zu einer strengen Opt-in-Regelung auf europäischer Ebene ein Irrweg gewesen zu sein.

Wie die FARL und die EKDS-RL, verlangt auch die FAFDL-RL den Mitgliedstaaten das Opt-in-Verfahren in Bezug auf unverlangte Kontaktaufnahme via Voice-Mail-System und Telefax ab. Allerdings räumt die FAFDL-RL in ihrem Art. 10 II lit. a), b) den Mitgliedstaaten in Hinblick auf die

---

[137] BGH GRUR, 2004, 517, 517.
[138] Eckhardt, MMR 2003, 557, 559.
[139] Eckhardt, MMR 2003, 557, 560.
[140] Richtlinie 2002/65/EG des Europäischen Parlaments und des Rates vom 23. September 2002 über den Fernabsatz von Finanzdienstleistungen an den Verbraucher und zur Änderung der Richtlinie 90/619/EWG des Rates und der Richtlinien 97/7/EG und 98/27/EG, ABl. EG Nr. L 271 vom 09.10.2002, S. 16 ff.

Werbung per E-Mail wieder ein Umsetzungsermessen bei der Frage der Zulässigkeit nach Opt-in oder Opt-out ein.

bb) Vereinbarkeit der FAFDL-RL mit der EKDS-RL

Die in Art. 10 II FAFDL-RL getroffene Regelung steht in einem klaren Widerspruch zu der für E-Mail-Werbung vorgesehenen, verpflichtenden Opt-in-Regelung gegenüber natürlichen Personen, wie sie von Art. 13 I EKDS-RL vorgesehen wird. In Anbetracht einer legislativen Entschließung mit Stellungnahme des Europäischen Parlaments[141] und mit Blick auf den 13. Erwägungsgrund der FAFDL-RL, aus denen ergeht, dass der EU-Gesetzgeber bezüglich der Regelungen die in der FAFDL-RL getroffen werden, eine Vollharmonisierung anstrebt und nicht lediglich einen Mindeststandart statuiert, wird dieser Widerspruch noch bekräftigt.

Der scheinbare Widerstreit zwischen FAFDL-RL und EKDS-RL erschöpft sich jedoch in der Heranziehung des 26. Erwägungsgrund der FAFDL-RL.[142] Diesem zufolge sollen die zusätzlichen Garantien, „die dem Verbraucher aufgrund gemeinschaftlicher Regelungen über den Schutz der Privatsphäre und personenbezogenen Daten zustehen" von den Vorschriften der FAFDL-RL unberührt bleiben. Die EKDS-RL dient gem. Art. 1 I dem Schutz der Privatsphäre in Bezug auf die Verarbeitung personenbezogener Daten. D.h. die Vorschrift des Art. 13 I EKDS-RL, deren Garantie gerade in der Verpflichtung zum Opt-in-Verfahren gegenüber natürlichen Personen liegt, soll von den neueren Regelungen der FAFDL-RL nicht tangiert werden.[143]

Der Vollharmonisierungsgedanke der FAFDL-RL steht dem ebenfalls nicht entgegen, da wie aufgezeigt, auch ein Verfahren nach Opt-in mit Art. 10 II lit. a) FAFDL-RL konform geht und somit die Anforderungen des 13. Erwägungsgrunds gewahrt bleiben. Ferner wird der 13. Erwägungsgrund gerade von der Intention getragen über den normierten Maximalstandard

---

[141] Zitiert nach: Glöckner, GRUR Int. 2000, 29, 37.

[142] Leistner/ Pothmann, WRP 2003, 815, 824.

[143] Leistner/ Pothmann, WRP 2003, 815, 824; Weiler, MMR 2003, 223, 227-228; Wendlandt, MMR 2004, 365, 367.

der FAFDL-RL hinauszugehen, wenn ihrem Sinn und Zweck dadurch Rechnung getragen werden soll. Daraus ist zu folgern, dass die Wahlmöglichkeit, die Art. 10 II lit. a), b) FAFDL-RL ermöglicht, nur für die Fälle besteht, in denen der Geltungsbereich des Art. 13 EKDS-RL nicht gleichzeitig auch eröffnet ist.[144]

Angesichts der Tatsache, dass Art. 10 II FAFDL-RL erfordert, dass der Werbende ein Unternehmer und der Adressat ein Verbraucher ist, während der Anwendungsbereich des Art. 13 I EKDS-RL jeder natürlichen Person eröffnet ist, kommt Art. 10 II FAFDS-RL nur in wenigen Fällen zur Anwendung.[145] So müsste eine E-Mail an die Adresse einer juristischen Person gesendet werden (Art. 13 I EKDS-RL entfällt), unterdessen müsste sich ihr Inhalt jedoch an einen Verbraucher richten (Art. 13 II FAFDS-RL findet Anwendung).[146]

Schließlich sind damit die Reglungen zum unverlangten Direktmarketing per E-Mail, die die FAFDS-RL neu eingeführt hat, mit den bereits bestehenden der EKDS-RL vereinbar.

g) Richtlinie über unlautere Geschäftspraktiken (2005/29/EG)[147]
Das neuste Regelwerk auf europäischer Ebene, das Ausführungen zur Werbung per E-Mail macht, ist die Richtlinie über unlautere Geschäftspraktiken (UGP-RL), die gem. Art. 3 V bis zum 12. Juni 2007 in nationales Recht umzusetzen ist. Gem. Art. 5 IV lit. b) UGP-RL sind aggressive Geschäftspraktiken i.S.d. Art. 8, 9 UGP-RL grds. unlauter i.S.d. UWG. In Anhang I Nr. 26 UGP-RL wird als Beispiel für eine aggressive Geschäftspraktik das hartnäckige und unerwünschte Ansprechen über E-Mails angeführt und somit nachdrücklich zum Ausdruck gebracht, dass an die Zulässigkeit der Werbung per E-Mail strenge Anforderungen zu stellen sind.

---

[144] Leistner/ Pothmann, WRP 2003, 815, 824.
[145] Mohr, Internetspezifische Wettbewerbsverstöße, S. 36.
[146] Leistner/ Pothmann, WRP 2003, 815, 824.
[147] Richtlinie 2005/29/EG des Europäischen Parlaments und des Rates vom 11. Mai. 2005 über unlautere Geschäftspraktiken im binnenmarktinternen Geschäftsverkehr zwischen Unternehmen und Verbrauchern, ABl. EG Nr. L 149 vom 11.06.2005, S.22 ff.

Für eine derartige „Belästigung" i.S.v. Art 5 IV lit. b) i.V.m. Art. 8 UGP-RL hat der europäische Gesetzgeber allerdings bereits die Regelung des Art. 13 I EKDS-RL getroffen, die insofern gem. Art. 3 IV UGP-RL Vorrang genießt.

h) Zusammenfassendes Ergebnis

Im Resümee betrachtet stellt die Trendwende von der Opt-out-Regelung der FARL hin zur Opt-in-Regelung durch die EKDS-RL einen Fortschritt zum stärkeren Verbraucherschutz dar, an dessen Ende die EKDS-RL als aktueller Stand der europäischen Gesetzgebung zur Zulässigkeit von unverlangter E-Mail-Werbung steht. Die deutsche Rechtspraxis, die en gros seit jeher diese restriktivere Linie vertrat, konnte sich damit endlich als völlig bestätig betrachten.

2. Der Tatbestand des § 7 II Nr. 3 UWG

Da der § 7 II Nr. 2 bis Nr. 4, III UWG zu weiten Teilen aus der Umsetzung des Art. 13 EKDS-RL resultierte, ist zu berücksichtigen, dass bei seiner Anwendung neben seinen expliziten Tatbestandsmerkmalen die besondere Auslegung im Lichte, d.h. am Wortlaut und Zweck, des Art. 13 EKDS-RL erfolgen muss.[148] Das sog. Gebot der richtlinienkonformen Auslegung ergibt sich aus Art. 249 III EG, der die Mitgliedstaaten an die durch die Richtlinien vorgegebenen Ziele bindet und sie basierend auf Art. 10 I S. 1 EG dazu verpflichtet, die geeigneten Maßnahmen zu treffen um ihre dahingehende Verbindlichkeit zu erfüllen.[149]

Ferner ist zu beachten, das § 7 UWG die „unzumutbare Belästigung" als ein Regelbeispiel für die Unlauterkeit i.S.d. „großen Generalklausel"[150] des § 3 UWG konkretisiert.[151] Daraus folgt, dass neben den geschriebenen Tatbestandsmerkmalen der Verbotsnormen (§§ 4 – 7 UWG) auch immer die Voraussetzungen der „Fundamentalnorm des Lauterkeitsrechts"[152] § 3 UWG erfüllt sein müssen, damit sich der Anspruchskanon der §§ 8 ff.

---

[148] Köhler in: Hefermehl/ Köhler/ Bornkamm, § 7 Rn. 71.
[149] Haltern, Europarecht, S. 302 – 303.
[150] Schünemann, WRP 2004, 925, 925.
[151] Köhler in: Hefermehl/ Köhler/ Bornkamm, § 3 Rn. 6.
[152] Fezer in: Fezer UWG, § 3 Rn. 1.

UWG eröffnet.[153] Neben dem Vorliegen einer Wettbewerbshandlung, die sich auch zur Wettbewerbsbeeinträchtigung eignet, kommt es insbesondere auf die Frage der Erheblichkeit dieser Beeinträchtigung an, denn nur eine „unzumutbare" Belästigung kann auch unlauter sein.[154] Insofern kann die Erheblichkeitsprüfung nach § 3 UWG richtigerweise i.R.d. Unzumutbarkeit nach § 7 I UWG erfolgen und muss nicht gesondert erörtert werden.[155]

a) Die Unzumutbarkeit einer Belästigung

Mit dem Tatbestandsmerkmal „unzumutbar" weist § 7 I auf die allgemeine Erheblichkeitsschwelle i.S.v. § 3 UWG hin. Diese (Un-)Wesentlichkeitsregelung dient der Unterbindung von Verfolgungen in Bagatellfällen, da an einer solchen kein schutzwürdiges Interesse besteht.[156] Zunächst ist also erst einmal zu klären, ob E-Mail-Werbung überhaupt geeignet ist, den Wettbewerb zum Nachteil von Mitbewerbern, Verbrauchern sowie sonstigen Marktteilnehmern nicht nur unerheblich zu beeinträchtigen. Eine der mit Novellierung des UWG neu eingeführten sog. Bagatellklausel vergleichbare Regelung fand sich im UWG a.F. nur zur Regelung der Klagebefugnis in § 13 II Nr. 2, Nr. 3 UWG a.F., in deren Anlehnung auch die modifizierte Bagatellklausel des § 3 UWG entwickelt wurde.[157] Dies führt zu einer zweistufigen Prüfung.[158]

Auf erster Stufe muss eine unlautere Wettbewerbshandlung festgestellt werden, sodann ist zu prüfen, ob diese unlautere Wettbewerbshandlung die Interessen der Marktteilnehmer nicht nur unerheblich beeinträchtigt.[159]

Fraglich ist, ob auch die Bagatellklausel in Anbetracht einer richtlinienkonformen Auslegung mit der EKDS-RL konform geht und ob bzw. ab wann bei unverlangter E-Mail-Werbung von einer nicht nur unerheblichen Beeinträchtigung gesprochen werden kann.

---

[153] Fezer in: Fezer UWG, § 3 Rn. 2.
[154] Köhler in: Hefermehl/ Köhler/ Bornkamm, § 3 Rn. 83; Lettl, Das neue UWG, Rn. 529.
[155] Köhler in: Hefermehl/ Köhler/ Bornkamm, § 3 Rn. 83.
[156] BT-Drucks. 15/1487, S. 17; Köhler in: Hefermehl/ Köhler/ Bornkamm, § 3 Rn. 48.
[157] Hermann, GRUR 2004, 94, 95.
[158] Ohly, GRUR 2004, 889, 895.
[159] Ohly, GRUR 2004, 889, 895.

aa) Vereinbarkeit der Bagatellklausel mit Art. 13 EKDS-RL

In der Vorschrift des § 7 II Nr. 3 UWG ist die Umsetzungsnorm des Art. 13 EKDS-RL zu sehen. Problematisch ist, dass gerade die Regelung, die die Basis für die nationale Umsetzung bildet im Gegensatz zur nationalen Regelung selbst, strikt von einer generellen Unzulässigkeit der E-Mail-Werbung ausgeht, ohne für eine daraus resultierende Beeinträchtigung einen Erheblichkeitsmaßstab anzusetzen.[160] Das Verbot des Art. 13 EKDS-RL reicht also weiter als das des § 7 II Nr. 3 UWG, soweit man ihn an die Bagatellklausel koppelt. Würde infolge dieser Anknüpfung die Wettbewerbswidrigkeit einer E-Mail-Werbung entfallen, bedeutete das ein unzulässiges Hinwegsetzen über die gemeinschaftsrechtlichen Vorgaben.[161] In der Literatur wird daher im Lichte einer richtlinienkonformen Auslegung teilweise angenommen, dass die Bagatellklausel des § 3 UWG nicht auf Wettbewerbsverstöße durch unerbetene E-Mail-Werbung anzuwenden sei.[162] Der deutsche Gesetzgeber sieht in § 7 II UWG eine den Ansprüchen einer konformen Umsetzung genügende Regelung, obwohl er sich des Fehlens einer Erheblichkeitsschwelle in der Opt-in-Regelung des § 13 I EKDS-RL durchaus bewusst war.[163] In seiner Gesetzesbegründung führt er dazu aus, dass bei den in § 7 II UWG aufgeführten Werbeformen, in Anbetracht der ihnen innewohnenden Nachahmungsgefahr, regelmäßig eine nicht nur unerhebliche Wettbewerbsverfälschung vorliegen würde. Falls dessen ungeachtet doch einmal ein Bagatellfall nicht verfolgt werden würde, sei eine solche aus Verhältnismäßigkeitsgesichtpunkten nicht geboten. Richtigerweise lässt sich jedoch dagegenhalten, dass auch Verhältnismäßigkeitserwägungen in der durch § 13 I EKDS-RL vorgegebenen Per-se-Unzulässigkeitsregelung kaum Platz finden, zumal die Bagatellklausel ohnehin Ausfluss der Verhältnismäßigkeitgrundsatzes ist.[164] Ein Absehen von Rechtsverfolgungsmaßnahmen unter Verhältnismäßigkeitsgesichts-

---

[160] Ohly, GRUR 2004, 889, 895.
[161] Ohly, GRUR 2004, 889, 896.
[162] Berlit, Wettbewerbsrecht, Rn. 32a.
[163] BT-Drucks. 15/1487, S. 21.
[164] Köhler, GRUR 2005, 1, 2; Mohr, Internetspezifische Wettbewerbsverstöße, S. 39.

punkten würde so letzten Endes nur bedeuten, dass die Bagatellklausel des § 3 UWG doch Anwendung findet.[165]

Nur eine Nichtanwendung der Bagatellklausel i.R.d. § 7 II wird den Ansprüchen des Art. 13 I EKDS-RL gerecht. Folglich entspricht es nur einer richtlinienkonformen Umsetzung, wenn jegliche durch unverlangte E-Mail-Werbung hervorgerufene Belästigung geeignet ist den Wettbewerb nicht nur unerheblich zu beeinträchtigen, also „unzumutbar" i.S.d. § 7 UWG ist.

bb) Bagatellschwellen-Überschreitung durch E-Mail-Werbung

Soweit in jeder Belästigung durch E-Mail-Werbung eine unzumutbare, d.h. ein Überschreiten der Erheblichkeitsschwelle zu sehen ist, wäre den Vorgaben des Art. 13 EKDS-RL nachgekommen. Fraglich ist, ab welchen Grad E-Mail-Werbung es vermag, diese Schwelle zu überschreiten.

Aus der Gesetzesbegründung geht hervor, dass die Erheblichkeitsschwelle nicht zu hoch anzusetzen sei.[166] Ein weiterer Hinweis auf eine eher niedrige Schwelle lässt sich aus dem Aspekt schließen, dass sich die Formulierung von „nicht unerheblich"[167] im Regierungsentwurf im Gang des Gesetzgebungsverfahrens zu „nicht **nur** unerheblich" im geltenden Gesetzestext änderte. Die Bagatellschwelle zu bestimmen ist in Bezug auf E-Mail-Werbung vergleichsweise unproblematisch, da eine einzelne E-Mail der niedrigste Grad einer Belästigung sein muss.[168] Folgt also aus einer einzelnen unverlangten Werbe-E-Mail, die dazu an nur einen einzigen Empfänger versendet wird, eine nicht nur unerhebliche Beeinträchtigung, so wäre die Bagatellschwelle immer überschritten.

Angesichts des Wortlauts von § 7 II Nr. 3 UWG mögen sich an dieser Beurteilung dahingehend Zweifel auftun, als dass von „Adressaten" im Plural die Rede ist. Dieser Gedanke verstärkt sich durch die angesprochene Massenhaftigkeit, in der Werbe-E-Mails oft in Erscheinung treten. Allerdings ist die Verwendung der Mehrzahl lediglich terminologischer Natur

---

[165] Mohr, Internetspezifische Wettbewerbsverstöße, S. 39.
[166] BT-Drucks. 15/1487, S. 20-21.
[167] BT-Drucks. 15/1487, S. 5.
[168] Mohr, Internetspezifische Wettbewerbsverstöße, S. 40.

und inhaltlich insoweit nicht relevant.[169] Der Wortlaut des § 7 II Nr. 3 UWG steht einer Tatbestandsverwirklichung durch eine einzelne Werbe-E-Mail also nicht entgegen.

Nach der Intention des Gesetzgebers kann eine nicht nur unerhebliche Beeinträchtigung auch bei Verstößen mit an sich nur geringen Auswirkungen gegenüber dem Marktteilnehmer im Einzelfall gegeben sein, wenn durch das Verhalten eine Vielzahl von Marktteilnehmern betroffen wird oder eine nicht unerhebliche Nachahmungsgefahr besteht.[170] Zweifelsohne wird durch das Übermitteln einer einzelnen unverlangten Werbe-E-Mail an nur einen Adressaten nicht eine Vielzahl von Marktteilnehmern betroffen, sondern vielmehr nur ihr konkreter Empfänger. Aufhorchen lässt jedoch die Begründung einer erheblichen Nachahmungsgefahr. Gerade diese war ausschlaggebend dafür, eine generelle Unzulässigkeit der unverlangten Werbung per E-Mail anzunehmen. Es ist nicht die einzelne Werbe-E-Mail, die eine Unlauterkeit begründet; es ist die Werbung via E-Mail an sich, weil sie den Keim für ein immer weiteres Umsichgreifen in sich trägt und allein aus diesem Grunde zu einer unzumutbaren Belästigung führt.[171] Jede einzelne Werbe-E-Mail begründet also die Nachahmungsgefahr, weshalb auch bereits die einzelne Werbe-E-Mail ein Überschreiten der E-Mail Adresse bedeuten muss. Folglich kann eine Beurteilung der unverlangten E-Mail-Werbung am Maßstab der Bagatellklausel des § 3 UWG keine Rolle spielen. Schließlich erscheint damit eine richtlinienkonforme Auslegung des § 7 II Nr. 3 UWG überflüssig, da die Bagatellklausel des § 3 UWG in den Fällen des § 7 II Nr. 3 UWG faktisch nicht zum Tragen kommt und somit dem Umsetzungserfordernis von § 13 I EKDS-RL genüge getan ist.

b) Elektronische Post

Das Merkmal der elektronischen Post ist im UWG nicht genauer bestimmt. Dagegen trifft Art. 2 S. 2 lit. h) EKDS-RL eine Definition für den Anwendungsbereich der Richtlinie. Da der § 7 II Nr. 3 UWG im Lichte der

---

[169] Lettl, Das neue UWG, Rn. 525; im Detail: Lettl, GRUR 2004, 449, 450.
[170] BT-Drucks. 15/1487, S. 17.
[171] BGH MMR 2004, 386, 388.

Richtlinie zu interpretieren ist, kann/ muss auf die dort vorherrschende Definition zurückgegriffen werden. Laut § 2 S. 2 lit. h) EKDS-RL bezeichnet der Ausdruck jede über ein öffentliches Kommunikationsnetz verschickte Text-, Sprach-, Ton- oder Bildnachricht, die im Netz oder im Endgerät des Empfängers gespeichert werden kann, bis sie von diesem Abgerufen wird. E-Mails werden also idealtypisch erfasst.

c) Adressaten

Der persönliche Schutzbereich des § 7 II Nr. 3 UWG ist mit dem Begriff des „Adressaten" sehr undifferenziert formuliert. Die deutsche Rechtsprechung zur unverlangten E-Mail-Werbung unterteilte die Adressaten in Verbraucher und Gewerbetreibende. Durch die in § 7 II Nr. 3 UWG getroffene Allgemeingültigkeit der Opt-in-Regelung, verschärfte der deutsche Gesetzgeber die bislang geltende, durch Richterrecht statuierte, Rechtslage.[172] Die zunächst nur den Verbrauchern vorbehaltene Regelung der grundsätzlichen Unzulässigkeit von E-Mail-Werbung ohne vorheriges Einverständnis galt von nun auch für die Gewerbetreibenden, d.h. auch für Werbe-E-Mails im Bereich „Business-to-Business".[173] Aber nicht nur die nach deutscher Rechtslage bezeichnende Kategorisierung wurde hinfällig, sondern auch die nach europäischem Sekundärrecht durch Art. 13 EKDS-RL vorgegebene Differenzierung zwischen natürlichen und juristischen Personen schien aufgehoben. Gem. Art 13 V EKDS-RL wurde gegenüber juristischen Personen zwar auf EU-Ebene von der strikten Verpflichtung zum Opt-in-Verfahren abgesehen, jedoch gleichzeitig den Mitgliedstaaten auf nationalrechtlicher Ebene ein Umsetzungsspielraum zum geeigneten Schutz der legitimen Interessen juristischer Personen zuerkannt. Dieser ermöglichte dem deutschen Gesetzgeber eine Ausweitung des Opt-in-Verfahrens auf E-Mail-Werbung auch gegenüber juristischen Personen. Von dem Spielraum wurde mit der Begründung Gebrauch gemacht, dass die Werbeformen der elektronischen Post gerade im Businessbereich ein stark

---

[172] Mohr, Internetspezifische Wettbewerbsverstöße, S. 42.
[173] Dieselhorst/ Schreiber, CR 2004, 680, 681.

belästigender Charakter prägt.[174] Die so getroffene Regelung gestaltet sich als zum Schutz geeignet sowie als richtlinienkonform.

Die „berechtigten Interessen" eines Marktteilnehmers in Bezug auf unerbetene Nachrichten werden in der EKDS-RL nicht genauer konkretisiert. Jedenfalls ist davon auszugehen, dass solche zumindest auch darin bestehen nicht den durch Werbe-E-Mails verursachten Arbeitskraft- und Arbeitszeitaufwand und den daraus entstehenden wirtschaftlichen Einbußen ausgeliefert zu sein.[175] Der 45. Erwägungsgrund der EKDS-RL hebt hervor, dass die Vorkehrungen der Mitgliedstaaten, die dem Schutz der legitimen Interessen juristischer Personen vor Direktwerbung dienen, unberührt bleiben sollen. Die Opt-in-Regelung stellt eine solche dar und vermag diesen Zweck auch am effektivsten zu bewerkstelligen. Ein Opt-out-Verfahren würde, insbesondere verbunden mit einer Robinson-Liste (i.S.v. Art. 7 II ECRL), wie es der 45. Erwägungsgrund aufwirft, nur noch einen weiteren Aufwand für den User bedeuten. Soweit er sich nicht in das Register einträgt, ist die Werbung an ihn auch nicht wettbewerbswidrig, und wenn er sich einträgt, rechnet er nicht mehr mit Werbe-E-Mails – ergo trotzdem empfangene Werbe-E-Mails bekämen die gleiche Aufmerksamkeit gewidmet, wie die erwünschte Post.

d) Werbung i.S.v. § 7 II Nr. 3 UWG

Nachdem Spam bereits in technischer wie auch in juristischer Hinsicht definiert wurde, stellt sich nun die Frage, inwiefern der entwickelte (allgemeine) rechtliche Spam-Begriff mit dem Begriff der Werbung i.S.v. § 7 II Nr. 3 UWG kongruiert. Dazu ist zunächst erforderlich auch den Werbungs-Begriff nach § 7 II Nr. 3 UWG genauer zu bestimmen.

aa) *Begriff der Werbung*

Das UWG selbst enthält keine nähere Definition des Begriffs der Werbung, sondern bezieht sich auf den nach Gemeinschaftsrecht geltenden Begriff der

---

[174] BT-Drucks. 15/1487, S. 21.
[175] Leistner/ Pothmann, WRP 2003, 815, 823.

Irreführungsrichtlinie[176].[177] Das Irreführungsverbot regelt im UWG zwar § 5, es ist allerdings nicht erkenntlich, dass der Gesetzgeber im Rahmen des UWG von einem uneinheitlichen Bergriff der Werbung ausgeht, sodass die Definition der Richtlinie auch Gültigkeit für § 7 II Nr. 3 UWG besitzt.[178] Gem. Art. 2 Nr. 1 der Irreführungsrichtlinie ist „jede Äußerung bei der Ausübung eines Handels, Gewerbes, Handwerks oder freien Berufs mit dem Ziel, den Absatz von Waren oder die Erbringung von Dienstleistungen, einschließlich unbeweglicher Sachen, Rechte und Verpflichtungen zu fördern" als Werbung zu qualifizieren. Diese deutschsprachige Fassung ist jedoch lückenhaft und bedarf der Erweiterung auf Maßnahmen im Nachfragewettbewerb, d.h. sie gilt anerkanntermaßen neben dem Absatz auch für den Bezug von Waren und Dienstleitungen.[179] Des Weiteren muss ebenso die Werbung durch Dritte, also durch Mitarbeiter, Beauftragte oder Wirtschaftsverbände, vom Begriff erfasst werden.[180] Diese Erweiterungen im Rahmen der §§ 5 und 6 UWG sind auch für § 7 II Nr. 3 UWG zu übernehmen.[181]

Der Begriff ist folglich sehr weit zu fassen und weist einen wirtschaftlichen Einschlag auf. Gemessen an der „Wettbewerbshandlung" i.S.v. § 2 I Nr. 1 UWG – auf die wegen ihrer Weite nicht zurückgegriffen werden konnte – wird die tatbestandsbegrenzende Funktion des Begriffs der Werbung deutlich.[182] Denn jede Werbung ist eine Wettbewerbshandlung, aber nicht umgekehrt.[183] Auch die EKDS-RL, die ECRL und die Richtlinie über unlautere Geschäftspraktiken stehen einer weiten Auslegung des Begriffs

---

[176] Richtlinie 85/450/EWG des Rates vom 10. September 1984 über irreführende und vergleichende Werbung, ABl. Nr. L 250, S. 17 ff.
[177] Lehmler, Kommentar zum UWG, § 7 Rn. 82.
[178] Lehmler, Kommentar zum UWG, § 7 Rn. 82.
[179] Bornkamm in: Hefermehl/ Köhler/ Bornkamm, § 5 Rn. 2.14; Lehmer, Kommentar zum UWG, § 7 Rn. 82.
[180] Bornkamm in: Hefermehl/ Köhler/ Bornkamm, § 5 Rn. 2.19.
[181] Mohr, Internetspezifische Wettbewerbverstöße, S. 47.
[182] Bornkamm in: Hefermehl/ Köhler/ Bornkamm, § 5 Rn. 2.13.
[183] Lettl, Das neue UWG, Rn. 98.

aus verschiedenen Gründen, auf die hier nicht näher eingegangen werden kann, nicht entgegen.[184]

bb) Spam als E-Mail-Werbung i.S.v. § 7 II Nr. 3 UWG

Nachdem nun mit der Klärung des rechtlichen Spam-Begriffs und des Begriffs der Werbung i.S.v. § 7 II Nr. 3 UWG das nötige Rüstzeug zur Hand liegt, gilt es zu klären, welche der i.r.d. juristischen Spam-Begriffs aufgestellten Kategorien unter den Begriff der Werbung subsumiert werden können.

In die erste Gruppe fällt die Werbung für legale und illegale Waren und Dienstleistungen. Die illegalen Waren und Dienstleistungen können unter Umständen in ihrem Herkunftsland legal sein, was aber insoweit keinen Unterschied macht. Typischerweise preisen die Spammer dieser Gruppe fragwürdige und dubiose Produkte und Dienstleitungen an, wie bspw. penisoder lebensverlängernde Mittel, pharmazeutische Produkte, Software, originale sowie gefälschte Markenartikel, Websites mit pornografischem Inhalt und diverse Finanzdienstleistungen. Bei den Spam-Mails dieser Gruppe handelt es sich, unabhängig davon, für welches Produkt oder welche Dienstleistung propagiert wird, um Werbung i.S.v. § 7 II Nr. 3 UWG. Denn all diesen Spam-Mails ist gemein, dass sie zielgerichtete Äußerungen enthalten, mit denen der Absatz von Produkten und Dienstleistungen gefördert werden soll.

Weiterhin ist die Kategorie von Spam-Mails mit betrügerischen Inhalten unter den Werbungs-Begriff zu subsumieren. Betrügerischer Spam ist in mannigfachen Variationen denkbar. Fraglich ist demzufolge immer, ob im konkreten Einzelfall mit dem Betrug der Absatz von Waren oder Dienstleistungen bezweckt wird bzw. ob überhaupt eine Wettbewerbshandlung darin zu erblicken ist. Die Wettbewerbshandlung stellt neben der Unlauterkeit den zentralen Begriff im UWG dar.[185] Ohne das Vorliegen einer solchen kann das UWG insgesamt keine Anwendung finden.[186] Eine Wettbewerbshandlung kommt z.B. in Betracht, wenn die gefälschten Markenartikel oder

---

[184] Ausführlich: Nippe, WRP 2006, 951, 954-957.
[185] Köhler in: Hefermehl/ Köhler/ Bornkamm, § 2 Rn. 3.
[186] Köhler in: Hefermehl/ Köhler/ Bornkamm, § 2 Rn. 3.

Raubkopien als Originale angeboten und abgesetzt werden. In derartigen Fällen fällt betrügerischer Spam unter den Begriff der Werbung nach § 7 II Nr. 3 UWG. Soweit betrügerischer Spam, der Werbezwecken dient, einen Straftatbestand des StGB erfüllt, ist dieser Tatbestand an dem Tatbestandsmerkmal der „Marktverhaltensregelung" i.S.v. § 4 Nr. 11 UWG zu messen. Allerdings ist eine solche i.r.d. Betrugstatbestände der §§ 263 ff. StGB, denen bei betrügerischen E-Mails vorrangige Bedeutung zukommen dürfte, insoweit schon zu verneinen.[187] Ferner kommt bei derartigen E-Mails eine Bestrafung nach § 16 UWG in Betracht, der Freiheitsstrafen bis zu 2 Jahren und Geldstrafen vorsieht. Auf die Spam Variante des sog. Hoax[188], bei der es sich um Falschmeldungen handelt, die per elektronischen Kettenbrief durch ein Schneeballsystem weiterverbreiten werden, soll an dieser Stelle nicht weiter eingegangen werden. Zwar ist es Zweck des § 16 II UWG gerade solche Kettenbrief- und Schneeballsysteme zu unterbinden.[189] Jedoch hat dies im Bereich der E-Mail wenig Relevanz, da es einem Hoax regelmäßig an der Förderung eines Unternehmens und mithin an einer Wettbewerbshandlung fehlt.

Die Gruppe von Spam, deren Übermittlung der Anpreisung politischen, religiösen oder weltanschaulichen Gedankenguts dient, fehlt es an einem marktbezogenen geschäftlichen Verhalten und folglich an der nach § 2 I Nr. 1 UWG erforderlichen Wettbewerbshandlung.[190] Eine ggf. einschlägige Imagewerbung,[191] kommt bzgl. der E-Mail nicht in Betracht. Mit einer unseriösen Werbepraktik kann kaum Seriosität und mithin ein gutes Image vermittelt werden.

Die Einwerbung von Geldspenden zu rein karitativen Zwecken ist ebenfalls nicht auf den Bezug oder Absatz von Waren und Dienstleistungen gerichtet,

---

[187] Köhler in: Hefermehl/ Köhler/ Bornkamm, § 4 Rn. 11.179.
[188] Topf/ u.a., Antispam-Strategien, S. 22.
[189] Rengier in: Fezer UWG, § 16 Rn. 121.
[190] Keller in: Harte/ Henning, § 2 Nr. 1 Rn. 21.
[191] Koos in: Fezer UWG, § 6 Rn. 50.

stellt also, soweit sie ohne Gegenleistung erfolgt, auch keine Wettbewerbs-handlung dar.[192]

Auch Newsletter werden nach dem hier vertretenen Verständnis vom Begriff der E-Mail-Werbung i.S.v. § 7 II Nr. 3 UWG erfasst, soweit diese zu Geschäftsabschlüssen animieren sollen.

e) Einwilligung

Wie es das Opt-in-Prinzip in § 7 II Nr. 3 UWG vorsieht, muss zur Zulässig-keit von E-Mail-Werbung eine Einwilligung des Adressaten vorliegen. In Anbetracht der Tatsache, dass Spam gerade die unverlangte Versendung von Werbe-Mails meint und zumeist blind versandt wird, erscheint die Frage nach einer Einwilligung überflüssig, da eine solche nicht vorliegen wird. Wenn jedoch Spam nicht grundsätzlich blind sondern bspw. an alle Unter-nehmen eines bestimmten Gewerbes oder alle Arbeitgeber/-nehmer in einem bestimmten Berufszweig versendet wird, gewinnt die Frage danach wann eine Einwilligung vorliegt, an Relevanz. Auch hier handelt es sich um Massen-Mails, fraglich ist insofern wann eine „Einwilligung" i.S.v. § 7 II Nr. 3 UWG vorliegt und ob bspw. ein solches grds. anzunehmen ist, wenn die Mails in den konkreten Interessenbereich der Empfänger fallen. Ferner ist die Einwilligung das entscheidende Kriterium der Zulässigkeit einer Werbe-E-Mail. Es handelt sich nur um Spam, wenn diese gerade nicht verlangt ist. Daher ist eine Abgrenzung zwischen verlangter E-Mail-Werbung und Werbe-Spam unentbehrlich. In Frage steht, welche konkreten Anforderungen an eine Einwilligung i.S.v. § 7 II Nr. 3 UWG zu stellen sind. Die große Bedeutung dieser Frage für die Werbenden ist offensichtlich, wollen diese doch möglichst einfach an eine solche gelangen.

aa) Gemeinschaftsrechtliche Vorgaben

Da der § 7 II Nr. 3 UWG im Lichte des § 13 I EKDS-RL auszulegen ist, sind zunächst dessen Anforderungen zu klären.[193] Im Gegensatz zu § 7 II Nr. 3 UWG ist nach dem Wortlaut des Art. 13 I EKDS-RL eine „vorherige

---

[192] Lehmler, Kommentar zum UWG, § 2 Rn. 41.
[193] Mankowski in: Fezer UWG, § 7 Rn. 72.

Einwilligung" gefordert. Fraglich ist, ob der deutsche Gesetzgeber dieser Anforderung nachgekommen ist. Art. 2 S. 2 lit. f) EKDS-RL verweist zur genaueren Begriffsbestimmung auf die Datenschutzrichtlinie[194]. Gem. Art. 2 lit. h) der Datenschutzrichtlinie ist eine Einwilligung „jede Willensbekundung, die ohne Zwang, für den konkreten Fall und in Kenntnis der Sachlage erfolgt und mit der die betroffene Person akzeptiert, dass die personenbezogenen Daten, die sie betreffen, verarbeitet werden". Es wird hier also nicht zwischen vorheriger und nachträglicher Zustimmung differenziert, weshalb es der Klarstellung „vorherige" Einwilligung in § 13 I EKDS-RL bedurfte.

Nach deutscher Rechtslage ist der Begriff „ Einwilligung" gem. § 183 S. 1 BGB jedoch klar als vorherige Zustimmung definiert.[195] Eine explizite Erwähnung war folglich entbehrlich. Mithin ist mit Einwilligung i.S.v. § 7 II Nr. 3 UWG die vorherige Zustimmung gemeint. Der Wortlaut der § 7 II Nr. 3 UWG liest sich nach hier vertretener Auffassung ohnehin so, dass die Einwilligung beim Bewerben bereits vorliegen muss.

Die gemeinschaftsrechtlichen Vorgaben sind mithin erfüllt.

bb) Rechtsnatur der Einwilligung gem. § 7 II Nr. 3 UWG

In § 7 II Nr. 3 UWG ist die Einwilligung entgegen der Begrifflichkeit in § 183 S. 1 BGB nicht die bloße vorherige rechtsgeschäftliche Zustimmungserklärung, sondern das Einverständnis zu einem tatsächlichen Eingriff in ein Rechtsgut, also die Ermächtigung zu einer tatsächlichen Handlung, jedoch nicht notwendigerweise eine Willenserklärung.[196] Geht man mit der hier vertretenen Auffassung davon aus, dass eine Einwilligung i.S.v § 7 II Nr. 3 UWG keine bloße Willenserklärung ist, ist die Anwendbarkeit der §§ 104 ff. auf diese fraglich. Die Wirksamkeit der Einwilligung ist Voraussetzung für die Lauterkeit der E-Mail-Werbung.

---

[194] Richtlinie 95/46/EG des Europäischen Parlaments und des Rates vom 24. Oktober 1995 zum Schutz natürlicher Personen bei der Verarbeitung personenbezogener Daten und zum freien Datenverkehr, ABl. EG Nr. L 281 vom 23.11.1995, S. 31-50.
[195] Dörner in: Hk-BGB, § 182 Rn. 2.
[196] Köhler in: Hefermehl/ Köhler/ Bornkamm, § 7 Rn. 44; a.A. Ubber in: Harte/ Henning, § 7 Rn. 127; Splittgerber/ Zscherpe/ Goldmann, WRP 2006, 178, 179.

cc) Wirksamkeit

Eine analoge Anwendung der §§ 104 ist generell möglich, jedoch müssen die einzelnen Normen z.T. modifiziert werden.[197] Hierzu gehört bspw. die Einwilligung durch Minderjährige. Problematisch an einer online erfolgenden Einwilligung (z.B. durch das Häkchen setzen in einem entsprechenden Feld auf der Website) ist, dass nicht erkennbar ist, dass es sich um die Einwilligung eines Minderjährigen handelt, die i.S.v. § 107 BGB von der Einwilligung des gesetzlichen Vertreters abhängt und bis dahin schwebend unwirksam i.S.v. § 108 I BGB ist. Ein Verstoß gegen § 7 II Nr. 3 UWG wäre das unbillige Ergebnis. Als Modifikation müsste entgegen § 107 die Einsichtfähigkeit des Minderjährigen ausreichen um eine wirksame Einwilligung zu erzielen.[198] Dabei kann ergänzend auf den § 4 Nr. 2 UWG zurückgriffen werden.[199]

dd) vertragliche Einwilligung

Allerdings ist es auch möglich, sich durch eine vertragliche Einwilligung an den Empfang von Werbe-E-Mails zu binden. Diese Einwilligungsform ist von der einseitigen Einwilligung strikt abzugrenzen, denn hier ist die Einwilligung die Gegenleistung – sie rechtfertigt nicht, sondern erfüllt.[200] Dies ist z.B. bei Free-E-Mail-Diensten oft der Fall, die ihre Dienste unentgeltlich unter dem Vorbehalt anbieten, dass an den User Newsletter versandt werden dürfen.

ee) Vorformulierte Einwilligungserklärungen

Häufig stellt sich auch das Problem, dass der User ohne es zu wissen seine Einwilligung durch das Bekenntnis zu bereits vorformulierten Einwilligungserklärungen erteilt. So ist es häufig im Falle der Newsletter oder bei diversen freien Internet-Diensten. Vorformulierte Einwilligungserklärungen unterliegen grds. der AGB-Kontrolle der §§ 305 ff. BGB, denn der Verwender nimmt in diesen Fällen einseitig die rechtsgeschäftliche Gestaltungsfreiheit für sich in Anspruch, während der Kunde keinerlei Einfluss auf den

---

[197] Lettl, Das neue UWG, Rn. 536.
[198] Köhler in: Hefermehl/ Köhler/ Bornkamm, § 7 Rn. 46.
[199] Mohr, Internetspezifische Wettbewerbsverstöße, S. 55.
[200] Ohly, Die Einwilligung im Privatrecht, S. 279.

Inhalt der Erklärung hat.[201] Voraussetzung dafür, dass die AGB'en Bestandteil werden ist gem. § 305 II Nr. 1, Nr. 2 BGB, dass der Verwender vor oder bei Vertragsabschluss dem Kunden zumindest in zumutbare Weise die Möglichkeit der Kenntnisnahme verschafft. Vorrangiger Prüfungsmaßstab ist der § 307 BGB. In seinen Ausführungen zur Telefonwerbung betrachtete der BGH vorformulierte Einwilligungserklärungen aus Gründen des Privatsphäreschutzes wegen eines zwangsweise resultierenden Nachahmungs- bzw. Belästigungseffektes immer als Verstoß gegen das Verbot der unzumutbaren Benachteiligung.[202] Die Rechtsprechung zur Telefonwerbung ist auf E-Mail-Werbung entsprechend anwendbar, was zu einer generellen Unzulässigkeit der durch AGB'en erteilten Einwilligungen zu Werbe-E-Mails führt.[203] Die Auffassung des BGH wird in der Literatur teils als zu streng kritisiert, da so dem Werbenden ein individuelles Aushandeln i.S.v. § 305 I S. 3 BGB faktisch unmöglich gemacht werde[204]

Nach meiner Auffassung ist in Anbetracht der E-Mail-Werbung entgegen einer grundsätzlichen Unwirksamkeit eine differenzierte Beurteilung geboten. Unzulässig sollte eine durch AGB'en erteilte Einwilligung nur sein, wenn sie in den AGB'en versteckt oder überraschend i.S.v. § 305c I BGB ist oder über das konkrete Vertragsverhältnis hinaus auf Werbungen zu weiteren Vertragsabschlüssen ausgedehnt wird. Ferner sollte eine Unzulässigkeit dann angenommen werden, wenn sie gegen das Transparenzgebot des § 307 I S. 2 BGB verstößt. Es erschließt sich kein Grund, aus dem andere Anforderungen an diese Art der Einwilligung gestellt werden sollten als sonst üblich. Insbesondere ist es dem User, der die Vorteile bestimmter Dienste genießen möchte, möglich und zumutbar, auch im Internet die damit verbunden AGB'en zu lesen.

ff) Konkludente Einwilligung

Neben der ausdrücklichen Einwilligung – die keiner weiteren Erläuterung bedarf – genügt nach dem Begriff in § 7 II Nr. 3 UWG auch eine konklu-

---

[201] Lettl, Das neue UWG, Rn. 537.
[202] BGH GRUR 2000, 818, 819.
[203] Mohr, Internetspezifische Wettbewerbsverstöße, S. 59.
[204] Ayad/ Schafft, BB 2002, S. 1711, 1713; Lettl, Das neue UWG, Rn. 538.

dente Einwilligung.[205] Das Vorliegen einer solchen sollte zurückhaltend angenommen werden, bedeutet sie doch die Disposition über ein Rechtsgut. Es reicht demnach nicht aus, dass Werbender und Beworbener in einer geschäftlichen Beziehung zueinander stehen[206] und die E-Mail-Adresse in öffentlich zugänglichen Verzeichnissen, auf Briefköpfen, Visitenkarten oder ähnlichem angegeben ist.[207] Erstrecht nicht kann die bloße Einrichtung eines E-Mail-Accounts als konkludente Einwilligung i.S.v. § 7 II Nr. 3 UWG qualifiziert werden.[208] Es bedarf vielmehr einer spezifischen Einwilligung, die gerade darauf abzielt, Werbung anzuerkennen.[209] Eine solche wird im Falle von Spam praktisch nie anzunehmen sein.

gg) Mutmaßliche Einwilligung?

Fraglich ist, ob auch eine mutmaßliche Einwilligung zur Zulässigkeit von E-Mail-Werbung ausreichen würde. Dies wird in der Literatur zumindest gegenüber Privaten größtenteils mit Blick auf den Wortlaut und mit dem Verlangen nach einer echten Willensbildung des Adressaten, die nach außen manifestiert wird, abgelehnt.[210] Andere sprechen sich bezüglich der Telefonwerbung gegenüber Privatpersonen für die Möglichkeit einer mutmaßlichen Einwilligung nach Interessenabwägung im Einzelfall aus.[211] Diese sei nur eine typisierte Interessenabwägung der „unzumutbaren Belästigung" nach § 7 I UWG, die im Einzelfall zu einem anderen Ergebnis führen kann.[212] Das müsse daher entsprechend für E-Mail-Werbung § 7 II Nr. 3 UWG gelten, z.B. wenn in dem Versand einer unverlangten E-Mail eine berechtigte G.o.A. liege.[213]

---

[205] Mankowski in: Fezer UWG, § 7 Rn. 104.
[206] Köhler in: Hefermehl/ Köhler/ Bornkamm, § 7 Rn. 53.
[207] Lettl, Das neue UWG, Rn. 544.
[208] Mankowski in: Fezer UWG, § 7 Rn. 104.
[209] Hoeren Anm.: BGH MMR 2004, 386, 390.
[210] Mankowski in: Fezer UWG, § 7 Rn. 104; Ubber in: Harte/Henning, § 7 Rn. 163; Splittgerber/ Zscherpe/ Goldmann, WRP 2006, 178, 179.
[211] Köhler in: Hefermehl/ Köhler/ Bornkamm, § 7 Rn. 54; Lettl, Das neue UWG, Rn. 548.
[212] Köhler in: Hefermehl/ Köhler/ Bornkamm, § 7 Rn. 54.
[213] Köhler in: Hefermehl/ Köhler/ Bornkamm, § 7 Rn. 54, 72 und 73; Mohr, Internetspezifische Wettbewerbsverstöße, S. 61.

Da das Spam-Problem jedoch im Kern seine Massenhaftigkeit betrifft, ist eine mutmaßliche Einwilligung zu Spam abzulehnen. Der Mutmaßung liegt nämlich stets der konkrete Einzelfall zu Grunde, welcher im Falle von Spam ohnehin nie betroffen wird. Beim blinden Versand ist davon auszugehen, dass der Spammer gar nicht erst darüber mutmaßt. Insbesondere vermag die Betroffenheit des konkreten Interessenbereichs der Empfänger daran nicht zu ändern. Unabhängig davon verstößt eine solche nach hier vertretener Auffassung gegen die gemeinschaftsrechtlichen Vorgaben. Liegt die ausdrückliche (oder ausnahmsweise konkludente) Einwilligung nicht vor, handelt es sich um Spam.

hh) Beweislastverteilung

Der BGH stellte in seinem Urteil vom 11.03.2004 klar, dass der Werbende den Beweis für ein die Unzulässigkeit ausschließendes Einverständnis des Beworbenen darzulegen und wenn nötig auch zu beweisen hat.[214] Ferner soll der Werbende verpflichtet sein, geeignete Maßnahmen zu ergreifen um zu verhindern, dass es zu Fehlzustellungen aufgrund ungewollter Falsch-Adressangaben bzw. –eingaben eines Dritten kommt.[215] Fraglich ist, wie der Werbende diesen Verpflichtungen nachkommen kann.

§ 7 II Nr. 3 UWG stellt keine expliziten Formerfordernisse an die Einwilligung.[216] Mit Blick auf § 4a I S. 3 BDSG empfiehlt sich zumindest die Einhaltung der Schriftform i.S.v. § 126 BGB.[217] Jedoch ist der Beweis beim Vorliegen einer schriftlichen Einwilligung nicht problematisch. Welche Maßnahme erweist sich hingegen als geeignet, wenn die Einwilligung online erteilt wurde? Der BGH nennt als eine geeignete Maßnahme das Überprüfen der Identität von Anforderndem und Empfänger.[218]

Meiner Ansicht nach erscheint als einzig wirklich geeignete Maßnahme um eine solche Überprüfung zu gewährleisten das sog. Double-Opt-in-

---

[214] BGH MMR 2004, 386, 386.
[215] BGH MMR 2004, 386, 386.
[216] Splittgerber/ Zscherpe/ Goldmann, WRP 2006, 178, 179.
[217] Zscherpe, MMR 2004, 723, 726.
[218] BGH MMR 2004, 386, 389.

Verfahren, welches auch in der Literatur teilweise Zustimmung findet.[219] Bei diesem Konzept wird an die angegebene E-Mail-Adresse zunächst eine E-Mail versendet, die einen Link oder die Aufforderung zu einer Antwort enthält, mit welcher der „Einwilligende" noch einmal bestätigen soll, dass er tatsächlich die unter der Adresse angeforderte Werbung erhalten will.[220] Erst durch entsprechende Betätigung des Links bzw. durch ein entsprechendes Antwortschreiben wird die Adresse, d.h. der Empfänger in die Datenbank aufgenommen.[221] Ein solches Verfahren wurde in der Rechtsprechung teilweise mit der Begründung abgelehnt, dass bereits die Nachfrage-E-Mail als Werbe-E-Mail zu qualifizieren sei.[222]

Dieser muss Beurteilung jedoch widersprochen werden, denn die Nachfrage-E-Mail ist vielmehr Bestandteil des Anmeldevorgangs und nicht selbst schon Werbung.[223] Der Werbende hat wenn er nach Double-Opt-in verfährt, alles ihm Mögliche getan um auszuschließen, dass ungewollte E-Mails beim Empfänger eintreffen, und muss sich somit auch im Falle eines Missbrauchs durch Dritte wirksam exkulpieren können. Folglich scheint das Double-Opt-in-Verfahren als dienlichster Weg um nachweisen zu können, dass eine konkrete Einwilligung vorliegt und den unbeabsichtigten Werbe-Mail-Versand wirksam zu unterbinden.

Das Confirmed-Opt-in-Verfahren stellt meines Erachtens keine Alternative dar. Diese Regelung sieht vor, dass der Empfänger anstelle der Nachfrage-E-Mail eine E-Mail erhält, die nur darüber informiert, dass zukünftig Werbe-E-Mails auf die konkrete E-Mail-Adresse versandt werden und dem jetzt widersprochen werden könne.[224] Dieses System erfordert im Gegensatz des Double-Opt-in-Verfahren erst ein Tätigwerden des Empfängers und stellt somit eine größere Belästigung dar.

---

[219] Prasse, MDR 2006, 361, 365.
[220] Woitke, BB 2003, 2469, 2474 (in Fn. 79).
[221] Woitke, BB 2003, 2469, 2474 (in Fn. 79).
[222] LG Berlin CR 2003, 219, 220.
[223] Woitke, BB 2003, 2469, 2474 (in Fn. 79).
[224] Woitke, BB 2003, 2469, 2474 (in Fn. 80)

3. Der Ausnahmetatbestand des § 7 III UWG

§ 7 III UWG gestattet in Einzelfällen ein Absehen von der Opt-In-Variante des § 7 II Nr. 3 UWG. Soweit die E-Mail-Adresse im Rahmen einer Geschäftsbeziehung erhalten wurde, kann der Unternehmer für eigene ähnliche Produkte und Dienstleistungen ohne vorherige Einwilligung werben, solange der Empfänger dem nicht widersprochen hat und gewährleistet wird, dass er den Widerspruch jederzeit nachholen kann. Insoweit findet in der Ausnahmeregelung des § 7 III UWG ein modifiziertes Opt-in-Modell in Form einer Einwilligungsvermutung Anwendung.[225] Allerdings ist zutreffend, dass sich diese Ausnahmeregelung nicht auf Spamming anwenden lässt.[226]

Spamming zeichnet sich gerade durch das Versenden an eine Vielzahl von Adressen aus. Selbst wenn davon ausgegangen wird, dass der Versand dieser Nachrichten an einen bestimmten Empfängerkreis gerichtet ist, hat ein vorheriger Kontakt regelmäßig nicht stattgefunden. Dass dies bei Einzelnen dennoch der Fall sein mag, ändert nichts an der Tatsache, dass die Nachricht unabhängig von einer bestehenden Kundenbeziehung verschickt wird.

4. Anonyme E-Mail-Werbung i.S.v. § 7 II Nr. 4 UWG

Häufig haben Adressaten von Werbe-Spam keine Möglichkeit sich gegen die Belästigung durch die Werbenden zur Wehr zu setzen, da ihnen weder der Absender selbst noch eine gültige Kontaktadresse desselben zur Verfügung steht, sodass sie eine Unterbindung der Werbemaßnahmen verlangen könnten. Die Vorschrift des § 7 II Nr. 4 UWG soll gewährleisten, dass die entsprechenden Angaben erfolgen, und die Durchsetzung etwaiger Ansprüche gegen die Werbetreibenden so erleichtern.[227]

Mit der Vorschrift des § 7 II Nr. 4 UWG hat der deutsche Gesetzgeber ein explizites Verbot von Direktwerbung zum einen für die Fälle eingeführt, in

---

[225] Leistner/ Pothmann, WRP 2003, 815, 822; Ubber in: Harte/ Henning, § 7 Rn. 184; a.A. Köhler in: Hefermehl/ Köhler/ Bornkamm, § 7 Rn. 86 („Opt-out"); Weiler, MMR 2003, 223, 227 („Soft-Opt-in").
[226] Weiler, MMR 2003, 223, 227.
[227] Lehmler, Kommentar zum UWG, § 7 Rn. 105.

denen die Identität des Werbenden verschleiert oder verheimlicht wird, und zum anderen für den Fall, dass eine Werbenachricht keine gültige Adresse enthält. Dieses Transparenzgebot resultierte aus der Umsetzung des Art. 13 IV EKDS-RL und ist dementsprechend an dessen Vorgaben zu orientieren und zu messen. Laut Art. 13 IV EKDS-RL ist die Übermittlung anonymer Nachrichten „auf jeden Fall" verboten. Schon in der europäischen Basisvorschrift wird gänzlich von der Möglichkeit abgesehen eine Erheblichkeitsschwelle anzusetzen, was nach deutschem Recht nicht anders bewertet werden kann. Eine Erheblichkeit i.S.v. § 3 UWG ist dem Verstoß gegen § 7 II Nr. 4 UWG also inzident,[228] wäre meiner Ansicht nach aber auch ohnehin immer überschritten. Ein Verstoß gegen die Vorschrift ist unabhängig vom Vorliegen einer Einwilligung i.S.v. § 7 II Nr. 3 UWG möglich; die Tatbestände stehen also nebeneinander.

Das Tatbestandsmerkmal „Nachrichten" ist in § 2 I Nr. 4 UWG sowie in Art. 2 S. 2 lit. d) EKDS-RL legaldefiniert und erfasst nach beiden Begriffsbestimmungen zumindest das Medium der E-Mail.[229]

Ein „Verschleiern" der Identität ist gegeben, wenn zwar ein Absender angegeben wird, hinter dem Namen aber keine oder eine andere Person steht, d.h. wenn es sich um eine Schein- oder Tarnadresse handelt. Ein „Verheimlichen" der Identität i.S.v. § 7 II Nr. 4 UWG liegt dagegen vor, wenn entweder erst gar kein Name angegeben wird oder in der Adresszeile bspw. nur eine Postfachnummer oder gar ein Produktname angeführt wird, oder lediglich eine E-Mail-Adresse angegeben ist, aus der die wahre Identität des Werbenden nicht geschlossen werden kann.

Es muss eine gültige Adresse bei der Werbung vorhanden sein, an die der Beworbene jederzeit die Aufforderung zur Unterbindung weiterer Botschaften richten kann, ohne dass dafür andere Übermittlungskosten berechnet werden, als es die Basistarife vorsehen.[230] Dementsprechend genügt die Angabe einer Mehrwertdienstnummer oder Premium-Rate-Dienstnummer

---

[228] Lehmler, Kommentar zum UWG, § 7 Rn. 103.
[229] Ubber in: Harte/ Henning, § 7 Rn. 178.
[230] Lehmler, Kommentar zum UWG, § 7 Rn. 108.

nicht.[231] Die „gültige Adresse" kann eine E-Mail-Adresse, eine Fax- oder Telefonnummer sowie eine Postanschrift sein.[232] Nicht erforderlich ist, dass es sich dabei um eine Adresse in Deutschland handelt.

Die Vorschrift ergänzt die Opt-in-Regelung des § 7 II Nr. 3 UWG und dient insofern auch als Auffangtatbestand. Denn in den meisten Fällen ist davon auszugehen, dass anonym werbende Unternehmen bereits den Tatbestand des § 7 II Nr. 3 UWG verwirklichen. Da der § 7 II Nr. 4 UWG – unbilliger Weise – keine weitergehenden Sanktionsmöglichkeiten vorsieht, kommt ihm in der Praxis jedoch eher geringe Relevanz zu.

5. Die Sonderform der E-Card

Unter E-Card ist eine elektronische Postkarte, die über die Website eines entsprechenden Anbieters von jedem User an jede E-Mail-Adresse unentgeltlich versendet werden kann, zu verstehen.[233] Dabei wird in ein Web-Formular die E-Mail-Adresse des Absenders sowie des Empfängers eingetragen, eine persönliche Botschaft verfasst und diese nebst Werbung für den Anbieter verschickt.[234] Der Empfänger erhält daraufhin eine automatisch generierte E-Mail, die typischerweise einen Link enthält, mit dessen Abruf er die Postkarte mit persönlichen Motiven, Textnachrichten, aber eben meist auch Werbung für den E-Card-Anbieter erhält.[235] Umstritten ist, ob E-Cards mit unverlangter E-Mail-Werbung gleichzusetzen sind und grds. zu einer unzumutbaren Belästigung im Sinne von § 7 II Nr. 3 UWG führen. Problematisch ist bei der E-Card das Nebeneinander von Direktmarketing des Anbieters und persönlicher Botschaft eines Dritten. Während in der bisherigen Rechtsprechung[236] zu diesen Fällen eine unzumutbare Belästigung der Empfänger bejaht wurde, mehrten sich die

---

[231] Mankowski in: Fezer UWG, § 7 Rn. 115.
[232] Köhler in: Hefermehl/ Köhler/ Bornkamm, § 7 Rn. 95.
[233] Leible, K&R 2006, 485, 488.
[234] Ernst/ Seichter, MMR 2006, 779, 779.
[235] Leible, K&R 2006, 485, 488.
[236] OLG München, MMR 2004, 324, 324; LG München MMR 2003, 483, 483; AG Rostock, MMR 2003, 345, 345.

Stimmen in der Literatur[237] mit der Frage, ob dies generell so zu beurteilen sei. Zur Beurteilung dieser Frage muss zunächst unterschieden werden, ob bei der empfangenen Nachricht die Funktion durch den Versendenden zu eigener Werbung missbraucht wurde oder ob der Versender eine persönliche Botschaft übermittelt hat. Im Falle eines Missbrauchs der Funktion zu Werbezwecken der Versender ist nach meiner Ansicht eine rechtliche Behandlung als unverlangte E-Mail-Werbung i.S.v. § 7 II Nr. 3 UWG angeraten. Bei Nutzung der Funktion durch Dritte zur Übermittlung persönlicher Mitteilungen ist differenziert zu beurteilen, ob durch die regelmäßig mitgeschickte Werbung des Dienst-Anbieters eine unzumutbare Belästigung i.S.v. §§ 7 II Nr. 3, 3 UWG hervorgerufen wird.[238] Zutreffend sollte i.R. einer Interessenabwägung der Erheblichkeitsgrad der Belästigung im Einzelfall ermittelt werden, wobei zu berücksichtigen ist, ob im konkreten Einzelfall der werbende Teil oder der persönliche Inhalt überwiegt.[239]

Begründen lässt sich das damit, dass in diesen Fällen beim Versand der E-Card eine individuelle Botschaft, zumeist von Privaten, versendet wird und diese sich dabei der E-Card bedienen um ihre eigene Nachricht unter ein bestimmtest Motto zu stellen. Dem persönlichen Inhalt soll durch die E-Card also ein gewisser Nachdruck verliehen werden bzw. er soll bekräftigt werden. Anders ist es bei der herkömmlichen E-Mail-Werbung, welche vom Werbenden selbst meistens „blind" an eine Vielzahl von Adressen versandt wird und lediglich einen kommerziellen Inhalt vermittelt. Die Verwender der E-Card-Funktion tragen die Empfänger-Adresse individuell ein um eine zumeist einmalige Versendung zu veranlassen.[240]

Vor diesem Hintergrund kann bei einer E-Card, in welcher der persönliche Teil überwiegt, regelmäßig von einem mutmaßlichen Einverständnis des Empfängers ausgegangen werden, auf welches sich auch der Anbieter der

---

[237] Ernst/ Seichter, MMR 2006, 779, 783; Leible, K&R 2006, 485, 488; Rösler, WRP 2005, 438, 440.
[238] Rösler, WRP 2005, 438, 439.
[239] Ernst/ Seichter, MMR 2006, 779, 782; Leible, K&R 2006, 485, 488; Rösler, WRP 2005, 438, 439.
[240] Rösler, WRP 2005, 438, 439.

Funktion berufen können muss. Nicht anders liegt der Fall nämlich bei den Anbietern unentgeltlicher E-Mail-Dienste, die an die Mails ihrer Kunden generell auch Werbung anhängen. Die Beurteilung von E-Cards verlangt meines Erachtens folglich stets eine Einzelfallbetrachtung und ist nicht grundsätzlich als unverlangte E-Mail-Werbung i.S.v. § 7 II Nr. 3 UWG zu klassifizieren. Anders ist dies zu beurteilen, wenn der Anbieter seine E-Cards so gestaltet, dass die Werbung für seinen Dienst derartig in den Vordergrund gestellt wird, dass die persönliche Botschaft daneben völlig zurücktritt. Gleiches gilt für parteipolitische Werbung.[241]

III. Relevante Ansprüche gegen unverlangte E-Mail-Werbung nach dem UWG

Nach Erörterung der entsprechenden Verbotstatbestände zeigt sich also, dass die Übermittlung von Spam zu Marketingzwecken grundsätzlich nicht gestattet ist und dem Direktmarketing via E-Mail damit enge Schranken gesetzt sind. E-Mail-Werbung ist jedoch aufgrund ihrer Effektivität und Ökonomie so attraktiv für die werbende Wirtschaft, dass die engen Grenzen, in deren Rahmen sie noch zulässig ist, von vielen Werbenden überschritten werden und somit massenhaft Werbe-Spam produziert wird. Von Interesse sind daher die Ansprüche, die sich den Legitimierten durch die Verwirklichung des Verbotstabbestand nach §§ 7 II Nr. 3, 3 UWG bieten. Eine zweite Frage ist die Effektivität dieser Ansprüche und wie das Recht auf den Aspekt reagiert, dass sich aufgrund der Ubiquität des Internets die Durchsetzbarkeit gewährter Ansprüche als äußerst schwierig erweisen dürfte. Das Internet hat dem Streben der Wettbewerber nach Kundenzuwachs und einhergehend nach Kundenkontaktdaten ganz neue Dimensionen eröffnet, die es ermöglichen, unsagbar viele potentielle Kunden überall auf dem Globus zu erreichen – und all das in kürzester Zeit und sehr kostengünstig.

Die sich aus einem Verstoß gegen die Verbotstatbestände der §§ 4 bis 7 UWG i.V.m. § 3 UWG ergebenden Rechte sind im Anspruchskatalog der

---

[241] Rösler, WRP 2005, 438, 440.

§§ 8 bis 10 UWG aufgeführt.[242] Der deutsche Gesetzgeber hat auch nach der UWG Reform an einem System der Durchsetzung des Lauterkeitsrechts mit Hilfe zivilrechtlicher Ansprüche festgehalten.[243] Auf Art. 7 II Nr. 3 UWG nicht anwendbar sind die Strafbestimmungen der §§ 16 bis 19 UWG.[244] Von einer gesondert beauftragten Behörde zur Durchsetzung des Lauterkeitsrechts hat der Gesetzgeber weiterhin abgesehen.[245]

1. Wettbewerbsrechtliche Abwehransprüche gem. § 8 I UWG

Mit § 8 I UWG wird dem Berechtigtem einerseits ein Beseitigungsanspruch an die Hand gegeben, der sich gegen bereits eingetretene, beständige Beeinträchtigungen, die aus unlauteren Wettbewerbshandlungen resultierten, richtet.[246] Daneben gewährt er einen Unterlassungsanspruch, der mögliche (weitere) unlautere Verhaltensweisen für die Zukunft unterbinden soll.[247] Beide Abwehransprüche sind nach allgemeiner Auffassung verschuldensunabhängig.[248]

Der Unterlassungsanspruch gem. § 8 I S.1 Alt. 2 und S. 2 UWG ist als zentraler Anspruch gegen Wettbewerbsverstöße anerkannt, weil er neben der Verschuldensunabhängigkeit keinen Schaden voraussetzt und daher besonders schnell greift.[249] Er gliedert sich in den vorbeugenden Unterlassungsanspruch und den Verletzungsunterlassungsanspruch auf.

Der vorbeugende Unterlassungsanspruch setzt gem. § 8 I S. 2 UWG nicht voraus, dass es bereits zu einem Wettbewerbsverstoß gekommen ist, vor dessen Hintergrund eine Wiederholungsgefahr begründet wäre, sondern erfordert nach stetiger Rechtsprechung einzig die sog. Erstbegehungsgefahr, d.h. das unmittelbare Bevorstehen einer Rechtsgutsverletzung.[250] Der Kläger muss für das Vorliegen einer Erstbegehungsgefahr allerdings einen stichhal-

---

[242] Boesche, Wettbewerbsrecht, Rn. 25.
[243] BT-Drucks. 15/1487, S. 22.
[244] BT-Drucks, 15/1487, S. 22.
[245] BT-Drucks, 15/1487, S. 22.
[246] Piper in: Piper/ Ohly, § 8 Rn. 74.
[247] Kothof/ Gabel in: Ekey u.a. Wettbewerbsrecht, § 8 Rn. 2.
[248] Fritzsche in: MüKo zum Lauterkeitsrecht, § 8 Rn. 6.
[249] Büscher in: Fezer, § 8 Rn 4 und 5; Fritzsche in: MüKo zum Lauterkeitsrecht, § 8 Rn. 5.
[250] BGH GRUR 1992, 318, 319; BGH GRUR 1999, 1097, 1099.

tigen Anhaltspunkt vorlegen.[251] Ein solcher ist angesichts unverlangter E-Mail-Werbung wohl in den seltensten Fällen nachweisbar. In der Praxis hat der vorbeugende Unterlassungsanspruch, angewandt auf unerwünschte E-Mail-Werbung, daher eine eher geringe Bedeutung.

Der Verletzungsunterlassungsanspruch gem. § 8 I S. 1 Alt. 2 UWG setzt hingegen voraus, dass bereits in der Vergangenheit ein Wettbewerbsverstoß erfolgte und dieser die Gefahr der Wiederholung einer zumindest wesentlich gleichartigen Verletzungshandlung begründet.[252] Die erfolgte Verletzungshandlung hat Indizwirkung für weitere Beeinträchtigung und begründet so die widerlegbare Vermutung einer Wiederholungsgefahr.[253] Im Grundsatz ist heute nur von einem gänzlichen Wegfall der Wiederholungsgefahr auszugehen, wenn der Verletzer eine unwiderrufliche, unbedingte und durch ein hinreichend hohes Vertragsstrafenversprechen bewehrte Unterlassungserklärung abgibt.[254] Der Anspruch aus § 8 I S.1 Alt. 2 UWG gestaltet sich angesichts unverlangter Werbe-E-Mails als durchaus praktikabel. Sofern ein Unternehmen Werbe-Spam verschickt, liegt darin die unlautere Verletzungshandlung, die eine Wiederholungsgefahr vermuten lässt und so den dadurch Anspruchsberechtigten ermöglicht, dagegen auf Unterlassung zu klagen.

2. Schadensersatzanspruch gem. § 9 S. 1 UWG

Nach dem Gesetzeswortlaut steht dem Empfänger unverlangter E-Mail-Werbung gem. § 9 S.1 UWG neben dem Unterlassungs- auch ein Schadensersatzanspruch zu. Als Schaden kommen Kosten für den Abruf und den Zeitaufwand beim Aussortieren und Lesen der Werbe-Mails, aber auch die Belastung der Ressourcen der Betroffenen in Betracht. Der wettbewerbsrechtliche Schadensersatzanspruch erfährt mit § 9 S. 1 UWG eine einheitliche Regelung, die auch das Verschuldenserfordernis explizit benennt.[255] Zur Art und zum Umfang des Anspruchs enthält das UWG keine Ausführun-

---

[251] Piper in: Piper/ Ohly, § 8 Rn. 27.
[252] Boesche, Wettbewerbsrecht, Rn. 84.
[253] Kotthoff/ Gabel in: Ekey u.a. Wettbewerbsrecht, § 8 Rn. 7.
[254] Fritzsche in: MüKo zum Lauterkeitsrecht, § 8 Rn. 41; BGH GRUR 1990, 617, 624.
[255] Fritzsche in: MüKo zum Lauterkeitsrecht, § 9 Rn. 1.

gen, es kann aber ergänzend auf die §§ 249 ff. BGB zurückgegriffen werden.[256] Demzufolge steht dem Anspruchberechtigten vorerst die Naturalrestitution zu, die sich jedoch größtenteils mit dem Beseitigungsanspruch – der kein Verschulden voraussetzt – überschneidet.[257] Daneben kann er Wertersatz, z.B. für die Rechtsverfolgungskosten, fordern und sich seinen entgangenen Gewinn ersetzen lassen.[258]

Die Bedeutung des Anspruchs wird allerdings gravierend durch die Schwierigkeit einen konkreten Schaden zu beziffern und insofern Beweis zu führen abgeschwächt.[259] Zur Schadensanalyse stehen – mit der konkreten Schadensberechnung, der Herausgabe des Verletzergewinns und der sog. Lizenzanalogie – verschiedene Modelle zur Verfügung, den Schaden zu beziffern.[260] Konkret bezifferte Nachweise kommen aber zumeist nur bei „mitbewerberbezogenen", d.h. sich gezielt oder unmittelbar gegen einen Mitbewerber richtenden, Wettbewerbsverstößen in Betracht.[261] Handelt es sich dagegen um einen lediglich „marktbezogenen" Eingriff, wie dies bei Werbe-Spam zumeist der Fall sein wird, kommt eine konkrete Bezifferung und Beweisführung nicht in Betracht.[262]

Ein Prozess um Schadensersatz ist mithin für den Kläger ein so risikoreiches Wagnis, dass meist von ihm abgesehen oder bei erster Gelegenheit ein Vergleich angestrebt wird – der mitunter eher unrentabel für den Kläger ausfällt.[263]

Die Bedeutung des Schadensersatzanspruchs bleibt im Wettbewerbsrecht folglich weit hinter der der Abwehransprüche aus § 8 I UWG zurück.[264] Ohnehin dürfte der dem Empfänger durch die Übersendung einer Spam-Mail entstehende Schaden in Euro-Cent zu bemessen sein, weshalb die

---

[256] Lehmler, Kommentar zum UWG, § 9 Rn. 19.
[257] Lehmler, Kommetar zum UWG, § 9 Rn. 20.
[258] Piper in: Piper/ Ohly, § 9 Rn. 9.
[259] Leisse/ Traub, GRUR 1980, 1, 1.
[260] Lehmler, Kommentar zum UWG, § 9 Rn. 27.
[261] Köhler in: Hefermehl/ Köhler/ Bornkamm, § 9 Rn. 1.35.
[262] Köhler in: Hefermehl/ Köhler/ Bornkamm, § 9 Rn. 1.35.
[263] Leisse/ Traub, GRUR 1980, 1, 1.
[264] Fritzsche in: MüKo zum Lauterkeitsrecht, § 9 Rn. 3.

Verfolgung des Anspruchs aus wirtschaftlichen Gesichtspunkten nicht lohnt. Daher ist der Schadensersatzanspruch in den allermeisten Fällen eher theoretischer Natur.

3. Anspruch auf Gewinnabschöpfung i.S.v. § 10 UWG

a) Zweck der Regelung

Ausgangsgedanke für die Regelung einer Verbandsklage auf Gewinnabschöpfung i.S.v. § 10 UWG war eine weitere Verbesserung der Durchsetzungsmöglichkeiten des Lauterkeitsrechts.[265] Wie aufgezeigt, ist durch den Unterlassungsanspruch i.S.v. § 8 I S. 1 Alt. 2 UWG zwar eine praktisch relevante Regelung getroffen worden, diese entfaltet jedoch nur Wirkung für die Zukunft. Der für vergangene Verletzungen geltende Schadensersatzanspruch gem. § 9 S. 1 UWG ist dagegen unpraktikabel, da er meist schwer zu begründen ist. Daraus folgt das Problem, dass den unlauter Werbetreibenden nur Verbote für die Zukunft aufgezeigt werden und sie ihren „unlauteren" Ertrag meist behalten können – der Abschreckungseffekt ist gleich Null und die Attraktivität dieser Vorgehensweise beständig. Das Wettbewerbsrecht stellt insofern eine „stumpfe Waffe"[266] gegen Werbe-Spam dar.

Um gegen diese Schutzlücke vorzugehen hat der Gesetzgeber den § 10 I UWG eingeführt, dessen Ziel es ist, mit seiner Abschöpfungsregelung das unlautere Werbetreiben unwirtschaftlich und mithin unattraktiv zu machen.[267] Insbesondere werden durch diese Regelung Unternehmen ins Visier genommen, deren einziger Marktauftritt sich auf eine einzelne wettbewerbswidrige Handlung beschränkt.[268] Eine solche Praxis ist bei Unternehmen, die Werbe-Spam betreiben häufig anzutreffen, denn oft setzen diese einmalig einen riesigen Schwarm solcher Mails frei und ziehen sich dann wieder vom Markt zurück.[269] Laut Gesetzesbegründung gilt es gerade die Durchsetzungsdefizite bei Streuschäden stark zu vermindern.[270] Darunter

---

[265] BT-Drucks. 15/1487, S. 23.
[266] Köhler, GRUR 2003, 265, 265.
[267] Alexander, WRP 2004, 407, 417.
[268] Mohr, Internetspezifische Wettbewerbsverstöße, S. 91.
[269] Mohr, Internetspezifische Wettbewerbsverstöße, S. 91.
[270] BT-Drucks. 15/1487, S. 23.

sind Fälle zu verstehen, in denen durch wettbewerbswidriges Verhalten eine Vielzahl von Abnehmern mit einer jeweils geringen Schadenshöhe belastet wird.[271] Vor dem Hintergrund der Ubiquität des Internets und den Vorteilen der E-Mail als Medium zu Zwecken des Direktmarketings ergibt sich bezüglich der massenhaften E-Mail-Werbung eine enorme Streuwirkung.

b) Tatbestand

§ 10 I setzt eine vorsätzliche Zuwiderhandlung gegen § 3 UWG voraus. Durch das unerbetene Übermitteln von Werbe-E-Mails wird, wie aufgezeigt grundsätzlich gegen den § 7 II Nr. 3 UWG und einhergehend gegen den § 3 UWG verstoßen. Dieser Verstoß muss vorsätzlich erfolgen, was in Fällen des Werbe-Spam regelmäßig der Fall sein wird, da Spam ja gerade willentlich erfolgt und zweckgerichtet ist.

Ferner muss der Werbende gem. § 10 I UWG durch die unlautere Werbung einen Gewinn erzielt haben, der zu Lasten einer Vielzahl von Abnehmern geht. Der Begriff des „Abnehmers" ist nicht legaldefiniert, soll jedoch nach der Intention des Gesetzgebers jeden Marktteilnehmer erfassen.[272] Die „Vielzahl" i.S.v. § 10 I UWG soll eine gewisse „Breitenwirkung, die tendenziell eine größere Anzahl von Abnehmern" betrifft, voraussetzen.[273] Angesichts der Rechtssprechung zur „Vielzahl" im AGB-Recht ist als Untergrenze eine Abnehmerzahl von drei Personen festzulegen.[274] Eine Vielzahl dürfte demnach beim Marketing mit unerwünschten Werbe-E-Mails problemlos überschritten werden, sollen durch die Mails doch gerade möglichst viele Empfänger erreicht werden.

Herauszugeben ist nur der Gewinn, der zu Lasten einer Vielzahl von Abnehmern erlangt worden ist. Abzugrenzen ist hiervon der Gewinn, der auf Kosten der Mitbewerber erzielt wurde und diesen ggf. nach den Grundsätzen des Schadensersatzanspruch gem. § 9 S. 1 UWG zurückzuer-

---

[271] BT-Drucks. 15/1487, S. 23.
[272] BT-Drucks. 15/1487, S. 24.
[273] BT-Drucks. 15/1487, S. 24.
[274] BGH NJW 2002, 138, 139.

statten ist.[275] Die unlautere Wettbewerbshandlung muss weiterhin ursächlich für den erzielten Gewinn gewesen sein.[276] Das Tatbestandsmerkmal „zu Lasten" erfordert, dass den Abnehmern aus dem beim Werbenden erzielten Gewinn unmittelbar ein Vermögensnachteil erwachsen ist.[277] Dazu genügt jede wirtschaftliche Schlechterstellung.[278] Einer Ansicht in der Literatur nach ist das nur dann der Fall, wenn Kunden Waren oder Dienstleistungen bezahlen, die sie eigentlich nicht haben wollten oder deren Preis nicht ihrem wirtschaftlichen Wert entspricht und den Abnehmern infolge dessen vertragliche oder deliktische Ansprüche erwachsen sind.[279] Wird das unlauter beworbene Produkt oder die Dienstleistung folglich für einen angemessenen Preis erworben, kann auch kein Gewinn beim Werbenden abgeschöpft werden, denn eine zumindest wirtschaftliche Schlechterstellung liegt dann bei den Abnehmern nicht vor.[280] Andere wollen den Anspruch aus § 10 UWG nicht schlicht vom Vorliegen deliktischer oder vertraglicher Ansprüche abhängig machen.[281] Eine unmittelbare Vermögensverschiebung vom Vermögen der Abnehmer auf das Vermögen des Verletzers sei nicht erforderlich.[282] Ein Anspruch könne demnach nur entfallen, wenn die Gegenleistung für den Abnehmer einen echten wirtschaftlichen Wert verkörpert und das Preis- Leistungsverhältnis stimmt, ohne dass für die Abnehmer durch den Wettbewerbsverstoß sonstige Nachteile (z.B. infolge von Aufwendungen, die ohne die unlautere Handlung nicht angefallen wären) entstanden sind.[283]

Die letztgenannte Auffassung erscheint zutreffend, denn dem Spam-Problem würde durch das Abstellen auf eine unmittelbare Vermögensverfügung nicht gerecht werden. Die unlautere Werbepraktik, die durch § 10 I

---

[275] Köhler in: Hefermehl/ Köhler/ Bornkamm, § 10 Rn. 8.
[276] Köhler in: Hefermehl/ Köhler/ Bornkamm, § 10 Rn. 9.
[277] Köhler in: Hefermehl/ Köhler/ Bornkamm, § 10 Rn. 9.
[278] Bt-Drucks. 15/1487, S. 24.
[279] Köhler, GRUR 2003, 265, 266.
[280] Köhler in: Hefermehl/ Köhler/ Bornkamm, § 10 Rn. 9; Lettl, Das neue UWG, Rn. 674.
[281] Alexander, WRP 2004, 407, 418; Goldmann in: Harte/ Henning, § 10 Rn. 76; Piper in: Piper/ Ohly, § 10 Rn. 8; von Braunmühl in: Fezer UWG, § 10 Rn. 177.
[282] Goldmann in: Harte/ Henning, § 10 Rn. 78; a.A. Köhler in: Hefermehl/ köhler/ Bornkamm, § 10 Rn. 10.
[283] Piper in: Piper/ Ohly, § 10 Rn. 9.

UWG unattraktiv gemacht werden soll, liegt beim Spammer bereits in der unverlangten Kontaktaufnahme. Um eine solche effektiv durch § 10 I UWG erfassen zu können, sollte der Gewinn-Begriff möglichst weit gefasst werden. Ein sonstiger Nachteil sollte deshalb bereits vorliegen, wenn bspw. die Abnehmer nicht den konkret gewünschten Artikel erhalten haben, unabhängig davon, ob das Erlangte objektiv dem Gegenwert entspricht. Ein nutzloser Artikel bürdet ihnen die Last auf, nach wie vor das gewünschte Produkt erwerben zu müssen, was ebenso wirtschaftliche Einbußen mit sich bringen kann.

Die von § 10 I UWG geforderte „Schlechterstellung" der Abnehmer ist zumindest dann gegeben, wenn die Gleichwertigkeit zwischen Leistung und Gegenleistung fehlt. Fraglich ist, ob der Verstoß gegen § 7 II Nr. 3 UWG grundsätzlich auch einen Anspruch aus § 10 I UWG begründen kann. Dazu muss geklärt werden, ob durch den Verstoß gegen § 7 II Nr. 3 UWG ein hinreichender Zusammenhang zwischen Gewinn und wirtschaftlicher Schlechterstellung geschaffen wird um einen Anspruch nach § 10 I UWG zu begründen.[284] Verbindendes Glied muss dabei prinzipiell § 3 UWG sein. Mit der Änderung der Formulierung „zu Kosten" im Gesetzesentwurf zu der Formulierung „zu Lasten" im geltenden Gesetzestext wollte der Gesetzgeber klarstellen, dass der Anspruch aus § 10 I UWG nicht die Ermittlung einzelfallbezogener Nachteile voraussetzt.[285] Eine Unmittelbarkeit im Sinne einer Stoffgleichheit ist mithin nicht erforderlich.[286]

Ansatzpunkt könnte der immense Kosten-, Zeit- und Wirkungsvorteil der unverlangten E-Mail-Werbung gegenüber redlichen Werbemethoden sein. Entgegen steht dem jedoch, dass dadurch nicht tatsächlich Kosten auf die Abnehmer abgeschoben werden. Ein bloßes Einsparen von Aufwendungen, z.B. der Portokosten genügt dem Tatbestand nicht.[287] Des Weiteren ist davon auszugehen, dass wenn Kosten durch Arbeitszeitverluste entstehen

---

[284] Mohr, Internetspezifische Wettbewerbsverstöße, S. 98-99.
[285] BT-Drucks. 15/2795, S. 21.
[286] Goldmann in: Harte/ Henning, § 10 Rn. 77.
[287] Mohr, Internetspezifische Wettbewerbsverstöße, S. 99-100.

würden, diese keinerlei Gegenstück bei dem Werbenden hätten.[288] Ein Abwälzen könnte ferner durch die Onlinekosten vorliegen. Diese Kosten sind jedoch so gering, dass sie nicht einmal dem BGH zur Begründung der Unlauterkeit genügten.[289] Ferner wird sich dieser Aspekt durch die zunehmende Beliebtheit von Flatrates wohl zukünftig mehr und mehr egalisieren. Letztlich erspart sich auf der Gegenseite der Werbende nicht die Kosten für den Abruf der E-Mails, sondern die horrenden Kosten einer genauso effektiven lauteren Werbemaßnahme.

Das bedeutet nach meiner Ansicht schließlich, dass sich auf dem bloßen unlauteren Versand von E-Mail-Werbung i.S.v. § 7 II Nr. 3 UWG und ihren Belästigungseffekt kein Anspruch auf Gewinnerschöpfung gem. § 10 I UWG stützen lässt, soweit sie nicht von einem weiteren Wettbewerbsverstoß begleitet wird.

4. Passiv- & Aktivlegitimation, Geltendmachung, Durchsetzung

a) Passivlegitimation

Die Ansprüche die das UWG gewährt richten sich prinzipiell gegen die Werbenden.

Der Unterlassungsanspruch richtet sich dabei zunächst gegen die unmittelbaren Störer, also diejenigen, die selbst gegen das Verbot der Zusendung von unverlangten Werbe-E-Mails verstoßen haben. Neben den unmittelbaren Störern kommen aber weiterhin mittelbare Störer bzw. „Mitstörer" als Passivlegitimierte in Betracht.[290]

Eine Anwendbarkeit der Haftungsprivilegierungen der §§ 8, 9, 10 TMG[291] die einer Mitstörerhaftung entgegenstünde, wurde inzwischen durch den BGH abgelehnt.[292] Daher gelten die allgemeinen Grundsätze der (Mit-) Störerhaftung uneingeschränkt. Der Kreis potentieller Mitstörer ist laut

---

[288] Mohr, Internetspezifische Wettbewerbsverstöße, S. 100.
[289] BGH MMR, 386, 388.
[290] Köhler in: Hefermehl/ Köhler/ Bornkamm, § 8 Rn. 2.12.
[291] Das Telemediengesetz ist am 01.03.2007 in Kraft getreten und hat das TDG, das TDDSG und den MdStV abgelöst, vgl:
http://www.bgblportal.de/BGBL/bgbl1f/bgbl107s0251.pdf.
[292] BGH MMR 2004, 668, 668.

BGH allerdings dahingehend zu beschränken, dass der Betroffene ihm zumutbare Prüfungspflichten verletzt haben muss.[293] Fraglich ist also, welchen an der Versendung der unerwünschten Werbe-E-Mails Beteiligten eine solche Prüfungspflicht und mithin eine Verantwortlichkeit trifft.

aa) Werbe- und Internet-Marketing-Agenturen

Der Werbende beauftragt nicht selten Profis mit der Vermarktung seiner Produkte und/ oder Dienstleistungen. Eine solche Agentur ist dann unmittelbarer Störer.[294] Der Werbende ist in dieser Konstellation als Mitstörer zu klassifizieren, denn er ist in der Lage, das Versenden der Werbe-Mails zu verhindern und verletzt seine Prüfungspflicht, indem er den Versand der unerwünschten Werbung zulässt. Ihm ist zumutbar die beauftragte Agentur zu überwachen und den unverlangten Versand zu unterbinden.

bb) DENIC

Der DENIC ist eine Verantwortlichkeit für Werbe-Spam, welches unter den .de-Domains versandt wird, als – nach den BGH-Grundsätzen – unzumutbar abzulehnen.[295]

cc) Sub-Level-Domain-Inhaber

Wird beispielsweise vom Spammer eine Third-Level-Domain als Absender benutzt fragt sich, inwiefern dem Second-Level-Domain-Inhaber, welcher prinzipiell zur Sperrung der Third-Level-Domain und den mit ihr verbundenen E-Mail-Konten in der Lage ist,[296] eine Überprüfung der ausgehenden E-Mails zuzumuten ist. Entgegen einer in der Rechtsprechung vertretenen Auffassung[297] ist mit dem BGH[298] davon auszugehen, dass sich die Prüfungspflicht nur auf Handlungen, die für den unmittelbaren Verletzer relevant sind, erstrecken kann. Unzumutbar dürfte es dem Second-Level-Domain-Inhaber nach zutreffender Auffassung sein, eine generelle Ver-

---

[293] BGHZ 148, 13, 17.
[294] Schlaffge, Wettbewerbsrechtliche Probleme des Direktmarketing, S. 104.
[295] BGHZ 148, 13, 13.
[296] Splittgerber/ Zscherpe/ Goldmann, WRP 2006, 178, 182.
[297] LG Leipzig MMR 2004, 263, 263.
[298] BGHZ 148, 13, 16.

pflichtung zur Kontrolle aller ausgehenden E-Mails auf unerwünscht werbende Inhalte vorzuschreiben.[299] Die E-Mail an sich eröffnet diesem ohnehin nicht, ob ihr Versand mit der Rechtordnung konform geht. Eine Prüfungspflicht kann den Second-Level-Domain-Inhaber nur treffen, wenn er Hinweise bezüglich einer Widerrechtlichkeit bestimmter E-Mails bekommt.[300] Einem solchen Verdacht hat er nachzugehen und gegebenenfalls Konsequenzen zu ziehen.

dd) Internet-Access-Provider (IAP)

Der IAP kontrolliert, technisch betrachtet, den Datenstrom auf Absender- wie auf Empfängerseiten und ist daher auch praktisch in der Lage bestimmte E-Mails zu unterdrücken. Rechtlich betrachtet könnte sich eine Befugnis dazu aus § 109 I Nr. 2 TKG ergeben. Dies ist allerdings abzulehnen, weil die entsprechenden Daten dem Fernmeldegeheimnis unterliegen und somit aus dem Unterdrücken von E-Mails ein Eingriff in dasselbe resultieren würde, welcher gem. § 206 I, II Nr. 2 StGB unter Strafe steht.[301]

ee) E-Mail-Account-Anbieter

Auch die Anbieter von E-Mail- bzw. Web-Mail-Accounts kommen sowohl als auf der Empfänger- als auch auf Absenderseite fungierend als Mitstörer in Betracht. Dies ist unabhängig davon, ob sie diese Leistung entgeltlich oder unentgeltlich (bspw. GMX, WEB.DE oder YAHOO)zur Verfügung stellen.[302]

Bezüglich der Account-Anbieter auf Seiten des Empfängers gelangt man zu derselben Problematik wie bei dem IAP. Unterdrücken solche eingehende Nachrichten, laufen sie Gefahr nach § 206 I, II Nr. 2 StGB bestraft zu werden.[303] Ihnen ist also ein Eingriff nicht zuzumuten.

In Bezug auf den Account-Anbieter auf Versenderseiten kann sich bei einem etwaigen Unterdrücken von E-Mails nichts Anderes ergeben – eine

---

[299] Splittgerber/ Zscherpe/ Goldmann, WRP 2006, 178, 182.
[300] Splittgerber/ Zscherpe/ Goldmann, WRP 2006, 178, 182.
[301] Heidrich/ Tschoepe, MMR 2004, 75, 78.
[302] Heidrich/ Tschoepe, MMR 2004, 75, 78.
[303] Hoeren, NJW 2004, 3513, 3517; Schmidl, DuD 2005, 267, 270; Spindler/ Ernst, CR 2004, 437, 439.

Strafbarkeit nach § 206 II Nr. 2 StGB liegt nahe. Allerdings könnte sich in diesem Fall eine Rechtfertigung aus dem Verhindern von möglichen Störungen oder Schäden der Telekommunikations- und Datenverarbeitungssysteme herleiten lassen.[304] Dies betrifft jedoch nur virenbehafteten Spam, welcher nicht Gegenstand dieser Arbeit ist.

Des Weiteren besteht die Möglichkeit des Account-Betreibers den Accountzugang komplett zu sperren.[305] Insoweit ergeben sich auch keine Probleme aus § 206 StGB, womit er auch rechtlich das Versenden von Spam (insgesamt) durch einen Account-Inhaber unterbinden kann.

Um als Mitstörer verantwortlich zu sein, müsste er allerdings auch entgegen seiner etwaigen Prüfungspflicht agiert haben, als er von seiner Möglichkeit die Werbe-E-Mails zu unterbinden keinen Gebrauch gemacht hat. Der Account-Anbieter stellt die erforderliche Infrastruktur zum E-Mail-Versand zur Verfügung.[306] Er kann anhand von Ähnlichkeits- und Frequenzanalysen sehr zuverlässig unterscheiden, ob eine E-Mail an viele Empfänger geht und damit wahrscheinlich Spam ist oder nicht.[307] Legitime Versender von Massenmails müssen dabei durch „Whitelisting" von derartigen Analysen ausgenommen werden.[308] Diesen Indizien hat der Account-Anbieter, ebenso wie einem entsprechenden Hinweis, nachzugehen. Tut er dies nicht, ist er als Mitstörer verantwortlich.

ff) Anbieter von E-Cards

Im Falle des Missbrauchs der E-Card-Funktion durch Spammer kommt eine Mitstörerhaftung des Anbieters meiner Ansicht nach unter den gleichen Gesichtspunkten wie beim E-Mail-Account-Anbieter in Betracht.[309]

Wird die E-Card hingegen von Privaten genutzt, so kommt meines Erachtens grds. eine Mitstörerhaftung des Anbieters als Werbetreibender nur in

---

[304] OLG Karlsruhe MMR 2005, 178, 181.
[305] Splittgerber/ Zscherpe/ Goldmann, WRP 2006, 178, 183.
[306] Splittgerber/ Zscherpe/ Goldmann, WRP 2006, 178, 183-184.
[307] Topf/ u.a., Antispam-Strategien, S. 16.
[308] Topf/ u.a., Antispam-Strategien, S. 16.
[309] Vgl. dazu: A. II. 5.; a.A. Ernst/ Seichter, MMR 2006, 779, 783.

Betracht, wenn dessen E-Cards so gestaltet sind, dass die Werbung offensichtlich in den Vordergrund gedrängt wird und der Anteil privater Kommunikation dahinter zurücktritt.

b) Aktivlegitimation

Wie dargelegt umfasst der persönliche Schutzbereich das § 7 II Nr. 3 UWG alle natürlichen Personen, insbesondere die Verbraucher, sowie jede juristische Person. Der Kreis der Berechtigten wird durch § 8 III UWG abschließend bestimmt und verengt den Schutzrahmen des § 7 II Nr. 3 UWG enorm.

Der Beseitigungs- und Unterlassungsanspruch nach § 8 I S. 1, S. 2 UWG steht gem. § 8 III Nr. 1 bis Nr. 4 UWG den Mitbewerbern (Nr. 1), den gewerblichen oder selbstständigen Verbänden zur Förderung beruflicher Interessen (Nr. 2), den qualifizierten Einrichtungen nach § 4 UKlaG (Nr. 3) und den Kammern (Nr. 4) zu.

Der Schadensersatzanspruch nach § 9 S. 1 UWG ist dagegen allein den Mitbewerbern vorbehalten. Anderen Marktteilnehmern, insbesondere Verbrauchen bleibt der Anspruch aus § 9 S. 1 UWG von vornherein verwehrt.[310]

Bezüglich des Gewinnabschöpfungsanspruchs nach § 10 I UWG sind die gleichen Institutionen aktivlegitimiert, allerdings sind die Mitbewerber nicht anspruchsberechtigt und insoweit auf die individuellen Ansprüche verwiesen. Nicht außer Acht gelassen werden darf, dass der Gewinnabschöpfungsanspruch gegenüber individuellen Schadensersatzansprüchen subsidiär ist und diese gem. § 10 II UWG auf den herauszugebenden Gewinn anzurechnen sind.[311]

Angesichts der Fälle unlauterer E-Mail-Werbung, in denen mit dubiosen Waren geworben wird, ergibt sich, dass die Mitbewerber, die auf derartigen Märkten agieren wohl kein Interesse daran haben werden ihre wettbewerbs-

---

[310] Piper in: Piper/ Ohly, § 9 Rn. 25.
[311] Alexander, WRP 2004, 407, 419.

rechtlichen Ansprüche geltend zu machen. Es ist aber davon auszugehen, dass dies durch die Geltendmachung durch die übrigen in § 8 III Nr. 2 bis Nr. 4 UWG benannten Aktivlegitimierten kompensiert wird.

Ein besonders großes Interesse an rechtlichen Ansprüchen gegen die unlautere E-Mail-Werbung haben neben den Empfängern und Mitbewerbern auch die Provider von E-Mail-Accounts. Spam verursacht, wie aufgezeigt, auch für sie erhebliche Kosten und bedroht – durch den Imageschaden der E-Mail – ihr weiteres wirtschaftliches Dasein. Eine wettbewerbsrechtliche Anspruchsberechtigung kommt nur unter dem Fungieren als Mitbewerber i.S.v. § 8 III Nr. 1 UWG in Betracht.[312] Dazu müssten sie auf dem gleichen Markt agieren. Ein solches Konkurrenzverhältnis kommt jedoch nur in dem sehr seltenen Fall in Betracht, dass der Spammer für Provider-Dienste wirbt.[313] Demnach bietet das Wettbewerbsrecht den Providern eher keine Hilfe.

c) Geltendmachung der (Abwehr-) Ansprüche

Der Berechtigte hat grds. die Möglichkeit die ihm zustehenden Ansprüche im Wege des Hauptsacheverfahren und des Verfügungsverfahren geltend zu machen. Er kann aber auch versuchen den Streitfall außergerichtlich beizulegen.

aa) Abmahnung

Zunächst kann der Empfänger den potentiellen Rechtsverletzer im Wege einer Abmahnung auffordern, den weiteren Versand von E-Mail-Werbung an ihn zu unterlassen. Um den Streit auf diesem Wege außergerichtlich beizulegen muss der Verletzer eine unwiderrufliche, unbedingte und durch ein hinreichend hohes Vertragsstrafenversprechen bewehrte Unterlassungserklärung abgeben und so die Wiederholungsgefahr ausschließen.[314] Erfolgt die Abmahnung durch einen Anwalt, entstehen Kosten, die der Verletzer dem Verletzten bei Nachweis eines Rechtsverstoßes zu erstatten hat.[315] Um

---

[312] Härting/ Eckart, CR 2004, 119, 120.
[313] Härting/ Eckart, CR 2004, 119, 120.
[314] Fritzsche in: MüKo zum Lauterkeitsrecht, § 8 Rn. 41; BGH GRUR 1990, 617, 624.
[315] Topf/ u.a., Antspam-Startegien, S. 52.

einen Missbrauch der Geltendmachung von Abwehransprüchen auszuschließen hat der Gesetzgeber den § 8 IV UWG, der entsprechend auf die
Abmahnung anzuwenden ist, eingeführt.[316]

bb) Verfügungsverfahren

Wird die Abgabe der strafbewehrten Unterlassungserklärung abgelehnt oder
ignoriert, so bleibt der Weg vor die Gerichte.

Der Unterlassungsanspruch kann bei zeitnahem Vorgehen im Wege der
einstweiligen Verfügung gegen den Verletzer geltend gemacht werden. Die
notwendige Dringlichkeit für das einstweilige Verfügungsverfahren ist bei
Spam gegeben und bedarf insbesondere keiner weiteren Umstände, wie z.B.
das Drohen wesentlicher wirtschaftlicher Nachteile seitens des Antragsstel-
lers.[317] Der Vorteil der Unterlassungsklage im Wege des Eilverfahrens ist ein
schnell gewährter Rechtsschutz. Von Nachteil ist, dass der Rechtsschutz nur
einstweilig gewährt wird und dem Empfänger das Risiko verbleibt, dass er
doch noch ein Hauptsacheverfahren und damit verbundene potentielle
Kosten über sich ergehen lassen muss.[318]

cc) Hauptsacheverfahren

Letztlich steht dem Betroffenen das Hauptsacheverfahren offen. Mit dem
Hauptsacheverfahren werden zwar die Risiken des Verfügungsverfahrens
gemieden. Allerdings dauert eine solches eine gewisse Zeit, in welcher der
Betroffene dann keinen Rechtsschutz gegen den weiteren Versand unverlangter E-Mails an seine Adresse genießt.

d) Durchsetzung der Ansprüche

Der Durchsetzbarkeit der Ansprüche, nicht nur gegen unverlangte E-Mail-
Werbung, sondern gegen Spam insgesamt, stehen zahlreiche Hindernisse
rechtlicher und insbesondere tatsächlicher Natur entgegen.

In den (weniger für das Problem Spam relevanten) Fällen, dass ein deutsches Unternehmen mit legalen Originalprodukten und/oder seriösen

---

[316] Köhler in: Hefermehl/ Köhler/ Bornkamm, § 8 R. 4.2.
[317] Prasse, MDR 2006, 361, 362.
[318] Topf/ u.a., Antispam-Startegien, S. 53.

Dienstleistungen wirbt, bietet das geltende Recht eine reale Möglichkeit zur Durchsetzung der (wettbewerbsrechtlichen) Ansprüche, da zumindest in diesen Fällen meistens die Identität des werbenden Absenders klar erkennbar ist und weil er im Geltungsbereich der deutschen Gerichtsbarkeit seinen Sitz hat.[319]

Für den gegenteiligen Fall bietet das Internet dem Absender eine ganze Reihe von Möglichkeiten um seine Identität zu verschleiern und dadurch eine Identifikation zu verhindern.

Lässt man das Problem einer meist unmöglichen Identifikation außer Betracht, so begegnet man sogleich dem nächsten Problem. Sollte der Versender nicht im Hoheitsgebiet der deutschen Bundesrepublik sitzen oder wird das Spam über Server im Ausland verschickt, ist fraglich, ob überhaupt ein Anspruch nach deutschem Wettbewerbsrecht gegen den im Ausland sitzenden Absender der E-Mail-Werbung besteht.

Nach § 3 I, II der E-Commerce-Richtlinie, gilt für den elektronischen Handel grundsätzlich das Herkunftslandprinzip, d.h. die Geltung des Rechts der Nation, in der der Handelnde sitzt.[320] Jedoch macht § 3 III i.V.m. Anhang 8. Spiegelstrich eine Ausnahme für unangeforderte E-Mail-Werbung, wonach für diese das „Marktortprinzip"[321] Geltung erlangt. Demnach ist das Recht des Landes anzuwenden, in dem die Interessen kollidieren.[322] Also ist das deutsche Wettbewerbsrecht bei einem Empfänger in Deutschland anwendbar.

Die bloße Anwendbarkeit des deutschen Wettbewerbsrechts erleichtert jedoch nicht seine Durchsetzbarkeit. Für den Fall, dass der Spammer in einem EU-Mitgliedstaat seinen Sitz hat, könnte eine Rechtsdurchsetzung mit

---

[319] Mohr, Internetspezifische Wettbewerbsverstöße, S. 102.
[320] Klippel in: Ekey u.a. Wettbewerbsrecht, E 3 Rn. 12.
[321] Klippel in: Ekey u.a. Wettbewerbsrecht, E 2 Rn. 24.
[322] Klippel in: Ekey u.a. Wettbewerbsrecht, E 2 Rn. 24.

Hilfe der EuGVVO[323] noch Aussicht auf Erfolg haben.[324] Während eine Vollstreckung in den USA in Ausnahmefällen noch von Erfolg gekrönt sein könnte,[325] ist eine solche im Fernen Osten wohl unmöglich.

Die Verjährung der Ansprüche ist in § 11 UWG geregelt. Die Verjährungsfrist für die Gewinnabschöpfung ist gem. § 11 IV UWG sechsmal so lang wie die für den Beseitigungs- und den Unterlassungsanspruch. Grund hierfür ist, dass die Ermittlung der notwendigen Tatsachen um den Anspruch geltend zu machen innerhalb kurzer Fristen nur schwerlich möglich ist.[326]

2. Kapitel: Beurteilung nach allgemeinem Deliktsrecht

Einleitung

Die Rechtsfolgen, die das UWG für unverlangte E-Mail-Werbung vorsieht gelten ausschließlich zwischen Wettbewerbern. Betroffene, die zum Versender der E-Mail-Werbung nicht in einem Wettbewerbsverhältnis stehen, können sich daher nicht selbst auf die §§ 7 II Nr. 3, 3 UWG berufen um so den Anspruchskanon der §§ 8 ff. UWG für sich zu eröffnen. Zwar erfasst § 7 II Nr. 3 UWG alle Adressaten unverlangter E-Mail-Werbung, allerdings stehen nicht alle Gewerbetreibenden und erst recht nicht die Privatpersonen in dem erforderlichen Konkurrenzverhältnis aus dem sich Ansprüche ergeben. Diesen ist es nach dem UWG nur möglich sich an Verbraucherverbände oder andere klagebefugte Einrichtungen i.S.v. § 8 III Nr. 2 bis 4 UWG zu wenden um sich gegen unangeforderte Werbe-E-Mails zur Wehr zu setzen.

Angesichts der sog. „Schutzzwecktrias",[327] die mit der UWG Reform in § 1 UWG niedergelegt wurde, könnte zwar zunächst angenommen werden, dass das UWG i.R.d. § 823 II BGB als Schutzgesetz herangezogen werden

---

[323] Verordnung 44/2001 des Rates vom 22. Dezember 2001 über die gerichtliche Zuständigkeit und Anerkennung und Vollstreckung von Entscheidungen in Zivil- und Handelssachen, ABl. EU Nr. L 12 vom 16.01.2001, S. 1 ff.
[324] Dazu: Schütze, Rechtsverfolgung im Ausland, Rn. 84 ff.
[325] Schütze, Rechtsverfolgung im Ausland, Rn. 509.
[326] Aleaxander, WRP 2004, 407, 419.
[327] Engels/ Salomon, WRP 2004, 32, 33.

könnte. Einer derartigen Ausweitung des Klagerechts hat der Gesetzgeber aber von vornherein eine Absage erteilt. indem er anführte, dass die Regelungen zu den zivilrechtlichen Rechtsfolgen hinsichtlich der Anspruchsgrundlagen und Klagebefugnis abschließend seien.[328] Das in §§ 7 II Nr. 3 UWG niedergelegte Verbot von Spam zu Werbezwecken kann also nicht außerhalb des Wettbewerbs zur Anspruchsbegründung als Schutzgesetz herangezogen werden.

Zu beachten ist jedoch, dass i.R.d. allgemeinen Deliktsrechts „keine Wettbewerbshandlung" i.S.d. § 2 I Nr. 1 UWG vorausgesetzt wird und daher auch die Spam-Varianten, welche „Nicht-kommerzielle-Werbung" beinhalten oder betrügerische Inhalte aufweisen, die nicht im geschäftlichen Verkehr erfolgen, erfasst werden.

Ferner müssen bzgl. der Einwilligung die hier zum Wettbewerbsrecht aufgestellten Grundsätze auch für das allgemeine Deliktsrecht gelten.

I. Europäische Vorgaben

Die Datenschutzrichtlinie für elektronische Kommunikation regelt den aktuellen Stand der europäischen Gesetzgebung zu unverlangter E-Mail-Werbung. Der persönliche Schutzbereich des Art. 13 der Richtlinie umfasst jede natürliche und juristische Person. Der deutsche Gesetzgeber hat in richtlinienkonformer Umsetzung des Art. 13 EKDS-RL eine Opt-in-Regelung für das Direktmarketing via E-Mail bezüglich natürlicher wie juristischer Personen vorgesehen. Da das UWG nicht jedem Adressaten von Werbe-Spam Ansprüche gewährt um gegen den Werbenden vorzugehen, muss das BGB ergänzend herangezogen werden um den gesamten persönlichen Schutzbereich der europäischen Vorgabe abzudecken.

II. BGB-Ansprüche gegen unverlangte E-Mail-Werbung

Der § 7 II Nr. 3 UWG bildet insofern auch den Anknüpfungspunkt zur Eröffnung deliktsrechtlicher Ansprüche. Es ist allgemein anerkannt, dass sich Gewerbetreibende und Freiberufler außerhalb eines Wettbewerbsver-

---

[328] BT-Drucks. 15/1487, 22.

hältnisses zum Werbenden, angesichts eines Eingriffs in den eingerichteten und ausgeübten Gewerbetrieb auf § 823 I BGB berufen können um selbst einen Unterlassungsanspruch nach § 823 I i.V.m § 1004 I S. 2 BGB analog geltend zu machen.[329] Ebenso können sich Privatpersonen nach weit herrschender Auffassung auf ihr allgemeines Persönlichkeitsrecht stützen um einen Unterlassungsanspruch aus § 823 I i.V.m. § 1004 BGB analog gegen die unlauter Werbenden geltend zu machen.[330] Wie im Wettbewerbsrecht gilt, dass es für den Unterlassungsanspruch nach § 1004 I S. 2 BGB auf ein Verschulden oder das Bewusstsein einer Rechtwidrigkeit nicht ankommt.[331] Ungerechtfertigt bzw. rechtswidrig i.S.v. § 823 I BGB ist die E-Mail-Werbung, wenn keine Einwilligung zu ihrem Empfang vorliegt.[332]

1. Anspruch aus dem Recht am Gewerbebetrieb

Die herrschende Rechtsprechung und ein Großteil der Literatur nehmen für den Fall, dass ein Gewerbetreibender oder Freiberufler unverlangt beworben wird, der nicht im Wettbewerb zum Werbenden steht, einen Eingriff in das Recht des eingerichteten und ausgeübten Gewerbebetrieb – d.h. in ein sonstiges Recht gem. § 823 I BGB – an.[333] Der Inhaber dieses nach § 823 I BGB absolut geschützten Rechts kann gegen Eingriffe in die Integrität mit einem Unterlassungsanspruch gem. §§ 823 I i.V.m. 1004 I S. 2 BGB analog vorgehen. Voraussetzung für einen solchen Eingriff ist, dass er sich gegen den betrieblichen Organismus oder die unternehmerische Entscheidungsfreiheit richtet.[334] Es muss zu einer nachhaltigen Störung kommen, die eine Schadensgefahr beinhaltet und über eine übliche Behinderung hinausgeht.[335] Fraglich ist, ob bereits eine einzelne unverlangte Werbe-E-Mail einen betriebsbezogenen Eingriff darstellt.

---

[329] KG Berlin NJW-RR 2005, 51, 51; LG München MMR 2003, 282, 282; AG Hamburg NJW 2005, 3220, 3220; Härting, Internetrecht, Rn. 822; Leistner/ Pothmann, WRP 2003, 815, 817; Lettl, GRUR 2000, 977, 982; Prasse, MDR 2006, 361, 362.
[330] LG Berlin CR 2003, 219, 219; AG Rostock MMR 2003, 345, 345; Härting, Internetrecht, Rn. 822; Leistner/ Pothmann, WRP 2003, 815, 817; Prasse, MDR 2006, 361, 362.
[331] Prasse, MDR 2006, 361, 362.
[332] Dieselhorst/ Schreiber, CR 2004, 680, 683.
[333] KG Berlin NJW-RR 2005, 51, 51; LG München MMR 2003, 282, 282; AG Hamburg NJW 2005, 3220, 3220; Härting, Internetrecht, Rn. 822; Leistner/ Pothmann, WRP 2003, 815, 817; Lettl, GRUR 2000, 977, 982; Prasse, MDR 2006, 361, 362.
[334] Sprau in: Palandt, § 823 Rn. 128.
[335] Sprau in: Palandt, § 823 Rn. 128.

Dem Empfänger von Werbe-E-Mails entstehen externe Kosten für die Internet-Verbindung sowie interne Kosten durch die Beanspruchung der Unternehmens-Ressourcen. Aufgrund der Verbreitung von Flatrates und der Möglichkeit E-Mails offline abzurufen wurden die Kosten bereits als marginal eingestuft. Auch die Unternehmens-Ressourcen dürften beim Empfang nur einer einzigen E-Mail nicht besonders beansprucht werden.[336]

Andererseits erhöht sich die Gefahr der Ausbreitung und Nachahmung der E-Mail-Werbung auch außerhalb des Wettbewerbs deutlich.[337] Zwar ist in einer derartigen Argumentation eine gewisse Aufweichung des Begriffs der „Betriebsbezogenheit" zu sehen. Doch das Recht am eingerichteten und ausgeübten Gewerbebetrieb wird damit seinem Ruf als Auffangtatbestand gerecht, was eine derartige Argumentation nicht abwegig erscheinen lässt.[338]

Die Möglichkeit sich an klagebefugte Verbraucherverbände oder qualifizierte Einrichtungen i.S.v. § 8 III Nr. 2 bis 4 UWG zu wenden scheint meiner Ansicht nach ferner als wenig erfolgsversprechend. Diese sind durch die große Anzahl der Beschwerden völlig überlastet und zu einer adäquaten Rechtsverfolgung gegebenenfalls gar nicht mehr in der Lage.[339]

Da Spamming, wenn keine Einwilligung vorliegt, somit einen Eingriff in den eingerichteten und ausgeübten Gewerbebetrieb der gewerbetreibenden bzw. freiberuflichen Empfänger nach § 823 I BGB darstellt, steht ihnen der Unterlassungsanspruch nach § 1004 I S. 2 BGB analog zu.

Aber nicht nur auf Seiten der Empfänger, sondern auch auf Seiten der Provider stellt Spam einen Eingriff in den eingerichteten und ausgeübten Gewerbebetrieb dar und eröffnet ihnen einen Unterlassungsanspruch gem. § 823 I i.V.m. § 1004 I S. 1 BGB analog.[340]

---

[336] BGH MMR, 386, 388.
[337] BGH MMR, 386, 388; Dieselhorst/ Schreiber, CR 2004, 681, 683; Strömer, Online-Recht, S. 197; a.A. AG Dresden NJW 2005, 2561, 2561; Baetge, NJW 2006, 1037, 1039.
[338] Ayad, CR 2001, 533, 539.
[339] Dieselhorst/ Schreiber, CR 2004, 681, 683.
[340] Härting/ Eckart, CR 2004, 119, 121.

2. Anspruch aus dem allgemeinen Persönlichkeitsrecht

Auch Privatpersonen können sich nach überwiegender Ausfassung auf einen Rechtsschutz gegen Spam-Mails berufen. Wenn man keine Verletzung der negativen Informationsfreiheit als Ausfluss des Art. 5 I S. 1 GG annimmt,[341] so können sich private Empfänger von E-Mail-Werbung nach § 823 I BGB jedenfalls auf einen Eingriff in ihr allgemeines Persönlichkeitsrecht berufen und so einen Unterlassungsanspruch gem. § 1004 I S. 2 BGB analog geltend machen.[342] Das verfassungsrechtlichen Aspekten unterworfene und aus Art. 2 I, Art. 1 I GG abgeleitete allgemeine Persönlichkeitsrecht umfasst den Schutz, sich in seiner Privatsphäre nicht mit Werbung auseinandersetzen zu müssen.[343] Unverlangte E-Mail-Werbung verstößt mithin gegen das allgemeine Persönlichkeitsrecht, soweit keine Einwilligung vorliegt. Einer betroffenen Privatperson steht ein Anspruch nach § 823 I i.V.m. § 1004 I S. 2 BGB analog zu.

3. Anspruch aus Eigentumsverletzung?

Teilweise wird im Schrifttum die Ansicht vertreten, die Übermittlung von Spam beeinträchtige das Eigentumsrecht des Empfängers.[344] Begründet wird diese Auffassung damit, dass Daten – wenn sie auf einer Festplatte gespeichert werden – eine Verkörperung von Informationen darstellen und so dem Eigentumsschutz unterfielen. Belegen unerwünschte E-Mails den Festplattenspeicher, so sei das Eigentum an diesem verletzt, denn das Eigentum sei auch in seiner Funktion geschützt.

Richtig erkannt wurde insoweit, dass durch Werbe-E-Mails das Eigentum nicht „verbraucht" oder „zerstört" wird – diese also nicht in die Sachsubstanz des Computers des Empfängers eingreifen. Das reine abstellen auf eine Funktionseinbuße, also auf eine Beeinträchtigung des Sachgebrauchs, überzeugt indes nicht. Sonst wäre es möglich, auch reine Vermögensschäden – die gerade aus dem Anwendungsbereich des § 823 I BGB ausge-

---

[341] Fikentscher/ Möllers, NJW 1998, 1337, 1342-1343.
[342] LG Berlin CR 2003, 219, 219; AG Rostock MMR 2003, 345, 345; Härting, Internetrecht, Rn. 822; Leistner/ Pothmann, WRP 2003, 815, 817; Prasse, MDR 2006, 361, 362.
[343] Sprau in: Palandt, § 823 Rn. 87.
[344] Bassenge in: Palandt, § 1004 Rn. 10; Vehslage, K&R 2000, 203, 205.

klammert werden sollen – geltend zu machen.[345] Die Funktionseinbuße müsste als Einwirkung auf die Sache selbst qualifiziert werden können um von § 823 I BGB erfasst zu werden.[346] Die Rechtsprechung fordert außerdem, dass die Beeinträchtigung mehr als unerheblich sein muss.[347] Durch die Beanspruchung des Speicherplatzes wird die Funktionsfähigkeit des Rechners allerdings bei weitem nicht gänzlich ausgeschlossen.

Soweit die unbelegte Speicherkapazität ein vermögenswertes Interesse darstellt, könnte in der Speicherbelegung allenfalls eine Vermögenseinbuße des Empfängers gesehen werden.[348] Eine solche läge dann jedoch generell unter der Erheblichkeitsschwelle einer Eigentumsverletzung. Nichts anderes gilt für eine etwaige Beeinträchtigung des (berechtigten) Besitzes.

Mit Blick auf den E-Mail-Account-Provider kann sich meines Erachtens allerdings etwas anderes ergeben, wenn auf vielen seiner der von ihm angebotenen Accounts eine Spam-Mail des gleichen Absenders eingeht, in diesem Fall ist durchaus denkbar, dass die Belastung seiner Speicherkapazitäten nicht bloß unerheblich ist.

Etwaige materielle und immaterielle Aufwendungen wie Kosten und Mühen die aus dem Empfang von Spam resultieren sind für sich genommen nicht schutzfähig, da diese für als rein vermögensrechtliche Position nicht dem Eigentumsschutz unterfallen.[349]

Ein Anspruch aus Eigentumsverletzung nach § 823 I BGB ist nach hier vertretener Ansicht bestenfalls dem Account-Anbieter zuzugestehen.

---

[345] Baetge, NJW 2006, 1037, 1038-1039.
[346] Baetge, NJW 2006, 1037, 1038-1039.
[347] BGH NJW, 1994, 517, 517.
[348] Baetge, NJW 2006, 1037, 1038-1039.
[349] Ayad, CR 2001, 533, 538; Strömer, Online-Recht, S. 197.

4. Anspruch aus § 826 i.V.m. § 1004 I S. 2 BGB analog?

Mit guter Begründung wird im Schrifttum teilweise angenommen, in dem Versenden von Werbe-Spam liege eine vorsätzlich-sittenwidrige Schädigung.[350]

Da die unverlangte E-Mail-Werbung unlauter i.S.d. UWG ist und die Unlauterkeit nur der wettbewerbsrechtliche Terminus der zivilrechtlichen Sittenwidrigkeit ist, ist nach hier vertretener Auffassung insoweit von einer Sittenwidrigkeit auszugehen. Dass der Spammer zwecks eigenen Gewinnstrebens andere User belästigt, bestärkt die Annahme einer Sittenwidrigkeit. Von § 826 BGB werden in Ergänzung zu § 823 BGB auch die bloßen Vermögensschäden erfasst.[351] Das Problem einer genauen Schadensbezifferung steht dem Schaden an sich nicht entgegen. Bzgl. des Vorsatzes ist zu erwähnen, dass auch wenn es dem Spammer in erster Linie um den Werbeeffekt geht, die durch Spam entstehenden Kosten allseits bekannt sind. Allein diese Tatsache, dass per Spam geworben wird, legt ein dahingehendes Verständnis nahe.

Nahe liegend ist auch eine Tatbestandsverwirklichung des § 826 BGB durch Spam mit strafbarem Inhalt, da eine Sittenwidrigkeit auch in diesen Fällen regelmäßig anzunehmen sein wird.

Ferner kommt eine vorsätzlich-sittenwidrige Schädigung i.S.v. § 826 BGB bzgl. sog. Joe Jobs in Betracht, auf welche i.R.d. Beurteilung nach sanktionierenden Normen noch eingegangen wird.

5. Passivlegitimation, Geltendmachung und Durchsetzung

In Hinblick auf die Passivlegitimation sowie der Geltendmachung und Durchsetzung der Ansprüche kann auf die Ausführungen zum Wettbewerbsrecht verwiesen werden.

---

[350] Härting, Internetrecht, Rn. 829; Hoeren, Internetrecht, Stand: Juni 2006, S. 231, Abrufbar unter: http://www.uni-muenster.de/Jura.itm/hoeren/material/Skript/skript_Juni2006.pdf; a.A. Ayad, CR 2001, 533, 539.

[351] Thomas in: Palandt, § 826 Rn. 1.

Ferner begründet die Beeinträchtigung der geschützten Rechtgüter des § 823 I BGB die notwendige Dringlichkeit für das einstweilige Verfügungsverfahren.[352]

3. Kapitel: Sanktionsmöglichkeiten gegen den Spam-Versand

Einleitung

Zu beurteilen bleiben noch die Strafvorschriften. Fraglich ist, welche Möglichkeiten bestehen um zum einen dem generellen Versand von Spam ein Ende zu bereiten und zum anderen gegen Schädigungen die im Zusammenhang mit Spam stehen vorzugehen. Es ist also bei der Beurteilung am Maßstab pönalisierender Vorschriften grundsätzlich zwischen dem Versand der unangeforderten Botschaften an sich und einhergehenden Problemen, die sich aus dem Versand, dem Inhalt der Mail oder der Absicht, die hinter ihrem Versand steht, ergeben, zu unterscheiden.

Von der folgenden sanktionsrechtlichen Beurteilung sollen die Straftaten, für deren Verwirklichung seitens der Täter nicht bereits das Versenden der Spam-Mails ausreicht, die also offensichtlich autonome Straftaten gegenüber dem Spam-Versand darstellen, nicht erörtert werden. Ferner sollen die Fälle, in denen Malware (z.B. Viren, Würmer und Trojaner) per E-Mail versendet werden, außer Betracht bleiben. Diese fallen zwar auch unter Spam im technischen Sinne, werden jedoch nicht von dem hier verwendeten juristischen Spam-Begriff erfasst.

Etwaige Sanktionen treffen den Spammer.

I. Sanktionsmöglichkeiten nach dem StGB

1. Strafbarkeit beim Versand von Spam

Zunächst ist zu erörtern, inwiefern sich Spammer beim verschicken unverlangter E-Mail-Werbung strafbar machen, ohne dass es dabei auf den konkreten jeweiligen Inhalt ankommen soll.

---

[352] Prasse, MDR 2006, 361, 362.

a) Spam-Versand als Erschleichen von Leistungen

Ein Erschleichen von Leistungen i.S.v. § 265a I StGB setzt zunächst voraus, dass der Spammer zum Versand seiner Nachrichten nicht ausschließlich auf seine eigene Infrastruktur zurückgreift, sondern fremde Ressourcen in Anspruch nimmt. Meistens benutzen Spammer zur Verbreitung ihrer E-Mails Botnetze und greifen dabei auf die Rechner von unbeteiligten Dritten zurück.[353]

Das Internet ist ein den öffentlichen Zwecken dienendes Telekommunikationsnetz.[354] Der dieser Bestimmung dienende Mailserver wird als Teil des Internets von diesem Netz mit erfasst. Der Spammer müsste sich mit dem Spam-Versand eine Leistung dieses Telekommunikationsnetzes erschlichen haben, die nicht in einer bloßen unbefugten Inanspruchnahme bestand.[355] Damit ein „Erschleichen" i.S.d. § 265a I StGB angenommen werden kann, müssten besondere Sicherungsmaßnahmen umgangen worden sein.[356] Ein solches Umgehen von Sicherungsvorkehrungen kann beim Spam-Versand vorliegen, wenn der Versender die Absenderdaten seiner E-Mails derart manipuliert, dass die E-Mails zugestellt werden, obwohl die Servereinstellungen dahingehend konfiguriert waren, dass nur E-Mails von und an eigene Kunden weitergeleitet werden.[357]

Ferner handelt es sich bei § 265a um ein Vermögensdelikt und erfordert deshalb das Handeln in der Absicht eine entgeltliche Leistung unentgeltlich zu nutzen.[358] Ziel des Spammers ist nicht – soweit ein entgeltlicher E-Mail-Service in Anspruch genommen wird – dieses Entgelt nicht zu zahlen, sondern vielmehr seinen Spam effektiv und anonym zu verbreiten. Die Anonymisierung ist keine vom E-Mail-Server angebotene entgeltliche Leistung. Dass hierbei der entgeltliche Versand der E-Mails unentgeltlich beansprucht wird, ist eine bloße Nebenfolge.[359] Allerdings kann auch die

---

[353] Frank, CR 2004, 123, 124.
[354] Lencker/ Perron in: Schönke/ Schröder, § 265a Rn. 5.
[355] Hilgendorf/ Frank/ Valerius, Rn. 741.
[356] Lencker/ Perron in: Schönke/ Schröder, § 265a Rn. 6; Tröndle/ Fischer, § 265a Rn. 3.
[357] Frank, CR 2004, 123, 124; Topf/ u.a., Antispam-Strategien, S. 56.
[358] Lencker/ Perron in: Schönke/ Schröder, § 265a Rn. 1.
[359] Frank, CR 2004, 123, 124.

Übertragungs- und Rechenkapazität als „Leistung" i.S.v. § 265a I StGB erschlichen werden.[360] Soweit die Rechenkapazität nur gegen Entgelt zur Verfügung steht, stellt ein Nichtentrichten dieses Entgelts nach richtiger Auffassung ein notwendiges Zwischenziel zur Erreichung des Endziels – die Verbreitung des Spam – dar.[361]Der Spammer erschleicht sich beim Spam-Versand Leistungen i.S.v. § 265a StGB.

Ein Computerbetrug gem. § 263a I StGB ist in derartigen Fällen hingegen nicht anzunehmen. Es müsste eine über die Telekommunikationsvermittlung hinausgehende vermögenswerte Leistung erfolgt sein um den Tatbestand des § 236a I StGB zu verwirklichen. Die bloße Nutzung der fremden Rechner ist als sog. „Zeitdiebstahl" nicht nach § 263a I StGB strafbar, solange keine Manipulation von Datenverarbeitungsergebnissen erfolgt.[362]

b) Spam-Versand als Datenveränderung

Relevant und viel diskutiert in Bezug auf Spamming ist die Datenveränderung in ihren Varianten der Datenunterdrückung gem. § 303a I Alt. 2 StGB und dem Unbrauchbarmachen der Daten nach § 303a I Alt. 3.

aa) Datenunterdrückung

Aufgrund der massenhaften Versendung von Spam kommt es nicht selten vor, dass die E-Mail-Accounts der Empfänger zu stopfen und blockiert werden. Als Folge können eingehende Mails nicht mehr Empfangen werden und werden entweder zurückgesendet oder gehen ganz verloren. „Unterdrückt" i.S.v. § 303a I Alt. 2 StGB werden Daten, wenn sie dem Zugriff des Verfügungsberechtigten auch nur vorübergehend entzogen werden und deshalb von diesem nicht mehr verwendet werden können.[363] Ein vorheriges Eindringen in den Zugriffsbereich des Empfängers ist nicht erforderlich.[364] Soweit E-Mails dem Empfänger aufgrund des massiven Spam-

---

[360] Hilgendorf/ Frank/ Valerius, Rn. 741.
[361] Frank, CR 2004, 123, 124; a.A. Topf/ u.a., Antispam-Strategien, S. 56.
[362] Cramer/ Perron in: Schönke/ Schröder, § 263a Rn. 15; Frank, CR 2004, 123, 124; Topf/ u.a., Antispam-Strategien, S. 56.
[363] Stree in: Schönke/ Schröder, § 303a Rn. 4.
[364] Frank, CR 2004, 123, 125.

Aufkommen nicht zugestellt werden können, liegt eine Datenunterdrückung gem. § 303a I Alt. 2 StGB vor.

Angesichts bestehender Mailing-Listen, die vielen Spammern als Adressquelle dienen und vor dem Hintergrund, dass der Einzelne teils millionenfach E-Mails versendet, ist nach meiner Ansicht zumindest das Vorliegen eines Eventualvorsatzes grundsätzlich zu bejahen.[365]

bb) Unbrauchbarmachen des Accounts als Datum

Das Überschwemmen des E-Mail-Accounts mit Spam erschwert dem User des Weiteren die Nutzung erheblich. Ein „Unbrauchbarmachen" i.S.v. § 303a I Alt. 3 StGB ist gegeben, wenn Daten in ihrer Gebrauchsfähigkeit so beeinträchtigt werden, dass sie ihren Zweck nicht mehr erfüllen.[366] Das elektronische Postfach als Datum[367] i.S.v. § 303a I StGB ist beim Vorliegen hunderter Spam-Mails derartig beeinträchtigt, dass der User des Accounts nicht mehr in der Lage ist einen legitimen Kommunikationsaustausch zu führen, weil er E-Mails übersehen kann oder unbeabsichtigt löscht und viel Zeit für das Heraussuchen von erwünschten Nachrichten eingeplant werden muss.[368]

Auch in Bezug auf ein so erfolgtes Unbrauchbarmachen von Daten i.S.v. § 303a I Alt. 3 StGB hat der Täter nach hier vertretener Auffassung zumindest Eventualvorsatz.[369]

c) Spam-Versand als Computersabotage

Weiterhin könnte eine Computersabotage i.S.v. § 303b StGB angesichts von Mailserver-Ausfällen durch massenhaften Spam-Versand und auch aufgrund der aus diesem resultierenden bounces (zurückgesendete Fehlermeldungen)[370] in Erwägung gezogen werden. Voraussetzung ist, dass eine Datenverarbeitung von wesentlicher Bedeutung für einen Betrieb, ein Unternehmen oder eine Behörde dadurch gestört wird, dass eine Datenverarbeitungs-

---

[365] ebenso: Frank, CR 2004, 123, 125; a.A. Hilgendorf/ Frank/ Valerius, Rn. 743.
[366] Stree in: Schönke/ Schröder, § 303a Rn. 4.
[367] Tröndle/ Fischer, § 303a Rn. 7.
[368] LG München, MMR 2003, 483, 483-484.
[369] Ebenso: Frank, CR 2004, 123, 125; a.A. Hilgendorf/ Frank/ Valerius, Rn. 743.
[370] Topf/ u.a., Antispam-Strategien, S. 23.

anlage oder ein Datenträger unbrauchbar gemacht wird (§ 303b I Nr. 2 Alt. 1,2 Var. 3 StGB). „Datenverarbeitung" i.S.d. § 303 b I StGB ist über den einzelnen Datenverarbeitungsvorgang hinaus auch der weitere Umgang mit in Daten einschließlich ihrer Verwertung (z.b. die Speicherung).[371] Von wesentlicher Bedeutung ist diese für einen Betrieb etc., wenn dessen Funktionsfähigkeit zu einem wesentlichen Teil vom einwandfreien Funktionieren der Datenverarbeitung abhängt, ohne dass dazu erforderlich ist, dass der Betrieb etc. seine Tätigkeit bei Ausfall der Datenverarbeitung nicht fortsetzen kann.[372] Viele Betriebe sind heutzutage von der einwandfreien Funktionalität ihrer Datenverarbeitung abhängig. Datenverarbeitungsanlagen sowie Datenträger dienen zumindest auch der Speicherung von Daten. Wird ein Mailserver überlastet, sodass eingehende Nachrichten nicht mehr gespeichert werden können, können sie diesen Zweck nicht mehr erfüllen und werden insofern unbrauchbar gemacht. Dadurch kann der „reibungslose Ablauf"[373] der Datenverarbeitung erheblich beeinträchtig werden.

Eine Computersabotage gem. § 303b I StGB kann meiner Ansicht nach ebenfalls durch den Versand von Spam verwirklicht werden. Gegenüber Privatpersonen kann der Tatbestand des § 303b indes nicht verwirklicht werden.

d) Spam-Versand als Störung von Kommunikationsanlagen

Bei einer eventuellen Strafbarkeit nach § 317 I StGB ist bereits das Vorliegen einer öffentlichen Zwecken dienenden Kommunikationsanlage fraglich. Zwar ist ein E-Mail-Postfach mit einem Telefonanschluss – der nach Auffassung des BGH[374] öffentlichen Zwecken dienlich ist – zu vergleichen. Nach einer gegenteiligen Auffassung in der Literatur rechtfertigt dies jedoch nicht die Anwendbarkeit des § 317 StGB, da in einer Parallele zu den §§ 316b StGB davon auszugehen ist, dass eine Telekommunikationsanlage

---

[371] Stree in: Schönke/ Schröder, § 303b Rn. 3.
[372] Stree in: Schönke/ Schröder, § 303b Rn. 7.
[373] Spree in: Schönke/ Schröder, § 303b Rn. 10.
[374] BGHSt 25, 370, 371; BGHSt 39, 288, 289-290.

nur öffentlichen Zwecken dient, wenn ihre Benutzung zumindest überwiegend der Allgemeinheit dient.[375]

Letztgenanntes vermag zu überzeugen. Eine Telefonzelle könnte dem ggf. noch gerecht werden, diese lässt sich jedoch nicht mit einem privaten E-Mail-Account vergleichen. Angesichts des Wortlauts und in Anbetracht der systematischen Stellung des § 317 StGB und seiner im Verhältnis zu den §§ 303 f. StGB erhöhten Strafandrohung wird nach hier vertretener Auffassung der E-Mail-Account nicht von § 317 StGB erfasst. Eine Strafbarkeit des Spammers nach § 317 I StGB ist folglich abzulehnen.

2. Fälschung der Absenderadresse

Oft fälschen die Spammer vorsätzlich ihre Absenderadressen um unerkannt zu bleiben und um die Server ungestört nutzen zu können. Aber daneben werden auch andere Ziele verfolgt. So sollen z.B. Imageschäden hervorgerufen, sowie Ressourcen anderer Internetuser beansprucht werden.

a) Fälschung beweiserheblicher Daten i.S.v. § 269

Durch die Fälschung der Angaben über den Absender kommt auch eine Verwirklichung des § 269 I StGB in Betracht. Da es sich um einen Auffangtatbestand des § 267 StGB handelt, muss die „Datenurkunde"[376] alle Elemente einer Urkunde i.S.v. § 267 StGB, abgesehen von der visuellen Wahrnehmbarkeit, aufweisen.[377] Es müssen also Beweis-, Garantie- und Perpetuierungsfunktion stets nebeneinander erfüllt sein.[378] Fraglich ist insofern, wer verantwortlich für die Behauptung ist, dass eine konkrete E-Mail auch von dem in ihrer Adresszeile angegebenen Adressaten stammt.[379] Es wird zwar ein (falscher) Absender angegeben, ohne Vorliegen einer qualifizierten elektronischen Signatur i.S.v. § 2 Nr. 3 SigG[380] ist jedoch nicht klar, von wem diese Angabe stammt. Eine bloße Namenslüge wird von

---

[375] Cramer/ Sternberg-Lieben in: Schönke/ Schröder, § 317 Rn. 4.
[376] Cramer/ Heine in: Schönke/ Schröder, § 269 Rn. 13/14.
[377] Carmer/ Heine in: Schönke/ Schröder, § 269 Rn. 1; Lackner/ Kühl, § 269 Rn. 2.
[378] Lackner/ Kühl, § 269 Rn. 2.
[379] Frank, CR 2004, 123, 124.
[380] Vgl. dazu. Härting, Internetrecht, Rn. 194 ff.

§ 269 I StGB genauso wenig wie von § 267 StGB erfasst.[381] Aufgrund der leichten Manipulierbarkeit ist eine E-Mail ferner ohnehin nicht zur Beweisführung geeignet.[382] Eine Bestrafung des Spammers nach § 269 StGB kommt mithin nicht in Betracht.

b) Imageschädigung und Rufausbeutung

Bei Nutzung einer falschen Absenderangabe bedienen sich die Spammer oft bekannter Namen bzw. der Domains bekannter Gewerbetreibender.[383] Sie verfolgen zum einen das Ziel einer Überprüfung der eingehenden Mails durch die Mailhosts Stand zu halten und wollen andererseits das Vertrauen der Empfänger gewinnen.[384] In derart gelagerten Fällen kommt das Markenrecht als Nebenstrafrecht zum Zuge. § 14 I MarkenG gewährt dem geschützten Markeninhaber i.S.v. § 4 MarkenG ein ausschließliches Recht an derselben und untersagt nach seinen Absätzen II bis IV jedem Dritten die verwechselungsfähige Nutzung dieser Marke in im geschäftlichen Verkehr ohne Zustimmung des Inhabers. Ist der Domainname eine Marke i.S.v. § 3 I MarkenG die nach § 4 MarkenG geschützt ist, so kann in der Nutzung eine unlautere Ausnutzung oder Beeinträchtigung der Unterscheidungskraft oder Wertschätzung der Marke liegen.[385] Das Versenden von Spam unter markenrechtlich geschützten Adressen verwirklicht eine solche Ausnutzung der Wertschätzung (sog. Rufausbeutung)[386] und die zumeist einhergehende Beeinträchtigung der Wertschätzung (sog. Rufschädigung)[387].[388] Handeln die Spammer vorsätzlich in Bezug auf die Rufschädigung oder Rufausbeutung, so ist die Kennzeichenrechtsverletzung gem. § 143 I Nr. 2 MarkenG strafbar. Der Eintritt einer tatsächlichen Schädigung ist dazu nicht erforderlich.[389] Will der Spammer mit dem Gebrauch des fremden Domeinnamens seine eigene Werbeaktion effektiver gestalten, indem er das gute Image eines

---

[381] Tröndle/ Fischer, § 269 Rn. 5a.
[382] Hilgendorf/ Frank/ Valerius, Rn. 742; a.A. Gercke, CR 2005, 606, 609.
[383] Hilgendorf/ Frank/ Valerius, Rn. 745; Topf/ u.a., Antispam-Strategien, S.58.
[384] Frank, CR 2004, 123, 125; Topf/ u.a., Antispam-Strategien, S. 57.
[385] Hilgendorf/ Frank/ Valerius, Rn. 745.
[386] Ingerl/ Rohnke, MarkenG, § 14 Rn. 848.
[387] Ingerl/ Rohnke, MarkenG, § 14 Rn. 856.
[388] Frank, CR 2004, 123, 125.
[389] Ingerl/ Rohnke, MarkenG, § 143 Rn. 4.

bekannten Unternehmens ausnutzt, so ist eine Rufausbeutung anzunehmen.[390] Daher, dass die unverlangte Werbung via E-Mail unlauter im wettbewerbsrechtlichen Sinne ist und in solchen Werbe-E-Mails nicht selten mit dubiosen Produkten geworben wird oder betrügerische Absichten verfolgt werden, wird ein negatives Image auf die Marke projiziert und so eine Rufschädigung hervorgerufen.[391] Diese Spammer agieren ferner im geschäftlichen Verkehr und verfolgen die Rufausbeutung gerade mit Wissen und Wollen. Eine Rufschädigung nehmen sie dabei zumindest billigend in Kauf, sodass eine Strafbarkeit nach § 143 I Nr. 2 i.V.m. § 14 II Nr. 3 MarkenG zu bejahen ist.

Eine Regelungslücke ist jedoch insoweit zu erkennen, als dass Privatpersonen nicht von dieser Regelung erfasst werden und diesem Vorgehen auch ansonsten schutzlos gegenüberstehen. Insbesondere handelt es sich bei der Manipulation der Absenderangaben weder um einen Fall des Betrugs § 263 StGB oder des Computerbetrugs gem. § 263a StGB, noch um eine Urkundenfälschung i.S.v. § 267 StGB.[392]

c) Vorsätzliche Schädigung

Es sind jedoch auch Fälle denkbar, in denen nicht nur die Absenderadresse, sondern darüber hinaus auch der Inhalt der E-Mails so manipuliert wird, als stammten sie von jemand anderem. Diese sog. „Joe Jobs" dienen dem Ziel den Unmut anderer auf den vermeintlichen Absender zu lenken.[393] Auf sie sollten richtigerweise die strafrechtlichen Regelungen zu den anderen Adressfälschungsfällen entsprechend angewandt werden können.[394]

Damit besteht auch in diesen Fällen – insbesondere weil eine Urkundseigenschaft von E-Mails abzulehnen ist – weiterhin Regelungsbedarf für die Fälle, in denen kein Kennzeichenmissbrauch gegeben ist.

---

[390] Frank, CR 2004, 123, 125.
[391] Frank, CR 2004, 123, 125.
[392] Topf/ u.a., Antispam-Strategien, S. 58.
[393] Topf/ u.a., Antispam-Strategien, S. 58.
[394] Topf/ u.a., Antispam-Strategien, S. 58.

3. Spam-Mails mit strafbarem Inhalt

Neben den Straftaten, die allein durch das Versenden in verschieden Varianten verwirklicht werden, kann sich auch eine Strafbarkeit aus dem Inhalt, der mit einer Spam-Mail übermittelt wird, ergeben.

a) Spam mit betrügerischen Inhalt

Besonders häufig werden durch Spam auch die Betrugstatbestände der § 263 f. BGB verwirklicht. Betrügerischer Spam ist in vielerlei Art und Weise denkbar, weshalb auch die unterschiedlichsten Erscheinungsformen auftreten. Genannt seien hier die wichtigsten anerkanntermaßen betrügerischen Spam-Varianten.

aa) Scam

Bei den meisten Scams handelt es sich um einen „Vorschussbetrug", bei welchem dem Opfer zunächst ein immenser Geldbetrag in Aussicht gestellt wird. In einem zweiten Schritt werden von dem Opfer (fiktive) notwendige Vorleistungen verlangt um an das in Aussicht gestellte Vermögen zu gelangen.[395] Bekanntester Vertreter dieser Spielart ist die „Nigeria-Connection"[396], in deren Spam-Mails eine schwarzafrikanische Persönlichkeit hohen Ranges nach zuverlässigen Helfern sucht um einen großen Geldbetrag aus Nigeria ins Ausland zu transferieren und diesen dafür eine hohe Provision anbietet. Während das Opfer in der Hoffnung gewogen wird bald seine Überweisung zu erhalten, mehren sich die Gelder, die für die verschiedensten fiktiven Dienstleistungen entrichten werden müssen, ohne dass es jemals zur Auszahlung der in Aussicht gestellten Provision kommt.[397]

Häufig wird auch durch das Vorgaukeln vermeintlicher Lotteriegewinne sog. „Treuhand-Betrug"[398] betrieben oder durch das Sammeln angeblicher Spenden ein sog. „Spendenbetrug"[399] begangen. Die Spammer verwirklichen hier, soweit ihr Vorhaben aufgeht, unproblematisch den Tatbestand des

---

[395] http://www.onlineabzocke.de/nigeria_connection.html, Abruf am: 06.03.2007.
[396] http://de.wikipedia.org/wiki/Vorschussbetrug, Abruf am: 06.03.2007.
[397] http://de.wikipedia.org/wiki/Scam, Abruf am: 06.03.2007.
[398] http://de.wikipedia.org/wiki/Scam, Abruf am: 06.03.2007.
[399] Cramer/ Perron in: Schönke/ Schröder, § 263 Rn 101 ff.

§ 263 I, V StGB. Aber auch die vermeintlichen Helfer machen sich in diesen Fällen gegebenenfalls strafbar.[400] In dem Versenden der E-Mails ist ein versuchter Betrug gem. §§ 263 II, 22 StGB zu sehen.

bb) *Phishing*

Beim Phishing sollen die E-Mail-Empfänger dazu veranlasst werden sensible Daten, meist PIN- oder TAN-Nummern, preiszugeben.[401] Dabei erwecken die Adresse und die Aufmachung der Spam-Mail den Eindruck, die Abfrage dieser sensiblen Daten erfolge durch eine dazu berechtigte Person bzw. Institution, wie beispielsweise ein Geldinstitut.[402] Vorwiegend enthalten die Phishing-Mails Links, die das Opfer auf eine gefälschte – der entsprechenden Website täuschend ähnliche – Website mit einer Eingabemaske locken, wo die „Phisher" die eingetragenen empfindlichen Daten dann sozusagen „abphishen".[403] Umstritten ist, ob in der Übersendung der E-Mail bereits ein strafbarer Versuch gem. §§ 263 I, II, 22 StGB liegt. Teilweise wird dies unter dem Gesichtspunkt bejaht, dass bereits in dem Eintragen der Daten in die Maske eine Vermögensverfügung in Form einer konkreten Vermögensgefährdung zu sehen ist.[404] Dementsprechend wäre in dem Versand der Phishing-Mail bereits ein beendeter Versuch zu sehen. Andere Stimmen in der Literatur lehnen den Versuch mit der Begründung ab, dass mit dem Eintragen der Daten noch keine Vermögensverschiebung vorliegt und somit das Versenden der E-Mail auch keinen beendeten Versuch darstellen könne.[405] Letztgenannte Auffassung vermag zu überzeugen. Das Abbuchen etwaiger Geldbeträge stellt gegenüber dem Versand der Phishing-Mail eine autonome Handlung dar. Insofern fehlt es an einem unmittelbaren Zusammenhang zwischen der Preisgabe der Daten durch das Opfer und dem Verfügungserfolg. Ein Verzicht auf das Unmittelkriterium würde zu einer Vorverlagerung der Strafbarkeit führen, die mit Art. 103 II GG nicht vereinbar ist.

---

[400] http://de.wikipedia.org/wiki/Vorschussbetrug, Abruf am: 06.03.2007.
[401] Popp, NJW 2004, 3517, 3517-3518.
[402] Gercke, CR 2005, 606, 606.
[403] Gercke, CR 2005, 606, 606.
[404] Hilgendorf/ Frank/ Valerius, Rn. 765.
[405] Gercke, CR 2005, 606, 608; Popp, NJW 2004, 3517, 3518.

Vereinzelt wird in dem Versand der „Phishing-Mails" auch eine Fälschung beweiserheblicher Daten gem. § 269 StGB gesehen. Vor dem Hintergrund, dass vorliegend bereits die Auffassung vertreten wird, dass es einer E-Mail an der dazu erforderlichen Beweisfunktion fehlt, ist dies abzulehnen.

cc) Für Dialer werbender Spam

Häufig werben Spammer in ihren E-Mails auch für sog. Dialer. Fraglich ist, ob gegen diese Spammer bereits für das Versenden ihrer Mails nach den Betrugstatbeständen des StGB vorgegangen werden kann. Dialer sind Programme, die von selbst eine bestehende Internetverbindung trennen und eine eigene herstellen, ohne dass das dem User bewusst ist.[406] Dabei erfolgt die Einwahl ins Internet zu besonders horrenden Tarifen.[407] Zum einen ist bereits das Anbieten bzw. zum Download bereithalten der Dialer nach einer Auffassung in der Literatur nach § 263 StGB strafbar und zum anderen verwirklicht nach der gleichen Ansicht die automatische Installation und Einwahl dieser Dialer die Tatbestände der § 263a I Alt. 3 in Tateinheit mit § 303a I StGB.[408] Anbieter der Dialer und Spammer sind meist nicht identisch, jedoch soll der Spammer u.U. Mittäter gem. § 25 II StGB, ja sogar Schlüsselfigur sein.[409] In dem Versand der E-Mail ist richtigerweise, zumindest wenn der Dialer direkt in der E-Mail verlinkt ist, bereits ein versuchter Betrug in Mittäterschaft zu sehen.[410]

b) Sonstige strafbare Inhalte

Des Weiteren kann sich nach § 184c StGB aus dem Versenden von Spam mit pornographischen Inhalten eine Strafbarkeit des Spammers nach den §§ 184 bis 184b StGB ergeben.

Je nach Formulierung der Inhalte einer E-Mail kann sich aus ihrem Versand auch eine Strafbarkeit bzw. versuchte Strafbarkeit wegen Beleidigung oder Verleumdung gem. §§ 185 ff. StGB ergeben. Schließlich kommt teilweise eine Strafbarkeit nach den Tatbeständen der unerlaubten Veranstaltung

---

[406] Frank, CR 2004, 123, 125-126.
[407] Frank, CR 2004, 123, 125.
[408] Frank, CR 2004, 123, 126-127.
[409] Frank, CR 2004, 123, 127-128.
[410] Frank, CR 2004, 123, 128.

eines Glückspiels gem. § 284 StGB und des illegalen Veranstaltens einer Ausspielung gem. § 187 StGB zumindest in Betracht.[411]

II. Sanktionsmöglichkeiten nach dem TMG

Das unmittelbar in Kraft getretene Telemediengesetz verbessert die Rechtslage, zumindest bezüglich des Schutzes vor werbenden Spam, noch weiter. Innerhalb seiner Informationspflichten für kommerzielle Kommunikationen enthält das TMG einen Bußgeldtatbestand, der vornehmlich der Bekämpfung des Werbe-Spam dienen soll. Gem. § 16 I TMG handelt derjenige ordnungswidrig, der vorsätzlich entgegen der Informationspflicht nach § 6 II S. 1 TMG beim Versand von E-Mail-Werbung den Absender oder den kommerziellen Charakter der Nachricht verheimlicht oder verschleiert. Ein Verheimlichen oder Verschleiern liegt gem. § 6 II S. 2 TMG dann vor, wenn „die Kopf- und Betreffzeile absichtlich so gestaltet sind, dass der Empfänger vor Einsichtnahme in den Inhalt der Kommunikation keine oder irreführende Informationen über die tatsächliche Identität des Absenders oder den kommerziellen Charakter der Nachricht erhält". Eine derartige Ordnungswidrigkeit kann gem. § 16 III TMG mit einer Geldbuße von bis zu 50.000 € geahndet werden. Durch die neue Regelung soll der Schutz der Empfänger – insbesondere der Verbraucher – dahingehend gestärkt werden, dass diese durch derartige Falschangaben nicht in ihrer Entscheidungsfreiheit beeinträchtigt werden.[412] Ferner gilt sie nicht den Bagatellfällen, sondern richtet sich besonders gegen diejenigen Wettbewerber, denen es gerade auf die Täuschung des Adressaten ankommt.[413] Die schwerwiegenden Rechtsverletzungen werden bereits heute weitestgehend durch das StGB abgedeckt. Da jedoch das UWG keine staatlichen Sanktionen vorsieht, wird eine bislang bestehende Regelungslücke geschlossen. Die generelle Identifizierbarkeit des Absenders und des kommerziellen Charakters der Nachricht ist so bedeutsam, weil der Empfänger daran sein Verhalten im Umgang mit dieser Nachricht ausrichten kann und nicht Gefahr läuft etwaige Risiken falsch

---

[411] Finger, ZRP 2006, 159, 159; Topf/ u.a., Antispam-Strategien, S. 57.
[412] Bender/ Kahlen, MMR 2006, 590, 593.
[413] Bender/ Kahlen, MMR 2006, 590, 593.

einzuschätzen.[414] Durch die Vorschrift wird der deutsche Gesetzgeber den Regelungen in Art. 7 I der ECRL und in Art 13 IV EKDS-RL gerecht.

---

[414] Bender/ Kahlen, MMR 2006, 590, 593.

C. Fazit

I. Spam-Begriff

Es ist grds. zwischen Spam im technischen und im rechtlichen Sinne zu unterscheiden. Nach hier vertretenem Verständnis sollte angesichts der reinen Begrifflichkeit bei der Beurteilung von Spam im rechtlichen Sinne nicht bloß der massenhafte Versand von unverlangter E-Mail-Werbung erfasst werden. Vielmehr sollte um der tatsächlichen Problematik der Massenhaftigkeit des Umlaufs gerecht zu werden in erster Linie auf eine massenhaft versandte unangeforderter E-Mail – unabhängig von ihrem konkreten Inhalt – abgestellt werden.

II. Europarechtliche Dimension

Der europäische Gesetzgeber befasste sich mit Spam bislang nur unter dem Gesichtspunkt der unverlangten Werbung via elektronischer Post. Positiv ist nach hier vertretener Auffassung, dass er im Laufe seiner Gesetzgebung die Anforderungen an eine solche Werbung fortlaufend strengeren Maßstäben unterstellt hat. Nach aktuellem Stand des Gemeinschaftsrechts ist der Versand unverlangter Werbe-E-Mails zumindest gegenüber natürlichen Personen generell unzulässig, soweit keine vorherige Einwilligung vorliegt (Opt-in-Prinzip). Bzgl. juristischer Personen wurde zumindest das Opt-out-Prinzip als Mindeststandard angesetzt, den einzelnen Mitgliedstaaten jedoch die Möglichkeit zu strengeren Regelungen offen gehalten.

Wünschenswert wäre eine Ausweitung dieser Beurteilung generell auf unverlangte E-Mails, die massenhaft auftreten. Probleme aufwerfen wird dabei die Abgrenzung, wann eine E-Mail unverlangt ist, da auch in der privaten Kommunikation Massen-E-Mails versendet werden können, für die eine derart strenge Regelung nicht sachgerecht erscheint.

III. Zivilrecht

Der deutsche Gesetzgeber hat i.R.s. Umsetzungsverpflichtung erfreulicherweise eine generelle Verpflichtung zum Opt-in-Verfahren gegenüber jedem Adressaten unverlangter E-Mail-Werbung vorgesehen und so juristischen Personen den gleichen Schutz wie natürlichen Personen zuerkannt. Aller-

299

dings war die durch Richterrecht statuierte Rechtslage in der Bundesrepublik auch vor der Umsetzung keine andere. Während beim Vorgehen gegen Mitbewerber auf die explizite Regelung des Lauterkeitsrechts zurückgegriffen werden kann, können sich Private und Gewerbetreibende außerhalb eines Wettbewerbsverhältnis auf Schadensersatz und vor allem Unterlassung durch die Regelungen des BGB berufen. Der Gewinnabschöpfungsanspruch in § 10 UWG findet regelmäßig keine Anwendung auf unverlangte E-Mail-Werbung. Bedauerlicherweise hat der Gesetzgeber bei der Umsetzung in das UWG keine staatlichen Sanktionen gegen den Versand von E-Mail-Werbung vorgesehen.

IV. Sanktionsmöglichkeiten

Durch das Spamming wird eine Vielzahl bestehender sanktionierender Tatbestände verwirklicht. Dabei hält das Strafrecht insbesondere auch Möglichkeiten parat um besonders schwerwiegende Rechtsgutsverletzungen, die durch Spamming hervorgerufen werden, zu sanktionieren. Mit dem Bußgeldtatbestand des neu in Kraft getretenen TMG wurde der Schutz der Empfänger vor unverlangter E-Mail-Werbung noch verstärkt. Unglücklicherweise hat der Gesetzgeber auch bei Umsetzung der gemeinschaftsrechtlichen Vorgaben nicht das bloße Versenden von E-Mail-Werbung als solches unter Strafe gestellt.

V. Durchsetzbarkeit/ Strafverfolgung

Grds. ist mithin anzuerkennen, dass an sich ausreichend rechtliche Möglichkeiten bestehen um gegen das Versenden von Spam vorzugehen. Allerdings liegt ein Problem in der zumeist schwierigen Rechtsdurchsetzung und Strafverfolgung, wodurch eine effektive Bekämpfung des Spam-Phänomens bisweilen verhindert wird. Im Kampf gegen Spam gestalten sich die gesetzlichen Regelungen daher oft als „Schwert mit stumpfer Klinge".

VI. Spamming de lege ferenda

Neue Regelungen müssen die Sanktionsmöglichkeiten gegen das Spamming weiter konkretisieren und ggf. verschärfen. Insbesondere im Hinblick auf die Problematik der Durchsetzbarkeit und Strafverfolgung muss die internationale Zusammenarbeit gestärkt werden. Eine entsprechende Ausbildung der Strafverfolgungsbehörden in Sachen Computerkriminalität scheint mithin unerlässlich. Ferner ist damit angeraten auch die Koordination zwischen den entsprechenden Behörden und den Internet-Providern zu intensivieren. Einen Ansatzpunkt dazu bietet die Cybercrime-Konvention,[415] die in ihren Art. 29-34 Bestimmungen zur Rechtshilfe enthält. Die Konvention ist gegenwärtig bereits von 19 Staaten ratifiziert worden und am 01.07.2004 in Kraft getreten.[416] Die Bundesrepublik hat die Konvention allerdings (noch) nicht ratifiziert.

Auch der Kommission ist die Problematik durchaus bewusst. Sie ist auf dem Vormarsch im Kampf gegen Spam und aktiv dabei Forderungen, Empfehlungen und eigene Obliegenheiten zu formulieren. Aktuellster Ausfluss dieses Prozesses ist die KOM(2006) 688[417].

Neben einem Resümee der bereits ergangenen Maßnahmen seit der UWG Novellierung 2004 sind die Mitgliedstaaten weiterhin angehalten die Spammer, trotz der aufgezeigten Schwierigkeiten, mit Entschlossenheit zu verfolgen. Dazu müssen die Verantwortlichkeiten zur Spam-Bekämpfung zwischen den verschiedenen zuständigen nationalen Stellen klar abgegrenzt und eine effektive Koordinierung zwischen den Behörden gewährleistet werden. Des Weiteren müssen die zuständigen Behörden entsprechend mit technischem Equipment und Fachpersonal bestückt werden. Es sollen ausreichend Ressourcen zur Verfügung gestellt und ferner an Ermittlungsverfahren anderer Mitgliedstaaten mitgewirkt werden um effektiv grenzüberschreitend agieren zu können. Schließlich soll auch die Wirtschaft auf

---

[415] Volltext abrufbar unter:
http://www.conventions.coe.int/Treaty/GER/Treaties/Html/185.htm, Abruf am: 10.03.2007.
[416] Vgl. grds.:
http://conventions.coe.int/Traety/Commun/QueVoulezVous.asp?NT=185&CM=1&DF03/10/2007&CL=GER, Abruf am: 10.03.2007.
[417] Mitteilung der Kommission an das Europäische Parlament, den Rat, den Europäischen Wirtschafts- und Sozialausschuss und den Ausschuss der Regionen über die Bekämpfung von Spam, Späh- und Schadsoftware, 15.11.2006.

nationaler Ebene eingebunden werden um sich auch deren Know-how zunutze zu machen.[418]

Auf europäischer Ebene will die Kommission auf den Abschluss von Vereinbarungen mit Drittstaaten über die Bekämpfung von Spam drängen und auf neue Legislativvorschläge zur Weiterentwicklung der Vorschriften zum Privatsphäreschutz im Kommunikationssektor hinarbeiten. Schließlich soll der Bereich Forschung und Entwicklung finanziell unterstützt werden.[419]

Im Jahr 2008 will die Kommission zur dieser Mitteilung Bilanz ziehen und ihr weiteres Vorgehen festlegen.

Letztendlich gilt es auch zukünftig, insbesondere durch eine effektive internationale Zusammenarbeit und anhand neuer Regelungen – unabhängig von ihrer praktischen Umsetzbarkeit – ein Signal im Kampf gegen Spam zu setzen.

---

[418] KOM(2006) 688, 9.
[419] KOM(2006) 688, 13.

Die Länge der Widerrufsfrist bei Verbraucherverträgen auf Onlineplattformen

Christian Hawellek

Inhalt

Literaturverzeichnis

Artz, *Markus*
Die Neuregelung des Widerrufsrechts bei Verbraucherverträgen, in:
Bank- und Kapitalmarktrecht 2002, S. 603 -609.

Becker, *Rolf* / **Föhlisch**, *Carsten*
Von Quelle bis eBay: Reformaufarbeitung im Versandhandelsrecht, in:
Neue Juristische Wochenschrift 2005, S. 3377-3381.

Bonke, *Jörg* / **Gellmann**, *Nico*
Die Widerrufsfrist bei eBay-Auktionen – Ein Beitrag zur Problematik
der rechtzeitigen Belehrung des Verbrauchers in Textform, in: Neue
Juristische Wochenschrift 2006, S. 3169-3173.

Domke, *Frank*
Nachholung gesetzlicher Informationspflichten bei
Fernabsatzverträgen über Finanzdienstleistungen: Kein unbefristetes
Widerrufsrecht des Verbrauchers, in: Betriebsberater 2005, S. 228-230.

Domke, *Frank*
Fernabsatz von Finanzdienstleistungen: Die Länge der Widerrufsfrist
bei nach Vertragsabschluss erfolgter Widerrufsbelehrung,
in: Betriebsberater 2006, S. 61-62.

Domke, *Frank*
Das Widerrufsrecht des Verbrauchers bei Fernabsatzverträgen über
Finanzdienstleistungen, in: Betriebsberater 2007, S. 341-342.

Einsele, *Dorothee*
in: Kurt Rebmann / Franz-Jürgen Säcker / Rixecker, Roland,
Münchener Kommentar zum Bürgerlichen Gesetzbuch Bd. 1:
Allgemeiner Teil, HalbBd. 1, 5. Aufl., München, 2006.

Grüneberg, *Christian*
in: Palandt, Otto, Bürgerliches Gesetzbuch,
66. Auflage, München, 2007.

Härting, *Niko* / *Schirmbacher*, *Martin*
Finanzdienstleistungen im Fernabsatz,
in: Computer und Recht 2005, S. 48-53.

Heinrichs, *Helmut*
In: Palandt, Otto, Bürgerliches Gesetzbuch,
66. Auflage, München, 2007.

Held, *Stefanie* / *Schulz*, *Netta-Karina*
Fernabsatz von Finanzdienstleistungen - Umsetzung in der Bankpraxis,
in: Bank- und Kapitalmarktrecht 2005, S. 270-275.

Horn, *Christian*
Verbraucherschutz bei Internetgeschäften,
in: Multimedia und Recht 2002, S. 209-214.

Janal, *Ruth*
Die Errichtung und der Zugang einer Erklärung in Textform gem.
§ 126b BGB,
in: Monatsschrift des Deutschen Rechts 2006, S. 268 – 373.

Jauernig, *Othmar*
In: Jauernig, Othmar, Bürgerliches Gesetzbuch; Kommentar,
11. Auflage, München 2004.

Kaestner, *Jan* / **Tews**, *Nicole*
Informations- und Gestaltungspflichten bei Internet-Auktionen, in:
Wettbewerb in Recht und Praxis 2004, S. 391-400.

Kaestner, *Jan* / **Tews**, *Nicole*
Informations- und Gestaltungspflichten bei Internet-Auktionen -
Teil 2, in: Wettbewerb in Recht und Praxis 2004, S. 509-515.

Kaufmann, *Noogie C.*
Das Online-Widerrufsrecht im Spiegel der Rechtsprechung,
in: Computer und Recht 2006, 764-770

Larenz, *Karl* / **Canaris**, *Claus-Wilhelm*
Methodenlehre der Rechtswissenschaft, 3. Auflage, Berlin, 1995.

Martis, *Rüdiger* / **Meinhof**, *Alexander*
Voraussetzungen des Widerrufs nach § 355 BGB,
in: Monatsschrift für Deutsches Recht 2004, S. 4-13.

Obergfell, *Eva Inés*
Die Onlineauktion als Chimäre des deutschen Vertragsrechts -
Kritische Anmerkungen zur Ausweitung des Verbraucherschutzes auf
spekulative Geschäfte, in: Multimedia und Recht 2005, S. 495-500.

Schirmbacher, *Martin*
Von der Ausnahme zur Regel: Neue Widerrufsfristen im
Onlinehandel?, in: Computer und Recht 2006, S. 673-677.

Schmidt-Räntsch, *Jürgen*
In: Bamberger, Heinz Georg / Roth, Herbert, Beck'scher
Onlinekommentar zum BGB, Stand: 6.3.2007.

Stadler, *Thomas*
Widerrufsfrist bei eBay-Auktionen, JurPC Web-Dok. 136/2006,
http://www.jurpc.de/aufsatz/20060136.htm, Stand: 10.3.2007.

Ulmer, *Peter*
in: Kurt Rebmann / Franz-Jürgen Säcker, Münchener Kommentar
zum Bürgerlichen Gesetzbuch Bd. 3: Schuldrecht, Besonderer Teil,
Halbbd.1, 2. Aufl., München, 1988.

Ulmer, *Peter*
in: Kurt Rebmann / Franz-Jürgen Säcker, Münchener Kommentar
zum Bürgerlichen Gesetzbuch Bd. 2: Schuldrecht, Allgemeiner Teil,
3. Aufl., München, 1994.

Wendehorst, *Christiane*
Das neue Gesetz über Fernabsatzverträge und andere Fragen des
Verbraucherrechts, in: Deutsches Steuerrecht 2000, 1311-1318.

Wendehorst, *Christiane*
in: Kurt Rebmann / Franz-Jürgen Säcker / Rixecker, Roland,
Münchener Kommentar zum Bürgerlichen Gesetzbuch Bd. 2a:
Schuldrecht, Allgemeiner Teil, 4. Aufl., München, 2003.

A. Einführung

Die Kontroverse zur Dauer der Widerrufsfrist hinsichtlich der auf Online-plattformen wie eBay geschlossenen Verbraucherverträge hat in den letzten Monaten eine neue Dimension erfahren. Seit im Sommer 2006 mit dem KG[1] und dem OLG Hamburg[2] gleich zwei Gerichte urteilten, die Widerrufsfrist betrage bei solchen Verträgen gemäß § 355 II 2 BGB grundsätzlich einen Monat, da eine Widerrufsbelehrung vor Vertragsschluss in Textform hier nicht möglich sei, erscheinen in kurzen Abständen immer neue Artikel in den juristischen Fachzeitschriften, die in höchstem Maße kontrovers zu den ergangenen Urteilen Stellung beziehen. Doch auch auf Seiten der Justiz herrscht alles andere als Einigkeit. Mit den Urteilen der Landgerichte Flensburg[3] und Paderborn[4] liegen nun zwei weitere Entscheidungen vor, die Webseiten gerade doch Erfüllung des Textformerfordernisses zugestehen und somit gegenüber dem KG und OLG Hamburg zu einem konträren Ergebnis kommen. Entsprechend hoch ist die Unsicherheit auf Unternehmerseite, nicht zuletzt aufgrund der – noch durch den fliegenden Gerichtstand verschärften – wettbewerbsrechtlichen Konsequenzen, die bereits zu ersten Abmahnwellen geführt haben.

Im Fokus stehen letztlich zwei zentrale Fragen. Zum einen wird heftig diskutiert, ob die im Rahmen der Angebotswebseite des Unternehmers auf der Plattform untergebrachte Widerrufsbelehrung das zur Wirksamkeit erforderliche Textformerfordernis erfüllt. Lehnt man dieses ab, wie es das KG und das OLG Hamburg in ihren Entscheidungen tun, so ist aufgrund der besonderen Umstände des Vertragsschlusses auf Onlineplattformen die Widerrufsbelehrung in Textform vor Vertragsschluss bereits schon gar nicht möglich. Damit aber müsste dem Wortlaut des § 355 II 2 BGB nach automatisch eine einmonatige Widerrufsfrist gelten. Eben dies ist Kern der

---

[1] KG, Beschl. v. 18.7.2006 – 5 W 156/06 = NJW 2006, 3215, 3215 ff.; KG, Urt. v. 5.12.2006 – 5 W 295/06 = BeckRS 2006 14935.
[2] OLG *Hamburg*, Urt. v. 24.8.2006 – 3 U 103/06.
[3] LG *Flensburg*, Urt. v. 23.8.2006 – 6 O 107/06.
[4] LG *Paderborn*, Urt. v. 28.11.2006 – 6 O 70/06.

zweiten Kontroverse: ist die Belehrung in Textform vor Vertragsschluss schon generell unmöglich, so stellt sich die Frage nach einer teleologischen Reduktion der Norm.

Die in den Urteilen des KG und OLG Hamburg geäußerte Rechtsauffassung hat für den betroffenen Unternehmer aber neben der wettbewerbsrechtlichen auch noch eine gewichtige verbraucherschutzrechtliche Konsequenz: Hält man das Textformerfordernis auf Onlineplattformen für vorvertraglich unerfüllbar, lehnt aber gleichzeitig eine teleologische Reduktion des § 355 II 2 BGB ab, so ist eine Widerrufsbelehrung, die den Verbraucher über ein zweiwöchiges Widerrufsrecht belehrt, inhaltlich falsch und damit nicht ordnungsgemäß erteilt. Dies hat aber neben einem lauterkeitsrechtlichen Verstoß aufgrund § 355 III 3 BGB zudem wiederum ein unbefristetes Widerrufsrecht zur Folge. Bedenkt man nun, dass unabhängig davon selbst die Ordnungsmäßigkeit der Belehrung bei Verwendung des amtlichen Musters angezweifelt wird, ist das Dilemma, vor dem ein Unternehmer heute in Deutschland im elektronischen Fernabsatz steht, leicht auszumalen.

Neben den beiden zentralen Frage nach formaler Qualität der Webseite vor dem Hintergrund des § 126b BGB einerseits und dem methodischen Umgang mit § 355 II 2 BGB andererseits, existieren einige Randprobleme in Bezug auf die Widerrufsfrist, die allerdings bisher nicht in diesem Maße in den Fokus der Fachwelt geraten sind. Dazu gehört die Frage, inwiefern die Verlängerung der Widerrufsfrist auf einen Monat bei Fernabsatzverträgen über Finanzdienstleistungen europarechtlich zulässig ist und wie es sich mit den Rechtspflichten für Unternehmer im elektronischen Geschäftsverkehr im Sonderfall des Vertragsschlusses auf Onlineplattformen verhält.

Hinsichtlich des nationalen Rechts besteht ein gewichtiges Problem insbesondere darin, dass der deutsche Gesetzgeber anders als derjenige anderer Mitgliedstaaten versucht hat, die europäischen Vorgaben durch ein vereinheitlichtes und harmonisiertes Regelwerk umzusetzen. Der Weg weg von den sonderprivatrechtlichen Einzelgesetzen hin zu einem in das BGB

314

integrierte Verbraucherschutzrecht hat aber nicht nur zu der dem deutschen Recht eigentümlichen, reichlich komplexen Systematik geführt, sondern auch mangels alleiniger Gesetzgebungskompetenz des deutschen Gesetzgebers hinsichtlich der ausgeklammerten zentralen Regelungen eine Konformität zu allen hiermit umgesetzten Richtlinien erfordert, so dass das jeweils höchste Schutzniveau seither in Deutschland für alle verbraucherschutzrechtlichen Regelungen gleichermaßen gilt. Dies hat wiederum zu einer erheblichen Ausweitung bestehender Verbraucherschutzrechte geführt hat, deren Verhältnismäßigkeit hinsichtlich der geregelten Materie nicht immer einzuleuchten vermag. Hinzu kommt, dass das deutsche Verbraucherschutzrecht eine um einiges längere Tradition aufweist als das europäische, so dass sich bis heute tradierte Elemente als Folge nationaler Regelungen aus der Frühphase des Verbraucherschutzes nachweisen lassen, denen es an einem Pendant auf europäischer Ebene mangelt und die sich daher nicht stets problemlos in den teleologischen Kontext des europäischen Sekundärrechts einordnen lassen.

Sind also Systematik, Inhalt und Reichweite deutscher Verbraucherschutznormen von den so eben genannten nationalen Besonderheiten geprägt, so müssen zur Bewertung der hieraus resultierenden Problemkreise zunächst Entstehungsgeschichte und Systematik des deutschen Verbraucherschutzrechts im Allgemeinen und des Fernabsatzrechts im Besonderen mit der gebotenen Aufmerksamkeit untersucht und unter Würdigung der jeweiligen Traditionen mit dem europäischen Recht verglichen werden. Erst aus den so gewonnenen Ergebnissen lassen sich entsprechende Maßstäbe zur Bewertung von Normentelos und Wertungswidersprüchen bezüglich der hier diskutierten Regelungen des § 126b BGB einerseits und des § 355 II 2 BGB andererseits gewinnen. Insbesondere hinsichtlich letzterer Norm, mit ihrer seit ihrer Entstehung auf Unverständnis[5] gestoßenen deutschen Sonderregelung zur Monatsfrist bei nachvertraglicher Widerrufsbelehrung als Ersatz für das frühere Unterschriftserfordernis, soll anhand einer eingehenden Analyse

---

[5] *Artz* BKR 2002, 603, 607.

der Umstände der Gesetzgebung gezeigt werden, dass sie in ihrem Telos aufgrund eines redaktionellen Versehens vielfach missverstanden wird. Erst dieses Missverständnis ist aber Ursache der mitunter widersinnig und unbillig erscheinenden Ergebnisse bei wörtlicher Anwendung der Norm auf Fernabsatzgeschäfte.

Besondere Beachtung muss daneben den Abläufen und Rahmenbedingungen gelten, die zu Vertragsschlüssen auf Onlineplattformen führen. Diese sind nicht zuletzt anhand der verschiedenen in der Praxis vorkommenden Modelle des Vertragsschlusses hinsichtlich Zeitpunkt, Modalitäten und Möglichkeiten der Einflussnahme seitens des Unternehmers zu erläutern, um somit die dadurch bedingten Ursachen für die typischen Problemkonstellationen in diesem Bereich herauszuarbeiten. Im Anschluss daran können dann die jeweils auftretenden Problemkreise im Detail erörtert, anhand der aus den vorangegangen Untersuchungen gewonnenen Ergebnissen bewertet und Lösungsvorschläge unterbreitet werden.

Hinsichtlich der im Rahmen dieser Untersuchung betrachteten Kontroversen, wird stets das Vorliegen eines Vertrages zwischen einem Unternehmer und einem Verbraucher angenommen, so dass auf die Frage, unter welchen Voraussetzungen eine natürliche Person Unternehmer im Sinne des § 14 BGB ist, nicht weiter eingegangen werden soll.

B. Die Historie des Verbraucherschutzes im deutschen und europäischen Recht

I. Die Wurzeln des heutigen Verbraucherschutzrechts

Das Widerrufsrecht bei Verbraucherverträgen hat im Kontext deutscher wie europäischer Gesetzgebung eine einigermaßen lange Tradition. So normierte auf nationaler Ebene bereits 1974 der seinerzeit mit der 2. Novelle des Abzahlungsgesetzes eingefügte § 1b I AbzG a. F. das Recht des Käufers bei Abzahlungsgeschäften, seine Erklärung binnen einer Woche schriftlich zu widerrufen, sofern er selbst nicht Kaufmann im Sinne des § 8 AbzG a. F. war. Beim Abzahlungsgesetz handelte es sich historisch betrachtet also zwar nicht um ein Verbraucherschutzgesetz im heutigen Sinn – vom Schutzbereich erfasst war vielmehr jedermann, der nicht selbst Kaufmann war –, die Schutzrichtung ist aber zu derjenigen heutigen Verbraucherschutzrechts kollinear. Insbesondere wurde das bis heute verwendete Instrumentarium aus Informationspflichten und Widerrufsrecht weitestgehend im Rahmen dieses Regelwerks erstmalig im deutschen Privatrecht etabliert. Das deutsche Verbraucherschutzrecht ist damit relativ zum europäischen um einiges älter, diente aber auch in vielerlei Hinsicht als Vorbild für den europäischen Gesetzgeber.

Interessant ist insofern, dass sich in den §§ 1a ff. AbzG bereits viele der wesentlichen charakteristischen Merkmale der Ausgestaltung heutiger Verbraucherschutzregelungen finden. Danach begann die Widerrufsfrist erst dann zu laufen, wenn der Käufer durch den Verkäufer eine Vertragsurkunde mit den nach § 1a I AbzG a. F. erforderlichen (Vertrags-)Informationen ausgehändigt bekommen hatte, die unter anderem eine schriftliche, drucktechnisch deutlich gestaltete Widerrufsbelehrung enthalten musste. Diese war dergestalt auszuformulieren, dass der Käufer hinreichend informiert war, dass und wie er seine auf Abschluss des Kaufvertrages gerichtete Erklärung widerrufen konnte.[6] Hier findet sich also insoweit bereits die

---

[6] MünchKomm-*Ulmer*, 2. Auflage, AbzG § 1b Rn. 31.

klassische Pflicht des Verbraucherschutzrechts, Vertragsinformationen[7] unter Erfüllung bestimmter formaler Anforderungen dem Verbraucher bereitzustellen. Inhaltlich hat diese in ihren Details bis heute wenig wesentliche Änderungen erfahren, weggefallen ist aber vor allem das bis 2002 tradierte Erfordernis der Verbraucherunterschrift unter der Belehrung, das in das europäische Recht nie Einzug gefunden hatte. Hingegen unterschied das Abzahlungsgesetz anders als heute § 355 II 2 BGB nicht nach vorvertraglicher und nachvertraglicher Widerrufsbelehrung, sondern ging von einer Fixierung von Vertragsinhalt mitsamt Widerrufsbelehrung stets nach Vertragsschluss aus. Hierin äußerte sich der Telos der Widerrufsbelehrungspflicht als Möglichkeit, dem Verbraucher die Abwägung des Für und Widers des Festhaltens am Vertrag zu ermöglichen. Eine Belehrung vor Vertragsschluss ist erst in jüngeren Verbraucherschutzregelungen nach deren jeweiligem Schutzzweck eingeführt worden, speziell im allgemeinen Fernabsatzrecht wurde auf europäischer Ebene ein zweigleisiges System etabliert, bei dem formfreie, quasi inhaltsgleiche *vorvertragliche* Informationen dem Verbraucher die Abwägung des Vertragsschlusses als solchem, formgebundene *nachvertragliche* Informationen die Abwägung der späteren Aufrechterhaltung des Vertrages ermöglichen sollen. Zur Durchsetzung der normierten Informationspflichten wurde auf der Rechtsfolgenseite der Beginn der Widerrufsfrist an die ordnungsgemäße Erfüllung der Informationspflichten seitens des Unternehmers gekoppelt, um damit eine Nichterfüllung durch eine gehemmte Widerrufsfrist zu sanktionieren.

Angemerkt sei in diesem Zusammenhang schließlich, dass bereits Anfang der achtziger Jahren diskutiert wurde, in welchem Zeitpunkt die Widerrufsfrist bei Verträgen, die über Bildschirmtext geschlossen wurden, zu laufen begann. Zugrunde liegt im wesentlichen dasselbe Problem wie bei den auf Onlineplattformen geschlossenen Verbraucherverträgen, nämlich die Frage nach der Formwirksamkeit der mit den elektronischen Erklärun-

---

[7] Der Begriff existiert in Abgrenzung der Vorabinformation, die zusammen mit der Vertragsinformation das sog. zweigleisige System der Informationspflichten insbesondere im allg. Fernabsatz bildet, vgl. auch insbesondere D II, S. 16ff.

gen übermittelten Widerrufsbelehrungen. Aufgrund des eindeutigen Wortlauts des § 1b II 2 i. V. m. 1A II AbzG a. F. allerdings, nach der die Widerrufsbelehrung Teil der schriftlichen Vertragsurkunde sein musste, war seinerzeit allerdings anerkannt, dass bei Vertragsschlüssen über Bildschirm-text den Formerfordernissen nicht Rechnung getragen werden konnte, so dass die Widerrufsfrist erst mit der gesonderten Aushändigung einer entsprechenden Urkunde zu laufen begann.[8]

II. Die ersten europäischen Impulse: Die Haustürwiderrufsrichtlinie und das HausTWG

1975 wurde durch das „Erste Programm der Europäischen Wirtschaftsge-meinschaft für eine Politik zum Schutz und zur Unterrichtung der Verbrau-cher"[9] der Schutz des Verbrauchers vor missbräuchlichen Handelspraktiken bei Haustürgeschäften zu einem der Hauptziele erhoben. Mit dem Erlass der „Richtlinie betreffend den Verbraucherschutz im Fall von außerhalb von Geschäftsräumen geschlossenen Verträgen" (85/577/EWG[10]) war der Grundstein für das europäische Verbraucherschutzrecht gelegt. Ähnlich wie zuvor bereits in Deutschland das novellierte Abzahlungsgesetz zielte die Richtlinie auf Ausgleich informationeller und struktureller Defizite auf Verbraucherseite im Falle unter bestimmten Umständen geschlossener Verträge (sog. Haustürsituationen), indem sie sich dem gleichen Instrumen-tarium wie das Abzahlungsgesetz – nämlich Informationspflichten auf Unternehmerseite einerseits und Lösungsrecht vom Vertrag auf Verbrau-cherseite durch Widerruf andererseits – bediente. Als Besonderheit dieser ersten Verbraucherschutzrichtlinie sei an dieser Stelle auf das Fehlen einer absoluten Höchstfrist für den Widerruf im Falle der nicht ordnungsgemäß erfolgten Widerrufsbelehrung hingewiesen, welche sich in den später erlassenen Verbraucherschutzrichtlinien aus Gründen der Rechtssicherheit in unterschiedlicher Ausprägung findet. Diese Tatsache wird in der Entste-

---

[8] MünchKomm-*Ulmer*, 2. Auflage, AbzG § 1b, Fn. 49.
[9] ABlEG Nr. C 92 S. 7.
[10] ABlEG Nr. L 372 / 31.

hungsgeschichte des § 355 II 2 BGB, dessen teleologische Reduktion hier noch diskutiert werden soll, eine entscheidende Rolle spielen.

Parallel zum europäischen Normgebungsverfahren war in Deutschland bereits längere Zeit an einem Gesetz mit ähnlichem Regelungsgehalt gearbeitet worden, dass schließlich in gleichzeitiger Umsetzung der Haustürgeschäftewiderrufsrichtlinie als HausTWG 1985 in Kraft trat. Anders als das Abzahlungsgesetz war hier erstmals der Schutzbereich an die Verbrauchereigenschaft der Normadressaten geknüpft. Dies stellt sich somit als Beginn der Phase sonderprivatrechtlichen Verbraucherschutzrechts in Deutschland dar. Die folgenden europäischen Verbraucherschutzrichtlinien mit Ausnahme der Pauschalreiserichtlinie wurden in Deutschland – wie auch in den anderen Mitgliedsstaaten – jeweils in Sonderprivatrecht umgesetzt, so etwa durch das Verbraucherkreditgesetz oder das Teilzeit-Wohnrechtegesetz.

III. Der Weg zum harmonisierten Verbraucherschutzrecht im BGB

1. § 361a a. F. als zentrale Regelung des Widerrufsrechts

Eine Abkehr vom sonderprivatrechtlichen, zersplitterten Verbraucherschutzrecht erfolgte in Deutschland erstmals zu Beginn des neuen Jahrtausends mit der Umsetzung der allgemeinen Fernabsatzrichtlinie RL 97/7/EG.[11] In den bisherigen nationalen Verbraucherschutzgesetzen waren wie auch in den zugrunde liegenden Richtlinien weder Begrifflichkeiten noch Gestaltung der Widerrufsrechte und Informationspflichten einheitlich erfolgt, auch wenn das Instrumentarium im Wesentlichen stets identisch war. Daraus resultierten einerseits unterschiedliche Auslegungen bei in der Sache ähnlichen Sachverhalten, andererseits wiederum ähnlich formulierte Normierungen, mit divergierendem Regelungsgehalt. Vor allem die jeweils unterschiedlichen Regelungen zur Bemessung der Widerrufsfrist sah der Gesetzgeber als für den Verbraucher schwer nachvollziehbar und damit für

---

[11] Richtlinie 97/7/EG des europäischen Parlaments und des Rates v. 20.5.1997 über den Verbraucherschutz bei Vertragsabschlüssen im Fernabsatz, ABlEG L 144 v. 4.6.1997, S. 19 – 27.

den Verbraucherschutz kontraproduktiv an.[12] Vor die Wahl gestellt, ein weiteres sonderprivatrechtliches Verbraucherschutzgesetz für den Fernabsatz zu entwerfen oder aber zumindest die wesentlichen Elemente der bestehenden Verbraucherschutzrechte – wie den Unternehmer- und den Verbraucherbegriff, die Modalitäten und Rechtsfolgen des Widerrufs und die grundlegenden Informationspflichten – zentral und vereinheitlicht im BGB zu regeln, entschied sich die Bundesregierung in ihrem Regierungsentwurf für letzteres.[13]

Damit war einerseits ein wesentlicher Schritt hin zu einem eigenständigen und vereinheitlichtem Verbraucherschutzrecht getan, andererseits stellte die besondere Situation, Recht zu harmonisieren, das nicht ausschließlich in seiner eigenen Gesetzgebungskompetenz stand, den Gesetzgeber vor besondere Schwierigkeiten. So war allen vereinheitlichten Normen jeweils der höchste Maßstab der hiervon betroffenen Richtlinien der Europäischen Union zugrunde zu legen. Dies hat zu einer erheblichen, teilweise kaum angemessenen Ausweitung der Verbraucherrechte geführt.

Umgesetzt wurde im Rahmen des Fernabsatzgesetzes[14] zunächst nur eine Vereinheitlichung der wesentlichen Modalitäten und der Rechtsfolgen des Widerrufs- und Rückgaberechts. Zu diesem Zweck wurden die §§ 361a und 361b BGB a. F. in das Bürgerliche Gesetzbuch neu eingefügt. Während § 361b BGB a. F. eine Sonderregelung zum Rückgaberecht enthielt, war § 361a BGB a. F. nunmehr die zentrale Norm in Bezug auf das Widerrufsrecht. Absatz I regelte hierbei die Modalitäten der Ausübung des Widerrufsrechts und die Informationspflichten des Unternehmers, Absatz II die Rechtsfolgen des Widerrufs und Absatz III die Formerfordernisse für die ordnungsgemäße Mitteilung der Widerrufsbelehrung. Die jeweiligen Normen in den bestehenden Verbraucherschutzgesetzen wurden gestrichen und durch Verweise auf § 361a BGB a. F. ersetzt. Vereinheitlicht wurde in

---

[12] RegE BT-Drucks. 14/1658 S. 29.
[13] RegE BT-Drucks. 14/1658 S. 29.
[14] Fernabsatzgesetz v. 27.6.2000, BGBl. I 2000 S. 897.

dieser Weise das Widerrufsrecht bei Haustürgeschäften, Teilzeitwohn-rechteverträgen, Verbraucherkreditgeschäften, Fernabsatz-verträgen und Fernunterrichtsverträgen.

Insbesondere wurde die Widerrufsfrist für den Fall der ordnungsgemäß erfolgten Widerrufsbelehrung vereinheitlicht und beträgt nunmehr zwei Wochen. Europarechtlich sehen die meisten Verbraucherschutzrichtlinien ein Widerrufsrecht von sieben (Werk-)Tagen vor, mit der zwei Wochenfrist wollte der Gesetzgeber aber zum einen zum Zwecke der Vereinfachung die aus den unterschiedlichen Feiertagsregelungen der Bundesländer resultie-renden Probleme bei der genauen Fristbestimmung in der Praxis umgehen,[15] zum anderen die zwingend umzusetzende Widerrufsfrist von vierzehn Kalendertagen nach Art. 6 I 1 2002/65/EG für den Fernabsatz von Finanzdienstleistungen bereits berücksichtigen.[16] Aufgrund des hinsichtlich sonstiger Verbraucherschutzrichtlinien geltenden Prinzips der Mindesthar-monisierung, sind derartige Abweichungen zugunsten des Verbrauchers europarechtlich unkritisch und beispielsweise im Falle der Fernabsatzrichtli-nie in Art. 14 97/7/EG ausdrücklich zugelassen.

2. Eingliederung des Verbraucherschutzrechts in das BGB

Mit dem Schuldrechtsmodernisierungsgesetz[17] wurde der zweite wesentliche Schritt zur Harmonisierung des deutschen Verbraucherschutzrechts getan: mit Ausnahme des FernUSG[18] wurden sämtliche Verbraucherschutzgesetze, die auf § 361a BGB a. F. verwiesen, vollständig in das Bürgerliche Gesetz-buch integriert. § 361a BGB a. F. selbst wurde der Übersichtlichkeit halber[19] aufgegliedert, so dass sich die Modalitätenregelung des früheren Absatz I nun mehr in § 355 BGB und die Rechtsfolgenregelung des früheren Absatz II in § 357 BGB findet. Das Formerfordernis des vormaligen

---

15 RegE BT-Drucks. 14/2658 S. 42.
16 RegE BT-Drucks. 14/2658 S. 47.
17 Gesetz zur Modernisierung des Schuldrechts v. 26.11.2001 m. W. v. 1.1.2002, BGBl. I 2001 S. 3137.
18 Gesetz zum Schutz der Teilnehmer am Fernunterricht v. 4.12.2000, BGBl. I 2000 S. 931.
19 BTE BT-Drucks. 14/6040 S. 198.

Absatz III wurde durch Verweis auf den mit der Novelle der Formvorschriften[20] neu eingefügten § 126b BGB bei dieser Gelegenheit durch die Textform ersetzt. Daneben wurden nun auch die Begriffe des Verbrauchers in § 13 BGB und des Unternehmers in § 14 BGB einheitlich legal definiert. Im Jahre 2004 wurden sodann die neu zu erlassenden Verbraucherschutzvorschriften hinsichtlich des Fernabsatzes von Finanzdienstleistungen in Umsetzung der Richtlinie 2002/65/EG[21] ebenfalls direkt in das Bürgerliche Gesetzbuch eingefügt.[22]

Damit ist die Zeit des sonderprivatrechtlichen Verbraucherschutzrechtes weitestgehend vorüber. Neben § 4 FernUSG – der allerdings nicht an die Verbrauchereigenschaft nach § 13 BGB anknüpft, wohl aber Verbraucherschutznorm im Sinne des § 2 II Nr. 3 UKlaG[23] ist – als letzter Norm außerhalb des BGB, die auf § 355 BGB verweist, ist sonderprivatrechtlich vor allem das völlig außerhalb des BGB geregelte Widerrufsrecht bei im Fernabsatz geschlossenen Versicherungsverträgen nach § 48c VVG[24] relevant. In das BGB eingegliedert, jedoch ohne Verweis auf § 355 BGB besteht ansonsten ein weiteres dem Widerrufsrecht ähnliches, außerordentliches Rücktrittsrecht nach § 651i I BGB für Pauschalreiseverträge. Ebenfalls eigenständig geregelt und ohne Anknüpfung an die Verbraucherschutzeigenschaft nach § 13 BGB besteht schließlich noch das Widerrufsrecht nach § 126 InvG.[25]

---

[20] Gesetz zu Anpassung der Formvorschriften des Privatrechts und anderer Vorschriften an den modernen Rechtsverkehr v. 13.7.2001, BGBl. I 2001 S. 1542.
[21] Richtlinie 2002/65/EG des europäischen Parlamentes und des Rates vom 25.9.2002 über den Fernabsatz von Finanzdienstleistungen an Verbraucher, ABlEG L 271 v. 9.10.2002, S. 16 – 24.
[22] Gesetz zur Änderung der Vorschriften über Fernabsatzverträge bei Finanzdienstleistungen v. 2.12.2004, BGBl. I 2004 S. 3102.
[23] Gesetz über Unterlassungsklagen bei Verbraucherrechts- und anderen Verstößen v. 26.11.2001, BGBl. I 2001, S. 3138, 3173.
[24] Gesetz über den Versicherungsvertrag v. 30.5.1908, RGBl. S. 263, zuletzt geändert durch Artikel 2 des Gesetzes v. 19.12.2006, BGBl I 2006 S. 3232.
[25] Investmentgesetz v. 15.12.2003, BGBl. I 2003 S. 2676, zuletzt geändert durch Art. 7 des Gesetzes v. 5.1.2007, BGBl. I 2007 S. 10.

3. Dies systematische Besonderheit des deutschen Verbraucherschutzrechts

Das deutsche Verbraucherschutzrecht weist durch die Harmonisierung seitens des nationalen Gesetzgebers und die Integration der verschiedenen vormals spezialgesetzlichen Regelungen in das BGB eine wesentliche systematische Besonderheit gegenüber anderen europäischen Rechtsordnungen und den ihnen zugrunde liegenden europäischen Verbraucherschutzrichtlinien auf: Rechtsgrund für das Widerrufsrecht einerseits und Rechtsfolge sowie Modalitätenregelung des Widerrufsrechts andererseits werden nicht mehr einheitlich im Rahmen des jeweiligen Regelwerkes, sondern vielmehr separat bestimmt. Insbesondere § 355 I S. 1 BGB stellt die Funktion der Norm als reine Modalitätenregelung, die kein selbstständiges Widerrufsrecht begründet und eines Verweises durch eine den Rechtsgrund für das Widerrufsrecht beinhaltende Norm bedarf, klar und bestimmt die Rechtsnatur des Widerrufs als Lösungsrecht. Dabei ist allerdings ist zu beachten, dass die harmonisierte Regelung des § 355 BGB ihrerseits wiederum teilweise durch   spezialgesetzliche Verbraucherschutzregelungen wie § 312d II BGB modifiziert wird. Nicht zuletzt diese ungewöhnliche und bisweilen komplexe Systematik bedingt das Aufkommen der hier thematisierten Rechtsfragen und verdient insofern eine besondere Beachtung.

C. Widerrufsrecht bei Verbraucherverträgen im Internet

I. Widerrufsrecht bei Fernabsatzgeschäften aufgrund § 312d I 1 BGB

In Anbetracht der Trennung von Rechtsgrund und Rechtsfolge beim Widerrufsrecht sind hinsichtlich der auf Onlineplattformen geschlossenen Verträgen im folgenden zunächst diejenigen Rechtsnormen zu bestimmen, nach denen ein solches Widerrufsrecht eingeräumt wird, und Aussagen hinsichtlich eventueller Konkurrenzen zu treffen. Bedeutsam mit Blick auf die über Onlineplattformen geschlossenen Verbraucherverträge ist vor allem das nach § 312d I BGB eingeräumte Widerrufsrecht für Fernabsatzverträge. In diesem Zusammenhang von Relevanz ist ebenfalls die Modifizierung des Beginns der Widerrufsfrist durch § 312e III 2 BGB für Verträge im elektronischen Geschäftsverkehr. Aufgrund der teils unterschiedlichen weiten Anforderungen im Bereich der Informationspflichten, die hinsichtlich des Fristbeginns über § 312d II BGB auf das Widerrufsrecht durchschlagen, ergeben sich außerdem mitunter Abweichungen für Fernabsatzverträge über Finanzdienstleistungen. Ihr Anwendungsfeld speziell in Bezug Vertragsschlüsse auf Onlineplattformen ist aber derzeit in der Praxis gering.

II. Widerrufsrechte aufgrund sonstiger Vorschriften

1. Verträge mit Schriftformerfordernis

Daneben kommen unter den Voraussetzungen der sonstigen Verbraucherschutznormen grundsätzlich auch konkurrierende Widerrufsrechte in Betracht – allerdings ist deren Relevanz hinsichtlich des Vertragsschlusses auf Onlineplattformen ebenfalls relativ beschränkt. So bedürfen die allermeisten Verträge, für die das Gesetz ein Widerrufsrecht mit Verweis auf § 355 BGB vorsieht, der Schriftform und können damit bereits nicht auf Onlineplattformen geschlossen, sondern allenfalls angebahnt werden. Dies gilt beispielsweise für Teilzeitwohnrechteverträge nach § 481 BGB gemäß 484 I BGB, Fernunterrichtsverträge wegen § 3 I FernUSG und für Verbraucherdarlehensverträge (§ 491 I BGB) aufgrund § 492 I 1 BGB – sofern der

Anwendungsbereich der §§ 492 – 498 BGB, die auch das Schriftformerfordernis enthalten, nicht ohnehin aufgrund des Vorliegens eines Falles nach § 491 II, III BGB ausgeschlossen ist. Ist wiederum letzteres aber der Fall, weil beispielsweise ein Bagatellfall vorliegt, so besteht bereits schon gar kein Widerrufsrecht nach § 495 I BGB – in diesen Fällen kann es dann allenfalls bei den Regelungen des Fernabsatzrechts verbleiben,[26] so dass eine Konkurrenz nicht in Betracht kommt. Gleiches gilt insoweit aufgrund der Verweisung in § 499 III 1 BGB für die verschiedenen Formen der Finanzierungshilfen: sofern kein Fall des § 499 III 1 i. V. m. § 491 II, III BGB das Bestehen eines Widerrufsrechts ohnehin ausschließt, scheitert jedenfalls ein entsprechender Vertragsschluss auf einer Onlineplattform stets am Schriftformerfordernis des § 492 I 1 BGB.

2. Verträge ohne Schriftformerfordernis

a) Teilzahlungsgeschäfte im Fernabsatz

Eine Ausnahme gilt insoweit nach § 502 II BGB für Teilzahlungsgeschäfte im Fernabsatz. Hierbei verdrängt das Widerrufsrecht nach §§ 501 I 1, 495 I BGB dasjenige aus § 312d I 1 BGB aufgrund der Kollisionsregelung des § 312d V 1 BGB. Da aber die Informationspflichten aus § 312c II BGB wegen des Verweises von § 312d V 2 BGB auf Abs. 2 ebenso erfüllt werden müssen und ansonsten unter den Voraussetzungen des § 355 BGB dieselben typischen Problemkreise hinsichtlich der Widerrufsfrist von auf Onlineplattformen geschlossenen Teilzahlungsverträgen im Fernabsatz auftreten wie bei allgemeinen Fernabsatzverträgen, lassen sich Erwägungen zu letzteren insoweit auf erstere übertragen. Gesondert betrachtet werden muss hingegen zusätzlich, inwiefern dem hinzukommenden, den Teilzahlungsgeschäften besonderen weiteren Erfordernis des § 502 II BGB, die dort genannten Informationen dem Verbraucher bereits rechtzeitig vor Vertragsschluss in Textform mitzuteilen, in den hier untersuchten Fällen von Vertragsschlüssen auf Onlineplattformen nachgekommen werden kann.

---

[26] MünchKomm-*Wendehorst*, § 312d Rn. 120.

b) Ratenlieferungsverträge im Fernabsatz

Schließlich kommt auch das Bestehen eines Widerrufsrechts nach § 505 I 1 BGB aufgrund der Sonderregelung des § 505 II 2 BGB bei einem im Fernabsatz geschlossenen Ratenlieferungsvertrag in Betracht, wenn auch hier erneut die praktische Bedeutung hinsichtlich Onlineplattformen gering sein dürfte. Auch in diesem Fall würde aber jedenfalls das Widerrufsrecht aus § 312d I 1 BGB durch die Regelung des § 505 I 1 BGB verdrängt, die zu erörternden Problemkreise hinsichtlich der Länge der Widerrufsfrist blieben aber aus denselben Gründen wie bei den soeben betrachteten Teilzahlungsgeschäften im Fernabsatz identisch, da auch hier die problemkritischen fernabsatzrechtlichen Regelungen neben den Sonderregelungen für Ratenlieferungsverträge bestehen bleiben und § 305 I 1 BGB ebenfalls auf § 355 BGB verweist und die in dieser Norm angelegten Problemfelder eröffnet. Im Unterschied zu Teilzahlungsgeschäften werfen Ratenlieferungsverträge zudem keine spezifischen weiteren Fragen auf, da bei diesen vor Vertragsschluss lediglich die Möglichkeit der Speicherung bestimmter Informationen gegeben sein muss, was auch auf Webseiten im Rahmen von Onlineplattformen stets problemlos der Fall ist. Vertragsinhalte in Textform müssen hingegen erst nach Vertragsschluss übermittelt werden (§ 505 II 3 BGB). Insofern bedarf diese Konstellation keiner gesonderten Erörterung.

3. Besondere Vertriebsformen

Ausgeschlossen wiederum erscheint hinsichtlich Haustürgeschäften nach den Voraussetzungen des § 312 I BGB eine Fallkonstellation, bei der ein Widerrufsrecht nach dieser Norm bei einem über eine Onlineplattform geschlossenen Vertrag besteht.[27] Ebenfalls ausgeschlossen in Bezug auf die hier untersuchten Verträge dürfte wohl eine Fallkonstellation sein, bei der das vollständig außerhalb des BGB geregelte Widerrufsrecht nach § 126 InvG[28] zum tragen käme, da dieses letztendlich an ähnliche Voraus-

---

[27] Vgl. auch RegE zum Fernabsatzgesetz BT-Drucks. 14/2658 S. 34.
[28] Diese Norm ersetzt die früheren Widerrufsrechte nach § 23 KAGG a. F. und §§ 11, 15h AuslInvestmG a. F.

setzungen hinsichtlich der Modalitäten des Vertragsschlusses geknüpft ist, wie das Widerrufsrecht bei Haustürgeschäften.

4. Sonstige Widerrufsrechte ohne Verweis auf § 355 BGB

Auch der Fernabsatz von Versicherungsleistungen über Onlineplattformen dürfte in der Praxis eher eine geringe Relevanz aufweisen. Das Widerrufsrecht für im Fernabsatz geschlossenen Versicherungsverträge nach § 48c I VVG jedenfalls verweist nicht auf § 355 BGB. Eine entsprechende Modifikation der Widerrufsfrist wie in § 355 II 2 BGB kennt das Versicherungsvertragsgesetz aber nicht. Damit beträgt die Widerrufsfrist nach § 48c I VVG im Falle der im Fernabsatz geschlossenen Versicherungsverträge stets zwei Wochen oder aber – im Falle von Lebensversicherungen – 30 Tage.

D. Verbraucherverträge auf Onlineplattformen vor dem Hintergrund des Fernabsatzrechts

I. § 312b – Verträge im Anwendungsbereich des Fernabsatzrechts

1. Der Begriff des Fernabsatzgeschäfts

Der Begriff des Fernabsatzvertrages ist in § 312b I 1 BGB legal definiert. Danach findet das Fernabsatzrecht grundsätzlich auf alle Verbraucherverträge über Waren und Dienstleistungen, einschließlich Finanzdienstleistungen, die unter ausschließlicher Verwendung von Fernkommunikationsmitteln geschlossen werden, Anwendung, wobei die Begriffe Waren und Dienstleistungen jeweils weit auszulegen sind.[29]

Verträge über die Lieferung von Waren sind neben Kaufverträgen als Hauptanwendungsfall auch solche mit tauschvertraglichen Elementen, wie beispielsweise der Vertrieb von Austauschmotoren, bei denen das Altteil dem Verkäufer zu übersenden ist. Verträge über Dienstleistungen sind neben Dienstverträgen im Sinne von § 611 BGB auch alle sonstigen Verträge, die eine Tätigkeit des Unternehmers zum Inhalt haben, wie beispielsweise Werk- oder Mietverträge.[30] Verträge über Dienstleistungen spielen zwar auf Plattformen wie ebay.de eher eine untergeordnete Rolle, stellen aber beispielsweise die typische charakteristische Leistung von auf my-hammer.de geschlossenen Verträgen dar. Generell fällt unter die in § 312b I BGB genannten Verträge jeder Vertrag, der eine ihrem wirtschaftlichen Wesen nach entgeltliche Leistung zum Inhalt hat.[31] Dies ist auf den gängigen Onlineplattformen, bei denen der Verbraucher eine Gegenleistung in Geld zu erbringen hat, stets der Fall.

---

[29] BGH-Urt. v. 26.10.1993 – XI ZR 43/93 = BGHZ 123, 380, 385.
[30] Palandt-*Grüneberg*, § 312b Rn. 10c m. w. N.
[31] MünchKomm-*Wendehorst*, § 312b, Rn. 22.

2. Organisiertes Vertriebs- und Dienstleistungssystem

Ausgenommen von den Regelungen der §§ 312b ff. sind nach § 312b I 1 a. E. BGB solche Verträge, die nicht im Rahmen eines für den Fernabsatz organisierten Vertriebs- oder Dienstleistungssystems erfolgen. Die Regelung dient der Verhinderung der Anwendung der Vorschriften über den Fernabsatz bei rein zufälliger Verwendung von Fernkommunikationsmitteln.[32] Entsprechend geringe Anforderung sind an das Bestehen eines solchen für den Fernabsatz organisierten Systems zu stellen. Ausreichend ist bereits eine Organisation des Betriebes für den Fernabsatz,[33] beispielsweise dadurch, dass auf Unternehmerseite die Voraussetzungen bestehen, regelmäßig solche Verträge zu schließen.[34] Im Allgemeinen liegt somit bereits mit der Registrierung auf der Onlineplattform für den Vertrieb der eigenen Waren und Dienstleistungen ein für den Fernabsatz organisiertes System vor, insbesondere im Fall der Einrichtung eines eBay-Shops und Nutzung von Auktionsabwicklungssoftware wie „Afterbuy". Bei Dienstleistungen ist insoweit strittig, inwiefern die Charakteristika des Fernabsatzes bloß hinsichtlich des Vertragsschlusses oder gleichermaßen in Bezug auf die Leistung selbst vorliegen müssen.[35] Letzteres ist nach dem Sinn und Zweck des Verbraucherschutzes im Fernabsatz abzulehnen, da typische Gefahren des Vertragsschlusses im Fernabsatz für den Verbraucher auch schon darin bestehen, dass sich der Verbraucher kein Bild von der Seriösität des Unternehmers machen[36] und Eigenschaften der Dienstleistung nicht in Augenschein nehmen kann.[37] Daneben dient das Widerrufsrecht bei Fernabsatzverträgen auch dem Übereilungsschutz.[38] Sollen diese Schutzfunktionen verwirklicht werden, so müssen die Umstände des Vertragsabschlusses für die Anwendbarkeit des Fernabsatzrechts ausreichen, ohne dass

---

[32] Palandt-*Grüneberg*, § 312b Rn. 11 m. w. N.
[33] Palandt-*Grüneberg*, § 312b Rn. 11; BGH-Urteil v. 23.10.2004 – III ZR 380/03 = NJW 2004, 3699, 3699 ff.
[34] RegE BT-Drucks. 14/2658 S. 30; MünchKomm-*Wendehorst*, § 312b Rn. 49.
[35] So mit Einschränkungen MünchKomm-*Wendehorst*, 312b Rn. 50.
[36] Palandt-*Grüneberg* § 312b Rn. 3.
[37] BGH-Urteil v. 19.03.2003 – VIII ZR 295/01 = BGHZ 154, 239, 242f.= NJW 2003, 1665, 1665f.
[38] MünchKomm-*Wendehorst*, § 312d Rn. 2.

es darüber hinaus auf eine typischerweise im Fernabsatz erbrachte Dienstleistung angekommen darf. Die auf der Plattform my-hammer.de geschlossenen Verträge sind damit ebenfalls vom Fernabsatzrecht erfasst.

3. Die Bereichsausnahmen

Hinsichtlich der Bereichsausnahmen sind solche, bei denen Widerrufsrecht und Informationspflichten nach anderen Vorschriften bestehen (§ 312b III Nr. 1 - 3 BGB) von solchen zu unterscheiden, die vom Verbraucherschutz allgemein ausgenommen sind (§ 312b III Nr. 4 - 7 BGB). Bei ersteren scheitert ein Vertragsschluss auf Onlineplattformen entweder an den jeweiligen Formvorschriften (Fernunterrichts- und Teilzeit-Wohnrechte-Verträge nach Nr. 1 und 2) oder es besteht eine einheitliche Widerrufsfrist, so dass sich hier keine weiteren Problemfelder eröffnen (Versicherungsverträge nach Nr. 3). Bei letzteren stellt sich die Frage nach der Widerrufsfrist mangels Widerrufsrecht schon ohnehin nicht.

II. Die Informationspflichten des Unternehmers nach § 312c

1. Systematik der Informationspflichten im Fernabsatzrecht

Kernstück aller Verbraucherschutzgesetze sind neben dem Widerrufsrecht des Verbrauchers die Informationspflichten des Unternehmers. Tradierte Systematik ist hierbei die Unterscheidung der vor Vertragsschluss formfrei zu erteilenden *Vorabinformationen* und der nach Vertragsschluss dem Verbraucher in Textform zu übermittelnden *Vertragsinformationen*. Hinsichtlich des Fernabsatzrechts fand sich diese Systematik bis zur Umsetzung der Richtlinie 2002/65/EG in § 312c BGB a. F. in der Differenzierung nach Vorabinformationen gemäß Absatz I und Vertragsinformationen gemäß Absatz II wieder. Diese klare Trennung wurde mit der Novelle des Fernabsatzrechts insoweit aufgegeben, als dass in Bezug auf die Vertragsinformationen gemäß Absatz II nunmehr hinsichtlich der allgemeinen Fernabsatzverträge (Abs. 2 S. 1 Nr. 2 n. F.) und dem Fernabsatz von Finanzdienstleistungen (Abs. 2 S. 1 Nr. 1 n. F.) unterschieden wird. Während es hinsichtlich ersterer bei der alten Regelung geblieben ist, gilt für den Fernabsatz von Finanzdienstleistungen die Besonderheit, dass die Vertragsinformationen gleich den Vorabinformationen grundsätzlich ebenfalls *vor* und nur ausnahmsweise direkt nach Vertragsschluss übermittelt werden dürfen.

2. § 312c I BGB – Vorabinformationen

Bei allen Fernabsatzgeschäften sind gemäß § 312c I BGB i. V. m. § 1 I BGB-InfoV die dort genannten Informationen, bei Fernabsatzgeschäften von Finanzdienstleistungen zusätzlich die Informationen nach § 1 II BGB-InfoV dem Verbraucher rechtzeitig vor Abgabe dessen Vertragserklärung in einer dem gewählten Fernkommunikationsmittel angemessenen Weise zur Verfügung zu stellen. Dabei dienen die Vorabinformationen neben ihrer lauterkeitsrechtlichen Bedeutung dazu, dem Verbraucher die Abwägung des pro und contra des Vertragsschlusses zu erleichtern.[39] Ein Verstoß gegen diese Informationspflicht hat allerdings keinen Einfluss auf den Fristbeginn des Widerrufsrechts des Verbrauchers, kann aber unter Umständen Schadensersatzansprüche des Verbrauchers aus culpa in contrahendo nach §§ 311 II, 241 II, 280 I BGB begründen und ist wettbewerbsrechtlich von Bedeutung.

3. § 312c II BGB – Vertragsinformationen

a) Die besondere Bedeutung der Vertragsinformationen für die Widerrufsfrist

Die Vertragsinformationen sollen demgegenüber dem Verbraucher den dauerhaften Zugriff auf den Vertragsinhalt ermöglichen und dienen dabei insbesondere als Hilfestellung bezüglich der Abwägung des Für und Wider der Ausübung des Widerrufsrechts.[40] Für sie gilt daher das Textformerfordernis nach § 126b BGB. Die besondere Bedeutung der nach § 312c II 1 BGB zu übermittelnden Informationen liegt mit Blick auf die Widerrufsfrist darin, dass eine Verletzung der Informationspflicht nach § 312c II 1 BGB über § 312d II BGB den Beginn der Widerrufsfrist verhindert. Damit besteht für den Verbraucher entsprechend § 355 III 1 BGB ein sechsmonatiges, im Falle des Fernabsatzes von Finanz-

---

[39] MünchKomm-*Wendehorst*, § 312c Rn. 2.
[40] MünchKomm-*Wendehorst*, § 312c Rn. 2.

dienstleitungen oder falls die Informationspflichtverletzung die Widerrufsbelehrung selbst betrifft,   sogar ein unbefristetes Widerrufsrecht
(§ 355 III 3 BGB).

b) Vertragsinformationen im allgemeinen Fernabsatz

Im Falle des allgemeinen Fernabsatzes sind gemäß Abs. 2 Nr. 2 die Ver-
tragsbestimmungen einschließlich der AGB, die Informationen nach
§ 1 IV BGB-InfoV sowie außerdem erneut die Informationen nach
§ 1 I BGB-InfoV dem Verbraucher in Textform mitzuteilen. Sie sind
grundsätzlich alsbald nach Vertragsschluss,[41] bei Waren spätestens bis zu
deren Lieferung und bei Dienstleistungen spätestens bis zur vollständigen
Vertragserfüllung bereitzustellen. Insbesondere ist eine Widerrufsbelehrung
gemäß § 1 I Nr. 10 BGB-InfoV zu erteilen, die den Vorgaben dieser Norm
und des § 355 II BGB entsprechen muss. Hierzu stellt der Gesetzgeber eine
Musterwiderrufsbelehrung in Anlage 2 der BGB-InfoV zur Verfügung, bei
deren Verwendung über § 14 BGB-InfoV die Fiktion einer wirksamen
Belehrung im Sinne von § 355 II BGB aufgestellt wird.

c) Vertragsinformationen im Fernabsatz von Finanzdienstleistungen

Dieselben Voraussetzungen gelten grundsätzlich ebenfalls für den Fernabsatz von Finanzdienstleistungen mit der Besonderheit, dass, anders als beim
allgemeinen Fernabsatz, sämtliche Informationen bereits *vor* Abgabe der
zum Vertrag führenden Willenserklärung des Verbrauchers in Textform
übermittelt werden müssen. Ausnahmsweise darf die Mitteilung unverzüglich nach Vertragsschluss nachgeholt werden, sofern der Verbraucher ein
Fernkommunikationsmittel wählt, dass eine Mitteilung in Textform nicht
gestattet.

III. § 312d BGB als Rechtsgrund für das Widerrufsrecht bei Fernabsatzverträgen

Gemäß § 312d I 1 BGB steht dem Verbraucher im Falle von Fernabsatzgeschäften ein Widerrufsrecht nach § 355 BGB zu – § 312d stellt somit den

---

[41] RegE BT-Drucks. 14/2658, S. 39; MünchKomm-*Wendehorst*, § 312c, Rn. 80.

für dieses Widerrufsrecht erforderlichen Rechtsgrund dar. Ausnahmen hiervon ergeben sich aus § 312d IV u. V BGB. Anders als die durch § 312b III BGB vom Fernabsatzrecht generell ausgenommenen Bereiche bleibt das Fernabsatzrecht hinsichtlich der in § 312d IV u. V BGB genannten Ausnahmen weiterhin anwendbar – lediglich ein Widerrufsrecht besteht dann abweichend von § 312d I 1 BGB nicht.

1. Ausschlusstatbestände

In Absatz IV finden sich dabei solche Ausnahmetatbestände, bei deren Vorliegen die Existenz eines Widerrufsrechts dem Unternehmer unzumutbar und insgesamt zweckwidrig erscheint, insbesondere weil dadurch dem Verbraucher ein erhebliches Missbrauchspotential eröffnet würde.[42] Große Bedeutung kam in der Vergangenheit dem Ausnahmetatbestand nach Nr. 5 hinsichtlich der Frage zu, ob es sich bei Internetauktionen um Verträge, die in der Form der Versteigerung (§ 156 BGB) geschlossen werden, handelt und daher kein Widerrufsrecht besteht.[43] Dies ist bei solchen Internetauktionen, die durch Angebot und Annahme durch Zeitablauf, ohne Willenserklärung eines Auktionators (Zuschlag), zustande kommen, zu verneinen, da es sich nicht um Versteigerungen im Sinne des § 156 BGB handelt,[44] etwas anderes gilt nur bei (echten) Live-Versteigerungen unter Nutzung des Internet.[45] Die üblichen Internetauktionen wie diejenigen auf der Plattform eBay fallen hingegen daher unter den Ausnahmetatbestand des § 312d IV Nr. 5.[46]

2. Kollision mit anderen Widerrufsrechten

Weitere Gründe für das Nicht-Bestehen eines Widerrufsrechts ergeben sich schließlich aus Absatz V. Dieser ist Kollisionsnorm[47] hinsichtlich bestehender Widerrufsrechte nach den Vorschriften über Verbraucherdarlehensver-

---

[42] RegE BT-Drucks. 14/2658, S. 44
[43] Vgl. zur Streitübersicht der früheren Kontroverse: *Kaestner/Tews* WRP 2004, S. 509, 509ff. m. w. N.
[44] BGH-Urteil v. 3.11.2004 –VIII ZR 375/03 = NJW 2005, 53, 53ff.
[45] Vgl. unter E. III. 3. b) bb).
[46] Krit: *Obergfell* MDR 2005, S. 495, 495ff.
[47] Beschlussempfehlung des Rechtsausschusses BT-Drucks. 14/9266 S. 44ff.

träge, Finanzierungs- und Ratenlieferungsgeschäfte. Entsprechend den obigen Ausführungen[48] bleiben hier wegen des Schriftformerfordernisses nur Teilzahlungsgeschäfte und Ratenlieferungsverträge übrig. Bei beiden dürfte der praktische Anwendungsbereich derzeit gering sein. EBay will zwar mit der GE Money Bank künftig auch verstärkt Finanzdienstleistungen zur Finanzierung von eBay Geschäften anbieten[49], dabei handelt es sich aber um Verbraucherdarlehensverträge, die über eBay zwar angebahnt, nicht jedoch abgeschlossen werden können.

IV. Modalitäten des Widerrufsrechts nach § 355 BGB bei Fernabsatzverträgen

1. Fristbeginn

Der Fristbeginn hängt bei Fernabsatzverträgen von bis zu vier kumulativen Voraussetzungen ab. Erstens beginnt die Widerrufsfrist nach § 355 II S. 1 BGB nicht vor dem Zeitpunkt, in dem der Verbraucher eine Widerrufsbelehrung in Textform erhält, die hinsichtlich des Inhalts den weiteren Voraussetzungen dieser Norm und denen des § 312c II 1 i. V. m. § 1 IV, I Nr. 10 BGB-InfoV entsprechen muss. Zweitens muss in dem Fall, dass Vertragsinhalt die Lieferung von Waren durch den Unternehmer ist, aufgrund § 355 III S. 2 BGB und des inhaltsgleichen § 312d II BGB die Ware beim Empfänger eingegangen sein. Grund hierfür ist die entsprechende Regelung in Art. 6 I S. 5 und 6 97/7/EG,[50] der dem Empfänger ausreichend Zeit geben soll, die Waren zu prüfen, um danach zu entscheiden, ob er an seine Willenserklärung weiter gebunden sein möchte.[51] Drittens ist der Beginn der Widerrufsfrist wegen § 312d II BGB ebenfalls solange gehemmt, bis die vollständigen Informationen nach § 312c II BGB i. V. m. § 1 BGB-InfoV dem Verbraucher in Textform mitgeteilt wurden. Schließlich kommt es speziell bei Verbraucherverträgen im elektronischen Geschäftsverkehr

---

[48] Vgl. u. C. III. 2.
[49] Meldung der GE Money Bank vom 29.8.200, abrufbar unter: http://www.ge.com/de/ourcompany/press/releases/20050829.html.
[50] BTE BT-Drucks. 14/6040 S. 198.
[51] MünchKomm-*Wendehorst*, § 312d Rn. 72.

nach § 312e III 2 BGB weiterhin auf die Erfüllung der Pflichten nach § 312e I 1 BGB an.

2. Fristlänge

a) Vollständige Erfüllung aller Pflichten vor Vertragsschluss

Hinsichtlich der Länge der Widerrufsfrist sind wiederum vier Fallkonstellationen zu unterscheiden. Zunächst besteht der Grundfall, dass der Unternehmer allen ihm obliegenden Pflichten, deren Erfüllung Voraussetzung für den Fristbeginn ist, ordnungsgemäß und bereits vor Vertragsschluss nachgekommen ist. In diesem Fall beträgt die Länge der Widerrufsfrist gemäß § 355 I 2 BGB zwei Wochen. Die Widerrufsfrist beginnt dann entweder mit der Warenlieferung oder bei der Erbringung von Dienstleistungen bereits mit Vertragsschluss.

b) Ordnungsgemäße Widerrufsbelehrung nach Vertragsschluss

Zweitens kann es sein, dass der Unternehmer durch Pflichterfüllung nach §§ 355 II 1, 312c II 1, 312e I 1 BGB ebenfalls die Widerrufsfrist in Gang gesetzt hat, allerdings zumindest die Widerrufsbelehrung erst nach Vertragsschluss erfolgt ist. Dann gilt dem Wortlaut des § 355 II 2 BGB nach eine einmonatige Widerrufsfrist, die die verspätete Widerrufsbelehrung sanktionieren[52] soll. Tatsächlich ist dies in Bezug auf Fernabsatzgeschäfte gleich in zweierlei Hinsicht problematisch. Zum einen erscheint es verwunderlich, dass in Bezug auf den allgemeinen Fernabsatz einerseits die Erfüllung der Informationspflichten nach § 312c II 1 Nr. 2 BGB nach Vertragsschluss zulässig ist, andererseits aber durch eine verlängerte Widerrufsfrist sanktioniert wird. Daneben ist zum anderen in Bezug auf den Fernabsatz von Finanzdienstleistungen problematisch, dass aufgrund Erwägungsgrund (13) und Art. 6 I 1 2002/65/EG ein Vollharmonisierungsgebot hinsichtlich der Frist von vierzehn Kalendertagen gilt, so dass europarechtlich kein Raum für eine Verlängerung der Widerrufsfrist auf einen Monat bei nachvertraglicher Belehrung ist.

---

[52] MünchKomm-*Wendehorst*, § 355 Rn. 53; *Bonke/Gellmann* NJW 2006 3169, 3173.

c) Mangel hinsichtlich der weiteren Informationspflichten

Erfüllt der Unternehmer zwar ordnungsgemäß seine Pflicht zur Widerrufsbelehrung, kommt aber einer der Pflichten aus § 312d II 1 BGB oder § 312e I 1 BGB nicht ordnungsgemäß nach, so beginnt nach dem Wortlaut der §§ 312d II bzw. 312e III BGB die Widerrufsfrist nicht zu laufen. In diesem Fall greift hinsichtlich der allgemeinen Fernabsatzgeschäfte allerdings aus Gründen der Rechtssicherheit eine absolute Höchstfrist von sechs Monaten (§ 355 III 1 BGB). Mit Ablauf dieser absoluten Höchstfrist erlischt das Widerrufsrecht auch trotz nicht ordnungsgemäßer Erfüllung der sonstigen Pflichten. Werden diese nachträglich erfüllt, beginnt mit dem Rechtsgedanken des § 355 II 2 BGB die einmonatige Widerrufsfrist ab dem Zeitpunkt der verspäteten Pflichterfüllung.[53] Eine Besonderheit stellt in dieser Hinsicht die spezialgesetzliche Anforderung für den Beginn der Widerrufsfrist hinsichtlich des Fernabsatzes von Finanzdienstleistungen nach § 312c II Nr. 1 BGB dar, als dass bei Verletzung der dort normierten Pflichten gemäß § 355 III 3 a. E. BGB die absolute Höchstfrist von sechs Monaten ebenfalls nicht greift und damit ein unbefristetes Widerrufsrecht auch bei ansonsten ordnungsgemäßer Widerrufsbelehrung gilt.

d) Nicht ordnungsgemäße Widerrufsbelehrung

Ist allerdings schon keine ordnungsgemäße Widerrufsbelehrung erteilt worden, so erlischt das Widerrufsrecht gemäß § 355 III 3 BGB überhaupt nicht. Der Unternehmer kann jedoch durch nachträgliche ordnungsgemäße Belehrung gemäß § 355 II 2 BGB die reguläre Widerrufsfrist von in diesem Fall einem Monat in Gang setzen.

3. Spezialgesetzliches Erlöschen des Widerrufsrechts

Unabhängig von Mängeln bei der Widerrufsbelehrung oder der Erfüllung der sonstigen Pflichten nach § 312c II 1 und § 312e I 1 BGB erlischt das Widerrufsrecht in zwei spezialgesetzlich normierten Sonderfällen. Zum einen bestimmt § 312d III Nr. 1 BGB dies im Falle des Fernabsatzes von

---

[53] Palandt-*Grüneberg*, § 355 Rn. 22; *Martis/Meinhoff* MDR 2004, S. 4, 12; *Domke* BB 2005, S. 228, 228ff.

Finanzdienstleistungen, wenn der Vertrag auf ausdrücklichen Wunsch des Verbrauchers beiderseitig erfüllt ist. Zum anderen erlischt das Widerrufsrecht bei Dienstleistungen, die nicht Finanzdienstleistungen sind, nach § 312d III Nr. 2 BGB, wenn der Unternehmer entweder mit ausdrücklicher Zustimmung des Verbrauchers mit der Ausführung begonnen hat oder der Verbraucher diese veranlasst hat. Die Regelung dient der Umsetzung[54] des Art. 6 III 1. SpglStr. 97/7/EG vor dem Hintergrund, dass sich bereits ausgeführte Dienstleistungen nicht rückabwickeln lassen.

V. Vergleich zum europäischen Recht und Würdigung

1. Widerrufsrechte im Fernabsatz nach den europarechtlichen Vorgaben

Wesentlich simpler gestaltet sich die Rechtslage im Hinblick auf die europarechtlichen Vorgaben. Hinsichtlich des allgemeinen Fernabsatzes ist dort ein Widerrufsrecht von sieben Werktagen gemäß Art. 6 I 1 97/7/EG vorgesehen. Ein Unterschied bezüglich des Zeitpunktes der Belehrung vor oder nach Vertragsschluss besteht nicht. Sofern aus irgendeinem Grund nicht ordnungsgemäß über das Widerrufsrecht belehrt wird, besteht nach Art. 6 I SpglStr. 3 u. 4 97/7/EG ein absolut befristetes dreimonatiges Widerrufsrecht ab Warenlieferung bzw. bei Dienstleistungen ab Vertragsschluss, wobei die reguläre Widerrufsfrist durch Nachbelehrung gemäß Art. 6 I a. E. 97/7/EG in Gang gesetzt werden kann.

Bei Fernabsatzgeschäften über Finanzdienstleistungen besteht nach Art. 6 I 1 2002/65/EG ein vierzehntägiges Widerrufsrecht, eine absolute Höchstfrist ist hier nicht vorgesehen. Allerdings erlischt das Widerrufsrecht aufgrund Art. 6 II c) 2002/65/EG bei aufgrund ausdrücklichen Wunsches des Verbrauchers erfolgter beiderseitiger Erfüllung des Vertrages. Weitere Modifikationen hinsichtlich der Länge des Widerrufsrechts existieren darüber hinaus bei beiden Typen Fernabsatzgeschäften nicht.

---

[54] RegE BT-Drucks. 14/2658 S. 43.

2. Zusammenfassung und Würdigung der Harmonisierungsbemühungen

Festzuhalten sind damit als Resultat der Harmonisierungsbemühungen des deutschen Gesetzgebers gleich drei Besonderheiten des deutschen Rechts in Bezug auf das allgemeine Fernabsatzrecht im Vergleich zu den europäischen Vorgaben: erstens beträgt die allgemeine Widerrufsfrist nicht sieben Tage, sondern zwei Wochen; zweitens unterscheidet das deutsche Recht hinsichtlich der Belehrung vor und nach Vertragsschluss und erhöht im letzteren Fall die Widerrufsfrist auf einen Monat. Drittens, und dies ist vielfach kritisiert worden, sieht das deutsche Recht keine absolute Höchstfrist für das Erlöschen des Widerrufsrechts im Falle der nicht ordnungsgemäß mitgeteilten Widerrufsbelehrung vor.

Genau dies bedeutet aber im Gegensatz zum europäischen Recht eine erhebliche Verschärfung, da somit eine nicht ordnungsgemäße Widerrufsbelehrung zu einem unbefristeten Widerrufsrecht führt. Gerade aufgrund der aktuelle Kontroverse,[55] ob bei Geschäften über Onlineplattformen ein zweiwöchiges oder ein einmonatiges Widerrufsrecht besteht und dem Streit über die Gültigkeit der Musterwiderrufsbelehrung,[56] sieht sich ein Unternehmer in Deutschland aber vor erhebliche Probleme gestellt, nach deutschem Recht ordnungsgemäß zu belehren. Würden hingegen allein die Anforderungen des europäischen Rechts gelten, so wäre eine ordnungsgemäße Widerrufsbelehrung problemlos möglich.

---

[55] Vgl. stellv. für alle: *Bonke/Gellmann* NJW 2006 3169, 3169ff.
[56] Vgl. stellv. für alle: *Kaufmann*, CR 2006 764, 768.

E. Vertragsschluss im Internet

I. Klassifizierung

Aufgrund der Anknüpfung der Widerrufsfrist (§ 355 II 2 BGB) und der Informationspflichten (§ 312c BGB) an den Zeitpunkt des Vertragsschlusses, sind die verschiedenen Formen des Zustandekommens von Verträgen bei mit Hilfe der Kommunikationsmittel des Internet geschlossenen Verträgen von besonderer Bedeutung. Mit der allgemeinen Akzeptanz und breiten Rezeption der elektronischen Fernkommunikation, hat eine entsprechende Diversifizierung hinsichtlich der Möglichkeiten, Verträge zu schließen, eingesetzt. Teilweise entspricht der Vertragsschluss seiner Struktur nach dem klassischen Zustandekommen eines Vertrages unter Abwesenden, bei dem die Willenserklärungen elektronisch – beispielsweise durch eMail – übermittelt werden. Andere Formen des Vertragsschlusses hingegen sind erst durch die mit dem Internet geschaffenen besonderen Formen der Telekommunikation und Informationsvermittlung möglich geworden. Eine grundlegende Klassifizierung der über das Internet geschlossenen Verträge zur Abgrenzung der hier untersuchten Vertragsschlüsse lässt sich nach der Funktion der Kommunikationsmittel des Internet im Rahmen des Zustandekommens des Vertrages treffen. Danach sind diejenigen Vertragsschlüsse, die durch Austausch der Willenserklärungen mittels den durch die eigenen Internetpräsenz des Anbieters bereitgestellte Kommunikationsmöglichkeiten zustande kommen, von denjenigen zu unterscheiden, bei denen es für den Vertragsschluss auf die Nutzung einer durch einen Dritten zur Verfügung gestellten Onlineplattform (elektronischer Marktplatz) ankommt. Die Besonderheiten des Vertragsabschlusses auf Onlineplattformen werden beim Vergleich mit dem Vertragsschluss im Onlineshop deutlich.

II. Der Vertragsschluss im Rahmen der Internetpräsenz des Anbieters

1. Onlineshops und ihre Funktionsweise

Onlineshops erfreuen sich zunehmender Beliebtheit. Sie entsprechen ihrem Prinzip nach der elektronischen Form des klassischen Katalogversandhandels: Der Kunde wählt aus einem reichhaltigen Waren- oder Dienstleistungssortiment die gewünschten Leistungen aus, die er sodann bestellen kann. Die Funktion des früheren Leistungskataloges in Papierform übernimmt dabei die vom Anbieter bereitgestellte HTML-Seite – meist als Basis für damit kombinierte PHP-Scripte, Flashelemente etc. – mit dem Vorteil, dass durch dieses Medium eine Vielzahl von Informationen kostengünstig, auf interaktiven Abruf des potentiellen Kunden in beinahe beliebigem Umfang bereitgestellt werden kann. Der Kunde kann sich damit sowohl einen allgemeinen Überblick über das Angebot wie auch gezielt detaillierte Informationen zu bestimmten Einzelleistungen verschaffen. Insbesondere die Bereitstellung einer Vielzahl hoch aufgelöster Bilder, wie sie in einem Katalog kaum abzudrucken wären, die – auch automatisch generierte – Verlinkung ähnlicher oder ergänzender Produkte und die schnelle und kostengünstige Kommunikation durch eMail oder Kontaktformular bewirken eine hohe Attraktivität. Als Beispiele für Onlineshops können die unter den Adressen amazon.de oder otto.de abrufbaren Internetpräsenzen der gleichnamigen Unternehmen genannt werden, entsprechende Pendants für Dienstleistungsangebote finden sich insbesondere in den Sektoren Beförderung[57] und Telekommunikation.[58] Die Kopplung der elektronischen Bestellsysteme an nachgeschaltete Logistiksysteme kann für den Anbieter nicht zuletzt durch Zentralisierungseffekte beachtliche wirtschaftliche Effizienzvorteile mit sich bringen.

---

[57] Beispielsweise die Seiten bahn.de und lufthansa.com.
[58] So beispielsweise base.de.

2. Der Vertragsschluss in Onlineshops

In der Darstellung des Warenangebots im Rahmen des Onlineshops soll dem Kunden unverbindlich ein Überblick und eine Information über das bestehende Leistungsangebot ermöglicht werden. Daher ist darin regelmäßig kein bindendes Angebots im Sinne des § 145 BGB zu sehen, sondern vielmehr eine invitatio ad offerendum.[59] Oftmals wird der Kunde durch ein automatisiertes Bestellsystem geführt, das die Abgabe eines Angebots seinerseits durch Klick[60] oder – seltener – Kontaktformular ermöglicht. Es folgt sodann eine automatisierte Bestellbestätigung zur Erfüllung der Pflichten aus § 312e I 3 BGB, die eigentliche Vertragsannahme erfolgt aber aufgrund entsprechender Regelungen in den AGB meist erst durch Aussonderung und Warenversand nach § 151 BGB.[61]

3. Die Unterschiede zum Vertragsschluss auf Onlineplattformen

Im Gegensatz zu den im Rahmen dieser Untersuchung betrachteten Vertragsschlüssen auf Onlineplattformen, hat beim Vertragsschluss in einem Onlineshop der Anbieter als gleichzeitiger Betreiber der entsprechenden Internetseite sämtliche technischen Abläufe dort selbst in der Hand. Damit besteht seinerseits insbesondere die Möglichkeit, die Identität und Kontaktdaten des Kunden vor Vertragsschluss zu verifizieren – dies geschieht üblicherweise durch Hinterlegung der entsprechenden Daten bei der Erstanmeldung –, und das zum Vertragsschluss führende pro cedere in seinem zeitlichen und technischen Ablauf zu beeinflussen. Dadurch bestehen regelmäßig keine Schwierigkeiten, Informationspflichten soweit sie bestehen, bereits frühzeitig nachzukommen, so dass die für Onlineplattformen typischen Problemkreise in Bezug auf Form, Zeitpunkt und Inhalt der Widerrufsbelehrung bei Verbraucherverträgen in Onlineshops nicht auftreten. Jedenfalls aber lassen sie sich vom Unternehmer durch entsprechende Gestaltung des Onlineshops ohne größere Schwierigkeiten lösen – so etwa durch Versand einer eMail mit einer Widerrufsbelehrung vor

---

[59] Palandt-*Grüneberg*, § 312b, Rn. 4; MDR-*Woitkewitsch*/*Pfitzer* 2007, 61, 63.
[60] Palandt-*Grüneberg*, § 312b Rn. 4.
[61] Palandt-*Grüneberg*, § 312b Rn. 4; MDR-*Woitkewitsch*/*Pfitzer* 2007, 61, 63.

Aussonderung und Abschicken der Ware und mithin vor Vertragsschluss nach § 151 BGB.

III. Der Vertragsschluss im Rahmen von Online-Plattformen

1. Funktion und Vorteile der Nutzung von Onlineplattformen

Anders verhält es sich hingegen bei Onlineplattformen. Dies sind von Dritten bereitgestellte und betriebene Portale, die es den künftigen Vertragsparteien ermöglichen, einander zu finden und – abhängig von der Plattform – mit Hilfe der durch die Plattform bereitgestellten elektronischen Kommunikationsmittel den Vertragsschluss herbeizuführen. Plattformen übernehmen dabei insbesondere anstelle des Internetauftritts des Anbieters die Funktion der Darstellung der vertragscharakteristischen Leistungen und der Kontaktaufnahme. Vorteile durch die Nutzung von Onlineplattformen ergeben sich zum einen durch deren Bekanntheitsgrad, den sich Anbieter zu nutze machen können, und zum anderen durch deren integrierte Content-Management-Systeme (CMS). Diese erlauben es, ein Waren- und Dienstleistungsangebot online darzustellen, ohne dass hierzu besondere Fachkenntnisse nötig wären. Insbesondere die sogenannten eBay-Shops ermöglichen eine einfache, strukturierte Darstellung des eigenen Leistungsangebotes ohne die kostenintensive Inanspruchnahme von Webdesignern oder Programmierern zur Erstellung und Wartung der eigenen Internetpräsenz. Sie sind daher gerade auch für mittelständische und Kleinstunternehmen interessant. Software wie „Afterbuy" oder „Auction Studio" bieten daneben eine automatisierte Unterstützung bei der folgenden weiteren Vertragsabwicklung.

2. Plattformen, die der Anbahnung von Verträgen dienen

Von den hier untersuchten Plattformen, bei denen der Vertragsschluss unter Nutzung der vom Betreiber zur Verfügung gestellten elektronischen Kommunikationsmittel auf der Plattform selbst erfolgt, sind zunächst solche abzugrenzen, die lediglich der Anbahnung des Vertrages dienen. Diese führen zwar beide Vertragsparteien zueinander, der eigentliche Vertragsschluss hingegen findet erst später durch Individualkommunikation statt.

344

Oftmals dienen derartige Plattformen dem Vertrieb spezifischer Gebrauchtwaren – etwa Kfz – und werden vielfach auch auf Anbieterseite durch Verbraucher frequentiert. Derartige Plattformen übernehmen letztlich die Funktion eines elektronischen Anzeigenblattes.[62] Kommt es zu einem persönlichen Treffen, liegt auch bei Geschäften zwischen Verbrauchern und Unternehmern bereits kein Fernabsatzgeschäft im Sinne des § 312b I BGB vor, so dass ein Widerrufsrecht erst gar nicht entsteht. Ansonsten kommt es diesbezüglich auf die weiteren Umstände des Vertragsschlusses an, jedenfalls aber stellen sich die besonderen Fragen zu Form, Inhalt und Zeitpunkt der Widerrufsbelehrung in diesem Zusammenhang regelmäßig nicht.

Eine ähnliche Funktion – nämlich das Zueinanderführen der späteren Vertragsparteien – übernehmen Suchportale, die Leistungsangebote dritter Unternehmen von deren Internetpräsenzen abrufen und auf einer automatisch generierten, auf den Nutzer zugeschnittenen Internetseite zwecks besserer Vergleichbarkeit gegenüberstellen.[63] Auch hier erfolgt der Vertragsschluss erst im Anschluss daran und unabhängig von der Plattform im Rahmen des Internetauftritts des Anbieters, so dass insofern auf die Ausführungen zu den Onlineshops verwiesen werden kann.

3. Plattformen, die dem Abschluss von Verträgen dienen

a) Allgemeines

Gegenstand dieser Untersuchung sind im Gegensatz zu den soeben beschrieben Plattformen, diejenigen, bei denen sowohl die Anbahnung des Vertrages als auch der Vertragsschluss selbst direkt auf der Plattform durch die durch den Betreiber bereit gestellten Kommunikationsmöglichkeiten erfolgen. Die Besonderheit solcher Vertragsschlüsse liegt in dem Umstand, dass sowohl die technischen Abläufe allgemein als auch das pro cedere, das letztlich zum Vertragsschluss führt, selbst, außerhalb der Sphäre des Anbieters der Leistung liegen und damit von ihm nicht bestimmbar sind. Insbesondere liegt es außerhalb seines Einflussbereiches, besondere

---

[62] So etwa mobile.de und immoscout24.de.
[63] Beispielsweise das Portal billigflug.de.

Vorkehrungen zu treffen, bestimmte Informationen in einer bestimmten Form zu einem bestimmten Zeitpunkt zu übermitteln.

b) Arten des Vertragsschlusses über Onlineplattformen

Bezüglich der Art und Weise des Vertragsschlusses auf Onlineplattformen haben sich im wesentlichen zwei Modelle etabliert: die Internetauktion in ihren verschiedenen Ausprägungen und der hinsichtlich Waren auch als „Sofort-Kauf" bezeichnete klassische Vertragsschluss. Beide Modelle kommen teils nebeneinander zur Anwendung und erfahren abhängig von den weiteren Gegebenheiten der entsprechenden Plattformen – insbesondere deren AGB – gewisse Modifikationen. Die Rechtsnatur der zum Vertragsschluss führenden Handlungen der Plattformnutzer bestimmt sich sowohl allgemein nach den Regelungen des bürgerlichen Rechts als auch nach den besonderen Regelungen durch die AGB der jeweiligen Plattform.[64] Zwar ist weder der Anbieter noch der Vertragspartner als Verwender der AGB anzusehen,[65] so dass diese keine direkte Wirkung zwischen den Vertragsparteien entfalten können, wohl aber finden sie Bedeutung als Auslegungshilfe rechtsbedeutsamer Handlungen der Parteien.[66]

aa) Internetauktion als Vertragsschluss mit dem Höchstbietenden bei Zeitablauf

Weit verbreitet sind solche Internetauktionen, die anders als klassische Versteigerungen nicht durch einen Auktionator geleitet werden, sondern bei denen der Vertrag zwischen Anbieter und Höchstbieter mit Fristablauf zustande kommt. Hinsichtlich der Erklärungswirkung der Handlungen von Anbieter und Vertragspartner haben sich hierbei zwei Modelle des Vertragsschlusses entwickelt, die sich in Auslegung der Erklärungen anhand der jeweiligen AGB ergeben.

---

[64] BGH v. 7.11.2001 – VIII ZR 13/01 = NJW 2002, 363, 364; MDR-*Woitkewitsch/Pfitzer* 2007, 61 63.
[65] BGH v. 7.11.2001 – VIII ZR 13/01 = NJW 2002, 363, 364.
[66] BGH v. 7.11.2001 – VIII ZR 13/01 = NJW 2002, 363, 364.

346

Erstens kann die Freischaltung der Angebotsseite ein verbindliches Angebot im Sinne des § 145 BGB ad incertam personam[67] darstellen, das dahingehend bedingt ist, dass der Vertrag mit demjenigen zustande kommen soll, der bei Fristablauf das höchste Gebot abgegeben hat.[68] Das Angebot ist durch Auslegung der entsprechenden Regelungen in den AGB als unter Abbedingung der Regelung § 130 I 2 BGB und damit als unwiderruflich abgegeben anzusehen.[69] Die Annahme erfolgt seitens des Bieters durch Erklärung mit der Bedingung, bei Auktionsende Höchstbietender zu sein.[70] Wohl renommiertester Vertreter dieses Modells ist die Onlineplattform des 1995 in Kalifornien gegründeten und seit 1999 auf dem deutschen Markt tätigen Unternehmens eBay Europe S. à. r. l.,[71] das mit derzeit 212 Mio. Mitgliedern[72] weltweit die größte Onlineplattform darstellt. Eine von dem soeben gesagten abweichende Besonderheit stellen auf dieser Plattform allerdings die „Angebote" in der Kategorie „Immobilien" dar, bei denen aufgrund der Formvorschrift des § 311b I 1 i. V. m. § 128 BGB die Plattform eBay lediglich die Funktion der Vertragsanbahnung übernehmen kann. Ebenfalls nach diesem Modell des Vertragsschlusses kommen Verträge auf der Auktionsplattform atrada.de[73] zustande.

Das zweite, quasi umgekehrte und rechtlich ebenfalls zulässige,[74] Modell des Vertragsschlusses ist die Abgabe einer antizipierten Annahmeerklärung seitens des Anbieters durch Freischaltung der Angebotsseite, hinsichtlich der durch die Bieter zu erklärenden Angebote im Sinne des § 145 BGB. Dieses Modell liegt den Vertragsschlüssen auf den Plattformen hood.de[75]

---

[67] BGH v. 7.11.2001 – VIII ZR 13/01 = NJW 2002, 363, 366.
[68] OLG Oldenburg v. 28.7.2005 – 8 U 93/05 = NJW 2005, 2556, 2556 f.
[69] OLG Oldenburg v. 28.7.2005 – 8 U 93/05 = NJW 2005, 2556, 2556 f.
[70] So beispielsweise unter Zugrundelegung § 10 Nr. S. 2 AGB-eBay; abrufbar unter: http://pages.ebay.de/help/policies/user-agreement.html.
[71] Vgl. zum Angebot: § 10 Nr. 1 S. 1 AGB-eBay, vgl. zur Annahme: § 10 Nr. 1 S. 2 AGB-eBay, Fn. 75.
[72] Eigene Angabe von eBay, abrufbar unter: http://pages.ebay.de/aboutebay.html.
[73] II Nr. 1 b) AGB-atrada, abrufbar unter:
http://www.atrada.de/customer/customerconditionsprint.aspj.
[74] BGH v. 7.11.2001 – VIII ZR 13/01 = NJW 2002, 363, 368.
[75] § 10 III 1 AGB-hood.de; abrufbar unter:
http://www.hood.de/nutzungsbedingungen.cfm.

und besteauktion.de[76] zugrunde. Gleichermaßen verhielt es sich früher in Deutschland in Bezug auf die Plattformen ricardo.de, die jedoch mittlerweile nur mehr im Ausland besteht, sich allerdings in der Schweiz großer Beliebtheit erfreut und dort im Geschäftsjahr 2005 einen Warenumsatzzuwachs von über hundert Prozent verbuchen konnte.[77]

Im Ergebnis macht es rechtlich meist keinen Unterschied, ob der Anbieter ein Angebot im Sinne des § 145 BGB oder aber eine antizipierte Annahmeerklärung abgibt. Festzuhalten ist vielmehr, dass in der Freischaltung der Angebotsseite keine unverbindliche invitatio ad offerendum wie bei Onlineshops, sondern bereits eine bindende, auf den Vertragsabschluss gerichtete Willenserklärung zu sehen ist. Ebenfalls zu beachten ist, dass es sich bei diesen Internetauktion mangels Charakters einer Versteigerung im Sinne des § 156 BGB, insbesondere aufgrund der Tatsache, dass Verträge gerade nicht durch die Willenserklärung eines Auktionators (Zuschlag) zustande kommen, nicht um Versteigerungen im Sinne des Ausnahmetatbestandes des § 312d IV Nr. 5 BGB handelt.[78]

Erwähnenswert sind in diesem Zusammenhang die Auktionen der VeBeg GmbH, die im Auftrag der öffentlichen Hand im eigenen Namen für deren Rechnung überschüssiges Material der Bundeswehr, Polizei und der Verwaltungsorgane versteigert. Die Internetseite vebeg.de ist in insofern keine Onlineplattform im klassischen Sinn, als dass auf Anbieterseite stets die VeBeg GmbH treuhänderisch für die Verwaltungsorgane des Bundes auftritt, während lediglich auf Bieterseite die Plattform jedermann offen steht. Damit liegt die Kompetenz hinsichtlich der technischen Abläufe, des pro cedere des Vertragsschlusses und des zeitlichen Ablaufs abweichend von den sonstigen Plattformen beim mit dem Betreiber identischen Anbieter. Eine weitere Besonderheit dieser Auktionen liegt darin, dass sich die

---

[76] § 4 IV 1 AGB-besteauktion.de, abrufbar unter: http://www.besteauktion.de/agb.php3.
[77] Eigene Angabe von ricardo.ch, abrufbar unter:
http://swiss.ricardo.ch/pages/ueber_uns/de.asp?subpage=2.
[78] BGH v. 3.11.2004 - VIII ZR 375/03.

VeBeg GmbH in ihren AGB[79] vorbehält, das Höchstgebot nach Auktionsende erst ausdrücklich anzunehmen, so dass hier gerade keine antizipierte Annahmeerklärung vorliegt. Insofern handelt es sich bei diesen Auktionen eher um eine Sonderform des Onlineshops, so dass keine besonderen Probleme hinsichtlich Zeitpunkt, Form und Inhalt der Widerrufsbelehrung bestehen.

bb) Die Liveversteigerung nach § 156 BGB über das Internet

Abweichend von den soeben beschriebenen Internetauktionen besteht die Möglichkeit, unter Nutzung des Internet sogenannte Liveauktionen durchzuführen. Diese folgen dem Prinzip der traditionellen Versteigerung, der jeweilige Bieter gibt also ein bindendes Angebot ab, das bei Abgabe eines höheren Gebots automatisch erlischt (§ 156 2 1. Alt BGB). Der Vertragsschluss erfolgt durch Willenserklärung des Auktionators (Zuschlag). Im Unterschied zum Vertragsschluss nach den zuvor beschriebenen Modellen kommt hierbei der Vertrag gerade nicht durch befristete oder bedingte Willenserklärungen zwischen Anbieter und Käufer zustande, insbesondere kommt es nicht auf einen Zeitablauf an. Vielmehr liegt es an dem Auktionator einen Zuschlag zu erteilen und damit den Vertragsschluss herbeizuführen. Derartige Liveauktionen im Internet bietet beispielsweise die Plattform liveauktion.com. Bei dieser Form der Versteigerung besteht aufgrund § 312d IV Nr. 5 BGB kein Widerrufsrecht, so dass sich Ausführungen zur Widerrufsfrist erübrigen.

cc) Absteigende Auktion

Eine weitere Sonderform der Auktion ist die sogenannte absteigende Auktion, die auch unter den Bezeichnungen „Rückwärts-Auktion" oder „Holländische Auktion"[80] bekannt ist. Hierbei sinkt der zu zahlende Preis ausgehend von einem Startpreis solange in regelmäßigen Zeitintervallen um einen vorherbestimmten Betrag, bis ein Auktionsteilnehmer das Angebot

---

[79] C Nr. 4 AGB-VeBeg; abrufbar unter:
http://www.vebeg.de/web/de/auktionen/abedingungen.htm.
[80] Diese Namensgebung erfolgt in Abgrenzung zur „Englischen Auktion", die die klassische Auktion darstellt.

annimmt. Im allgemeinen kommt damit ein wirksamer Kaufvertrag durch Angebot und Annahme zustande – so auf der Plattform azubo.de[81] –, daneben existiert auch das – wettbewerbsrechtlich unproblematischere – Modell der unverbindlichen Sicherung eines Vorkaufsrechts durch den potentiellen Käufer.[82]

dd) Auktion nach dem Ausschreibungsmodell

Hinsichtlich der Erbringung von Dienstleistung findet sich ein weiterer Sonderfall der Auktion, der dem Prinzip der Ausschreibung nachempfunden ist, auf der Internetplattform my-hammer.de. Hier wird durch den Auftraggeber ein Angebot[83] auf Abschluss eines Dienstleistungsvertrages – oftmals betreffend eine handwerkliche Tätigkeit – abgegeben. Die jeweiligen Interessenten können dann bedingte Annahmeerklärungen ähnlich dem Prinzip des Vertragsschlusses auf eBay abgeben, mit dem Unterschied, dass sie sich hinsichtlich des für die Dienstleistung zu entrichtenden Entgeltes gegenseitig *unter*bieten. Eine Besonderheit bei diesem Vorgehen liegt darin, dass abweichend von den gewöhnlichen Internetauktionen die Initiative für den Vertragsschluss nicht von demjenigen ausgeht, der die charakteristische Leistung zu erbringen hat, sondern von dem entgeltpflichtigen künftigen Vertragspartner. Dies ist insofern von Bedeutung, als dass damit der Unternehmer den Verbraucher hier ausnahmsweise zumindest theoretisch bereits vor Vertragsschluss bestimmen kann, was allerdings in der Praxis mit der Pseudonymisierung der Nutzer auf my-hammer.de wiederum unmöglich gemacht wird.

ee) Der klassische Vertragsschluss („Sofort-Kauf")

Neben den diversen Auktionsmodellen kann ein Vertrag auf einer Onlineplattform auch klassisch durch zwei Willenserklärungen – Angebot und Annahme – zustande kommen. Die Fa. eBay bezeichnet diese Art des Vertragsschlusses in Abgrenzung zu den Onlineauktionen als „Sofort-

---

[81] § 9 AGB-azubo.de, abrufbar unter: http://www.azubo.de/agb_neu.cfm.
[82] So im zugrunde liegenden Sachverhalt für BGH-Urteil v. 13.11.2003 I ZR 40/01.
[83] 8.1 AGB-my-hammer, abrufbar unter: http://www.my-hammer.de/showPage.php?id=terms#8.

Kauf". Dabei stellt das Freischalten der Angebotsseite in Auslegung anhand der eBay-AGB[84] anders als die Darstellung der Leistungen in Onlineshops keine unverbindliche invitatio ad offerendum dar, sondern ein verbindliches, befristetes Angebot unter Abwesenden gemäß §§ 145, 148 BGB.[85] Der Klick auf die "Sofort-Kauf"-Schaltfläche unter Legitimation durch Eingabe des Passwortes stellt die Annahmeerklärung nach § 148 BGB dar, der Plattformbetreiber tritt dabei als Empfangsvertreter für den Anbieter auf (§ 164 III BGB).

IV. Zusammenfassung der rechtlichen und tatsächlichen Besonderheiten des Vertragsschlusses auf Onlineplattformen

Die wesentliche Besonderheit des Vertragsschlusses auf Onlineplattformen gegenüber sonstigen elektronischen Fernabsatzgeschäften besteht also darin, dass der Anbieter mit der Freischaltung der Angebotsseite im Allgemeinen gerade keine unverbindliche invitatio ad offerendum, sondern eine bindende auf den Vertragsschluss gerichtete Willenserklärung ad incertam personam abgibt – sei es nun ein Angebot im Sinne des § 145 BGB oder eine antizipierte Annahmeerklärung. Damit kommt der Vertrag folglich ohne weiteres Zutun des Anbieters allein durch Annahme im Falle des „Sofort-Kauf" oder aber die Willenserklärung des Bieters und Zeitablauf bei Internet-Auktionen zustande. In beiden Fällen bedeutet dies, dass die Identität des Vertragspartners dem Anbieter bis zum Zeitpunkt des Vertragsschlusses unbekannt bleibt. Selbst wenn man bei Internet-Auktionen anhand der Bieter auf einen gewissen Personenkreis potentieller Vertragspartner schließen könnte, ist auch dies nicht mit letzter Sicherheit möglich, da bis zum Ende des Angebots auch wenige Sekunden vor Vertragsschluss noch neue, weitere Bieter hinzukommen können. Von dieser Problematik nicht betroffen sind lediglich Unternehmer, die ihre Dienstleistungen auf my-hammer.de anbieten, da hier die Initiative vom Auftraggeber ausgeht und dieser somit

---

[84] § 11 Nr. 1 AGB-eBay, Fn. 75
[85] LG *Memmingen* v. 23.6.2004 – 1H O 1016/04 = NJW 2004, 2389, 2389 ff.

zum Zeitpunkt der Willenserklärung seitens des Unternehmers diesem schon bekannt ist.

Allerdings verlaufen hier – wie auch auf allen anderen Internetplattformen – die Rechtsgeschäfte pseudonymisiert: die Beteiligten treten unter einem frei wählbaren Benutzernamen auf, für dessen Gebrauch sie sich mit einem Passwort legitimieren und der im Regelfall keinen Rückschluss auf ihre tatsächliche Identität zulässt. Diese ist lediglich dem Plattformbetreiber bekannt, so dass ausschließlich ihm die Verbindung zwischen dem Pseudonym und der reellen natürlichen oder juristischen Person möglich ist.

Aus diesen beiden Gründen verbleibt einem Anbieter von Waren oder Dienstleistungen auf einer Onlineplattform als einzige Möglichkeit, dem noch unbekannten Vertragspartner bereits vor Vertragsschluss Informationen – insbesondere solche nach § 312c BGB oder § 355 BGB – zukommen zu lassen, die Angebotsseite selbst. Selbst wenn die Plattformen rudimentäre Möglichkeiten zur Individualkommunikation bereit stellen, so sind diese im Allgemeinen nicht geeignet, einen Kontakt via eMail zu ersetzen. Gerade aber die Frage, ob die Angebotsseite auf einer Onlineplattform als grundsätzlich jederzeit modifizierbare HTML-Seite den Formerfordernissen des Fernabsatzverkehrs genügt, ist Ausgangsfrage der hiermit verbundenen Problematik der Länge der Widerrufsfrist.

F. Vorbemerkungen zu den besonderen Problemkreisen hinsichtlich der Widerrufsfrist beim Vertragsschluss auf Onlineplattformen

I. Überblick über die Rechtsfragen

Ausgangspunkt aller Kontroversen um das Eingreifen der regulären zweiwöchigen Widerrufsfrist nach § 355 I 2 BGB bei Vertragsschlüssen auf Onlineplattformen ist die Debatte, inwiefern eine Webseite – hier also die Angebotsseite des Unternehmers auf der Onlineplattform – dem Texterfordernis nach § 126b BGB genügen kann. Ist nämlich das Bestehen einer zweiwöchigen Widerrufsfrist aufgrund § 355 II 2 BGB von der Erteilung einer Widerrufsbelehrung in Textform bereits *vor* Vertragsschluss abhängig und ist die Angebotsseite auf der Onlineplattform regelmäßig die einzige Möglichkeit des Unternehmers, dem noch unbekannten Verbraucher überhaupt Informationen vor Vertragsschluss zu kommen zu lassen, so bemisst sich danach, ob überhaupt ein zweiwöchiges Widerrufsrecht in diesen Fällen bestehen kann.

Verweigert man mit dem KG und dem OLG Hamburg der Webseite die Textformqualität, so dass damit schon gar keine Möglichkeit besteht, überhaupt vor Vertragsschluss ordnungsgemäß zu belehren, stellt sich im Anschluss die Frage, inwiefern eine entsprechende teleologische Reduktion des § 355 II 2 BGB geboten ist. Dabei von Bedeutung sind demnach der Telos dieser Norm, nicht zuletzt vor dem historischen Hintergrund ihrer Entstehung, und die eventuell aus ihrer wortlautgetreuen Anwendung resultierenden Wertungswidersprüche. In Zusammenhang damit steht die Frage, ob hinsichtlich des Fernabsatzes von Finanzdienstleistungen überhaupt eine einmonatige Widerrufsfrist bestehen kann, da entsprechendes die Richtlinie 2002/65/EG nicht vorsieht. Ebenfalls zu klären ist, wie letztendlich der korrekte Wortlaut der Widerrufsbelehrung sein muss, da eine Belehrung über ein zweiwöchiges Widerrufsrecht, wenn tatsächlich die Monatsfrist greift, nicht ordnungsgemäß ist und damit wiederum ein unbefristetes Widerrufsrecht nach § 355 III 3 BGB entsteht.

Schließlich ist hinsichtlich des Beginns der Widerrufsfrist und damit ihrer Länge nach § 355 III 1 BGB die Frage zu stellen, inwiefern die technischen Organisationspflichten des § 312e I 1 BGB einen Unternehmer, der seine Leistungen auf einer Onlineplattform anbietet, treffen können, da insoweit seinerseits kein Einfluss auf technische Abläufe dort besteht.

II. Das Verhältnis von § 355 II 1 BGB zu § 312c II 1 BGB i. V. m. § 1 IV, I Nr. 10 BGB-InfoV

Vorab ist auf das Verhältnis der allgemein für alle Widerrufsrechte des Verbraucherschutzes zentral in § 355 II 1 BGB normierten Pflicht, über das Widerrufsrecht zu belehren, zu der spezialgesetzlich für Fernabsatzverträge in § 312c II 1 BGB i. V. m. § 1 IV, I Nr. 10 BGB-InfoV normierten Belehrungspflicht einzugehen. Es stellt sich hier die Frage, ob es sich um zwei unabhängige Belehrungspflichten handelt, die autark nebeneinander existieren – eine Verdrängung der allgemeinen Belehrungspflicht nach § 355 II 1BGB durch § 312c II BGB käme trotz dessen spezialgesetzlicher Natur aufgrund § 312c IV BGB nicht in Betracht[86] – oder es sich aber um ein und dieselbe Belehrungspflicht handelt, die lediglich im Falle von Fernabsatzgeschäften um den Katalog des § 1 IV, I BGB-InfoV ergänzt wird.[87] Diese Problematik ist schon deshalb von Bedeutung, weil zwei parallele Belehrungspflichten gegebenenfalls separat zu untersuchen und außerdem zu fragen wäre, ob aus einer solchen Annahme eine Verpflichtung zur doppelten Belehrung folgt.

Was den Wortlaut der Normen angeht, bestehen inhaltlich durchaus Unterschiede. So wurde mit der Novellierung des Fernabsatzrechts im Rahmen der Eingliederung der Vorschriften über den Fernabsatz von Finanzdienstleistungen der Katalog der Belehrungspflichten im Vergleich zu § 1 IV, I Nr. 9 BGB-InfoV a. F., der nur einen generellen Hinweis auf das Bestehen eines Widerrufsrechts verlangte, erheblich vergrößert. Ver-

---

[86] A. A.: Kaufmann CR 2006, 764, 766, der allerdings zu § 312c IV BGB überhaupt keine Aussage trifft.
[87] KG, Urt. v. 5.12.2006 – 5 W 295/06 = BeckRS 2006 14935.

gleicht man die Pflichten nach § 1 IV, I Nr. 10 BGB-InfoV n. F. und § 355 BGB inhaltlich, so finden sich in der BGB-InfoV neben identischen Einzelpflichten sowohl solche, die allgemeiner gehalten sind, als auch solche, die über die Anforderungen des § 355 II 1 BGB hinaus gehen. Verlangt die BGB-InfoV auf der einen Seite nur Belehrung über die „Einzelheiten der Ausübung" des Widerrufsrechts, stellt aber nicht die expliziten Anforderungen an einen Hinweis auf den Fristbeginn etc. wie § 355 II 1 BGB, werden auf der anderen Seite Belehrungspflichten normiert, die sich in den §§ 355 ff. BGB nicht finden.

Trotz des inhaltlichen Unterschiedes spricht allerdings vieles für die Annahme einer einheitlichen Belehrungspflicht, die auf der Grundlage der Regelungen des § 355 BGB um die durch § 1 IV, I Nr. 10 BGB-InfoV normierten Pflichten ergänzt und an die besonderen Voraussetzungen des Fernabsatzes angepasst wird. Darauf deutet zunächst bereits die, mittlerweile auch durch Parlamentsgesetz in dieser Form bestimmte Musterwiderrufsbelehrung in Anlage 2 zu § 14 I und III BGB-InfoV hin, die gerade in einem einzigen einheitlichem Text die Anforderungen sowohl des § 355 BGB als auch die weiteren der BGB-InfoV für Fernabsatzverträge berücksichtigt. Genau dies war die Intention des Gesetzgebers: mit dem Muster sollte eine unangemessene Benachteiligung der Unternehmer insbesondere in Bezug auf die nicht unerhebliche Ausweitung der Informationspflichten durch § 1 IV, I Nr. 10 BGB-InfoV n. F. gerade unterbunden werden,[88] indem über § 14 I BGB-InfoV bei Verwendung des Musters gleichzeitig die Fiktion der Pflichterfüllung gemäß § 355 II BGB normiert wurde.

Nichts anderes kann sich aus der Gegenäußerung[89] der Bundesregierung zur Stellungnahme des Bundesrates hinsichtlich § 312c II bei den Beratungen über das Schuldrechtsmodernisierungsgesetz ergeben. Hier war vom Bundesrat erwogen worden, ausdrücklich klar zu stellen, dass eine gesonderte Belehrung nach beiden Vorschriften für den Beginn der Widerrufsfrist

---

[88] RegE BT-Drucks. 15/2946, S. 26.
[89] Vgl. den später für erledigt erklärten RegE BT-Drucks. 14/6857.

entbehrlich sei.[90] Die Aufnahme einer solchen Klarstellung lehnte die Bundesregierung in ihrer Gegenäußerung mit der Begründung ab, es handele sich sehr wohl um zwei unterschiedliche Pflichten, die allerdings gewisse Überschneidungen aufwiesen: § 355 BGB und § 312c I BGB dienten demnach dazu, dem Verbraucher das Bestehen seines Widerrufsrechts bewusst zu machen, § 312c II hingegen solle ihn zusätzlich in dauerhafter Form über die Einzelheiten informieren.[91] Dies ergebe jedoch keine Pflicht zur doppelten Belehrung, sondern lasse die gemeinsame Erfüllung der Pflichten durch Erteilung einer einzigen Belehrung durchaus zu.[92]

Dem ist allerdings entgegen zu halten, dass diese Auffassung der Tradition des europäischen wie auch der des nationalen Verbraucherschutzrechts geradezu entgegen läuft. Wenn der deutsche Gesetzgeber sich im Rahmen der Vereinheitlichung des nationalen Verbraucherschutzrechts dafür entscheidet, bestehende, an bestimmte Voraussetzungen geknüpfte, Widerrufsrechte zu harmonisieren und gemeinsame Anforderungen in einer selbstständigen Norm auszuklammern, ist dies grundsätzlich zulässig. Hingegen erscheint es systemwidrig aus einer einheitlichen Rechtspflicht durch eine abgetrennte Modalitätenregelung eine zweite, eigenständige Rechtspflicht entstehen zu lassen, die es zuvor weder im früheren deutschen sonderprivatrechtlich umgesetzten Verbraucherschutzrecht gab, noch sich eine solche in den sekundärrechtlichen europäischen Vorgaben findet. Gerade vor dem europarechtlichen Hintergrund scheint ein anderes Verständnis unangemessen, weil die Richtlinien nur eine einheitliche Belehrungspflicht kennen und es die mit Harmonisierung des nationalen Rechts eingeführte zentrale Norm für das Widerrufsrecht auf europäischer Ebene nicht gibt.

---

[90] BR-Drucks. 338/01 S. 34.
[91] RegE BT-Drucks. 14/6857 S. 55.
[92] RegE BT-Drucks. 14/6857 S. 55.

Zentrales Argument gegen eine doppelte Belehrungspflicht ist aber die Tatsache, dass eine mehrfache Belehrung dem Sinn und Zweck der Widerrufsbelehrung insofern zuwider läuft, als dass die Widerrufsbelehrung klar und verständlich sein muss[93] und dies nur dann gewährleistet ist, wenn dem Verbraucher nur ein einziges Mal *alle* Informationen kompakt in einer einzigen Belehrung in Textform übermittelt werden. Eine Verwirrung des Verbrauchers oder eine Verwechslung der verschiedenen Belehrungen – die ja aufgrund der weitergehenden Anforderungen in der BGB-InfoV unterschiedlich lauten könnten – muss folglich ausgeschlossen sein.[94] Dazu reicht es aber nicht aus, dass mit der Auffassung der Bundesregierung beiden Belehrungspflichten mit einer einzigen Widerrufsbelehrung nachgekommen werden *kann*, vielmehr muss es nach dem Sinn und Zweck der Widerrufsbelehrung mit besonderem Blick auf das Transparenzgebot so sein, dass nur eine einzige Widerrufsbelehrung übersendet werden *darf*. Dies ließe sich aber bei der Annahme zweier getrennter Belehrungspflichten nur schwer begründen und würde jedenfalls die Frage aufwerfen, wozu man dann überhaupt noch zwischen beiden Belehrungspflichten trennen sollte.

Es ist damit von nur einer einheitlichen Belehrungspflicht auszugehen, so dass in der Untersuchung der genannten Problemfelder keine weiteren Differenzierungen erforderlich sind. Festzuhalten ist insbesondere, dass eine ordnungsgemäße Widerrufsbelehrung die einmalige Übersendung aller nach § 355 II und 312c II i. V. m. § 1 I Nr. 10 BGB-InfoV erforderlichen Informationen in einem Dokument voraussetzt.

---

[93] Palandt-*Grüneberg*, § 355 Rn. 26.
[94] MünchKomm-*Wendehorst*, § 312c, Rn. 129, Palandt-*Grüneberg* § 312d Rn. 5.

G. Die Problematik des Textformerfordernisses

I. Die Textform als Formvorschrift für den modernen Rechtsgeschäftsverkehr

Die Klärung der ersten zentralen Frage, ob eine Angebotsseite auf einer Onlineplattform dem Textformerfordernis genügen kann, erfordert zunächst eine Auseinandersetzung mit diesem dem deutschen Recht besonderen und auf europäischer Ebene unbekannten Formerfordernis, seiner Geschichte und seiner Bedeutung für das Verbraucherschutzrecht. Die Textform nach § 126b BGB wurde mit dem „Gesetz zur Anpassung der Formvorschriften des Privatrechts und anderer Vorschriften an den modernen Rechtsgeschäftsverkehr" vom 13. Juli 2001 neu in das BGB eingefügt. Seit Einführung des BGB galt und gilt der Grundsatz der Formfreiheit, der lediglich durch einige besondere Formvorschriften wie beispielsweise die Schriftform nach § 126 BGB oder die notarielle Beglaubigung nach § 128 BGB durchbrochen wird. Allen Formerfordernissen vor Anpassung der Formvorschriften war allerdings eine Bindung an das Medium Papier zu eigen. Dies erwies sich mit der fortschreitenden Verbreitung elektronischer Informations- und Kommunikationstechnologien zusehends als nicht mehr stets sachgerecht. Jede formbedürftige Erklärung war auch im Falle einer elektronischen Erstellung auszudrucken und zu unterschreiben – und zwar auch dann, wenn das Formerfordernis lediglich der Dokumentation dienen und keine Warnfunktion erfüllen sollte. Damit war aber ein rationaler Umgang mit derartigen Erklärungen in Massenvorgängen ebenso wie die Nutzung moderner Kommunikationstechnologien nicht möglich. Aus diesem Grund – sowie auch zur Umsetzung bestimmter gemeinschaftsrechtlicher Vorgaben aus den Richtlinien 1999/93/EG (Signaturenrichtlinie) und 2000/31/EG (ECommercerichtlinie) – wurden zwei neue Formvorschriften eingeführt: die elektronische Form nach § 126a BGB und die Textform nach § 126b BGB. [95]

---

[95] Vgl. den Überblick zu den Motiven in RegE BT-Drucks. 14/4987 S. 10.

Während erstere Vorschrift – soweit dies durch andere Normen nicht explizit gemäß § 126 III BGB ausgeschlossen wird – speziell auf elektronische Medien ausgerichtet ist, insoweit die Schriftform im modernen Geschäftsverkehr ersetzen kann[96] und der Umsetzung der genannten Richtlinien dient[97], handelt es sich bei letzterer um eine rein nationale Regelung, die ein neues, selbstständiges Formerfordernis normiert, das weniger als Substitut der Schriftform, sondern vielmehr der Harmonisierung vormals verstreut geregelter Einzelvorschriften hinsichtlich der Form bestimmter nicht-mündlicher Erklärungen dient.[98] Es bestanden vor Einführung der Textform für Massenerklärungen bereits diverse Ausnahmetatbestände – so z. B. § 4 I 3 VerbrKrG a. F. und § 13 AktG a. F. – die schriftliche Erklärungen im Massenverkehr *ohne* eigenhändige Unterschrift ermöglichten, wenn es auf die Warnfunktion der Schriftform nicht ankam und lediglich zur Dokumentation eine Fixierung der Erklärung auf Papier als notwendig erachtet wurde. Diese Ausnahmevorschriften waren aber weder einheitlich noch an zentraler Stelle geregelt. Mit der Textform sollte eine neue, einfachere Formvorschrift geschaffen werden, die diese Problematik überwindet und sicherstellt, dass es wenige und klare Grundtypen an Formerfordernissen im Rechtsverkehr gibt.[99]

II. Die Textform vor dem Hintergrund der Richtlinien 97/7/EG und 2002/65/EG

1. Unterschiede im Wortlaut

Betrachtet man die Textform als Formvorschrift in Zusammenhang mit Fernabsatzgeschäften, so wird hier zunächst ein erheblicher Unterschied zum Wortlaut der zugrunde liegende gemeinschaftsrechtlichen Richtlinien deutlich. Während die Textform die Abgabe der Erklärung in einer Urkunde oder auf andere zu dauerhaften Wiedergabe in Schriftzeichen geeigneten Art und Weise unter Nennung des Erklärenden und bestimmten weiteren

---

[96] RegE BT-Drucks. 14/4987 S. 15.
[97] RegE BT-Drucks. 14/4987 S. 10 f., 14 f.
[98] RegE BT-Drucks. 14/4987 S. 18.
[99] RegE BT-Drucks. 14/4987 S. 12.

Voraussetzungen hinsichtlich des Abschlusses der Erklärung verlangt, muss der Verbraucher die Vertragsinformationen inklusive der Widerrufsbelehrung nach dem Wortlaut des Art. 5 I 97/7/EG schlicht schriftlich oder auf einem anderen für ihn verfügbaren dauerhaften Datenträger erhalten. Gemäß der Formulierung des Art. 5 I 2002/65/EG ist bei Fernabsatzgeschäften über Finanzdienstleistungen die Vertragsinformation in Papierform oder auf einem anderen dauerhaften Datenträger, der dem Verbraucher zur Verfügung steht und zu dem er Zugang hat, zu übermitteln.

Zu Bedenken ist insoweit zunächst und insbesondere, dass die Textform ursprünglich nicht mit Blick auf Fernabsatzgeschäfte und deren europäische Rechtsgrundlagen, sondern auf die bestehenden Ausnahmetatbestände für formbedürftige. i. A. das Medium Papier gebundene Willenserklärungen im Massenverkehr geschaffen wurde,[100] die nicht oder selten in den Bereich der elektronischen Fernkommunikation fielen. Betreffend der elektronischen Fernübermittlung von Erklärungen sollte es nämlich primär Aufgabe der elektronischen Form sein, den modernen Kommunikationstechnologien Rechnung zu tragen, auch wenn der Gesetzgeber ebenfalls bei der Textform die Übermittlung elektronischer Willenserklärungen zumindest mit ins Auge gefasst hatte.[101] Jedenfalls werden seitens des Regierungsentwurfes in Bezug auf die Textform stets diejenigen Vorschriften genannt, bei denen ein Verzicht auf die eigenhändige Unterschrift normiert worden war, nicht aber beispielsweise auf die Vorschriften zur Widerrufsbelehrung wie § 361a a. F. BGB, der noch den Wortlaut des Art. 5 I 97/7EG übernommen hatte. In das Fernabsatzrecht fand die Textform erst einige Zeit später Einzug, als mit dem Schuldrechtsmodernisierungsgesetz die Normen zu den Modalitäten des Widerrufs in ihre heutige Form gebracht wurden. Vor diesem Hintergrund erklären sich die nicht unerheblichen Abweichungen in den Anforderungen, die die Textform formal stellt, und denen der zugrunde liegenden Richtlinien. Es stellt sich damit die Frage, wie § 126b BGB vor

---

[100] RegE BT-Drucks. 14/4987 S. 12.
[101] RegE BT-Drucks. 14/4987 S. 12.

dem europarechtlichen Hintergrund zu bewerten ist und inwiefern die Formvorschrift den in den Richtlinien genannten Anforderungen genügt.

2. Textform als Formerfordernis im Fernabsatzrecht

Bei Einzug der Textform in das Fernabsatzrecht mit der Eingliederung des FernAbsG in das Bürgerliche Gesetzbuch im Rahmen des Schuldrechtsmodernisierungsgesetzes, sahen die identischen Entwürfe der Bundesregierung und des Bundestages zunächst für § 312c II BGB nach wie vor lediglich die Pflicht des Unternehmers vor, die entsprechenden Informationen auf einem dauerhaften Datenträger zur Verfügung zu stellen.[102], identisches galt für die entsprechende Regelung des § 355 II BGB.[103] Das Textformerfordernis wurde erst im Rahmen der Beschlussempfehlung[104] durch den Rechtsausschuss eingebracht. Ziel war es, eine Anpassung an die Regelungen zu den Formerfordernissen im modernen Rechtsgeschäftsverkehr herbei zu führen und nicht zuletzt die Textform zu etablieren.[105] Daneben stellte sie nach Ansicht des Rechtsausschusses eine einfache und effiziente Form dar, die gleichen Rechtsfolgen wie die alten Regelungen zum dauerhaften Datenträger mit Hilfe einer allgemein gültigen Norm zu erzielen,[106] um so ebenfalls der Zersplitterung der Formerfordernisse – zu dessen Vermeidung die Textform ja gerade eingeführt worden war – zu entgegen zu wirken.

3. Inhaltliche Abweichung von den Richtlinienvorgaben

Die nicht unbeachtlichen Abweichungen im Wortlaut des § 126b BGB gegenüber dem Richtlinienwortlaut wie auch der alten Regelung in § 361a BGB a. F. bedingen allerdings eine genauere Betrachtung der Anforderungen, die an die Textform speziell im Fernabsatzrecht zu stellen sind. Der Inhalt ihrer Legaldefinition in § 126b BGB ist demnach an den europäischen Vorgaben zu messen ist.[107] Insofern werden der Textform drei Abweichungen zum Gemeinschaftsrecht attestiert: sie stelle erstens hinsicht-

---

[102] BTE BT-Drucks. 14/6040 S. 14.
[103] BTE BT-Drucks. 14/6040 S. 17.
[104] BT-Drucks. 14/7052.
[105] BeckOK-*Schmidt-Räntsch*, 312c Rn. 29.
[106] Beschlussempfehlung des Rechtsausschusses BT-Drucks. 14/7052 S. 191.
[107] MünchKomm-*Wendehorst* § 312c Rn. 7.

lich der Formanforderungen auf die Abgabe und nicht auf den Zugang der Erklärung ab und sei damit europarechtswidrig zu weit gefasst.[108] Daneben seien zweitens wiederum die Anforderungen, die Person des Erklärenden zu nennen und drittens die Erklärung durch Nachbildung der Namensunterschrift oder vergleichbar abzuschließen, unnötig enger als die Vorgaben und dazu zweckwidrig, da diesen Anforderungen nach § 312c II i. V. m. § 1 IV, I Nr. 1 BGB-InfoV und aufgrund des Transparenzgebotes bereits ausreichend Rechnung getragen werde, und es unverhältnismäßig erscheine, die Widerrufsfrist nur deshalb nach § 312d II BGB nicht beginnen zu lassen, weil es an einem gesonderten, den Abschluss markierenden Zeichen fehle.[109] Hinsichtlich des Zugangs wird bei Fernabsatzgeschäften insofern eine europarechtskonforme Auslegung des § 126b BGB, hinsichtlich der beiden anderen Punkte eine entsprechende teleologische Reduktion gefordert.

4. Würdigung

a) Zugangserfordernis

Soweit es die Frage angeht, ob bereits die Abgabe einer Erklärung in der Form des § 126b BGB dem dort normierten Formerfordernis genügt, so ist zunächst festzuhalten, dass der Wortlaut des § 126b BGB dies in der Tat nahe legt. Tatsächlich hat aber der Gesetzgeber bereits im Gesetzesentwurf zur Modernisierung der Formvorschriften und damit noch vor der Einführung der Textform in das Fernabsatzrecht bereits den Zugang als Teil des Formerfordernisses beabsichtigt.[110] Insbesondere in Bezug auf die Informationspflichten im Fernabsatzverkehr ergibt sich das Zugangserfordernis aber auch der gewählten Formulierung, dass die Informationen „mitgeteilt" werden müssen. Dies folgt zudem auch aus dem Sinn und Zweck der Textform, der eine Dokumentationsfunktion zukommt und die gerade im Verbraucherschutzrecht, hinsichtlich der Person des Verbrauchers erfüllt werden muss, da nur so diesem die dauerhafte Möglichkeit vom Vertragsinhalt und insbesondere den Konditionen der Ausübung des Widerrufsrechts

---

[108] MünchKomm-*Wendehorst* § 312c Rn. 90.
[109] MünchKomm-*Wendehorst*, § 312c Rn 89.
[110] RegE BT-Drucks. 14/4987 S. 20.

Kenntnis zu nehmen ermöglicht wird. Genau das aber setzt einen formgerechten Zugang voraus. Eine fernmündlich vorgelesene Erklärung, die beim Erklärenden in Textform vorliegt, kann ihre Dokumentationsfunktion beim Erklärungsempfänger offensichtlich kaum erfüllen. Systematisch ist schließlich anzuführen, dass auch allen anderen Formvorschriften, die in § 126 ff. BGB geregelt sind, ein Zugangserfordernis zur Formwahrung zu eigen ist.[111]

Daneben ergibt sich aber zu all diesen allgemeinen Erwägungen zur Textform speziell hinsichtlich des Fernabsatzrechts auch zusätzlich aus den europarechtlichen Vorgaben ein Zugangserfordernis. So müssen die Informationen nach Art. 5 I 2002/65/EG auf einem Datenträger übermittelt werden, zu dem der Verbraucher Zugang hat bzw. nach Art. 5 I 97/7/EG muss der Verbraucher sie auf einem für ihn verfügbaren dauerhaften Datenträger erhalten. Insofern ist jedenfalls auch eine europarechtskonforme Auslegung angezeigt.

Sofern ein Zugangserfordernis abgelehnt wird,[112] kann dem sowohl aus den Erwägungen zu § 126b BGB wie auch aus den europarechtlichen Bedenken nicht gefolgt werden. Die Textform erfüllt ihre Dokumentationsfunktion – gerade auch vor dem europarechtlichen Hintergrund – nicht gegenüber dem Erklärenden, sondern gegenüber dem Erklärungsempfänger. Zwar ist für den Unternehmer der Nachweis, rechtzeitig und korrekt belehrt zu haben, ebenfalls von Interesse. Sinn und Zweck der Informationspflichten ist aber nicht der Schutz des Unternehmers, sondern der des Verbrauchers. Dieser soll sich über sein Widerrufsrecht und die Konditionen, unter denen er dieses ausüben kann, im Klaren sein, damit eine eventuelle Unkenntnis ihn an einer Rechtsausübung nicht hindern kann. Genau aus diesem Grund kommt es auf den formgerechten Zugang und nicht bloß auf die formgerechte Abgabe an. Sofern man die oben geäußerte Auffassung zur Ausle-

---

[111] BGH, Urt. v. 7.6.1995 – VIII ZR 125/94 = BGHZ 130, 71 = NJW 1995, 2217; BGH, Urt. v. 19.10.1967 – III ZB 18/67 = BGHZ 374, 378.

[112] *Stadler*, „Widerrufsfrist bei eBay-Auktionen", JurPC Web-Dok. 136/2006, Abs. 10 ff.; abrufbar unter: http://www.jurpc.de/aufsatz/20060136.htm.

gung des § 126b BGB als Formvorschrift im allgemeinen nicht teilt, sondern in Abgregenzung zum früheren § 361a I BGB allein auf den genauen Wortlaut abstellt,[113] so müsste man jedenfalls im besonderen Falle des Widerrufsrechts beim Verbrauchervertrag die erörterte richtlinienkonforme Auslegung vornehmen, da anderenfalls die Regelung des § 312c II i. V. m. § 126b BGB gegen höherrangiges europäisches Recht verstieße.

b) Nennung des Erklärenden und Abschluss der Erklärung

Sofern es die weiteren Erfordernisse der Nennung des Erklärenden und des Abschlusses der Erklärung angeht, so lassen sich Abweichungen, wenn man wie hier der Ansicht folgt, es handele im Fernabsatzrecht sowohl nach § 355 II BGB wie auch nach § 312c II BGB nur um eine einzige Belehrungspflicht, nicht feststellen. Die Person des Erklärenden muss aufgrund § 1 I 1 BGB-InfoV ohnehin genannt werden. Damit ist also lediglich ein und dasselbe Erfordernis zweifach normiert. Einer teleologischen Reduktion bedarf es deshalb jedoch nicht, zumal der Gesetzgeber dies auch ausdrücklich gewollt hat – es reicht danach aus, wenn aus dem Informationsdokument insgesamt erkennbar ist, von wem die Informationen stammen.[114] Nicht anders sieht es hinsichtlich des Abschlusses der Erklärung aus: diese Problematik war dem Gesetzgeber bei Einführung der Textform in das Fernabsatzrecht durchaus bewusst, entsprechend deutlich stellt er klar, dass bezüglich der Belehrungspflicht im Fernabsatzrecht nur geringe Anforderungen hieran zu stellen sind. Danach steht es dem Unternehmer weitgehend frei, wie er das Ende der Erklärung kenntlich macht und es ist ausreichend, dass der Verbraucher das Ende des Dokuments erkennen kann.[115] Entsprechend extensiv[116] sollte der Begriff „in sonstiger Weise" in Bezug auf die Kenntlichmachung des Endes der Belehrung bei Fernabsatzgeschäften ausgelegt werden. Soll, wie vom Gesetzgeber intendiert, keine

---

[113] So *Stadler*, „Widerrufsfrist bei eBay-Auktionen", JurPC Web-Dok. 136/2006, Abs. 11; abrufbar unter: http://www.jurpc.de/aufsatz/20060136.htm.
[114] Beschlussempfehlung des Rechtsausschusses BT-Drucks. 14/7052 S. 191.
[115] Beschlussempfehlung des Rechtsausschusses BT-Drucks. 14/7052 S. 191.
[116] Palandt-*Heinrichs*, § 126b Rn. 5; MünchKomm-*Einsele* Rn. 6.

Änderung im Verhältnis zur Rechtslage vor Einführung der Verweisung auf die Textform herbeigeführt werden, so reicht die im Fernabsatzrecht ohnehin erforderliche drucktechnische deutliche Abhebung von sonstigen Informationen regelmäßig zur Kenntlichmachung des Umfanges und damit auch des Endes der Erklärung aus. Ist eine Widerrufsbelehrung beispielsweise in Fettdruck gestaltet, mit einem Rahmen versehen und auf einem dunkleren oder farbigen Hintergrund platziert, so ist das Ende der Belehrung für den Verbraucher auch ohne den ausdrücklichen Zusatz „Ende der Belehrung" oder ein Logo problemlos zu erkennen.

III. Das Textformerfordernis mit Blick auf Webseiten

1. Abgabe der Erklärung

Die Widerrufsbelehrung stellt im Fernabsatz eine empfangsbedürftige Erklärung unter Abwesenden dar,[117] insofern müssen zunächst die Erfordernisse des § 130 BGB gewahrt sein.[118] Abgegeben ist sie folglich, sobald sie mit erkennbarem rechtsgeschäftlichen Willen in Richtung des Empfängers in den Verkehr entäußert wurde.[119] Dabei ist es bei einer Erklärung ad incertas personas ausreichend, dass sie von den potentiellen Empfängern überhaupt wahrgenommen werden kann. Andernfalls könnten auch Angebote auf eBay schon gar nicht wirksam abgegeben werden. Dies liegt hinsichtlich der Widerrufsbelehrung nicht anders. Sofern an diese besondere Anforderungen gestellt werden, ist dies eine Frage der Formerfordernisse und nicht der allgemeinen Regeln über Abgabe und Zugang von Erklärungen. Etwas anderes ergibt sich auch nicht aus der Formulierung „mitteilen". Diese diente nach dem Gesetzgeberischen Willen nur der Klarstellung, dass die Abgabe der Erklärung allein nicht ausreichend sei, sondern es außerdem auf den Zugang ankomme.[120]

---

[117] *Bonke/Gellmann* NJW 2006, 3169, 3169.
[118] Palandt-*Heinrichs*, § 126b Rn. 3.
[119] Palandt-*Heinrichs*, § 130 Rn. 4 m. w. N.
[120] Beschlussempfehlung des Rechtsausschusses BT-Drucks. 14/7052 S. 191.

2. Zugang der Erklärung

a) Zugang durch Download der Seite auf den PC

Des weiteren muss die Widerrufsbelehrung zugehen. Eine Erklärung unter Abwesenden ist zugegangen, sobald sie so in den Bereich des Empfängers gelangt ist, dass diese unter normalen Umständen Kenntnis nehmen kann und mit Kenntnisnahme zu rechnen ist.[121] Dies ist hinsichtlich Webseiten dann der Fall, wenn die entsprechende HTML-Datei zur Anzeige im Browser auf das Endgerät des Nutzers gelangt ist,[122] etwa durch Speicherung auf der Festplatte oder im Arbeitsspeicher, mithin im Browsercache des benutzten Webbrowsers. Bricht der Download ab, kann die Seite nicht vollständig angezeigt werden und ist damit nicht zugegangen, auch wenn sie grundsätzlich dem Nutzer bei erneutem Seitenaufruf verfügbar wäre. Mit Kenntnisnahme zu rechnen ist grundsätzlich immer, wenn die entsprechende HTML-Datei durch den Browser angezeigt wird, anderes würde allenfalls bei automatisch heruntergeladenen Dateien gelten, welche im Browserfenster nicht sichtbar sind. Insbesondere bei Onlineplattformen ist der Zugang einer auf der Angebotsseite untergebrachten Widerrufsbelehrung schon deshalb unproblematisch gegeben, da der Aufruf der Internetseite und damit der Download der Datei mit dem Angebot und der Widerrufsbelehrung als Zugang des Angebots bereits Voraussetzung für den Vertragsschluss ist. Fraglich ist hierbei nur, ob dieser Zugang formgerecht erfolgt ist.

b) Abgrenzung der Begriffe „Machtbereich" und „Dauerhaftigkeit"

Keine Frage des Machtbereichs – auch wenn es der Begriff vielleicht nahe legt – und damit des Zugangs ist die Frage der Möglichkeit der Einflussnahme des Verbrauchers auf Bestand und Veränderlichkeit der Erklärung. Dies ist allein eine Frage der Dauerhaftigkeit, die nicht in den Bereich des Zugangs gehört, sondern in den der Formerfordernisse nach § 126b BGB. Der ("Macht-")bereich des Empfängers kennzeichnet sich nicht durch "Macht" über den Bestand der Erklärung, sondern einzig durch Möglichkeit

---

[121] BGH, Urt. v. 13.2.1980 - VIII ZR 5/79, MDR 1980, 573 = NJW 1980, 990; BGH. Urt. v. 27.10.1982 - V ZR 24/82, MDR 1983, 216 = NJW 1983, 929.
[122] *Janal* MDR 2006, 368, 370.

der Kenntnisnahme. Die Erfordernisse für den Zugang einer Erklärung und die Voraussetzungen für ihre Formwirksamkeit sind strikt von einander zu trennen. Die Kopie beispielsweise eines eigenhändig unterschriebenen Dokumentes in Schriftform kann zwar in den Machtbereich des Empfängers gelangen, geht aber mangels der Erfüllung der Formvorschrift des § 126 BGB nicht formwirksam zu. Das Dokument selbst erfüllt zwar die Form, gelangt aber nicht in den Bereich des Empfängers, da dieser von dem Original keine Kenntnis zu nehmen vermag. Somit liegt insgesamt kein formgerechter Zugang vor.

Nichts anderes gilt hinsichtlich der Trennung von Formerfordernissen und Zugang bei der Textform. Die Ähnlichkeiten des Begriffes Machtbereiches und des Kriteriums der Dauerhaftigkeit, mögen Verwechslungen nahe legen, diese sind aber für eine dogmatisch saubere Bewertung dringend zu vermeiden. Insofern kann der Feststellung, eine Widerrufsbelehrung sei nicht *zugegangen*, sofern sie bloß auf der Angebotsseite im Rahmen der Online-plattform eingestellt ist,[123] nicht gefolgt werden. Sofern der Nutzer diese Seite aufruft, was er zum Vertragsschluss getan haben muss, ist die Widerrufsbelehrung auch zugegangen. Ob damit gleichermaßen das Erfordernis der *Dauerhaftigkeit* gewahrt wird, ist hingegen wiederum eine hiervon zu trennende Frage.

Aus genau diesem Grund kann auch der Erwägung der Bundesregierung, die im Gesetzesentwurf zu § 126b BGB ausführt, dass das Betrachten einer Nur-Lese-Version einer Datei auf einer Homepage keinen formwirksamen Zugang bewirken könne, weil die Erklärung nicht in den Machtbereich des Empfängers gelangt sei,[124] insoweit nicht gefolgt werden. Worauf das Argument abzielt, ist die mangelnde Möglichkeit des Verbrauchers, auf den unveränderten Bestand der Erklärung einzuwirken, indem er eine Kopie auf seinem Rechnersystem speichert, deren Inhalt damit vor Fremdeinwirkung geschützt ist. Auch dies ist aber keine Frage des insoweit missverständlichen

---

[123] *Schirmbacher* CR 2006, 673, 677.
[124] RegE BT-Drucks. 14/4987 S. 20.

Begriffs „Machtbereich", sondern der Dauerhaftigkeit als Teil des Formerfordernisses der Textform. Läge es anders, bedürfte es der Textform nicht, da auch jede formfreie nicht-mündliche Erklärung unter Abwesenden in den Bereich des Empfängers gelangen muss. Wenn dieser Begriff aber dessen Einflussnahme auf die Unveränderlichkeit der Erklärung beinhalten würde, wäre insofern eine spezielle Normierung der Textform mit ihrer speziellen Dokumentationsfunktion überflüssig gewesen. Im Übrigen müsste nach dieser Ansicht konsequenterweise ein Vertragsschluss generell auf Onlineplattformen unmöglich sein, weil danach auch das Angebot selbst mangels Möglichkeit der Einflussnahme des Verbrauchers auf dessen Bestand, nicht in seinen "Machtbereich" gelangt und damit nicht zugegangen wäre. Diese Verständnis des Zugangs wäre aber offensichtlich kaum zweckdienlich.

c) Erforderlichkeit einer individuellen Belehrung

Vereinzelt wird vertreten, eine Belehrung auf einer Webseite entspräche schon deshalb nicht der Textform, da die Belehrung eine individuelle Mitteilung sein müsse und nicht an eine Allgemeinheit von Verbrauchern gerichtet sein dürfe.[125] Dies ergebe sich aus dem Wortlaut des § 355 II BGB, der von „Verbraucher" und nicht von „Verbrauchern" spreche und aus dem Umkehrschluss, dass anderenfalls für eine spätere Erklärung des Widerrufs seitens des Verbrauchers eine entsprechende Äußerung auf dessen privater Webseite sonst ebenfalls ausreichen müsste. Abgesehen davon, dass es methodisch unzulässig ist, ein Ergebnis als Implikation aus einer falschen Aussage ableiten zu wollen, muss diese Begründung auch am Mangel einer sauberen Trennung zwischen Abgabe, Zugang und Formerfordernis scheitern. Dass die Widerrufsbelehrung zusammen mit der Angebotsseite auf der Onlineplattform dem Verbraucher, der dort bietet und so letztlich den Vertrag schließt, zugegangen ist, ist frei von Zweifel. Weder hinsichtlich des Zugangs einer Erklärung noch hinsichtlich des Textformerfordernisses kommt es aber auf ihre Individualität an. Die spätere Erklärung des Widerrufs auf der Webseite des Verbrauchers wiederum ist schon gar nicht so in

---

[125] *Woitkewitsch/Pfitzer* MDR 2007, 61, 62.

den Rechtsverkehr entäußert, dass mit Zugang beim Empfänger unter gewöhnlichen Umständen zu rechnen wäre. Keinesfalls zumindest ist sie jemals wirksam zugegangen, da sie niemals auf den Rechner des Unternehmers geladen wurde und damit auch nicht in seinen Machtbereich gekommen ist. Das gewählte Gegenbeispiel ist damit nicht geeignet, einen Mangel an Textformqualität bei Webseiten zu belegen.

3. Anforderungen an die Form der Erklärung

a) Lesbarkeit

Entsprechend den Anforderungen des § 126b BGB muss die Widerrufsbelehrung zu dauerhaften Wiedergabe in Schriftzeichen geeignet, mithin lesbar[126] sein. Damit ist jede Darstellung des Informationsgehalts der Erklärung als lesbarer Text gemeint,[127] dies ist bei der Darstellung einer Internetseite durch den Browser auf dem Rechner des Verbrauchers der Fall. Unerheblich ist, ob die Seite eine reine HTML-Seite ist oder aber über CGI oder PHP aufgebaut wird, solange es sich um Standards handelt, die mit den üblichen Browsern problemlos die Textwiedergabe auf dem Bildschirm des Nutzers ermöglichen. Im Übrigen ist davon auszugehen, dass ein Nutzer, der die technischen Voraussetzungen mitbringt, die Angebotsseite anzuzeigen, jedenfalls auch die Widerrufsbelehrung als Element dieser anzuzeigen vermag.

b) Dauerhaftigkeit

Problematisch hingegen ist in Bezug auf Angebotsseiten auf Onlineplattformen das Kriterium der Dauerhaftigkeit. Dies wurde dem Wortlaut nach erst im Rahmen der Beratungen durch den Rechtsausschuss in § 126b BGB aufgenommen. Grund hierfür waren wohl die bereits zuvor in der Stellungnahme geäußerten Bedenken des Bundesrates, eine Dokumentationsfunktion sei ansonsten nicht zu gewährleisten.[128] In Anlehnung an die obige Ausführung zur Notwendigkeit eines formgerechten Zugangs und die

---

[126] *Jauernig*, § 126b, Rn. 3.
[127] MünchKomm-*Wendehorst*, § 312c Rn. 92.
[128] BT-Drucks. 14/4987 S. 18.

370

besondere Interessenlage beim Verbraucherschutzrecht, bei dem die Textform nicht zuletzt vor dem europarechtlichen Hintergrund gerade eine Dokumentationsfunktion zugunsten des Verbrauchers gewährleisten soll, ist der Begriff der Dauerhaftigkeit vom Horizont des Verbrauchers auszulegen. „Dauerhaft" in diesem Sinne bedeutet demnach, dass kein Dritter, insbesondere nicht der Unternehmer,[129] Einfluss auf den Bestand der Erklärung als solchen oder ihren Inhalt haben darf. Anders herum formuliert muss es gerade das Recht des Verbrauchers sein, Dritte von der Einwirkung auf die Erklärung hinsichtlich ihres Bestandes und Inhaltes auszuschließen.

Genau dies war auch Inhalt der früheren Legaldefinition des § 361a III BGB a. F. für die zur Verfügungsstellung der Informationen auf einem dauerhaften Datenträger, den der Gesetzgeber durch Einführung des Textformerfordernisses für Widerrufsbelehrungen nicht ändern wollte. Danach waren die Informationen dann auf einem dauerhaften Datenträger zur Verfügung gestellt, wenn sie dem Verbraucher in einer Form zugegangen waren, die ihm für eine den Erfordernissen des Rechtsgeschäfts angemessene Zeit die unveränderte Wiedergabe der Informationen erlaubte. Dem Inhalt nach identisch ist die europarechtlich normierte Vorgabe.[130]

Hinsichtlich des Zeitraums, für den die Daten zur Verfügung stehen müssen, kommt es nicht allein auf die reguläre Widerrufsfrist an. Dies ergibt sich bereits aus dem Umstand, dass Teil der Vertragsinformationen auch solche Angaben sind, die dem Verbraucher die Verfolgung seiner Rechte ermöglichen sollen. Dabei kann es beispielsweise in Fällen der Sachmängelhaftung auch noch deutlich nach Ablauf der Widerrufsfrist von Bedeutung sein, dass die nötigen Informationen beim Verbraucher lesbar vorliegen. Ebenso wenig dürfen allerdings überzogene Maßstäbe an die Dauerhaftigkeit angelegt werden. Schon das zweifelsfrei der Textform genügende Fax bleibt auf dem Thermopapier nicht ewig, sondern nur wenige Jahre lesbar. Gleiches gilt mitunter für CD-ROMs. In dieser Größenordnung sollte daher

---

[129] MünchKomm-*Wendehorst*, § 312c Rn. 95 ff.
[130] BeckOK-*Schmidt-Räntsch*, § 312c Rn. 29.

auch sonst die Anforderung an die Dauerhaftigkeit der Daten gestellt werden.

4. Formgerechter Zugang durch Aufruf der Angebotsseite

Legt man die soeben dargestellten Anforderungen an den Zugang und das Formerfordernis der Dauerhaftigkeit bezüglich der Widerrufsbelehrung auf einer Angebotsseite zugrunde, so wird deutlich, dass allein der Aufruf der Angebotsseite auf der Onlineplattform nicht ausreicht, um hinsichtlich einer dort untergebrachten Widerrufsbelehrung das Kriterium der Dauerhaftigkeit zu erfüllen.[131] Die auf der Angebotsseite untergebrachte Widerrufsbelehrung liegt zwar ggf. auf dem Server dieser Webseite, nicht aber beim Verbraucher dauerhaft vor, und ist damit nicht formgerecht zugegangen und insofern nicht ordnungsgemäß erteilt. Sofern in der Vergangenheit in der Rechtsprechung ein abweichendes Ergebnis festgestellt wurde[132], wird dem entgegengehalten, dies sei aufgrund der anderen Rechtslage vor Einführung der Textform in das Verbraucherschutzrecht nicht auf die heutige Rechtslage zu übertragen[133]. Diese Gegenargument ist allerdings nicht zuzustimmen. Die kritisierte Entscheidung erging zwar zu § 8 I VebrKrG a. F. i. V. m. § 361a III a. F., die Anforderungen, die an den dauerhaften Datenträger nach dieser Vorschrift zustellen waren, dürfen aber von denen der Textform im Rahmen der Auslegung des § 126b BGB wie gezeigt nicht abweichen. Eben deshalb besteht für das verfahrensgegenständliche, seinerzeit in § 8 I VebrKrG a. F. normierte Teilzahlungsgeschäft im Fernabsatz heute über § 502 II BGB gerade das Textformerfordernis für die nach Absatz I der Norm zu übermittelnden Informationen. Die Anforderungen an die Form sind insoweit also identisch und nicht wie teilweise angeführt, mit den (formfreien) Vorabinformationen bei Fernabsatzgeschäften zu vergleichen.[134] Der Annahme, die Rechtsprechung des OLG München sei mithin

---

[131] *Horn* MMR 2002, 209, 212; *Wendehorst* DStR 2000, 1311, 1312 f.
[132] OLG *München*, Urt. v. 15.1.2001 – 29 U 4113/00 = NJW 2001, 2263 = CR 2001, 401.
[133] *Bonke/Gellmann* NJW 2006 3169, 3173 dort u. Fn. 11; KG, Beschl. v. 18.7.2006 – 5 W 156/06 = NJW 2006, 3215, 3216.
[134] So aber KG, Beschl. v. 18.7.2006 – 5 W 156/06 = NJW 2006, 3215, 3216.

nicht auf die Formerfordernisse der Widerrufsbelehrung zu übertragen, kann daher nicht gefolgt werden.

Die Rechtsansicht des zitierten Urteils ist aber sowohl im damals verhandelten Sachverhalt wie auch in Bezug auf die hier diskutierte Problematik kritikwürdig. Hat nämlich der Verbraucher die Angebotsseite mit der Widerrufsbelehrung auf seinen Rechner zur Ansicht in den Browser geladen, so ist ihm diese damit zwar zugegangen, sie ist ihm aber entsprechend obigen Ausführungen nicht formgerecht zugegangen. Auch die kurzzeitige Speicherung im Browsercache ihrerseits ist nämlich nicht dauerhaft.[135] Vielmehr wird die HTML-Datei für die zur Anzeige nötige Dauer und einige Zeit darüber hinaus auf der Festplatte des Nutzers bereit gehalten, letztendlich befindet sie sich aber in einem – standardmäßig unter Windows-Systemen für den Nutzer nicht sichtbaren – temporären Verzeichnis. Dort wird sie je nach Browsereinstellungen unter Umständen bereits beim nächsten Aufruf der Seite gelöscht, spätestens aber sobald ausreichend viele weitere Dateien zur temporären Speicherung in den Browsercache geladen wurden, so dass das System zur Einhaltung der eingestellten Cachegröße die älteren Dateien überschreibt. Je nach Aktivität und Browsereinstellungen kann dies erst nach längerer Zeit der Fall sein, regelmäßig dürfte die HTML-Datei aber bereits nach wenigen Tagen überschrieben werden. Keinesfalls aber wird hinsichtlich des Fortbestehens der Datei zeitlich eine Größenordnung erreicht, die dem Erfordernis der Dauerhaftigkeit genügt. Da es abgesehen davon auf den Horizont des Verbrauchers ankommt, steht auch die Tatsache, dass es sich um eine manuell ohne weitere Systemkenntnisse kaum auffindbare Datei handelt, einer dauerhaften Lesbarkeit entgegen.

5. Formgerechter Zugang durch die Möglichkeit der Speicherung

Am formalen Mangel hinsichtlich des Kriteriums der Dauerhaftigkeit darf auch die Tatsache nichts ändern, dass der Verbraucher grundsätzlich die

---

[135] MünchKomm-*Einsele*, § 126b Rn. 4; *Bonke/Gellmann* NJW 2006 3169, 3170; *Janal* MDR 2006 368, 370f.

Möglichkeit hat, den Inhalt der Angebotsseite und damit die Widerrufsbelehrung auf seinem Rechnersystem manuell zu speichern. Zwar ist die Textform jedenfalls dann erfüllt, wenn er dies tatsächlich tut und damit die Perpetuierung herbei geführt hat,[136] die bloße Möglichkeit dazu hingegen reicht allein nicht aus.[137] Insofern etwas gegenteiliges aus der Erläuterung zum Regierungsentwurf, eine HTML-Datei als Nur-Lese-Version erfülle nicht das Textformerfordernis,[138] gefolgert wird,[139] ist dem entgegen zu halten, dass aus dieser Negation des Textformerfordernisses für Nur-Lese-Dateitypen, aussagenlogisch nicht auf Eigenschaften anderer Dateiarten im Internet geschlossen werden kann. Vielmehr erscheint es, als habe der Gesetzgeber einen Mindeststandard, der jedenfalls nicht das Textformerfordernis erfüllt, gerade ohne Festlegung der genauen Grenze formulieren wollen. Nicht anderes ergibt sich aus dem Zugangserfordernis: die HTML-Datei muss gerade in der Art und Weise, in der sie dem Verbraucher zugeht, von dauerhaftem Bestand sein.[140] Stellt man hierbei lediglich auf die Möglichkeit der Speicherung ab, so bedarf es aber einer zusätzlichen Handlung des Verbrauchers selbst, um diesen Zustand herbei zu führen. Dies steht im Widerspruch zum Zweck der Vertragsinformationen, deren dauerhafte Zur-Verfügung-Stellung gerade Pflicht des Unternehmers und nicht des Verbrauchers ist.[141] Daher kann auch die Aufforderung, die Webseite zu speichern, ebenfalls nicht ausreichen. Der Schutz des Verbrauchers ist nur dann ausreichend gewährleistet, wenn ohne eigenes Zutun ihn die Erklärung so erreicht, dass sie formgerecht „dauerhaft" besteht. Genau dies ist bei den klassischen, der Textform genügenden Medien wie dem Fax oder der übersandten schriftlichen Widerrufsbelehrung der Fall. Müsste sich der Verbraucher die telefonisch mitgeteilte Widerrufsbelehrung erst selbst

---

[136] KG, Urt. v. 5.12.2006 – 5 W 295/06 = BeckRS 2006 14935, II. 1. bb); KG, Beschl. v. 18.7.2006 – 5 W 156/06 = NJW 2006, 3215, 3216.
[137] Palandt-*Heinrichs*, § 126b Rn. 3; LG *Kleve*, Urt. v. 22.6.2002 – 5 S 90/02 = NJW-RR 2003, 196; *Janal* MDR 2006 368, 370; A. A.: OLG *München*, Urt. v. 15.1.2001 – 29 U 4113/00 = NJW 2001, 2263 = CR 2001, 401.
[138] RegE BT-Drucks. 14/4987 S. 20.
[139] MünchKomm-*Einsele*, § 126b Rn. 9.
[140] *Janal* MDR 2006 368, 371; *Bonke/Gellmann* NJW 2006 3169, 3169f.
[141] KG, Urt. v. 5.12.2006 – 5 W 295/06 = BeckRS 2006 14935; *Bonke/Gellmann* NJW 2006 3169, 3170.

notieren, würde man hingegen kaum das Textformerfordernis als gewahrt betrachten.

Zu Bedenken ist aber auch folgendes: gerade der vielleicht technisch unbedarfte Verbraucher ist dem Zweck des Verbraucherschutzes nach besonders schutzbedürftig. Nicht jeder Nutzer, der in der Lage ist, Geschäfte auf eBay zu tätigen, bringt notwendigerweise die Kenntnisse zur Speicherung einer Webseite in einer für ihn wieder auffindbaren, dauerhaften Form mit. Dies mag zwar nur auf eine geringe Zahl Nutzer zutreffen, man denke aber an den Verbraucher, der sich möglicherweise des für ihn von Verwandten eingerichteten Rechners bedient, den er hinsichtlich der Grundfunktionen seines Browsers durchaus bedienen kann, dessen Dateisystem in seiner Funktion mit allen Details ihm jedoch nicht vertraut ist. Wenn dies möglicherweise auch nur einen Bruchteil der Nutzer von Online-Plattformen betrifft, so kann gerade das dennoch kein Gegenargument sein. Es wäre wohl kaum vertretbar, dass ein im Fernabsatz besonders unerfahrener Verbraucher weniger schutzwürdig sein soll, als ein mit den Besonderheiten und Gefahren des elektronischen Fernabsatzes durchweg vertrauter Nutzer. Es mag zwar letztlich immer am Nutzer selbst liegen, ob er die angebotene Information nutzt.[142] Hingegen entbindet dies den Unternehmer nicht von der Pflicht, alles zu tun, damit es tatsächlich nur noch vom Willen des Verbrauchers abhängt, ob und wann er die Belehrung zur Kenntnis nimmt. Auch deshalb verbietet es sich, allein die Möglichkeit der Speicherung der Webseite als ausreichend zu erachten. Schlussendlich ergibt sich dies auch aus dem Rechtsgedanken des § 505 II BGB. Hier ist die dort erforderliche Informationen zunächst gerade so zur Verfügung zu stellen, dass die Möglichkeit der Speicherung besteht. Erst anschließend nach Vertragsschluss ist eine erneute Bereitstellung in Textform erforderlich. Diese beiden Erfordernisse hätte der Gesetzgeber nicht nebeneinander in das Gesetz aufnehmen müssen, wenn sie ohnehin identisch wären.

---

[142] *Stadler*, „Widerrufsfrist bei eBay-Auktionen", JurPC Web-Dok. 136/2006, Abs. 8 f.; abrufbar unter: http://www.jurpc.de/aufsatz/20060136.htm.

6. Formgerechter Zugang aufgrund des Fortbestehens der Webseite

Schließlich kann auch die Tatsache, dass die Angebotsseite mitsamt der Widerrufsbelehrung möglicherweise vom Betreiber der Onlineplattform längere Zeit vorgehalten wird, keinen formgerechten Zugang der Widerrufsbelehrung herbei führen. Dies scheitert schon zunächst daran, dass die zugehörige HTML-Datei in ihrer dauerhaften Form in diesem Fall auf dem Server des Plattformbetreibers verbleibt, mithin dem Verbraucher nicht zugegangen ist.[143] Die zugegangene Datei wiederum entspricht aus den genannten Gründen nicht der Textform. Es verhält sich also gerade so wie mit der übersandten Kopie der notariellen Urkunde: das formgerechte Dokument ist nicht zugegangen, das zugegangene Dokument wiederum nicht formgerecht.

Die Verbraucher kann abgesehen davon auch in diesem Fall nicht die Einwirkung Dritter auf den Inhalt der HTML-Datei auf dem Server des Plattformbetreibers ausschließen. Zwar ist es unter Umständen eventuell auch dem Unternehmer nicht möglich, die Seite nachträglich zu verändern. Es ist aber jedenfalls nicht so, dass der Verbraucher Einfluss darauf nehmen kann, wann der Plattformbetreiber die Seite offline schaltet oder löscht. Insbesondere genügen die neunzig Tage der Speicherung und Abrufbarkeit der Angebotsseiten auf den eBay-Servern schon nicht den Mindestanforderungen der Dauerhaftigkeit hinsichtlich des Zeitraums.[144]

7. Der Unterschied zwischen Angebotsseite und Browserabruf einer eMail

Erwähnenswert ist in diesem Zusammenhang noch die folgende Überlegung. Eine Widerrufsbelehrung in einer eMail erfüllt das Formerfordernis des § 126b BGB.[145] Die meisten eMail-Provider gestatten – neben dem Download der eMails durch eine Client-Software wie „Outlook Express"

---

[143] *Bonke/Gellmann* NJW 2006 3169, 3170.
[144] OLG *Hamburg*, Beschl. v. 12.1.2007 – 3 W 206/06; vgl.: http://www.shopbetreiber-blog.de/2007/01/30/olg-hamburg-bestaetigt-monatsfrist-bei-ebay.
[145] RegE BT-Drucks. 14/4987, S. 18ff.

über SMTP[146] vom POP3-Server –, die Wiedergabe von eMails online über das eigene Portal. Dabei wird nach erfolgtem LogIn auf einer HTML-Seite der Inhalt des Postfachs dargestellt, die einzelnen eMails erscheinen dort als Links. Wählt der Nutzer eine eMail durch Klick auf den zugehörigen Link aus, so wird er auf eine automatisch generierte Webseite geleitet, auf der der Inhalt der eMail einsehbar ist. Hierbei handelt es sich um eine in Echtzeit erzeugte HTML-Datei, die via HTTP[147] auf den Rechner des Nutzers übertragen und so in seinem Browser sichtbar wird. Sie besteht auf dem Rechner des Nutzers damit genauso wenig dauerhaft, wie die online betrachtete Angebotsseite mit der Widerrufsbelehrung auf der Internetplattform. Wird also eine eMail mit einer Widerrufsbelehrung auf diese Art und Weise betrachtet, so könnte man sich die Frage, stellen, warum hier die Widerrufsbelehrung das Textformerfordernis erfüllt, im Fall der Widerrufsbelehrung auf der Angebotsseite hingegen nicht.[148]

Der Unterschied liegt darin, dass die Widerrufsbelehrung in der eMail bereits mit dem Eingang auf dem Server des eMail-Providers zugegangen ist. Dort liegt sie aber dauerhaft vor, insbesondere hat der eMail-Provider im Rahmen des Vertrags mit dem Nutzer rechtlich für den unveränderten Bestand der eMail einzustehen. Die Widerrufsbelehrung ist daher schon formgerecht zugegangen, bevor sie den Rechner des Nutzers erreicht. Genau das ist aber bei der Angebotsseite auf einer Onlineplattform nicht der Fall. Diese Unterscheidung ist aus mehreren Gründen gerechtfertigt. Erstens geht bei allen gängigen Onlineplattformen keiner der Betreiber gemäß seinen AGB eine Rechtspflicht ein, den dauerhaften unveränderten Bestand der Angebotsseiten zu sichern. Insbesondere ist es gerade anders als beim eMail-Provider nicht so, dass der Verbraucher einen Rechtsanspruch auf unveränderten Abruf hätte. Außerdem handelt es sich bei einem eMail-

---

[146] Simple Mail Transfer Protocol – Kommunikationsstandard zur Übertragung von eMails in Datennetzen wie dem Internet.
[147] Hypertext Transfer Protocol - Kommunikationsstandard zur Übertragung von HTML-Dateien, insbesondere Webseiten in Datennetzen wie dem Internet.
[148] So *Stadler*, „Widerrufsfrist bei eBay-Auktionen", JurPC Web-Dok. 136/2006, Abs. 8 f.; abrufbar unter: http://www.jurpc.de/aufsatz/20060136.htm.

Postfach im Rechtsgeschäftsverkehr gerade um eine dem Empfang von rechtserheblichen Erklärungen gewidmete Einrichtung.[149] Dem eMail-Postfach kommt damit eine Funktion ähnlich derer eines Anrufbeantworters oder realen Postfachs im Gebäude des Postamtes zu, auch wenn die Einflussmöglichkeiten des Nutzers geringfügig hinter denen der anderen genannten Empfangseinrichtungen zurückstehen mögen.[150] Dies ist hinsichtlich der Angebotsseiten auf den Servern der Betreiber der Onlineplattformen hingegen gerade nicht der Fall.

IV. Würdigung der Alternativvorschläge

1. Zusammenfassung

Infolge dieser Betrachtungen ist festzuhalten, dass Angebotsseiten auf Onlineplattformen in ihrer derzeitigen Form nicht das Textformerfordernis des § 126b erfüllen. Sie sind damit nicht geeignet, ordnungsgemäß über das Widerrufsrecht zu belehren. Damit stehen dem Unternehmer insoweit derzeit keine technischen Möglichkeiten zur Verfügung, der Belehrungspflicht vor Vertragsschluss nachzukommen. Allerdings bestehen möglicherweise bei Zusammenarbeit mit den Plattformbetreibern alternative Möglichkeiten, eine Widerrufsbelehrung in Textform vor Vertragsschluss in Zukunft zu ermöglichen.

2. Die Widerrufsbelehrung in der Bestätigungs-eMail

So wird beispielsweise vorgeschlagen, die Widerrufsbelehrung mit jeder Gebotsbestätigungs-eMail an die Bieter zu schicken.[151] Die Bestätigungsmail müsste dann allerdings jedenfalls vor Ende der Auktion auf dem Server des eMail-Providers des Verbrauchers gespeichert werden, um vor Vertragsschluss zuzugehen. Kritisch ist dies dann, wenn ein Gebot erst kurz vor Ende der Auktion abgegeben wird, da es trotz der im allgemeinen extrem schnellen Übertragung von eMails aus verschiedenen Gründen zu nicht vorhersehbaren Verzögerungen kommen kann. Damit wäre für den

---

[149] Palandt-*Heinrichs*, § 130 Rn. 7a m. w. N.
[150] *Janal* MDR 2006 368, 371.
[151] *Bonke/Gellmann* NJW 2006 3169, 3172.

Unternehmer wie auch den Verbraucher völlig unklar, ob die eMail vor oder nach Vertragsschluss zugegangen ist und damit ob die Widerrufsfrist zwei Wochen oder einen Monat beträgt. Dazu kommt, dass zur Unzeit eingetroffene eMails erst am nächsten Tag zugehen,[152] wobei man allerdings bei einer zeitnah eingetroffenen Gebotsbestätigungs-eMail annehmen darf, dass auch wenn diese spät nachts zugeht, der Verbraucher aber gerade zu dieser Zeit sein Gebot abgegeben hat, er dann mit dem Zugang zu dieser Zeit auch rechnen musste. Dennoch kann auch schon mangels Beweismöglichkeit seitens des Unternehmers die vorgeschlagene Alternative nur zur Verschärfung, nicht aber zum Abbau von Unsicherheiten beitragen.

Jedenfalls ist zu bedenken, dass nicht der Betreiber der Onlineplattform ordnungsgemäß über das Widerrufsrecht zu belehren hat, sondern der Unternehmer selbst. Der Betreiber der Plattform kann dabei also allenfalls als Erklärungsbote auftreten. Dann aber muss ihm der Inhalt der Widerrufsbelehrung vom Unternehmer mitgeteilt werden. Selbst bei Verwendung der Musterwiderrufsbelehrung blieben diverse einzelne Aspekte, um die die Belehrung seitens des Unternehmers zu ergänzen ist – so etwa die Auswahl der zutreffenden Textbausteine. Das aber würde bedeuten, dass der Plattformbetreiber ein vollkommen neues Kommunikationssystem einbinden müsste, mit Hilfe dessen der Unternehmer den Inhalt seiner Widerrufsbelehrung für die späteren zur Auktion gehörigen Gebotsbestätigungs-eMails mitteilt. Ein solcher Aufwand erscheint praktisch nicht vertretbar.

3. Die Widerrufsbelehrung durch Kontaktaufnahme über das plattformeigene Kommunikationssystem

Schließlich bliebe dem Unternehmer die Möglichkeit, über das einigen Plattformen – so auch eBay – eigene Kommunikationssystem dem jeweiligen Bieter eine Nachricht zu schicken. Auch dieses Vorgehen muss aber schon daran scheitern, dass bei Internetauktionen der Unternehmer nicht sicher sein kann, ob nicht wenige Sekunden vor Ablauf noch weitere Bieter hinzukommen, beim „Sofort-Kauf" der Vertrag wiederum bereits geschlos-

---

[152] Palandt-*Heinrichs*, § 130 Rn. 7a.

sen ist, bevor der Unternehmer die Möglichkeit hat, den Vertragspartner zu kontaktieren. Selbst wenn man ein solches Vorgehen automatisieren wollte, bestünden hinsichtlich des rechtzeitigen Zugangs dieselben Problem wie bei den Bestätigungs-eMails. Abgesehen davon hält zumindest eBay ein automatisiertes Vorgehen für technisch nicht sinnvoll durchführbar, weil der dadurch entstehend Nachrichtenverkehr extrem hoch wäre und das eBay-eigene Kommunikationssystem hierfür nicht ausgelegt ist.[153]

V. Ergebnis

1. Unmöglichkeit der Einhaltung des Textformerfordernisses de lege lata

Zusammenfassend ist festzustellen, dass derzeit die Angebotsseiten auf keiner der Onlineplattformen das Textformerfordernis erfüllen, da grundsätzlich der nötige Maßstab an dauerhaftem unverändertem Bestand des Inhalts dem Verbraucher gegenüber nicht gewährleistet wird.[154] Auch durch technische Modifikationen ist dies im Rahmen der bestehenden Systeme nicht sinnvoll zu erreichen. Damit ist nach aktuellem Stand eine Mitteilung der Widerrufsbelehrung gem. § 355 II 1 i. V. m. § 126b BGB an den Verbraucher vor Vertragsschluss in Textform nicht möglich. Insofern ist dem Wortlaut nach § 355 II 2 BGB einschlägig, die Widerrufsfrist beträgt damit auf Onlineplattformen bei wortlautgetreuer Anwendung des § 355 II 2 BGB ausnahmslos einen Monat. Dies gilt nicht nur für alle klassischen Geschäfte des allgemeinen Fernabsatzes, sondern auch für solche Fernabsatzgeschäfte, für die ein Widerrufsrecht nach § 312d I BGB nicht besteht, wohl aber nach einer anderen Norm, die auf § 355 BGB verweist. Namentlich wären dies insbesondere Ratenlieferungsverträge, wenn auch deren Anwendungsbereich auf Onlineplattformen quasi ohne Bedeutung ist.

---

[153] So die Fa. eBay in einer eMail an den Verfasser.
[154] So auch KG, Urt. v. 5.12.2006 – 5 W 295/06 = BeckRS 2006 14935.

2. Konsequenzen für besondere Vertragstypen

Einzugehen ist abschließend kurz auf die Besonderheit des Fernabsatzes von Finanzdienstleistungen. Hier ist anders als im allgemeinen Fernabsatz die Widerrufsbelehrung im Rahmen der Vertragsinformationen grundsätzlich bereits vor Vertragsschluss in Textform mitzuteilen, so dass eine nachvertragliche Belehrung schon allgemein gar nicht zulässig ist. Allerdings besteht eine Ausnahmeregelung über § 312c II 1 Nr. 1 2. Alt. BGB, sofern auf Verlangen des Verbrauchers der Vertrag über ein Kommunikationsmittel geschlossen wird, das eine Belehrung vorab in Textform nicht zulässt. Zwar wird das Internet generell kein solches Kommunikationsmittel sein, da grundsätzlich stets die Möglichkeit besteht, vor Vertragsschluss in Textform durch Zusendung einer eMail zu belehren.[155] Sofern dies aber in den besonders gelagerten hier diskutierten Fällen gerade nicht möglich ist, ist der Ausnahmetatbestand schon dem Wortlaut nach einschlägig. Aber auch nach dem Sinn und Zweck im Rahmen der Folgenbetrachtung ergibt sich nichts anderes: hielte man den Ausnahmetatbestand für nicht erfüllt, bliebe dem Unternehmer aufgrund der technischen Hindernisse trotz allem keine Wahl und er müsste dennoch nachbelehren. Das Ergebnis wäre also aus Verbrauchersicht dasselbe, allenfalls in Bezug auf die Länge der Widerrufsfrist wäre möglicherweise ein Unterschied gegeben, sofern man die Monatsfrist trotz der Diskrepanz zur europarechtlichen Vorgabe als einschlägig erachtet und § 355 II 2 BGB auch für ordnungsgemäß erfolgte Widerrufsbelehrungen nach Vertragsschluss gelten lassen will.[156] Der Zeitpunkt der Mitteilung in Textform ist jedenfalls nach dem Sinn und Zweck der Norm zu bestimmen.[157] So erscheint es vorzugswürdig, Vertragsschlüsse über Finanzdienstleistungen im Fernabsatz, soweit sie über Onlineplattformen geschlossen werden, als Anwendungsfall der in § 312c II 1 Nr. 1 2. Alt. BGB normierten Ausnahme zu betrachten. Inwiefern derartige Fallkonstellationen praktische Bedeutung erlangen werden, bleibt abzuwarten.

---

[155] *Härting/Schirmbacher* CR 2005, 48, 51.
[156] Dies soll im folgenden Teil H im Rahmen einer teleologischen Reduktion des § 355 II 2 BGB diskutiert werden.
[157] RegE BT-Drucks. 15/2946 S. 21.

Ebenfalls im Ergebnis unmöglich ist es bei Fernabsatz-Teilzahlungsgeschäften auf Onlineplattformen gemäß § 502 II BGB, vor Vertragsschluss in Textform die Informationen nach Absatz I 1 NR. 1 - 5 mitzuteilen. Dieses Ergebnis ist hinzunehmen, da hier schon ohnehin das an sich strengere Schriftformerfordernis nach §492 I 1 BGB zugunsten der Textform aufgeweicht und der Verbraucherschutz damit geschwächt wurde.

3. Erforderlichkeit von Änderungen de lege ferenda

Eine Änderung der Rechtslage ist nicht erforderlich. Die Widerrufsbelehrung nach Vertragsschluss in Textform ist europarechtlich wie auch nach dem BGB im allgemeinen Fernabsatz ausdrücklich zulässig. Sofern sich dadurch die Widerrufsfrist verlängert, ist dies im Rahmen der Bedeutung und Anwendung des § 355 II BGB zu diskutieren. Falsch wäre es, die sinnvollen Schutzfunktionen der Widerrufsbelehrung in Textform deswegen auszuhöhlen, weil man damit unbillige Ergebnisse hinsichtlich einer automatischen Verlängerung der Widerrufsfrist vermeiden wollte. Dies muss – soweit erforderlich und geboten – einer teleologischen Reduktion des § 355 II 2 BGB vorbehalten bleiben.

H. Diskussion einer teleologischen Reduktion des § 355 II 2 BGB

I. Voraussetzungen der teleologischen Reduktion

Aus der soeben hergeleiteten Unmöglichkeit der vorvertraglichen Wider-
rufsbelehrung in Textform auf Onlineplattformen resultiert die Frage, wie
mit diesem Ergebnis umgegangen werden soll. Beachtete man lediglich den
Wortlaut des § 355 II 2 BGB, so wäre Folge ein reguläres einmonatiges
Widerrufsrecht bei Verbrauchergeschäften auf Onlineplattformen.[158]
Allerdings erscheint bedenklich, ob ein solches Ergennis nach dem Sinn und
Zweck der Norm, der ja bereits dem Wortlaut nach ein Ausnahmecharakter
zukommt, vertretbar oder diese möglicherweise in derart gelagerten Fällen
teleologisch zu reduzieren ist. Zu Bedenken ist hierbei vor allem der
Sanktionscharakter des § 355 II 2 BGB, so dass sich die Frage stellt, ob ein
tatsächlich unmögliches Verhalten rechtlich überhaupt geboten sein und
eine Missachtung des Gebots sanktioniert werden kann. In der Literatur
wird vielfach eine teleologische Reduktion vorgeschlagen für den Fall, dass
Vertragsschluss und Widerrufsbelehrung ein einheitliche Geschehen
darstellen, wie es bei Onlineplattformen bei Belehrung in der Bestellbestäti-
gungs.eMail unmittelbar nach Vertragsschluss üblicherweise der Fall ist. In
der vorliegenden Untersuchung sollen hingegen die Problemfelder der
Sanktion eines aus tatsächlichen Gründen nicht anders möglichen Verhaltens und der Widerspruch zwischen Sanktionierung der nachvertraglichen
Belehrung nach § 355 II 2 BGB einerseits und der Erlaubnis gerade einer
solchen nach § 312c II S. 1 Nr.2 BGB anderseits zur Basis der teleologischen Reduktion gemacht werden.

Eine teleologische Reduktion setzt voraus, dass erstens dem Wortlaut nach
Fälle entgegen dem Telos der Norm erfasst sind und zweitens, dass infolge
dieser Tatsache ein Wertungswiderspruch auftritt. In Hinsicht auf die
Verlängerung des Widerrufsrechts von zwei Wochen auf einen Monat durch

---

[158] KG, Urt. v. 5.12.2006 – 5 W 295/06 = BeckRS 2006 14935; KG, Beschl. v. 18.7.2006
– 5 W 156/06 = NJW 2006, 3215,3216.

§ 355 II 2 BGB ist damit zunächst der Sinn und Zweck dieser Regelung, insbesondere vor dem historischen Hintergrund ihrer Entstehungsgeschichte, zu ermitteln.

II. Die Entstehungsgeschichte des § 355 II 2 BGB n. F.

1. Die Entwicklung von § 361a BGB a. F. zu § 355 BGB a. F.

Eine zentrale, ausgeklammerte Normierung der Modalitäten und Rechtsfolgen des Widerrufsrechts fand sich im deutschen Recht erstmals in der durch das Fernabsatzgesetz eingeführten Regelung des § 361a BGB a. F. Im Rahmen des Schuldrechtsmodernisierungsgesetzes wurde die Norm der Übersichtlichkeit halber aufgeteilt[159] und ging inhaltlich hinsichtlich des Absatzes I in § 355 BGB und hinsichtlich des Absatzes II in § 357 BGB auf. Absatz III wurde aufgrund der Einführung des Textform obsolet.

§ 355 II 2 BGB a. F. entsprach dabei der Regelung des früheren § 361a I 4 BGB a. F., und enthielt – völlig abweichend vom heutigen Inhalt der Norm – ein Unterschriftserfordernis als Teil der ordnungsgemäßen Widerrufsbelehrung, um dergestalt eine Warnfunktion[160] gegenüber dem Verbraucher zu erfüllen. Diese besondere Formvorschrift ist dem europäischen Verbraucherschutzrecht zwar fremd, war aber tradiertes und zentrales Element des deutschen Verbraucherschutzrechts seit der Einfügung des § 1b AbzG a. F. mit der zweiten Novelle von 1974. Das Unterschriftserfordernis war Regelfall, Ausnahmen fanden sich spezialgesetzlich nur für solche Fälle, in denen eine Unterschrift aus praktischen Gründen zur Vermeidung unnötigen Schriftverkehrs entbehrlich schien.[161] Dies galt vor allem für den Fernabsatz nach § 3 I 2 a. E. FernAbsG a. F. bzw. § 312d II a. E. BGB a. F. oder § 8 II 2 VerbrKrG a. F.

---

[159] BTE BT-Drucks. 14/6040 S. 198.
[160] MünchKomm-*Ulmer*, 3. Aufl., § 361a Rn. 48.
[161] MünchKomm-*Ulmer*, 3. Aufl., § 361a Rn. 48.

2. Die EuGH-Entscheidung im Fall
Heininger ./. HypoVereinsbank

Neu eingefügt im Rahmen des Schuldrechtsmodernisierungsgesetzes wurde daneben mit § 355 III 1 BGB aus Gründen der Rechtssicherheit[162] die einheitliche Festlegung einer absoluten Höchstfrist von sechs Monaten für das Fortbestehen des Widerrufsrechts bei nicht ordnungsgemäß erfolgter Widerrufsbelehrung. Diese Regelung fand sich bereits zuvor in unterschiedlichster Ausprägung in einzelnen spezialgesetzlichen Normen, so etwa § 3 I 3 FernAbsG a. F., § 7 II VerbrKrG a. F. und § 2 HausTWG und den europäischen Verbraucherschutzrichtlinien mit Ausnahme der Haustürgeschäftewiderrufsrichtlinie 85/577/EWG. Ziel war ein angemessener Ausgleich zwischen Verbraucher- und Unternehmerinteressen.[163] In dieser Form wurde das Gesetz am 26. November 2001 verabschiedet und trat zum 1. Januar 2002 in Kraft.

Bereits kurze Zeit später musste die Wirksamkeit der neuen Regelung in § 355 III 1 BGB bereits wieder in Frage gestellt werden. Hinsichtlich eines Rechtsstreits[164] um die Rückabwicklung eines Darlehensvertrages zur Finanzierung einer Immobilienspekulation hatte der BGH in der Frage, ob die Richtlinie 85/577/EWG auch auf Realkreditverträge Anwendung finden solle und wenn ja, wie sich das daraus resultierende Widerrufsrecht hinsichtlich der Höchstfristregelung des deutschen Verbraucherkreditgesetz verhalte, den EuGH angerufen. Mit Urteil[165] vom 13. Dezember 2001 stellte der EuGH fest, dass eine mitgliedstaatliche Normierung einer absoluten Höchstfrist für das Bestehen des Widerrufsrechts im Falle von Haustürgeschäften gegen die Richtlinie 85/577/EWG verstößt und somit europarechtswidrig ist. Damit aber war die soeben eingeführte einheitliche absolute Befristung des Widerrufsrechts durch § 355 III 1 BGB zumindest in Bezug auf Fälle des § 312 BGB zu überarbeiten.

---

[162] BTE BT-Drucks. 14/6040 S. 198.
[163] BTE BT-Drucks. 14/6040 S. 198.
[164] BGH, Urt. v. 9.4.2002 – XI ZR 91/99.
[165] EuGH, Urt. v. 13.12.2001 – C-481/99.

3. Gesetzgebungsverfahren zur Novelle des § 355 BGB

a) Die besonderen Rahmenbedingungen des Gesetzgebungsverfahren

Bei der weiteren Betrachtung der Entstehungsgeschichte des § 355 II 2 BGB n. F. sind insbesondere die ungewöhnlichen Rahmenbedingungen der Gesetzgebung zu beachten. Problematisch war während der gesamten Diskussion der Zeitfaktor. Erstens drohten empfindliche Strafen aufgrund der nicht richtlinienkonformen Umsetzung,[166] zweitens neigte sich die Legislaturperiode dem Ende zu, was unter Umständen im Falle eines nicht rechtzeitigen Abschlusses der Verhandlungen ein völlig neues Gesetzgebungsverfahren erfordert hätte.

Sämtliche Änderungen wurden daher an ein ursprünglich zu einem völlig anderen Zweck eingebrachten Gesetzesentwurf angehängt: dem OLG-Vertretungsänderungsgesetz. Der entsprechende Gesetzesentwurf entwickelte sich im Zuge seiner Diskussion zusehends zum Artikelgesetz, in das mehr und mehr sachfremde, jeweils für sich bereits sehr komplexe Elemente eingebracht wurden, die sämtlichst noch zeitnah geregelt werden sollten – so auch die Novelle des § 355 BGB. Problematisch war dies nicht zuletzt deshalb, weil neben dem nun völlig unzutreffenden Titel des Gesetzes auch die Diskussion extrem verkürzt wurde – zwischen der Vorlage der über hundert Seiten an Änderungsanträgen im Rechtsausschuss und der zweiten und dritten Lesung im Bundestag beispielsweise lagen bloß zwei Tage.[167] Auch im folgenden gestaltete sich die weitere Entscheidung über das Gesetz über alle Maßen schnell. Am 21.6.2002 beschloss der Bundesrat in der 777. Sitzung den Vermittlungsausschuss anzurufen,[168] bereits am 27.6.2002 lag die Beschlussempfehlung des Vermittlungsausschusses[169] vor und am

---

[166] Vgl. *MdB Röttgen*, Plenarprotokoll des Deutschen Bundestages 14/240 v. 7.6.2002, S. 24093.

[167] Vgl. die Kritik von *MdB Röttgen*, Plenarprotokoll des Deutschen Bundestages 14/240 v. 7.6.2002, S. 24093.

[168] Plenarprotokoll des Bundesrates 777 v. 21.6.2002, Tagesordnungspunkt 69, S. 350.

[169] Beschlussempfehlung des Vermittlungsausschusses BT-Drucks. 14/9633.

28.6.2002 passierte das Gesetz ohne weitere Änderungen den Bundestag[170] sowie am 12.7.2002 den Bundesrat.[171] Dies ist vor allem deshalb von besonderer Bedeutung, dies sei an dieser Stelle vorweggenommen, als bis zur Anrufung des Vermittlungsausschusses zwar eine Änderung der Höchstfristenregelung des § 355 III, nicht aber des Unterschriftserfordernisses nach § 355 II 2 BGB a. F. vorgesehen war. Letztere geht erst auf die ohne Erläuterungen ergangene Beschlussempfehlung des Vermittlungsausschusses[172] zurück, die ohne weitere Debatte in Bundestag und Bundesrat beschlossen wurde. Es ist damit aus den Gesetzesmaterialien nicht ersichtlich, warum der Gesetzgeber derart unvermittelt das alte Unterschriftserfordernis aufgegeben hat und stattdessen die heutige Regelung zur Verlängerung der Widerrufsfrist im Falle nachvertraglicher Belehrung eingeführt hat. Diese Tatsache dürfte wohl nicht zuletzt Grund für die Kontroverse um Sinn und Zweck des § 355 II 2 BGB sein. Abgesehen davon ist weiter zum Ablauf des Gesetzgebungsverfahrens noch zu bedenken, dass das Gesetz als solches nur im Ganzen verabschiedet werden konnte, jedoch auch andere höchst strittige Elemente wie die Regelung der verbundenen Verträge in Folge des EuGH-Urteils enthielt. Entsprechend knapp fielen folglich die Erörterungen zu einzelnen Artikeln bisweilen aus.

b) Aufhebung der absoluten Höchstfristen bei nicht ordnungsgemäß erfolgter Belehrung für alle Verträge

Zur Anpassung des § 355 III 1 BGB an das europäische Recht hätte grundsätzlich die Möglichkeit bestanden, von dessen Anwendung die Fälle des § 312 BGB (Haustürgeschäfte) auszunehmen.. Der Gesetzgeber entschied sich indes aus Gründen der Einheitlichkeit[173] dafür, das Widerrufsrecht bei nicht ordnungsgemäß erfolgter Widerrufsbelehrung generell nicht mehr absolut zu befristen, sondern durch die neu eingefügte Regelung des § 355 III 3 BGB für sämtliche Typen von Verbraucherverträgen

---

[170] Plenarprotokoll des Deutschen Bundestages 14/246 v. 28.6.2002, Zusatzpunkt 21 S. 24856.

[171] Plenarprotokoll des Bundesrates 778 v. 12.7.2002, Tagesordnungspunkt 9, S. 403.

[172] Beschlussempfehlung des Vermittlungsausschusses BT-Drucks. 14/9633 S. 2.

[173] Beschlussempfehlung des Rechtsausschusses BT-Drucks. 14/9266 S. 45.

unbegrenzt fortbestehen zu lassen. Die bestehende Regelung des § 355 III 1 BGB findet seither nur noch Anwendung auf Fälle, in denen die Widerrufsfrist aus anderen Gründen nicht begonnen hat, so beispielsweise mangels Erfüllung der sonstigen Informationspflichten nach § 312c II 1 Nr. 2 BGB.

c) Musterwiderrufsbelehrung zur Folgenminderung auf Unternehmerseite

Als Folge des EuGH-Urteils ergab sich, dass eine nicht unerhebliche Anzahl teils sehr alter Verbraucherverträge aus Haustürgeschäften nunmehr nach Jahren noch widerrufen werden konnte, sofern Fehler bei der Widerrufsbelehrung unterlaufen waren. Der Gesetzgeber war sich darüber im Klaren, dass die angedachte Novelle des § 355 III BGB dieses Problem nicht nur fortbestehen lassen, sondern es zudem auch noch auf alle sonstigen Typen Verbraucherverträge für die Zukunft übertragen würde.[174] Damit aber bestand die Notwendigkeit, Regelungen zu schaffen, die angesichts der zu erwartenden erheblichen wirtschaftlichen Konsequenzen für Unternehmer, schwerwiegende Folgen abfangen würden.

Zu diesem Zweck wurde zum einen die Einführung einer Musterwiderrufsbelehrung beschlossen,[175] die vom Bundesministerium der Justiz aufgrund der Ermächtigung in dem neu eingefügten Art. 245 EGBGB in die BGB-InfoV als Anlage eingefügt wurde und für die über § 14 I BGB-InfoV im Falle der Verwendung die Fiktion einer ordnungsgemäßen Belehrung im Sinne des § 355 II BGB aufgestellt wird. Damit sollte dem Unternehmer für die Zukunft die Last genommen werden, hinsichtlich der immer komplexer werdenden Informationspflichten eine rechtmäßige Formulierung für die Widerrufsbelehrung zu finden.

d) Die ausdrückliche Normierung der Nachbelehrung

Um Unternehmern zudem künftig die Chance zu geben, die Widerrufsfrist durch Nachholung der Widerrufsbelehrung nachträglich in Gang zu setzen

---

[174] Beschlussempfehlung des Rechtsausschusses BT-Drucks. 14/9266 S. 45.
[175] Beschlussempfehlung des Rechtsausschusses BT-Drucks. 14/9266 S. 45.

und damit nicht dauerhaft der Gefahr eines späten Vertragswiderrufs seitens des Verbrauchers ausgesetzt zu sein, wurde zudem auf Anregung des Bundesrates[176] die ausdrückliche Normierung des Rechts zur Nachbelehrung diskutiert. Schwierigkeiten bereitete vor diesem Hintergrund vor allem das bis dahin fortbestehende Unterschriftserfordernis nach § 355 II 2 BGB a. F. So wurde die Befürchtung geäußert, ein Verbraucher werde im Nachhinein kaum bereit sein, eine Widerrufsbelehrung zu unterschreiben,[177] da die Ablehnung einer solchen Unterschrift ihm nämlich nach bestehender Rechtslage ein unbefristetes Widerrufsrecht gesichert hätte. Dies wiederum sei für Unternehmer nicht hinnehmbar. Aus diesem Grunde wurde vorgeschlagen, auf das Unterschriftserfordernis hinsichtlich der Nachbelehrung zu verzichten.

e) Kritik am Wegfall des Unterschriftserfordernisses

Dieser Vorschlag stieß insofern auf Kritik, als dass befürchtet wurde, gerade eine solche Regelung würde einen Wertungswiderspruch bewirken, da ein rechtsmissbräuchliches Verhalten belohnt und es dem Unternehmer ermöglicht werde, schlicht stets nach Vertragsschluss zu belehren und damit das Unterschriftserfordernis zu umgehen.[178] Auch ein genereller Verzicht auf das Unterschriftserfordernis begegnete Bedenken hinsichtlich der Transparenz und der Tatsache, dass in diesem Fall ebenfalls kein Unterschied bestehe, ob vor oder nach Vertragsschluss belehrt würde.[179] Nicht zuletzt vor diesem Hintergrund wurde der Vermittlungsausschuss angerufen.[180]

4. Folgerungen der Rechtswissenschaft aus der Entstehungsgeschichte

Sofern die Entstehungsgeschichte des § 355 II 2 BGB n. F. bisher in der Rechtswissenschaft überhaupt untersucht wurde, wird an dieser Stelle

---

[176] BR-Drucks. 503/02 S. 4 ff.
[177] BR-Drucks. 503/02 S. 5.
[178] BR-Drucks. 503/02 S. 5 unten.
[179] *Höhn*, Plenarprotokoll des Bundesrates 777 v. 21.6.2002, Tagesordnungspunkt 69, S. 374.
[180] Anrufungsbegehren Nr. 4, BR-Drucks. 503/02 S. 4 ff.

lediglich darauf verwiesen, dass im Rahmen der Beratungen des Vermittlungsausschusses, die nicht weiter dokumentiert seien,[181] das Unterschriftserfordernis weggefallen sei und durch das nun ausdrücklich normierte Recht zur Nachbelehrung mit der Rechtsfolge einer Monatsfrist ersetzt wurde.[182] Daraus wird vor dem Hintergrund der Entstehungsgeschichte gefolgert, dass der Grund für die Einführung der Monatsfrist die Kompensation der entfallenen Warnfunktion der Unterschrift durch eine bei einem möglicherweise Jahre zurückliegenden Vertragsschluss verlängerte Bedenkzeit hinsichtlich des Widerrufs sein sollte.[183] Insbesondere wird die Regelung vor diesem Hintergrund als auf die ordnungsgemäße Widerrufsbelehrung im Rahmen des nach § 312c II BGB zulässigen Zeitraums nach Vertragsschluss hinsichtlich von Fernabsatzverträgen ihrem Sinn und Zweck nach nicht anwendbar betrachtet und insofern bei Geschäften auf Onlineplattformen entsprechend teleologisch reduziert.

5. Erwägungen des Vermittlungsausschusses

a) Zusammenfassung der Vorarbeit der informellen Arbeitsgruppe

Nicht berücksichtigt ist in dieser, hinsichtlich der Rahmenbedingungen der Gesetzgebung ansonsten zutreffenden Analyse, die Tatsache, dass die Arbeit des Vermittlungsausschusses sehr wohl – wenn auch rudimentär – dokumentiert wurde. Zwar findet sich weder in der Beschlussempfehlung des Vermittlungsausschusses, noch in den Plenarprotokollen des Bundestages und des Bundesrates zu den Abstimmungen über das sodann verabschiedete Gesetz eine Begründung zu der Neufassung des § 355 II 2 BGB, wohl aber enthält das Sitzungsprotokoll des Vermittlungsausschusses vom 27.6.2002[184] aufschlussreiche Inhalte. Der letztendlich in das Gesetz eingegangene Änderungsvorschlag geht demnach auf die nicht weiter protokollierte Arbeit

---

[181] *Schirmbacher* CR 2006, 673, 675.
[182] Beschlussempfehlung des Vermittlungsausschusses BT-Drucks. 14/9633 S. 2.
[183] *Schirmbacher* CR 2006, 673, 675.
[184] Stenografisches Protokoll der 2. Fortsetzung der 17. Sitzung, der Fortsetzung der 18. Sitzung, der 19. Sitzung des Vermittlungsausschusses des Deutschen Bundestages und des Bundesrates am Donnerstag, den 27. Juni 2002, 16.00 Uhr Berlin; erhältlich auf Anfrage bei der Geschäftsstelle des Vermittlungsausschusses beim Bundesrat.

einer informellen Arbeitsgruppe zurück, die in Anbetracht des Zeitdrucks im Vorfeld am Tag vor der offiziellen Sitzung des Vermittlungsausschusses, Vorschläge zur Lösung der in den Anrufungsgründen aufgeworfenen Probleme im kleinen Kreis erarbeitet hatte. Diese Vorschläge fasste der damalige parlamentarische Staatssekretär des Bundesministerium der Justiz, Dr. Eckhart Pick, im Tagesordnungspunkt III.6 zusammen.

Festgestellt wird dort zunächst, dass unter anderem hinsichtlich des Anrufungsgrundes Nr. 4 – der Forderung des Bundesrates nach einer ausdrücklichen Regelung der Nachbelehrungsmöglichtkeit – ein Konsens durch die informelle Arbeitsgruppe erzielt werden konnte. Wörtlich heißt es: „Hier hat man sich auf einen Kompromiss geeinigt, der das Widerrufsrecht insofern bestehen lässt, als die Widerrufsfrist dann, wenn Widerrufsrechte nicht ordnungsgemäß mitgeteilt worden sind, einen Monat beträgt. Im Übrigen hat man sich darauf verständigt, dass in diesem Zusammenhang keine schriftliche Empfangsbestätigung mehr notwendig sein soll; es soll vielmehr, wie es auch die EU-Richtlinie vorschreibt, auf den Eingang beim Empfänger ankommen.". [185]

b) Motive für die Neufassung des § 355 II 2 BGB

Diese wenn auch knappe Zusammenfassung enthält einige höchst aufschlussreiche Elemente. Zum einen widerlegt sie die Auffassung, die Verlängerung der Widerrufsfrist diene einer längeren Bedenkzeit des Verbrauchers im Falle der Nachbelehrung,[186] sondern stützt vielmehr die Interpretation, es handele sich um eine Sanktion der verspäteten Belehrung. Dies erscheint im Rahmen der im Vorfeld zu dieser Sitzung geäußerten, oben dargestellten Bedenken, die ausdrückliche Einräumung der Nachbelehrungsmöglichkeit ohne Unterschriftserfordernis könnte eine Gleichstellung der rechtswidrigen verspäteten Belehrungen gegenüber der rechtmäßigen rechtzeitigen Belehrung bedeuten, durchaus nachvollziehbar.

---

[185] Stenografisches Protokoll der 2. Fortsetzung der 17. Sitzung, der Fortsetzung der 18. Sitzung, der 19. Sitzung des Vermittlungsausschusses des Deutschen Bundestages und des Bundesrates am Donnerstag, den 27. Juni 2002, 16.00 Uhr Berlin, S. 8f.
[186] So aber *Schirmbacher* CR 2006, 673, 675.

Vor allem aber wird mit dieser Erläuterung die Verbindung zwischen der Sanktion und dem missbilligten Verhalten deutlich: die Widerrufsfrist soll einen Monat betragen, wenn die Belehrung *nicht ordnungsgemäß* erteilt wurde. Nicht hingegen war der Sinn und Zweck der Änderung, den Unternehmer allgemein zu motivieren, möglichst vor Vertragsschluss zu belehren. Vielmehr sah der Vermittlungsausschuss eine nicht ordnungsgemäße Belehrung anscheinend stets dann gegeben, wenn erst nach Vertragsschluss belehrt wird und hat daher die entsprechende Formulierung gewählt.

III. Redaktionsversehen bei der Neufassung des § 355 II 2 BGB

Aus dieser Entstehungsgeschichte der Neufassung des § 355 II 2 BGB lassen sich wesentliche Erkenntnisse zu der ursprünglichen Bedeutung der Norm und damit zu ihrem Sinn und Zweck nach dem Willen des Gesetzgebers ableiten. Zu dem gesamten Vorgang ist zu beachten, dass die informelle Arbeitsgruppe in nur einer Sitzung sämtliche insgesamt zehn Anrufungsbegehren des Bundesrates vorbereitete, die sodann einen Tag später vom Vermittlungsausschuss und einen weiteren Tag später vom Bundestag beschlossen wurden. Hinsichtlich des gefundenen Konsens in Bezug auf die Neufassung des § 355 II 2 BGB wurde das Ergebnis der informellen Arbeitsgruppe an keiner Stelle weiter erörtert.

In der Hektik ist dem Vermittlungsausschuss und in der Folge dem Gesetzgeber ein redaktioneller Irrtum unterlaufen: die ordnungsgemäße Widerrufsbelehrung wurde mit der Widerrufsbelehrung vor Vertragsschluss gleichgesetzt. Dies ergibt sich bereits aus der entsprechenden Formulierung im Protokoll,[187] es erscheint aber auch insofern wahrscheinlich, als sich die Diskussion einzig um die Vorschriften der Haustürwiderrufsrichtlinie drehte[188], bei denen dies auch genauso zutreffend ist. Nach Artikel 4 85/577/EWG liegt nämlich die zeitliche Zäsur für die rechtzeitige und damit ordnungsgemäße Belehrung bei Haustürgeschäften in der Tat stets

---

[187] Stenografisches Protokoll der 2. Fortsetzung der 17. Sitzung, der Fortsetzung der 18. Sitzung, der 19. Sitzung des Vermittlungsausschusses des Deutschen Bundestages und des Bundesrates am Donnerstag, den 27. Juni 2002, 16.00 Uhr Berlin, S. 9.
[188] *Schirmbacher* CR 2006, 673, 675.

entweder im Zeitpunkt des Vertragsschlusses oder aber davor, nämlich im Zeitpunkt der Abgabe des Angebots durch den Verbraucher. Dieses Kriterium für die Ordnungsmäßigkeit haben die informelle Arbeitsgruppe und in der Folge der Vermittlungsausschuss anscheinend übernommen. Dies ergibt sich auch aus der Formulierung „wie es die EU-Richtlinie vorschreibt". Auffällig ist hier, dass nicht etwa „die EU-rechtlichen Vorgaben" oder „die Verbraucherschutzrichtlinien" als solche angesprochen werden, sondern vielmehr eine ganze bestimmte Richtlinie gemeint ist. Diese wird zwar an dieser Stelle nicht weiter benannt, aus dem Kontext der Diskussion insgesamt ergibt sich aber, dass damit ausschließlich die Haustürwiderrufsrichtlinie gemeint sein kann.

Für ein redaktionelles Versehen spricht schließlich, dass die Annahme, der Gesetzgeber habe auch bei Fernabsatzverträgen bewusst den Vertragsschluss als Zäsur intendiert, den wörtlich in der Erklärung zum Ausdruck gebrachten Zielen, sich erstens dem europäischen Recht anzunähern und zweitens – nur – die nicht ordnungsgemäße Widerrufsbelehrung zu sanktionieren, entgegen liefe. Wenn nämlich eine Belehrung im Rahmen des § 312c II a. F. bzw. § 312c II 1 Nr. 2 BGB n. F. auch nach Vertragsschluss zulässig ist, dann ist sie erstens sehr wohl ordnungsgemäß mitgeteilt, und zweitens bedeutete eine abweichende Regelung keine Annäherung, sondern eine Entfernung von den insoweit eindeutigen europäischen Rechtsvorschriften, die ja bei allgemeinen Fernabsatzgeschäften gerade eine Belehrung nach Vertragsschluss zulassen. Soll es aber gerade nicht mehr auf besondere nationale Erfordernisse, wie das obsolet gewordene Unterschriftserfordernis angekommen, sondern auf die europarechtlichen Vorgaben, die an Inhalt und Zeitpunkt der Belehrung anknüpfen, kann dies nur bedeuten, dass der Gesetzgeber den Sonderfall des Fernabsatzes bezüglich der ordnungsgemäßen Widerrufsbelehrung nach Vertragsschluss übersehen hat.

IV. Kritik der Literatur an der Annahme eines Redaktionsversehens

Sofern der Annahme eines gesetzgeberischen Versehens entgegen gehalten wird, dieses sei unwahrscheinlich, da der Gesetzgeber bei der Novelle des § 355 BGB im Rahmen des Gesetzes zur Änderung der Vorschriften über Fernabsatzverträge von Finanzdienstleistungen keine Änderung vorgenommen habe,[189] erscheint es fragwürdig, ob aus dem Unterlassen des Gesetzgebers hier ein solcher konkreter Wille hergeleitet werden kann. § 355 BGB wurde nämlich nicht im eigentlichen Sinne novelliert, sondern vielmehr lediglich um eine im Wortlaut direkt der zugrunde liegenden Richtlinie entsprechende weitere Ausnahme für die Geltung der absoluten Höchstfrist des § 355 III 1 BGB an Satz 3 des Absatzes ergänzt. Dass hierbei die Norm insgesamt und insbesondere Absatz II Satz 2 erneut erörtert wurden, erscheint mehr als unwahrscheinlich und lässt sich auch nicht aus den Materialien zur Gesetzgebung entnehmen. Nicht zuletzt angesichts der Tatsache, dass auch dieses Gesetz unter Zeitdruck – die Umsetzungsfrist für die Richtlinie 2002/65/EG drohte abzulaufen – entstanden ist, scheint es wesentlich naheliegender anzunehmen, dass der Gesetzgeber die neuen Vorschriften ordnungsgemäß eingliedern wollte, die bestehenden hingegen nicht noch einmal bei dieser Gelegenheit überdacht hat. Damit kann der Tatsache, dass § 355 II 2 BGB bei dieser Gelegenheit nicht geändert wurde nicht entnommen werden, dass es sich nicht um ein redaktionelles Versehen handelt. Vielmehr scheint das Problem dem Gesetzgeber auch bei dieser zweiten Änderung der Norm noch gar nicht bewusst gewesen zu sein. Ganz abgesehen davon spricht aber auch der Wortlaut des § 355 II 2 BGB dafür, dass es sich um eine Ausnahme von der Regelung des § 355 I BGB handeln soll – die Annahme, der Gesetzgeber habe dies bei Vertragsschlüssen über

---

[189] *Bonke/Gellmann*, NJW 2006 3169, 3172.

Onlineplattformen als Standardfall gewollt,[190] erscheint damit eher fernliegend.[191]

V. Telos des § 355 II 2 BGB

Damit lassen sich hinsichtlich des Sinn und Zwecks der Neufassung des § 355 II 2 BGB im wesentlichen drei Aspekte festhalten. Erstens diente die Änderung der ausdrücklichen Normierung der Zulässigkeit der Nachbelehrung. Zweitens sollte diese aber gleichzeitig gegenüber der ordnungsgemäß erteilten Widerrufsbelehrung nicht gleichgestellt werden und daher mit der Monatsfrist sanktioniert werden. Drittens sollte durch diese Vorgehensweise eine Annäherung an das europäische Recht erzielt und die überkomme nationale Regelung des Unterschriftserfordernisses abgelöst werden, indem es für die Frage, ob die Belehrung ordnungsgemäß erteilt worden ist, künftig wie auch in den europäischen Vorschriften nicht mehr auf eine Unterschrift, sondern vielmehr auf den Zeitpunkt der Belehrung ankommen sollte.

Die Sanktionierung einer nicht ordnungsgemäßen Widerrufsbelehrung gegenüber der ordnungsgemäßen und damit eine Verhütung bewussten rechtswidrigen Verhaltens, erscheint konsequent. Auch der Wegfall des alten Unterschriftserfordernisses und die Angleichung an die europäischen Vorgaben überzeugen. In § 355 II 2 BGB ist damit eine Norm zu sehen, die zum Schutze des Unternehmers einerseits die nachträgliche Widerrufsbelehrung ausdrücklich zulässt, andererseits zum Schutze des Verbrauchers diese nicht der regulären Belehrung gleichstellt. Damit wird bei diesem Verständnis der Norm ein sinnvoller und gerechter Ausgleich zwischen Verbraucher- und Unternehmerinteressen vor dem Hintergrund des aufgrund § 355 III 3 BGB ansonsten unbefristeten Widerrufsrechts bei nicht ordnungsgemäß erfolgter Widerrufsbelehrung erreicht.

---

[190] So im Ergebnis KG, Urt. v. 5.12.2006 – 5 W 295/06 = BeckRS 2006 14935; KG, Beschl. v. 18.7.2006 – 5 W 156/06 = NJW 2006, 3215, 3215 ff., OLG *Hamburg*, Urt. v. 24.8.2006 – 3 U 103/06, *Bonke/Gellmann* NJW 2006

[191] So auch *Schirmbacher* CR 2006, 673, 673 ff.

VI. Ergebnis

Hinsichtlich des Fernabsatzes generell ist mit der zwar ordnungsgemäßen, aber dennoch nachvertraglichen Widerrufsbelehrung eine besondere Fallkonstellation vom Wortlaut des § 355 II 2 BGB miterfasst, die seinem Sinn und Zweck nach nicht hätte erfasst werden sollen. Der typische Anwendungsfall des § 355 II 2 BGB ist vielmehr die Ermöglichung der Nachbelehrung einerseits und die Sanktion einer solchen zur Verhinderung des Rechtsmissbrauchs andererseits. Sofern sich aus dem zu weit gefassten Wortlaut Wertungswidersprüche ergeben, ist § 355 II 2 BGB folglich teleologisch zu reduzieren.

VII. Wertungswidersprüche

1. Wertungswiderspruch zu 312c II 1 Nr. 2 BGB

Ein erster augenscheinlicher Wertungswiderspruch besteht zwischen § 355 II 2 BGB und § 312c II 1 Nr. 2 BGB. Danach wird bei wörtlicher Auslegung ersterer Norm die Belehrung nach Vertragsschluss sanktioniert, ist nach letzterer Norm aber ausdrücklich bis zur vollständigen Erfüllung des Vertrages seitens des Unternehmers – der Warenlieferung oder der vollständigen Erbringung der Dienstleistung – zulässig. Dieser Wertungswiderspruch ist direkte logische Konsequenz aus der unpräzisen Formulierung des § 355 II 2 BGB, der stillschweigend voraussetzt, dass eine ordnungsgemäße Belehrung stets vorvertraglich erfolgt. Danach ist eine nachvertragliche Widerrufsbelehrung im Umkehrschluss gerade nicht ordnungsgemäß. Gibt es aber nachvertragliche ordnungsgemäße Widerrufsbelehrungen, wie es § 312c II 1 Nr. 2 BGB normiert, so kann dies folglich nur in einen Wertungswiderspruch münden.

Dem kann auch nicht entgegengehalten werden, § 312c II 1 Nr. 2 BGB träfe über § 312d II BGB nur eine Regelung zum Fristbeginn, während § 355 II 2 BGB einzig die Fristlänge beträfe und es dem Gesetzgeber frei stehe, dies unterschiedlich zu regeln.[192] Zunächst besteht die systematische

---

[192] *Bonke/Gellmann* NJW 2006, 3169, 3173f.

Bedeutung des § 312c II 1 BGB nämlich darin, gerade die Ordnungsmäßigkeit der Mitteilung der Vertragsinformationen hinsichtlich Inhalt, Form und Zeitpunkt zu normieren. Danach ergibt sich also gerade auch die Ordnungsmäßigkeit der Widerrufsbelehrung hinsichtlich des Zeitpunktes aus den in § 312c II 1 BGB genannten Fristen. Erst an die ordnungsgemäße Mitteilung der Vertragsinformationen insgesamt knüpft § 312d II BGB die Rechtsfolge der Aufhebung des Hemmnisses für den Fristbeginn. Daneben kann der Gesetzgeber daran weitere Rechtsfolgen knüpfen, wie er es beispielsweise hinsichtlich der ordnungsgemäß mitgeteilten Widerrufsbelehrung als Teil der Vertragsinformationen über § 355 III 3 BGB tut, der in diesem Fall das Hemmnis des unbefristeten Widerrufsrechts aufhebt. Maßstab für die Ordnungsmäßigkeit bleibt dabei aber § 312c II 1 BGB. Andernfalls könnte eine Verletzung der in § 1 Nr. 10 BGB-InfoV normierten Informationspflichten zum Widerrufsrecht kein unbefristetes Widerrufsrecht nach § 355 III 3 BGB aufgrund nicht ordnungsgemäß erteilter Widerrufsbelehrung auslösen. Damit ist § 312c II 1 BGB nicht etwa nur – wie es das Gegenargument annimmt – eine Regelung zum Fristbeginn, sondern vielmehr zentrale Norm zur Regelung der Ordnungsmäßigkeit der Widerrufsbelehrung bei Fernabsatzgeschäften. Hängt wiederum die Länge der Widerrufsfrist nach § 355 II 2 BGB von eben dieser in § 312c II 1 BGB normierten Ordnungsmäßigkeit der Widerrufsbelehrung ab, so ist es gerade nicht so, dass erstere Norm einzig die Fristlänge betrifft, zweite Norm einzig den Fristbeginn. Vielmehr hängt beides von der insgesamt ordnungsmäßig erteilten Belehrung ab – insofern kann dies einer teleogischen Reduktion nicht entgegengehalten werden.

Ganz abgesehen davon ist dieses Gegenargument aber noch aus einem weiteren Grund abzulehnen: es ist zwar richtig, dass es dem Gesetzgeber grundsätzlich frei stünde, Fristbeginn und Fristlänge an verschiedene Maßstäbe zu knüpfen,[193] diese dürften aber der Einheit der Werteordnung trotzdem nicht widersprechen. Selbst wenn man also vertritt,

---

[193] *Bonke/Gellmann* NJW 2006, 3169, 3173f.

§ 312c II 1 BGB habe nur Einfluss auf den Fristbeginn, kann man daraus keine Schlüsse hinsichtlich von Wertungswidersprüchen zwischen § 355 II 2 BGB und § 312c II BGB ziehen. Wenn nämlich erstere Norm ein Verhalten sanktioniert, dass nach letzterer Norm ausdrücklich zulässig ist, so liegt darin auch dann ein Widerspruch in der Wertung, wenn man einen direkten Einfluss des § 312c II BGB auf die Fristlänge ablehnte.

2. Wertungswiderspruch bei Vertragsschluss und Widerrufsbelehrung als einheitlichem Geschehen

Neben der hier vertretenen, auf der Entstehungsgeschichte der Norm basierten teleologischen Reduktion des § 355 II 2 BGB finden sich in der Literatur viele Stimmen, die die Norm – unabhängig von den historischen Betrachtungen – aufgrund eines ganz anderen Wertungswiderspruches reduzieren wollen, welcher hier aus Gründen der Vollständigkeit ebenfalls Beachtung finden soll. Bilden Vertragsschluss und Widerrufsbelehrung nämlich ein einheitliches Geschehen, so hängt es möglicherweise von Zufälligkeiten ab, in welcher Reihenfolge Vertragsschluss und Widerrufsbelehrung erfolgen. Die Rechtsfolge der Monatsfrist an den zufälligen Umstand zu knüpfen, ob der Verbraucher nun zuerst den Vertrag schließt und dann die Widerrufsbelehrung ausgehändigt bekommt oder umgekehrt, wird dabei als Wertungswiderspruch betrachtet. Ein einheitliches Geschehen läge zumindest dann vor, wenn die Widerrufsbelehrung zeitlich im unmittelbaren Anschluss an den Vertragsschluss erfolge.[194]

Dem wird entgegen gehalten, dass es gerade nicht auf einem Zufall, sondern der Entscheidung des Unternehmers beruhe, in welcher Reihenfolge das Geschehen statt fände, damit liege auch kein Wertungswiderspruch vor.[195] Zumindest in Bezug auf den Vertragsschluss auf Onlineplattformen ist zu letzterer Ansicht allerdings anzumerken, dass diese davon ausgeht, die technischen Gegebenheiten dort erlaubten eine Belehrung in Textform vor Vertragsschluss – dies soll dabei über die Bestätigungs-eMails des Platt-

---

[194] *Artz* BKR 2002, 603, 607; *Becker/Föhlisch* NJW 2005, 3377, 3378; Palandt-*Heinrichs*, § 355 Rn. 19; MünchKomm-*Ulmer* § 355 Rn. 53; *Kaestner/Tews* WRP 2004, 509, 513.
[195] *Bonke/Gellmann* NJW 2006, 3169, 3172.

formbetreibers an die jeweiligen Bieter möglich sein.[196] Abgesehen von dem bereits erläuterten Problemen, dass dann Schwierigkeiten bestünden, den jeweils vom Unternehmer zu bestimmenden genauen Inhalt der Widerrufs-belehrungen in diese eMails aufzunehmen, übersehen die Vertreter dieser Ansicht jedenfalls, dass zumindest im Falle eines Gebotes wenige Sekunden vor Auktionsende, der Eingang der Bestätigungsmail auf dem Server des Bieters und damit der Zugang der Widerrufserklärung noch vor Vertrags-schluss je nach Übermittlungszeit gerade doch abhängig von Zufälligkeiten erfolgt. Insofern liegt zumindest in diesem Fall erst recht ein Wertungswi-derspruch vor.

Es blieben damit also lediglich die Fälle des Sofort-Kaufes übrig, in denen eine Widerrufsbelehrung in Textform vor Vertragsschluss ohne Zufälligkei-ten durch eine entsprechende Gestaltung der Abläufe auf der Plattform technisch zumindest möglich wäre. Hier ist zunächst festzuhalten, dass der Unternehmer selbst keinen Einfluss auf die technischen Abläufe auf der Plattform hat. Damit allein lässt dich allerdings kein Wertungswiderspruch begründen. § 355 II 2 BGB lässt sich als halbzwingende Norm nicht zu Ungunsten des Verbrauchers abbedingen, erst recht nicht können also die tatsächlichen technischen Gegebenheiten auf bestimmten Internetplattfor-men dies bewirken – vielmehr muss das Gesetz Maßstab für die Plattform-gestaltung sein und nicht umgekehrt.[197] Insofern wäre hier der Gegenauffas-sung dahingehend zuzustimmen, dass in den Fällen des direkten Vertrags-schlusses durch Angebot und Annahme über eine Onlineplattform in der Tat eine Belehrung vor Vertragsschluss technisch zumindest ohne zufällige Momente möglich wäre. Ein Wertungswiderspruch i. S. d. von Zufälligkei-ten bei Vertragsschluss und Belehrung als einheitlichem Geschehen wäre in diesem Fall hier abzulehnen.

---

[196] *Bonke/Gellmann* NJW 2006, 3169, 3172.
[197] *Bonke/Gellmann* NJW 2006, 3169, 3172.

3. Erfordernis der Rechtssicherheit

Unzulässig ist eine teleologische Reduktion allerdings dann, wenn das Erfordernis der Rechtssicherheit den ihr zugrunde liegenden Erwägungen überwiegt.[198] Dies ist immer dann der Fall, wenn der Gesetzgeber gerade absichtlich ein abstraktes Regelungsniveau gewählt hat, um gerade nicht den einzelnen Nachweis zu Lasten desjenigen, der durch die Norm geschützt werden soll, zu erfordern. Klassisches Beispiel ist das Insichgeschäft (§ 181), das gerade unabhängig vom konkreten Eintritt der Gefahr für die Rechtsgüter des Vertretenen, generell nur in den wenigen gesetzlich zugelassenen Fällen vorgenommen werden kann. Der Gedanke dahinter ähnelt insoweit der Idee des abstrakten Gefährdungsdeliktes im Strafrecht, wo es aufgrund der potentiellen Gefährlichkeit der entsprechenden Handlung eben aus beweisrechtlichen Gründen auch gerade nicht auf den konkreten Eintritt der Gefahr ankommt. Zivilrechtliche Normen wie § 181 BGB dürfen aus Gründen der Rechtssicherheit nicht teleologisch reduziert werden, da ihr umfassender abstrakter Schutz dann unterlaufen würde und gerade doch eine Einzelfallprüfung erfolgen müsste.

Mit dem Argument der Rechtssicherheit wird auch die teleologischen Reduktion des § 355 II 2 BGB angegriffen und ihr entgegen gehalten, die aus dem Wegfall der mit dem Vertragsschluss gegebenen klaren zeitliche Zäsur als Maßstab für die Fristlänge nach § 355 II 2 BGB resultierende Rechtsunsicherheit mache die teleologische Reduktion unzulässig.[199] Dem kann allerdings schon deshalb nicht gefolgt werden, weil es sich bei § 355 II 2 BGB gerade um eine Norm wie § 181 BGB handelt, deren abstraktes Regelungsniveau gerade zur Vermeidung von Rechtsunsicherheit durch Einzelfallprüfung gewählt wurde. Weder hat die Norm ein solch abstraktes Niveau noch lässt sich hier ein entsprechender gesetzgeberischer Wille erkennen. Außerdem stützt sich diese Ansicht primär auf den in dem einheitlichem Geschehensablauf gesehen Wertungswiderspruch, mit dem

---

[198] *Larenz/Canaris*, Methodenlehre der Rechtswissenschaft, 3. Auflage, Berlin, 1995, S. 212.
[199] *Bonke/Gellmann* NJW 2006, 3169, 3172.

Argument, hier sei nicht klar, wann eine Belehrung insoweit ein einheitliches Geschehen mit dem Vertragsschluss darstelle, dass sie noch rechtzeitig im Sinne des § 355 II 2 BGB erfolgt sei. Da der hier befürworteten teleologischen Reduktion aber der Wertungswiderspruch zwischen der Ordnungsmäßigkeit der Widerrufsbelehrung nach § 312c II BGB und der Anknüpfung des § 355 II 2 BGB an den Zeitpunkt des Vertragsschlusses zugrunde liegt, entsteht eine derartige Rechtsunsicherheit nicht. Die Frage, ob die Widerrufsbelehrung ordnungsgemäß erfolgt ist, lässt sich nämlich nach den Vorgaben des § 312c II BGB genauso klar beantworten, wie die Frage des Zeitpunktes des Vertragsschlusses. Damit entsteht durch eine derartige teleologische Reduktion keine Rechtsunsicherheit gegenüber der wortlautgetreuen Anwendung der Norm.

VIII. Folgenbetrachtung vor dem Hintergrund des Verbraucherschutzes

Die teleologische Reduktion des § 355 II 2 BGB auf die Fälle der nicht ordnungsgemäß erteilten Widerrufsbelehrung bedeutet auch nicht etwa eine Verringerung des Verbraucherschutzes. Die Norm hat einen Sanktionscharakter, nicht hingegen dient die Verlängerung der Widerrufsfrist von zwei Wochen auf einen Monat an sich bereits dem Verbraucherschutz. Bedenkt man nämlich den Sinn und Zweck des Verbraucherschutzrechts im Fernabsatzverkehr, Nachteile des Verbrauchers durch übereilte Entscheidung und dem Mangel an Möglichkeiten Vertragspartner und -leistung vor Vertragsschluss zu begutachten, so erscheint keine Fallkonstellation ersichtlich, in der der Verbraucher dies durch zwei bis drei weitere Wochen der Widerrufsfrist besser erreichen könnte als in den ersten beiden Wochen. Zu bedenken ist insbesondere, dass der Verbraucher die Sache eben nicht wie ein Eigentümer in Gebrauch nehmen darf, da er sich andernfalls Ersatzansprüchen nach § 357 BGB aussetzt. Ob aber das Packet nun zwei Wochen oder einen Monat im Haushalt des Verbrauchers herumsteht: es ist kein Grund ersichtlich, warum sich im letzteren Fall der Verbraucher ein besseres Bild von Leistung und Anbieter machen können sollte als in ersterem. Allenfalls erst später auftretende Mängel könnten den Verbraucher motivieren, zu diesem Zeitpunkt noch den Vertrag zu widerrufen – genau das zu ermöglichen ist aber gerade nicht Sinn und Zweck des Fernabsatzrechts, sondern wäre ein Anwendungsfall des Sachmängelhaftungsrechts.

Es erscheint des weiteren auch sonst kein Grund ersichtlich, warum der Verbraucher beim Vertragsschluss auf Onlineplattformen einen Vorteil davon haben sollte, bereits vor Vertragsschluss in Textform über das Widerrufsrecht in Textform belehrt zu werden. Formfrei stehen ihm genau dieselben Informationen aufgrund der Regelung des § 312c I BGB ohnehin zur Verfügung. Hätte der Gesetzgeber für diese Informationen Textform für nötig erachtet, hätte er auf das sog. zweigleisige System verzichten können und von vornherein nur eine einzige Belehrung vor Vertragsschluss in Textform vorsehen können. Die Kombination aus Vorabinformation vor Vertragsschluss und Vertragsinformation bei – oder im Falle des Fernabsatzrechts auch nach – Vertragsschluss ist aber aus gutem Grund tradiertes Prinzip des Verbraucherschutzes auf nationaler wie europäischer Ebene. Gerade die Widerrufsbelehrung in Textform soll dem Verbraucher für die Zeit *nach* dem Vertragsschluss dauerhaft klar machen, dass ein Widerrufsrecht besteht und in welcher Form es mit welchen Folgen auszuüben ist. Dies wird aber nicht dadurch besser erreicht, dass während der Internetauktion oder kurz vor dem „Sofort-Kauf" eine entsprechende eMail versandt wird. Im Gegenteil: gerade bei der für Verträge auf Onlineplattformen typischen Warenlieferung, bei der es hinsichtlich des Fristbeginns der Widerrufsfrist ohnehin auf den Zeitpunkt der Lieferung ankommt, wird durch eine schriftliche Widerrufsbelehrung oben im Versandpaket vermutlich der Fokus des Verbrauchers auf sein Widerrufsrecht besser gelenkt, als durch eine vor Vertragsschluss übersandte eMail – selbst wenn die Möglichkeit dazu bestünde. Hinsichtlich der Entscheidung, ob er den Vertrag überhaupt schließen will hingegen, sollen nach dem Willen des Gesetzgebers wiederum gerade die formfreien Informationen nach § 312c I BGB ausreichen. Es erscheint wenig sinnvoll, dieses ausbalancierte System durch eine erzwungene Vorverlagerung der nachvertraglichen Informationen nach § 312c II BGB zu überwerfen. Denn gerade bei Geschäften auf Plattformen wie eBay können durchaus unter Berücksichtigung der nachvertraglichen Kontaktaufnahme, des Zahlungseinganges und des Warenversands ein bis zwei Wochen zwischen Vertragsschluss und Wareneingang vergehen. In dieser Zeit könnte der Verbraucher unter Umständen sein Widerrufsrecht vergessen, die eMail mit der Belehrung aus Versehen löschen oder den zugehörigen Ausdruck verlegen. Genau deshalb hat der Gesetzgeber ein zweigleisiges System aus Vorabinformationen und Vertragsinformationen eingeführt.

Einen ähnlichen Rechtsgedanken verfolgt auch der BGH bei der Entscheidung,[200] eine Widerrufsbelehrung vor Abgabe der Willenserklärung sei bei Haustürgeschäften nicht zulässig. Darin stellt der BGH unter anderem fest, dass eine Widerrufsbelehrung dann nicht ordnungsgemäß erteilt ist, wenn sie zeitlich soweit vor der Willenserklärung des Verbrauchers liegt, dass sie in Vergessenheit geraten und ihre Funktion, dem Verbraucher eine Bedenkzeit hinsichtlich des Festhaltens am Vertrag einzuräumen, nicht mehr erfüllen könnte.[201] Die Rechtslage ist zwar bei Haustürgeschäften eine andere, da hier nachvertraglich generell nicht belehrt werden darf – genau dies führte ja zu dem oben festgestellten Redaktionsversehen bei § 355 II 2 BGB –, so dass die Rechtssprechung wörtlich nicht auf Fernabsatzgeschäfte mit ihren völlig anderen Anforderungen an die rechtzeitige Widerrufsbelehrung zu übertragen ist.[202] Der zugrunde liegende Rechtsgedanke ist mit Blick auf den Sinn und Zweck der Widerrufsbelehrung aber sehr wohl zu übertragen. Er kann hier zumindest als Wertmaßstab dafür dienen, dass eine möglichst frühe Widerrufsbelehrung, die dem Verbraucher vor den Waren und damit dem Zeitpunkt, ab dem das Widerrufsrecht von besonderem Interesse für ihn ist, erreicht, jedenfalls einer, die gemeinsam mit der Warenlieferung zugeht und das Widerrufsrecht zu diesem für ihn sinnvollen Zeitpunkt in den Fokus des Verbrauchers rückt, nicht vorzugs-

---

[200] BGH, Urt. v. 4.7.2002 – I ZR 55/00 = NJW 2002, 3396, 3396 ff..
[201] BGH, Urt. v. 4.7.2002 – I ZR 55/00 = NJW 2002, 3396, 3398 f.
[202] So im Ergebnis auch *Bonke/Gellmann* NJW 2006 3169, 3172; a. A. *Stadler*, JurPC Web-Dok. 136/2006 Art. 22.

würdig ist. Damit aber ist das erreichte Maß an Verbraucherschutz mit der vorgeschlagenen teleologischen Reduktion jedenfalls nicht geringer, als es im Falle der wortlautgetreuen Anwendung des § 355 II 2 BGB wäre.

IX. Ergebnis

Der Wortlaut des § 355 II 2 BGB ist aufgrund eines Redaktionsversehens zu weit gefasst. Durch die Gleichsetzung von Ordnungsmäßigkeit der Widerrufsbelehrung und Mitteilung vor Vertragsschluss werden die Fälle der ordnungsgemäßen Widerrufsbelehrung zwischen Vertragsschluss und Vertragserfüllung, wie sie für den Fernabsatz typisch sind, versehentlich ebenfalls erfasst. Daraus ergibt sich ein Wertungswiderspruch dahingehend, dass in diesen Fällen die Belehrung nach Vertragsschluss trotz ausdrücklicher Zulässigkeit nach dem Wortlaut des § 312c II BGB mit der Monatsfrist sanktioniert wird. Außerdem widerspricht eine Widerrufsbelehrung vor Vertragsschluss zumindest bei Warenlieferungen dem Gedanken, den Fokus des Verbrauchers im für ihn relevanten Zeitraum auf das Bestehen eines Widerrufsrechts zu lenken.

Diese Wertungswidersprüche sind de lege lata durch teleologische Reduktion des § 355 II 2 BGB dahingehend zu korrigieren, dass es mit dem ursprünglichen gesetzgeberischen Motiv nicht auf den Zeitpunkt des Vertragsschlusses ankommt, sondern vielmehr auf die Ordnungsmäßigkeit des Zeitpunkts der Belehrung gemäß den ihr zugrunde liegenden Normen. De lege ferenda ist eine entsprechende Klarstellung des Wortlauts geboten. Damit würde nicht nur ein Großteil der bestehenden Rechtsunsicherheit auf einen Schlag beseitigt, der Rechtsordnung würde auch wieder zur Einheitlichkeit, einem konsequenten Wertmaßstab und nachvollziehbaren Ergebnissen in den hier untersuchten Sonderfällen von Vertragsschlüssen auf Onlineplattformen verholfen.

J. Die übrigen Problemfelder

I. § 355 II 2 BGB und der Fernabsatz von Finanzdienstleistungen

Hinsichtlich des Fernabsatzes von Finanzdienstleistungen ist zunächst auf das Ergebnis oben unter G. V. 2. zu verweisen. Danach ist auch die Widerrufsbelehrung nach Vertragsschluss unter den weiteren Voraussetzungen des Ausnahmetatbestands des § 312c II 1 Nr. 1 a. E. BGB ordnungsgemäß und löst damit nach dem teleologisch reduzierten § 355 II 2 BGB ebenfalls bloß eine Zwei-Wochen-Frist aus.

Selbst wenn man aber diese teleologische Reduktion nicht befürwortet oder aber die Fälle des Vertragsschlusses auf Onlineplattformen nicht als Anwendungsfall des Ausnahmetatbestandes sieht, so ergibt sich noch ein weiterer Grund, für eine teleologische Reduktion des § 355 II 2 BGB. Im Falle des Fernabsatzes von Finanzdienstleistungen ist nämlich das Vollharmonisierungsgebot des Erwägungsgrundes (13) der 2002/65/EG zu berücksichtigen. Danach sind Abweichungen von den Vorschriften der Richtlinie anders als im allgemeinen Fernabsatz ausschließlich im Rahmen der dort normierten Ausnahmen zulässig. Die Widerrufsfrist für Fernabsatzverträge über Finanzdienstleistungen beträgt aber gemäß Art. 6 I 1 2002/65/EG vierzehn Kalendertage. Für eine andere Widerrufsfrist bietet die Richtlinie keine Rechtsgrundlage. Damit ist die Regelung des § 355 II 2 BGB hinsichtlich des Fernabsatzes von Finanzdienstleistungen europarechtswidrig. Da davon auszugehen ist, dass der Gesetzgeber dies nicht gesehen hat, da er wohl anderenfalls einen entsprechenden Ausschlustatbestand formuliert hätte, ist der Wortlaut des § 355 II 2 BGB insofern zu weit.. § 355 II 2 BGB ist damit de lege lata hinsichtlich des Fernabsatzes von Finanzdienstleistungen dahingehend zu reduzieren, dass stets die Zweiwochenfrist gilt.[203] Der zu weite entgegenstehende Wortlaut der Norm, ist

---

[203] *Domke* BB 2006 61, 62, *Domke* BB 2007, 341, 341 f.; A. A.: *Held/Schulz* BKR 2005, 207, 273; Palandt-*Grüneberg*, § 355 Rn. 19.

nicht etwa Hinderungsgrund,[204]sondern Ursache für die Notwendigkeit einer teleologischen Reduktion. De lege ferenda ist eine entsprechende Korrektur erforderlich und geboten.

II. Der Inhalt der Widerrufsbelehrung

1. Belehrungspflicht über ein einmonatiges Widerrufsrecht bei Geschäften auf Onlineplattformen

In seiner jüngsten Rechtssprechung geht das KG davon aus, dass die Widerrufsbelehrung bei Verträgen, die auf Onlineplattformen geschlossen werden, nicht standardmäßig über ein zweiwöchiges Widerrufsrecht belehren dürfe, sondern vielmehr ein einmonatiges Widerrufsrecht im Wortlaut der Belehrung benannt werden müsse.[205] Dies wird aus der Tatsache, dass eine Widerrufsbelehrung in Textform nicht möglich sei, unter wortlautgetreuer Anwendung des § 355 II 2 BGB gefolgert.[206] Die Entscheidung folgt insoweit konsequent der Vorentscheidung vom 18.07.2006, in der mangels Möglichkeit, das Textformerfordernis zu erfüllen, ebenfalls ein einmonatiges Widerrufsrecht bei Verträgen auf Onlineplattformen angenommen wurde.[207] Dies ist für die Länge der Widerrufsfrist unabhängig von dem Problemkreis des § 355 II 2 BGB deshalb relevant, weil bei einer falschen Widerrufsbelehrung wegen § 355 III 3 BGB ein unbefristetes Widerrufsrecht gilt. Während den Ausführungen des Gerichts hinsichtlich der Textform zuzustimmen ist, bleibt es aufgrund der – vom Senat in beiden Entscheidungen schon gar nicht diskutierten – gebotenen teleologischen Reduktion des § 355 II 2 BGB aber in den Standardfällen des Vertragsschlusses auf Onlineplattformen dennoch beim zweiwöchigen Widerrufsrecht. Insofern ist die Belehrung über eine zweiwöchige Widerrufsfrist richtig und damit zulässig.

---

[204] So aber Palandt-*Grüneberg*, § 355 Rn. 19.
[205] KG, Urt. v. 5.12.2006 – 5 W 295/06 = BeckRS 2006 14935; KG, Beschl. v. 18.7.2006 – 5 W 156/06 = NJW 2006, 3215, 3216.
[206] KG, Urt. v. 5.12.2006 – 5 W 295/06 = BeckRS 2006 14935.
[207] KG, Beschl. v. 18.7.2006 – 5 W 156/06 = NJW 2006, 3215, 3115 ff.

2. Rechtskonformität der Musterwiderrufsbelehrung

In letzter Zeit wird daneben zusehends die Richtigkeit der Musterwiderrufs-belehrung selbst in Frage gestellt, insbesondere insofern dort angeführt wird, die Widerrufsfrist beginne frühestens mit Erhalt der Widerrufsbeleh-rung.[208] Dies ist zwar kein typisches Problem der Widerrufsfrist bei Ge-schäften auf Online-Plattformen, hat aber ebenfalls über § 355 III 3 BGB Einfluss auf die Länge der Widerrufsfrist. Der Verweis auf den Beginn der Widerrufsfrist mit Erhalt der Belehrung – der nicht falsch ist[209] – wird dabei aus zwei Gründen bemängelt. Zum einen berücksichtige die Formulierung die Modifikation der Widerrufsfrist über § 355 III 2 BGB bei Warenliefe-rungen nicht,[210] zum anderen beginne die Frist aufgrund § 187 I BGB frühestens am Tag *nach* Erhalt der Belehrung[211].

Letzteres Argument überzeugt allerdings nicht. Sinn und Zweck der Widerrufsbelehrung ist zwar, den Verbraucher über die Konditionen der Ausübung seines Widerrufsrechts zu belehren, grundsätzliche Kenntnisse des Rechtsverkehrs dürfen und müssen aber – will man eine seitenlange und damit intransparente Widerrufsbelehrung vermeiden – vorausgesetzt werden. Insofern obliegt es dem Verbraucher, sich über die allgemeinen Fristenregelungen des BGB zu informieren, die keine Besonderheit des Fernabsatz- oder Verbraucherschutzrechts darstellen. Hingegen muss die Widerrufsbelehrung all diejenigen Informationen enthalten, die besonderes Charakteristikum des Widerrufsrechts bei Verbraucherverträgen sind und gerade von den allgemeinen Regelungen des BGB abweichen – beispielswei-se, dass zur Fristwahrung die rechtzeitige Absendung genügt. Insofern kann auf die Formulierung hinsichtlich des Fristbeginns hier nicht ankommen.

---

[208] KG, Beschl. v. 18.7.2006 – 5 W 156/06 = NJW 2006, 3215, 3117; LG *Halle*, Urt. v. 13.5.2005 – 1 S 28/05; abrufbar unter: http://www.internetrecht-rostock.de/lg-halle-1s-28-05.htm.

[209] KG, Beschl. v. 18.7.2006 – 5 W 156/06 = NJW 2006, 3215, 3217.

[210] LG *Halle*, Urt. v. 13.5.2005 – 1 S 28/05, 1 b), Fn. 211; KG, Beschl. v. 18.7.2006 – 5 W 156/06 = NJW 2006, 3215, 3217.

[211] LG *Halle*, Urt. v. 13.5.2005 – 1 S 28/05, 1 a), Kaufmann, CR 2006 S. 764, 768f.

Hingegen wird man nicht umhin kommen, die Divergenz in Bezug auf die besondere Fristenregelung bei der Warenlieferungen anzuerkennen. Fraglich ist allerdings, ob daraus zwingend eine ordnungswidrige Widerrufsbelehrung bei Verwendung des Musters folgen muss. Tatsache ist, dass § 355 II 1 BGB einen Hinweis auf den Fristbeginn erfordert, der dem Verbraucher die Fristberechnung ermöglichen soll.[212] Dies wäre ihm im Falle der Warenlieferung allein aufgrund der Musterwiderrufsbelehrung nicht korrekt möglich. De lege ferenda ist das Muster damit folglich zu korrigieren, auch wenn die Bundesregierung das bestehende Muster für ausreichend hält,[213] ein entsprechender Antrag wurde am 28.2.2007 in den Bundestag eingebracht.[214] De lege lata ließe sich gegen die Ansicht, die Musterwiderrufsbelehrung genüge nicht den Anforderungen des § 355 II BGB und könnte damit trotz der Fiktion des § 14 I BGB-InfoV keine wirksame Belehrung herbei führen, allenfalls rechtspolitisch einwenden, dass die resultierende Notwendigkeit der eigenen Formulierung einer Widerrufsbelehrung unternehmerseitig aufgrund der komplexen Informationspflichten im Zweifel zuungunsten des Verbrauchers zu noch „falscheren" Widerrufsbelehrungen führen würde. Keinesfalls jedoch kann die Musterwiderrufsbelehrung rechtswirksam allein aufgrund der Fiktion des § 14 I BGB-InfoV den Verbraucher belehren. Dieser hat nämlich trotz der Änderung der BGB-InfoV durch Parlamentsgesetz im Rahmen der Anpassung an die neuen Vorschriften zum Fernabsatz von Finanzdienstleistungen[215] aufgrund Art. 8 des Gesetzes, aber auch weil eine durch Gesetz veränderte Verordnung der Normenklarheit halber nicht Gesetzesrang erhalten kann,[216] Verordnungsrang behalten und ist damit dem höherrangingen § 355 II BGB subsidiär.[217]

---

[212] MünchKomm-*Ulmer*, § 355 Rn. 49.
[213] BT-Drucks. 16/3595 S. 2
[214] BT-Drucks. 16/4452.
[215] Gesetz zur Änderung der Vorschriften über Fernabsatzverträge bei Finanzdienstleistungen v. 2.12.2004, BGBl. I 2004 S. 3102.
[216] BVerfG, Beschl. v. 13.9.2005 – 2 BvF 2/03.
[217] A. A.: LG Münster, Urt. v. 2.8.2006 – 24 O 96/06, abrufbar unter: http://www.internetrecht-rostock.de/lg-muenster-24-o-96-06.pdf.

III. Pflichten nach § 312e I 1 BGB

Ebenfalls Einfluss auf den Fristbeginn und damit auf die tatsächliche Zeitdauer des Bestehens des Widerrufsrechts hat aufgrund § 312e III 2 BGB die Erfüllung der Pflichten nach Absatz I 1 der Norm. Hierbei fällt allerdings auf, dass der Unternehmer, der sich für den Vertragsschluss einer Onlineplattform bedient, mangels Herrschaft über die technischen Abläufe dort, nicht in der Lage ist, die technischen Mittel zur Eingabekorrektur nach Absatz I 1 Nr. 1 bereit zustellen und die Bestellbestätigung nach Nr. 3 zu übermitteln. Der Wortlaut der Norm ist insoweit auf Onlineshops zugeschnitten, während der Fall, dass Unternehmer und Betreiber der zum Vertragsschluss genutzten Internetseite nicht identisch sind, hierbei keine Berücksichtigung findet. Die Norm ist daher dahingehend teleologisch zu reduzieren, dass den Unternehmer die genannten Pflichten jedenfalls dann nicht treffen, wenn er eine Plattform nutzt, deren Betreiber die diesen Pflichten entsprechenden technischen Vorkehrungen selbst trifft, wie es beispielsweise bei eBay der Fall ist.[218]

---

[218] *Kaestner/Tews* WRP 2004, 509, 511.

K. Fazit

Die Widerrufsfrist bei auf Onlineplattformen geschlossenen Verträgen zwischen einem Unternehmer und einem Verbraucher beträgt zwei Wochen. Zwar ist eine Belehrung in Textform vor Vertragsschluss wie es § 355 II 2 BGB dem Wortlaut nach für das Eingreifen des zweiwöchigen Widerrufsfrist verlangt, nicht möglich. § 355 II 2 BGB ist aber teleologisch dahingehend zu reduzieren, dass es nicht auf den Zeitpunkt des Vertragsschlusses, sondern auf den ordnungsgemäßen Zeitpunkt der Widerrufsbelehrung ankommt. Im Falle des allgemeinen Fernabsatzes von Waren kann damit bis zur Lieferung der Waren belehrt werden. Das Maß an Verbraucherschutz verringert sich dadurch nicht, im Gegenteil erhält der Verbraucher eine Widerrufsbelehrung, die seinen Fokus auf sein Widerrufsrecht dann lenkt, wenn es für ihn darauf ankommt. Eine Widerrufsbelehrung vor Vertragsschluss hingegen würde die Gefahr, dass der Verbraucher, aus welchem Grund auch immer, die Information über sein Widerrufsrecht vergisst, verlegt oder sonst nicht mehr einsehen kann, nur erhöhen und damit dem Verbraucherschutzgedanken zuwider laufen. Abgesehen davon erhält der Verbraucher im Rahmen der Vorabinformationen ohnehin eine weitere – wenn auch formfreie – Widerrufsbelehrung vor Vertragsschluss. Bedenkt man rechtspolitisch zudem, dass ein einmonatiges Widerrufsrecht aufgrund der höheren Kosten für den Unternehmer mittelfristig möglicherweise auch höhere Preise nach sich zieht, der Verbraucher aber faktisch von der Fristverlängerung nicht profitieren kann, ist auch dies bei Verzicht auf die teleologische Reduktion aus Verbrauchersicht nachteilig.

Mit der teleologischen Reduktion des § 355 II 2 BGB widerfährt das ursprüngliche gesetzgeberische Leitbild der Nachbelehrung unter Ausschluss einer Motivation zum Rechtsbruch Gerechtigkeit. Gleichermaßen lassen sich so die Einheitlichkeit der Rechtsordnung wieder herstellen und ansonsten bestehende Wertungswidersprüche konsequent vermeiden. Insbesondere können unbillig erscheinende Ergebnisse hinsichtlich des Vertragsschlusses zwischen Unternehmer und Verbraucher auf Onlineplattformen vermieden werden, ohne dass es hierzu einer – den Verbraucher-schutz unnötig und unzulässig aushöhlenden – Aufweichung des Textfor-merfordernisses bedürfte. Auf diese Art und Weise lässt sich ein angemes-sener Ausgleich zwischen den Bedürfnissen des Unternehmers und des Verbrauchers erzielen.

De lege ferenda ist es dringend erforderlich und geboten, die Formulierung des § 355 II 2 BGB zu korrigieren. Mit der derzeit herrschenden Rechtsun-sicherheit hinsichtlich der Widerrufsfristen bei Verbrauchergeschäften auf Onlineplattformen ist weder dem Verbraucher noch dem Unternehmer geholfen. Die Gefahr der inhaltlich falschen Widerrufsbelehrung birgt aufgrund des resultierenden unbefristeten Widerrufsrechts, enorme wirt-schaftliche Risiken für Unternehmer, ohne dass dem gleichzeitig ein höheres Maß an Verbraucherschutz abzugewinnen wäre. Insoweit ist es ebenfalls dringend erforderlich, de lege ferenda eine ordnungsgemäße Musterwider-rufsbelehrung zu schaffen. Letztlich lässt sich festhalten, dass die hier erörterten Problemkreise sämtlichst Folge deutscher Sonderwege bei der Umsetzung der europäischen Vorgaben mit dem an sich wohlgemeinten Ziel der Harmonisierung des Verbraucherschutzrechts sind. Daneben haben die teils zeitlich katastrophalen Rahmenbedingungen während des Gesetz-gebungsverfahrens ihren Teil zu den resultierenden mitunter ungenauen Formulierungen der harmonisierten Bestimmungen beigetragen. Aber auch die Tatsache, dass aufgrund der europarechtlichen Vorgaben oftmals eine Vereinheitlichung nur unter extremer Ausdehnung des Schutzniveaus erreicht werden konnte, hat zu den bestehenden juristischen Problemkreisen geführt. Letztendlich muss die endgültige Harmonisierung des Verbraucher-schutzes auf europäischer Ebene erfolgen. Andernfalls werden sich auch künftig neue Problemfelder in anderen Zusammenhängen nicht vermeiden lassen.